高等院校经济管理类专业应用型系列教材

管理创新
案例与实践

缪匡华 编著

清华大学出版社
北京

内容简介

本书为国家精品在线开放课程"管理创新　案例与实践"的配套教材。全书共 12 讲,主要通过案例的学习与讨论,帮助读者了解企业的成功经验和失败教训,充分掌握相关知识,为大学生创新创业打下基础。

本书每一讲的编排体例大致为主干案例、知识点精要、管理实例——悟性与启示、综合技能——训练与提升、课后作业——研讨与思考,将大学生管理技能、应用能力与创新能力的培养作为全书的重中之重。

本书适合高等院校师生作为创新创业课程、管理学课程的教材使用,也可供社会读者作为参考书。

本书封面贴有清华大学出版社防伪标签,无标签者不得销售。
版权所有,侵权必究。举报: 010-62782989, beiqinquan@tup.tsinghua.edu.cn。

图书在版编目(CIP)数据

管理创新:案例与实践/缪匡华编著. —北京:清华大学出版社,2019(2023.6重印)
(高等院校经济管理类专业应用型系列教材)
ISBN 978-7-302-53302-3

Ⅰ. ①管… Ⅱ. ①缪… Ⅲ. ①企业管理—高等学校—教材 Ⅳ. ①F272

中国版本图书馆 CIP 数据核字(2019)第 153220 号

责任编辑:陈凌云
封面设计:宋　彬
责任校对:刘　静
责任印制:丛怀宇

出版发行:清华大学出版社
　　网　　址: http://www.tup.com.cn, http://www.wqbook.com
　　地　　址: 北京清华大学学研大厦 A 座　　邮　编: 100084
　　社 总 机: 010-83470000　　邮　购: 010-62786544
　　投稿与读者服务: 010-62776969, c-service@tup.tsinghua.edu.cn
　　质量反馈: 010-62772015, zhiliang@tup.tsinghua.edu.cn
印 装 者: 三河市君旺印务有限公司
经　　销: 全国新华书店
开　　本: 185mm×260mm　　印　张: 19.5　　字　数: 445 千字
版　　次: 2019 年 8 月第 1 版　　印　次: 2023 年 6 月第 3 次印刷
定　　价: 59.00 元

产品编号: 082065-03

"管理创新 案例与实践"为国家精品在线开放课程,作为"创新创业教育课",该课程已经通过"学银在线"网络教学平台面向省内外高校的大学生及社会学习者开放。为了配合课程教学,特编写本教材。

一、教材内容与课程实施方案

本教材共12讲,通过在线视频授课,每讲配有15分钟左右的视频。同时,通过案例的学习与讨论,了解企业的成功经验和失败教训,充分掌握相关知识点,为大学生创新创业打好基础。

本课程的具体实施方案如下。

(1) 教学方法:网络授课,分析成功与失败的案例。

(2) 教学手段:网络教学;网络测试;分组研讨;实践调研。

(3) 课外作业:结合相关案例,通过适当调研,撰写案例分析报告。

(4) 辅导答疑:网络答疑。

(5) 考核方式:网络考试,以网络研讨、小测试、技能训练、案例分析、微型公司创设训练等为主要考核内容。

(6) 成绩评定:各项学习任务设定成绩权重,综合评分。

二、教材资源

本教材的配套资源主要包括:教学视频;教学课件;每讲简介;教学大纲;教学日历;教案;考试方式与研讨要求;技能训练与案例分析题库。

本教材的配套资源均在"学银在线"(www.xueyinonline.com)网络教学平台上呈现。

三、主要特色

(1) 通过案例教学,提高学生的管理创新、创业能力。通过船主为什么会变好、圣雅伦公司、海尔管理创新理念、特立独行的孙大午、阿里巴巴马云的故事等主干案例的分析与讨论,以及微型公司组建与运作等训练,让学生了解管理创新的基本规律,掌握管理创新的基本方法,提高管理创新、创业的能力。

(2) 学生分组组建创业团队,以创业实训的方式,模拟管理创新创业。实训内容包括:①模拟公司成立策划书;②模拟公司运营(包括模拟招聘和模拟销售或者交易谈判);③课堂交流(PPT演示、视频交流、课堂互动)。

(3) 通过大学生创新创业项目申报立项,提升学生创新创业能力。

(4) 案例多、知识点多、思考性问题多。每讲的编排体例大致为主干案例、知识点精要、管理实例——悟性与启示、综合技能——训练与提升、课后作业——研讨与思考,将大学生管理技能、应用能力与创新能力的培养作为全书的重中之重。

本课程获2018年福建省高校创新创业课程校本教材课题立项(闽教学2018〔34〕号),并被认定为国家精品在线开放课程(教高函〔2019〕1号)。本教材编写过程中,参考和借鉴了国内外企业界、管理学界有关专家、学者的研究成果和案例,在此表示诚挚的敬意和感谢!

由于作者知识及经验有限,疏漏之处在所难免,希望读者批评指正。

缪匡华
2019年3月

目录

第一讲 001
知识点精要 001
管理实例——悟性与启示 004
- 管理实例 1-1　佛祖用人 004
- 管理实例 1-2　扁担的作用 004
- 管理实例 1-3　喂牛之道 005
- 管理实例 1-4　责任 005
- 管理实例 1-5　爱人之心 006
- 管理实例 1-6　《孙子兵法·始计篇》 006
- 管理实例 1-7　出口 10 亿部手机却赚不到 1‰ 的利润 007
- 管理实例 1-8　杯酒释兵权 007
- 管理实例 1-9　黄金台招贤 008

综合技能——训练与提升 009
- 技能训练 1-1　破窗理论 009
- 技能训练 1-2　培训部负责人辞职 010
- 技能训练 1-3　集权与分权 011
- 技能训练 1-4　阿迪达斯怎么了 013
- 技能训练 1-5　升任公司总裁后的思考 015
- 技能训练 1-6　南京曝光醉酒驾车者 017

课后作业——研讨与思考 018
- 课后作业 1-1　善于纳谏的唐太宗 018
- 课后作业 1-2　微软如何创建学习型组织 018
- 课后作业 1-3　履新者水土不服 020
- 课后作业 1-4　你是千里马还是一头驴 020
- 课后作业 1-5　日本企业管理模式的精髓——人本主义管理 020
- 课后作业 1-6　百丽退市启示：一个迅猛颠覆的时代到来 022

课后作业 1-7　加多宝神话为何破灭 ···················· 024
推荐阅读书目 ································· 026

第二讲 ···································· 027
主干案例 ································· 027
　　案例 1　船主为什么会变好 ························ 027
　　案例 2　降落伞何以 100% 合格 ······················ 028
知识点精要 ································ 028
管理实例——悟性与启示 ·························· 030
　　管理实例 2-1　一个"顺"字治天下 ···················· 030
　　管理实例 2-2　任用人才 ························· 031
　　管理实例 2-3　李勉葬银 ························· 032
　　管理实例 2-4　高阳酒徒 ························· 033
　　管理实例 2-5　商鞅变法 ························· 033
　　管理实例 2-6　规章制度是严点好还是宽点好 ················ 034
　　管理实例 2-7　回到管理学的第一个原则 ·················· 035
　　管理实例 2-8　雷鲍夫法则 ························ 036
　　管理实例 2-9　纽约市公园及娱乐部实施全面质量管理 ············ 037
　　管理实例 2-10　《孙子兵法·谋攻篇》 ··················· 038
综合技能——训练与提升 ·························· 039
　　技能训练 2-1　县令买饭 ························· 039
　　技能训练 2-2　冷饮厂的管理问题 ····················· 040
　　技能训练 2-3　自我改善的柔性管理 ···················· 040
　　技能训练 2-4　南京冠生园事件及其反思 ·················· 042
　　技能训练 2-5　老干妈的管理圣经：大道至简 ················ 045
　　技能训练 2-6　亨利·福特的故事 ····················· 053
课后作业——研讨与思考 ·························· 055
　　课后作业 2-1　科学管理理论的实践应用 ·················· 055
　　课后作业 2-2　情绪影响行为 ······················· 056
　　课后作业 2-3　王珙鉴才 ························· 056
　　课后作业 2-4　某高校专聘岗位制风波 ··················· 057
　　课后作业 2-5　伦迪汽车分销公司的苦恼 ·················· 057
　　课后作业 2-6　管理的理论流派 ······················ 058
　　课后作业 2-7　董明珠：一辈子与"吃相"缠斗 ··············· 058
推荐阅读书目 ································ 062

第三讲 063
主干案例 063
案例 "非常小器"圣雅伦 063
知识点精要 066
管理实例——悟性与启示 068
管理实例 3-1 给猫挂铃 068
管理实例 3-2 《孙子兵法·九变篇》 068
管理实例 3-3 简单道理 069
管理实例 3-4 生产计划排程的原则 069
管理实例 3-5 快餐店的计划 070
管理实例 3-6 滚动计划让S公司插上成功的翅膀 072
管理实例 3-7 山田本一的故事 073
管理实例 3-8 目标的制定 074
管理实例 3-9 目标管理出问题了 075
管理实例 3-10 两则小故事 075
综合技能——训练与提升 076
技能训练 3-1 华生集团 076
技能训练 3-2 二八定律 077
技能训练 3-3 蝴蝶效应 078
技能训练 3-4 建筑公司败走日本 078
技能训练 3-5 顾军的打算 079
课后作业——研讨与思考 081
课后作业 3-1 诸葛亮借东风 081
课后作业 3-2 提醒自我 082
课后作业 3-3 《孙子兵法·作战篇》 082
课后作业 3-4 王岚的建议 083
课后作业 3-5 青蛙现象 084
课后作业 3-6 迪士尼的错误决策 084
课后作业 3-7 德国企业并不热衷于上市 085
推荐阅读书目 087

第四讲 088
主干案例 088
案例 央视历年广告招标标王 088
知识点精要 090
管理实例——悟性与启示 092
管理实例 4-1 拍脑袋决策 092
管理实例 4-2 抉择 092

管理实例 4-3	领导决策	093
管理实例 4-4	林肯"独断"	093
管理实例 4-5	要求	094
管理实例 4-6	直升机扇雪	094
管理实例 4-7	"叽叽喳喳"的决策模式	095
管理实例 4-8	德鲁克关于组织工作的七项原则	097
管理实例 4-9	王氏年糕厂的抉择	098

综合技能——训练与提升

技能训练 4-1	决策树法	099
技能训练 4-2	蔬菜管理	100
技能训练 4-3	鹏程小学是否应该撤销	101
技能训练 4-4	你会怎么办	102
技能训练 4-5	王厂长的会议	103
技能训练 4-6	荣董事长的困惑	105

课后作业——研讨与思考

课后作业 4-1	董事会职权	108
课后作业 4-2	总经理权力	109
课后作业 4-3	权力滥用	109
课后作业 4-4	且慢下手	109
课后作业 4-5	比特丽公司	110
课后作业 4-6	领导影响力	111
课后作业 4-7	华为的高薪为何能赢得社会尊重	111

推荐阅读书目 ……………………………………………… 113

第五讲 …………………………………………………… 114

主干案例 …………………………………………………… 114
案例 海尔管理创新的理念 ………………………………… 114

知识点精要 ………………………………………………… 120

管理实例——悟性与启示 ………………………………… 121

管理实例 5-1	德国 MBB 公司：灵活的上、下班制度	121
管理实例 5-2	分粥	122
管理实例 5-3	谋求与非正式组织领袖的合作	122
管理实例 5-4	不拉马的士兵	123
管理实例 5-5	老农移石	123
管理实例 5-6	两头鸟	124
管理实例 5-7	大学班级中的非正式组织	124
管理实例 5-8	一日厂长	125
管理实例 5-9	裤子奇遇	126

综合技能——训练与提升 ········· 126
- 技能训练 5-1　选谁当办公室主任 ········· 126
- 技能训练 5-2　通用电气公司管理制度的变化 ········· 127
- 技能训练 5-3　巨人集团 ········· 129
- 技能训练 5-4　来自总经理部的信 ········· 130
- 技能训练 5-5　张瑞敏的烧鹅困境 ········· 132
- 技能训练 5-6　乐百氏组织结构的调整 ········· 135

课后作业——研讨与思考 ········· 138
- 课后作业 5-1　"挑战者"号事件 ········· 138
- 课后作业 5-2　美的事业部制组织结构 ········· 139
- 课后作业 5-3　矩阵制结构的运营模式 ········· 139
- 课后作业 5-4　TCL 的企业文化 ········· 140
- 课后作业 5-5　生生不息的华为文化 ········· 141
- 课后作业 5-6　娃哈哈正遭遇天花板，主业营收增长陷入困顿 ········· 142

推荐阅读书目 ········· 144

第六讲 ········· 145

主干案例 ········· 145
- 案例　特立独行的孙大午 ········· 145

知识点精要 ········· 147

管理实例——悟性与启示 ········· 148
- 管理实例 6-1　惠普敞开式办公室 ········· 148
- 管理实例 6-2　V 形飞雁 ········· 148
- 管理实例 6-3　没有吃完的牛排 ········· 148
- 管理实例 6-4　手不释卷 ········· 149
- 管理实例 6-5　鞭策 ········· 150
- 管理实例 6-6　玻璃天花板效应 ········· 150
- 管理实例 6-7　索尼的内部跳槽 ········· 151
- 管理实例 6-8　养在鸡笼里的鹰 ········· 152
- 管理实例 6-9　将所有经理的椅子靠背锯掉 ········· 152
- 管理实例 6-10　所长无用 ········· 153

综合技能——训练与提升 ········· 153
- 技能训练 6-1　鲶鱼效应 ········· 153
- 技能训练 6-2　选谁做接班人 ········· 154
- 技能训练 6-3　副总家失火以后 ········· 156
- 技能训练 6-4　木桶理论 ········· 156
- 技能训练 6-5　姚成的领导方式 ········· 157
- 技能训练 6-6　广告业的"拿破仑" ········· 158

课后作业——研讨与思考 ··· 162
 课后作业 6-1 黄帝问路 ··· 162
 课后作业 6-2 松下为何不说"不" ·· 162
 课后作业 6-3 面包与记者 ··· 163
 课后作业 6-4 会让员工高兴的领导 ······································· 163
 课后作业 6-5 员工辞职 ··· 164
 课后作业 6-6 对话褚时健：坚持做好一件事 见证时间"橙"色 ··············· 164
推荐阅读书目 ··· 166

第七讲 ··· 167

主干案例 ··· 167
 案例 摩托罗拉韩国总经理的故事 ·· 167
知识点精要 ··· 168
管理实例——悟性与启示 ··· 170
 管理实例 7-1 秀才赶考 ··· 170
 管理实例 7-2 鸭子只有一条腿 ··· 170
 管理实例 7-3 日立公司内的"婚姻介绍所" ································ 171
 管理实例 7-4 西游团队的各自需要 ······································· 172
 管理实例 7-5 被误解的老板 ··· 172
 管理实例 7-6 管仲鼓舞士气 ··· 173
 管理实例 7-7 马云的成就动机 ··· 173
 管理实例 7-8 工资全额浮动制度为何失灵 ································· 174
 管理实例 7-9 MTW 公司和员工制定"期望协议" ························· 175
 管理实例 7-10 授奖会上的风波 ·· 176
综合技能——训练与提升 ··· 177
 技能训练 7-1 童友玩具厂 ··· 177
 技能训练 7-2 阳贡公司员工为何对工作不满意 ····························· 178
 技能训练 7-3 一碗牛肉面的故事 ··· 180
 技能训练 7-4 防止小道消息传播的圆桌会议 ······························· 182
 技能训练 7-5 迪特公司的员工意见沟通制度 ······························· 184
 技能训练 7-6 上海施乐公司的培训、考核与激励 ··························· 186
课后作业——研讨与思考 ··· 188
 课后作业 7-1 鞋带松了 ··· 188
 课后作业 7-2 小道消息 ··· 189
 课后作业 7-3 经理与下属 ··· 189
 课后作业 7-4 沟通方式选择 ··· 190

目录

　　课后作业 7-5　美国空军的考评制度 ……………………………………… 190
　　课后作业 7-6　培训是先导 ……………………………………………… 191
　　课后作业 7-7　华润啤酒内忧外患,不容乐观,
　　　　　　　　　布局海外意摆脱业绩瓶颈 ……………………………… 191
　推荐阅读书目 …………………………………………………………………… 193

第八讲 ……………………………………………………………………………… 194
　主干案例 ………………………………………………………………………… 194
　　案例　马云的创业经历及其启示 ……………………………………… 194
　知识点精要 ……………………………………………………………………… 197
　管理实例——悟性与启示 ……………………………………………………… 198
　　管理实例 8-1　大发雷霆不管用 ……………………………………… 198
　　管理实例 8-2　管理者角色 …………………………………………… 198
　　管理实例 8-3　留个缺口给别人 ……………………………………… 199
　　管理实例 8-4　关键时刻再给下属帮忙 ……………………………… 199
　　管理实例 8-5　培养他人的能力 ……………………………………… 200
　　管理实例 8-6　部门主管的良好工作习惯 …………………………… 201
　　管理实例 8-7　管理者如何排除时间干扰 …………………………… 202
　　管理实例 8-8　人心 …………………………………………………… 203
　　管理实例 8-9　孔子的特质观 ………………………………………… 204
　　管理实例 8-10　正人先正己,做事先做人 …………………………… 204
　综合技能——训练与提升 ……………………………………………………… 205
　　技能训练 8-1　管理理论真能解决实际问题吗 ……………………… 205
　　技能训练 8-2　克莱斯勒面临的问题 ………………………………… 206
　　技能训练 8-3　谁拥有权力 …………………………………………… 207
　　技能训练 8-4　苏珊到哪儿去找一位能干的顶替者 ………………… 208
　　技能训练 8-5　安全事故发生以后 …………………………………… 210
　课后作业——研讨与思考 ……………………………………………………… 212
　　课后作业 8-1　两只龟 ………………………………………………… 212
　　课后作业 8-2　割草男孩的故事 ……………………………………… 212
　　课后作业 8-3　田光慧眼识才,舍生取义励荆轲 …………………… 213
　　课后作业 8-4　跳槽 …………………………………………………… 213
　　课后作业 8-5　如何再申请 3 个名额 ………………………………… 214
　　课后作业 8-6　管理道德缺失的后果 ………………………………… 215
　推荐阅读书目 …………………………………………………………………… 215

第九讲 217

主干案例 217
- 案例　神奇教练希丁克 217

知识点精要 219

管理实例——悟性与启示 221
- 管理实例 9-1　并不是你想象中那样 221
- 管理实例 9-2　"9.9型"教学模式 222
- 管理实例 9-3　Z理论在办公室和工厂中的应用 224
- 管理实例 9-4　新来的财务处长 225
- 管理实例 9-5　高总的领导方式 225
- 管理实例 9-6　为什么领导不好行政处 226
- 管理实例 9-7　劳动生产率会议 227
- 管理实例 9-8　田忌赛马 228
- 管理实例 9-9　马的命运 228
- 管理实例 9-10　降低相权 229

综合技能——训练与提升 230
- 技能训练 9-1　施贵宝公司内部控制制度 230
- 技能训练 9-2　废料处理 232
- 技能训练 9-3　国内食品安全警钟长鸣 233
- 技能训练 9-4　红桃K给员工补血 234
- 技能训练 9-5　查克停车公司 236

课后作业——研讨与思考 237
- 课后作业 9-1　孙悟空被开除公职 237
- 课后作业 9-2　赏罚分明 238
- 课后作业 9-3　战略匹配 238
- 课后作业 9-4　思维惯性调整 238
- 课后作业 9-5　黄助理工程师的故事 239
- 课后作业 9-6　西南航空公司的企业文化 240
- 课后作业 9-7　美国大学校长都忙些什么 241

推荐阅读书目 245

第十讲 246

主干案例 246
- 案例　深圳赛格集团减少内耗的方法 246

知识点精要 248

管理实例——悟性与启示 251

管理实例10-1　右手握左手 ··· 251
　　管理实例10-2　鹦鹉老板 ·· 251
　　管理实例10-3　佛塔上的老鼠 ·· 252
　　管理实例10-4　习惯人生 ·· 252
　　管理实例10-5　疯子和呆子 ··· 253
　　管理实例10-6　请君入瓮 ·· 253
　　管理实例10-7　诸葛亮挥泪斩马谡 ·· 254
　　管理实例10-8　子贱放权 ·· 255
　　管理实例10-9　"生物链"式结构 ··· 255
综合技能——训练与提升 ··· 256
　　技能训练10-1　北大硕士卖米粉 ·· 256
　　技能训练10-2　海上救援 ·· 257
　　技能训练10-3　华润公司运行6S管理体系 ··· 258
　　技能训练10-4　车行三镇查市容 ·· 260
　　技能训练10-5　一封辞职信 ··· 262
　　技能训练10-6　一盘散沙 ·· 263
课后作业——研讨与思考 ··· 265
　　课后作业10-1　三尺柜台温暖顾客 ·· 265
　　课后作业10-2　绩效考评误区：多头考评 ·· 265
　　课后作业10-3　如何编写职务（岗位）说明书 ·· 266
　　课后作业10-4　麦当劳公司的控制系统 ··· 267
　　课后作业10-5　福耀集团利润大增，资产增加美国贡献最大 ································ 268
推荐阅读书目 ··· 272

第十一讲 ··· 273
主干案例 ··· 273
　　案例1　另类创业赚钱金点子 ·· 273
　　案例2　适合女大学生的小本创业项目 ·· 274
　　案例3　适合男大学生的小本创业项目 ·· 277
知识点精要 ·· 279
课后作业——研讨与思考 ··· 282
　　课后作业11-1　商标代理行业"破局者"——知果果的创业经 ································· 282
　　课后作业11-2　创业者如何写好一份创业计划书 ·· 285
　　课后作业11-3　创业模拟实训 ··· 286
推荐阅读书目 ··· 287

第十二讲 ··· 288
主干案例 ··· 288
案例　俞敏洪：破解组建核心创业团队之道 ······················· 288
知识点精要 ·· 291
课后作业——研讨与思考 ··· 293
课后作业　创业前如何正确评估自己的创业计划 ················ 293
推荐阅读书目 ·· 294

参考文献 ··· 295

 教学目的与要求

1. 了解案例分析的基本步骤
2. 熟悉案例分析的基本出发点
3. 掌握管理案例分析的基本方法
4. 要求学生课外查找并总结与案例分析方法相关的材料

 教学重点与难点

教学重点：管理案例分析思路
教学难点：管理案例分析方法

知识点精要

一、案例分析的特点

1. 多因素的环境

分析的对象要放到其原来错综复杂、多因素的环境中去认识、了解并深入研究。

2. 多角度分析

一个案例会有一个或多个矛盾，要沿着不同的思路展开分析；
同一个案例，很少遇到只有一种分析方法或途径的情况。

3. 多方案的结果

案例分析会出现多方案的结果，所得出的多个方案各有利弊，有时还不易进行量化比较。

二、案例分析的步骤

1. 彻底读懂每个案例

反复阅读,对案例中的相关信息了然于胸;

对案例中的背景、主要事实及意见、面临的难题、利弊条件及重要论点等内容一一进行记录。

2. 设身处地进行分析

对案例中的主要角色所面临的问题、活动或困难进行分析,这是不可缺少的一个环节;

搜集全部已知事实,对每一事实认真评估、仔细区别、筛选分类;

不能仅依靠案例中所给的数据或事实来进行简单的分析,必须去伪存真,才能保证分析的正确性;

不能让案例中人物的观点来左右自己的思路。

3. 概括问题

对需要解决的问题进行概括,概括问题时应指出关键之处;

通过现象看本质,分析造成这种现象的内在原因究竟是什么。

4. 提出多种决策方案

提出多种方案以供选择;

可供选择的方案越多,企业选择的余地越大;

集思广益,从不同的人、不同的意见中得到启发,帮助自己进行判断和决策。

5. 提出决策的标准

对选择方案时所依据的标准进行明确的规定。

6. 做出决策并提出建议

对各个方案进行优劣对比;

指出被淘汰方案的缺陷所在;

对方案的计划实施提出建议。

三、管理案例的分析

1. 分析案例的基本视角

(1) 当事者的视角。

要进入角色,切忌站在局外,从旁观者的角度进行分析;

必须"扮演"案例中的主要角色,设身处地去体验、观察与思考。

(2) 总经理视角。

通盘考虑问题;

保持战略思维。

2. 分析案例的基本技巧

(1) 要有个人的见解。

将问题按照一定的逻辑进行排列,从中抓住主要矛盾。

(2) 文字表达要开门见山。

有明确的针对性;

防止出现空泛的口号和模棱两可的观点;

避免使用含混不清的语句。

(3) 提出的建议要有特色。

(4) 要重视方案实施的步骤和可操作性。

需要对实现目标所需要的条件加以说明;

对假设或虚拟的条件要作必要的说明。

3. 分析案例的一般过程

(1) 明确所分析的案例与已学课程的哪些内容相联系,并找出该案例中的关键问题,以确定能应用的基本理论和分析依据。

(2) 察觉和判断出在案例中并未明确提出,也未有任何暗示的关键问题。

(3) 选择分析该案例应采取的一般方法。

(4) 认真思考,找出案例的整个系统中的主次关系,并将之作为逻辑分析的依据。

(5) 确定所要采取的分析类型和所要扮演的角色。

4. 如何找出关键问题

反复思索以下几个问题:

你认为案例中的关键问题或主要矛盾是什么?

这是一个什么类型的案例?

该案例与所学课程中的哪些内容有关?

分析这个案例想要达到什么目的?

5. 发现在案例提示中尚未明确的重要问题

从与该案例相关的课程内容中进行发掘;

结合实际工作设想可能遇到的种种矛盾;

进入角色,拟定各种情景,发掘出重要问题。

6. 分析案例的一般方法

分析案例的方法往往取决于分析者个人的偏好和案例展示的具体情况,以下三种方法可根据情况选用,不过常常被综合运用。

(1) 系统法。

将所分析的组织看作一个各种投入转化成产出的过程的系统;

了解该组织系统的各个组成部分和它们在转化过程中的相互关系,找出问题并发现机会。

(2) 行为法。

着眼于组织中各种人员的行为与人际关系;

着眼于人在群体中的表现,如人与人之间的交往、沟通、冲突与协调,人与外界环境的关系,价值观、行为规范与社交结构,有关的组织因素与技术因素。

(3) 决策法。

建立一种规范化、程序化的模型或工具,来评价并确定各种备选方案;

有了备选方案,还要看各种方案的关系、做决策时所依据的原则;

在某一方案实现之前,可能会发生什么事件以及该事件出现的概率。

7. 明确主次关系,找出支持的依据

对案例中提供的大量而杂乱的信息进行归纳,理出条理与顺序,搞清它们之间的关系是主从还是并列,是叠加还是平行,在此基础上分出轻重缓急。

管理实例——悟性与启示

管理实例 1-1

佛 祖 用 人

去过庙里的人都知道,一进庙门,首先看到的是弥勒佛,笑脸迎客,在他的北面,则是黑口黑脸的韦陀。但相传在很久以前,他们并不在同一座庙里,而是分别掌管不同的庙。弥勒佛热情快乐,来的人非常多,但他什么都不在乎,丢三落四,没有好好地管理账务,所以经常入不敷出。而韦陀虽然在管账上是一把好手,但他成天阴着脸,过于严肃,来的人越来越少,最后香火断绝。佛祖在查香火的时候发现了这个问题,就将他们俩放在同一座庙里,由弥勒佛负责公关,笑迎八方客,于是香火大旺;而韦陀铁面无私,锱铢必较,佛祖让他负责财务,严格把关。在俩人的分工合作中,庙里呈现出一派欣欣向荣的景象。

启示:

弥勒佛热情快乐,受人欢迎,但不能好好管理财务;韦陀善于管账却过于严肃,导致庙里香火断绝。佛祖在用人时发现他们的优缺点,有效运用他们的优点,使庙里欣欣向荣。

管理是一门用人的学问,要确切知道你要别人去做什么,并让他用最好的方法去做。在一个组织中每个人都有个性,既有长处,也有短处。管理过程中,要发挥出个体最大的长处,克服个体的短处,努力将个体的短处转化为长处,扬长避短,趋利避害,从而收到个人单独活动所不能收到的效果。

管理实例 1-2

扁担的作用

有两个兄弟各自带着一只行李箱出远门。一路上,重重的行李箱将兄弟俩压得喘不过气来。他们只好左手累了换右手,右手累了又换左手。忽然,大哥停了下来,在路边买了一根扁担,将两只行李箱一左一右挂在扁担上。他一个人挑起两只箱子上路,反倒觉得

轻松了很多。

启示：

管理并不是人多就一定力量大。两个兄弟抬箱子，一人一只，非常吃力。使用扁担后，一个人就可以挑起两只箱子。扁担就好比一种手段，采取一定的手段去干预对象，形成新的状态。通过信息获取、决策、计划、组织、领导、控制和创新等职能的发挥，来分配、协调一切可以调用的资源，可以实现单独的个人无法实现的目标。

管理实例 1-3

喂 牛 之 道

有人旅行到乡间，看到一位老农把喂牛的草料铲到一间小茅屋的屋檐上，不免感到奇怪。于是，他问道："老公公，你为什么不把喂牛的草放在地上让它吃？"老农说："这种草的草质不好，我要是放在地上，牛就不爱吃。但是如果我放到让牛勉强够得着的屋檐上，牛会努力去吃，直到把全部草料吃光。"

启示：

老农之所以将喂牛的草放在牛勉强可以够得着的屋檐上，是因为牛对自己努力后得到的东西格外珍惜。如果将质量不好的草放在地上，牛不需要努力就可以吃得到，它自然就不屑于吃。管理中也是这样，要设计并保持一种良好的环境，使人在群体中更努力地完成既定目标。

管理实例 1-4

责 任

五岁的汉克和爸爸、妈妈、哥哥一起到森林干活，突然间下起雨来，可是他们只带了一块雨披。爸爸将雨披给了妈妈，妈妈给了哥哥，哥哥又给了汉克。汉克问："为什么爸爸给了妈妈，妈妈给了哥哥，哥哥又给了我呢？"爸爸回答道："因为爸爸比妈妈强大，妈妈比哥哥强大，哥哥又比你强大呀。我们都会保护比较弱小的人。"汉克向左右看了看，跑到一边，将雨披撑开来，挡在了一朵在风雨中飘摇的娇弱小花上面。

启示：

本例用家庭成员彼此影响的故事解释了群体责任道德形成的过程。如果从管理层面思考，这一实例可给我们带来两点启示。

（1）要注重下级以身作则的企业文化道德影响，力求层层落实。企业文化要落实到每个人，必须通过各种形式的耳濡目染。

（2）注重企业初创的使命。不随意更改，不忘初心。以企业使命为导向，塑造良好的企业文化，可以吸引更多志同道合的员工进入企业，为企业补充新鲜血液，促进企业和谐氛围的形成。企业在发展过程中最好不要随意更改使命。

管理实例 1-5

爱人之心

这是发生在英国的一个真实故事。

有一位孤独的老人,无儿无女,又体弱多病。他决定搬到养老院去。老人宣布出售他漂亮的住宅,购买者闻讯蜂拥而至。住宅底价 8 万英镑,但人们很快就将它炒到了 10 万英镑。价钱还在不断攀升。老人深陷在沙发里,满目忧郁。是的,要不是健康状况不允许,他是不会卖掉这栋陪他度过大半生的住宅的。

一个衣着朴素的青年来到老人眼前,弯下腰,低声说:"先生,我也很想买下这栋住宅,可我只有 1 万英镑。可是,如果您把住宅卖给我,我保证会让您依旧生活在这里,和我一起喝茶、读报、散步,天天都快快乐乐的——相信我,我会用整颗心来照顾您!"

老人颔首微笑,把住宅以 1 万英镑的价格卖给了他。

启示:

孤独老人想卖掉住宅,一部分购买者把价格炒到了 10 万英镑,而且还在上涨。从管理道德角度来说,这是一种功利主义道德观。道德是用以调节人与人之间利益关系的行为规范,是一定社会经济关系的产物,又反过来为产生它的社会经济关系服务。老人把房子以 1 万英镑的价钱卖给了一个衣着朴素的青年,这是一种社会契约道德观,体现了较为特定数量的人中的特定契约。青年对老人的承诺也是一种社会道德的体现。提高管理道德可以通过以下途径:①提高认识,培养感情,锻炼意志,坚定信念;②提炼、规范管理道德准则;③树立典型,加强引导。

管理实例 1-6

《孙子兵法·始计篇》

孙子曰:兵者,国之大事,死生之地,存亡之道,不可不察也。

故经之以五事,校之以计,而索其情:一曰道,二曰天,三曰地,四曰将,五曰法。道者,令民与上同意也,故可与之死,可与之生,而不畏危;天者,阴阳、寒暑、时制也;地者,远近、险易、广狭、死生也;将者,智、信、仁、勇、严也;法者,曲制、官道、主用也。凡此五者,将莫不闻,知之者胜,不知者不胜。故校之以计,而索其情,曰:主孰有道?将孰有能?天地孰得?法令孰行?兵众孰强?士卒孰练?赏罚孰明?吾以此知胜负矣。

将听吾计,用之必胜,留之;将不听吾计,用之必败,去之。

计利以听,乃为之势,以佐其外。势者,因利而制权也。兵者,诡道也。故能而示之不能,用而示之不用,近而示之远,远而示之近。利而诱之,乱而取之,实而备之,强而避之,怒而挠之,卑而骄之,佚而劳之,亲而离之,攻其无备,出其不意。此兵家之胜,不可先传也。

夫未战而庙算胜者,得算多也;未战而庙算不胜者,得算少也。多算胜,少算不胜,而况于无算乎!吾以此观之,胜负见矣。

启示：

庙算，即出兵前比较敌我的各种条件，估算战事胜负的可能性，并制订作战计划。一家企业要进入某个市场与同行业竞争之前也应如此。企业要衡量各方面的条件，进行准确预测。商业竞争如同一场战役，充分的准备、平日的积累以及团队协作精神等都是十分重要的。作战要从多方面进行考量，企业竞争也要充分考虑内外部条件，确定战略方案。制定与实施战略时，要调动企业全体成员的积极性。在计划阶段，要对每个部门、每一名成员有全面的、系统的安排，各司其职；战略运作阶段，则要及时沟通，解决问题并进行调整。每支军队都要有统帅，正如每个企业都要有核心管理部门一样。作战要听从指挥，在企业中也需要团结协作才能够顺利执行计划。

管理实例 1-7

出口 10 亿部手机却赚不到 1% 的利润

2012 年，我国出口手机突破 10 亿部，成为拉动我国通信类产品出口增长的唯一动力。然而，看似风光的数据背后，暴露的却是中国手机业令人寒心的"利润"：出口手机占全球市场的比重接近八成，但巨额利润都归属国外巨头，众多中国企业还赚不到 1% 的利润。

究竟是什么原因造成了中国手机出口量占全球市场近八成，却换不来 1% 的利润？

中国出口手机赚取的仍然只是极其微薄的组装费用。

国产品牌手机主要还都是集中在低端领域。

更麻烦的是，多重危机正在逼近"中国制造"。

危机一：手机产业革命正在给传统手机制造商造成颠覆性冲击。增产不增收已经成为传统手机厂商的必然命运。

危机二：贸易保护和贸易壁垒增多、力度增大，国际上阻遏中国通信产品出口的动作频频。

由于缺乏议价能力，庞大的手机产能甚至形成了"社会负效益"。在苹果公司成为全球最赚钱企业的同时，其代工企业的工厂却不断曝出一些用工丑闻。这暴露了代工企业无法向下游争取利润空间、继续依赖劳动力成本优势扩张的不良态势。

启示：

受制于科技水平相对落后，中国的出口手机虽然占比大，但赚取的仍然只是微薄的组装费用，而巨额利润却属于外国企业。除了利润令人寒心之外，还有多重危机正在逼近，增产不增收已成为中国手机厂商挥之不去的梦魇。要想扭转这种局面，我们就必须有自己的高科技技术，不能一味依赖别国。否则，自己永远会被别人踩在脚下。无论是一个国家还是一个企业，都必须着力打造自己的核心竞争力。

管理实例 1-8

杯酒释兵权

为了加强中央集权，宋太祖赵匡胤采取了许多英明措施。建隆二年（961 年）七月初九晚上，宋太祖宴请禁军将领石守信等人。

饮到一半，宋太祖说："要不是靠众将拥立，我不会有今日。但是，当了天子，日子也实在难受，还不如当节度使逍遥自在。如今我几乎没有一夜睡得安稳。"

石守信等人问道："陛下如今贵为天子，还有什么忧虑？"

宋太祖道："我这个位置，谁不想坐啊！"

石守信等听出话中有话，忙表白说："如今天命已定，谁还敢有异心？"

太祖苦笑着说："你们虽然不会有异心，但是，假如有朝一日部下将黄袍披到你们身上，你们即使不想做皇帝，恐怕也不行吧！"

石守信等一听，大惊失色，慌忙下跪拜叩，流着泪说："我们实在愚蠢，没有想到这一点，请陛下为我们指出一条生路。"

赵匡胤说道："一个人的寿命，像白驹过隙那样短促。人生在世，不过是为了荣华富贵，享受安乐罢了。我为你们打算，不如交出兵权，去地方上当官，购置些良田美宅，为子孙后代留下份产业，自己也可以天天饮酒作乐，快活一辈子。我再与你们联姻，这样君臣之间就没有了猜疑，上下相安，岂不是很好吗？"

石守信等人听了这一番恩威兼施的话，第二天就知趣地交出了兵权。

这就是传说中的"杯酒释兵权"。

启示：

宋太祖在柴荣死后，因自家兄弟和众军士起哄，将黄袍加身，自己半推半就地做了皇帝。但其实他是个心思细腻的人，认为自己能干，麾下的军士也能干，所以为了加强中央集权，巩固自己的地位，于是就有了"杯酒释兵权"之事。释兵权的酒其实喝了两顿，第一顿是和"大头"喝的，也就是和禁军将领石守信等人喝酒，以安逸的生活和稳定的家族产业换取兵权。第二顿是和"小头"喝。此外，宋太祖还委任节度使符彦卿典掌禁军。

宋太祖为了加强中央集权而进行的"杯酒释兵权"取得了一定的效果，使宋朝有了立根之本，但也存在用力过猛的弊端，导致宋朝整体上武力不强、军备积弱，后面几番调整也没有效果。

对于企业来说，管理者若要加强集权，巩固地位，就需要找到组织与个人或所属利益集团的利益结合点，既公私兼顾，又合理合法。

管理实例1-9

黄金台招贤

《战国策·燕策一》记载：燕国国君燕昭王（前311—前279年）一心想招揽人才，而更多的人认为燕昭王仅仅是叶公好龙，不是真的求贤若渴。于是，燕昭王始终寻觅不到治国安邦的英才，整天闷闷不乐。

后来，有位智者郭隗给燕昭王讲了一个故事，大意是：有一国君愿意出千两黄金去购买千里马，然而时间过去了三年，国君始终没有买到千里马。又过去了三个月，好不容易发现了一匹千里马，当国君派手下带着大量黄金去购买的时候，千里马已经死了。可被派出去买马的人却用五百两黄金买来一匹死了的千里马。国君生气地说："我要的是活马，你怎么花这么多钱买一匹死马来呢？"

国君的手下说："你舍得花五百两黄金买死马，更何况活马呢？我们这一举动必然会引来天下人为你提供活马。"果然，没过几天，就有人送来了三匹千里马。

郭隗又说："你要招揽人才，首先要从招纳我开始。像我这种才疏学浅的人都能被国君采用，那些比我本事更强的人必然会闻风赶来。"

燕昭王采纳了郭隗的建议，拜郭隗为师，为他建造了宫殿。没多久，果然形成了"士争凑燕"的局面。投奔而来的，有魏国的军事家乐毅、齐国的阴阳家邹衍、赵国的游说家剧辛等。落后的燕国一下子便人才济济。从此以后，燕国从一个内乱外祸、满目疮痍的弱国，逐渐成为一个富裕兴旺的强国。再后来，燕昭王又兴兵报仇，将齐国打得只剩下两个小城。

启示：

燕昭王一心想招揽人才，但由于方式、方法不对，始终没招到。后来，他采纳了智者郭隗的建议，果然有很多人才涌来。郭隗其实是一个很有智慧的人，他不仅得到燕王重用，而且挽救了一个国家。燕王也是一个愿意采纳别人建议和擅长用人的君王。从此，弱国变成强国。这个故事让我们明白：人才对一个国家的重要性，领导者要广纳良言，不能有唯我独尊的思想。"千里马常有，而伯乐不常有。"杰出的领导者要学会接受别人的意见，有发现千里马的眼光和擅长运用人才的气魄，如此才能让企业不断强大，才能在激烈的竞争中胜出。正所谓："得人者得天下。"

综合技能——训练与提升

技能训练1-1

破窗理论

一间房子，如果窗户破了，没有人去修补，那么，过不了多久，其他窗户也会莫名其妙地被人打破；一面墙上，如果出现一些涂鸦后没有被清除掉，那么，墙上很快就会布满乱七八糟、不堪入目的东西；在一个很干净的地方，人们是不好意思丢垃圾的，但是，一旦地上有垃圾出现，人们就会毫不犹疑地乱丢垃圾，丝毫不觉羞愧。

问题：

为什么环境可以对一个人产生强烈的暗示性和诱导性？

答案：

环境无时无刻不影响着我们。一个人之所以发生改变，往往是主观因素占据主导地位，但客观因素也不容忽视。环境是客观存在的，它不依赖于人的意识而一直存在，能被我们改造，却不能被消灭。

"随风潜入夜，润物细无声。"环境之所以对一个人能产生强烈的暗示性和诱导性，是因为环境已经是我们生活的一部分，我们无法摆脱它。

一扇窗户破了，如果没有人去修补，其他窗户也可能会莫名其妙地被打破。这是因为环境的影响。同样，在干净的地方，人们不忍乱扔垃圾，即使有人扔了点垃圾也会有别人主动捡起，这也是环境的影响。

在管理学中，我们也要好好把握环境对人的强烈的暗示性和诱导性，学会在管理中运用好环境的双重作用，把握好氛围的重要性。如果一个集体拥有良好活跃的氛围，那么这个集体管理起来就很容易；反之，管理这个集体就比较困难。在开展和组织一项工作时，环境的因素也是不容小觑的，要时刻洞察周围环境的变化，如政治法律环境、经济环境、技术环境、社会环境、文化环境、自然环境等。

技能训练 1-2

培训部负责人辞职

北京某公司章总，有三十多年的工龄，在行业内也算是前辈，工作态度非常严谨、仔细。他对公司组织的培训工作非常重视，虽然设有培训部，但他仍然从培训课程内容设置、培训讲师选聘、培训酒店场地签订到培训证书印制、培训现场条幅悬挂、培训期间餐饮订单等，事无巨细，从头抓到尾。培训时，他经常亲自蹲点于培训教室现场，中间还不时打断讲师，指正讲授内容。此外，由于公司的一些事务需人员排队签字，他还不时召唤秘书奔走往返来培训现场办理公文，处理文件。

一次，章总突然指示培训部下周举办经销商销售顾问培训班和市场经理培训班，这一指示完全脱离了培训工作实施规划。培训部不得不马上开始确定培训讲师、拟定培训日程表、商谈培训教室、拟定培训通知等事项。由于某种原因，实际报到人数不太理想，章总在培训报到现场果断指示将两个班合并为一个班举办，以节省开销。尽管前期已经安排妥当，培训讲师林教授也强调培训对象不同，培训内容的侧重点不一样，最关键的是报到时间也不同，但章总对这些都置之不理。结果，经销商参训学员得知会议突然变更，怨声载道，全部怪罪培训部安排得不好。而章总竟然在众人面前大声斥责培训部负责人，然后命令公司其他所有部门负责人全部到场蹲点。这下更热闹了。培训工作的开展过程中不仅有章总亲自指导，还有各部门负责人的指东道西，甚至连总经理秘书也插手指挥。可想而知，培训活动最终搞得乱七八糟。培训工作结束的第二天，培训部负责人递交了辞职报告。

问题：

1. 思考培训部负责人为什么要辞职。
2. 谈谈你对管理者角色定位的理解。

答案：

1. 有两个原因。一是培训部负责人认为自己的能力没有得到发挥，才华没有得到施展。因为章总事事都亲力亲为，从头抓到尾，时常亲自蹲点在培训教室现场，并不时打断讲师教学。尽管公司设有培训部，但章总时时刻刻紧抓培训部业务，让培训部负责人的权力受到限制。久而久之，就会产生自己没有用的感觉。二是章总的态度。在举办活动时出现了小状况，人数不齐，章总直接改变策略，这引起了经销商参训学员的不满。但人们将责任全部归于培训部,章总也在众人面前大声呵斥培训部负责人。培训部负责人认为自己没有得到应有的尊重。

2. 首先,管理者角色定位是管理者最基本的要求。只有管理者清楚了自己的定位,他才能明白自己应当承担的任务和责任,公司才能有条不紊地经营。各个管理者都应该明确自己的定位,在什么职位上做什么事,这样才能把各个部门都管理好,这是每一名管理者都必须具备的能力。身居高位,但事事亲力亲为,如此一来,下属该做什么呢?这只会使员工越发懒惰。而且,此举还会引起下属的抱怨,因为下属没有机会得到锻炼,展现能力,也就失去了进步的空间,这也是一种人力资源的浪费。所以,身为管理者,要懂得资源的合理规划和利用,学会给下属下达任务,做到人尽其用。有时候,领导下达任务后偶尔给下属提一些建议,所收到的效果会比步步紧逼、事事紧抓更好。

其次,一个公司里的角色定位有很多种。基层管理者的主要职责是直接指挥和监督现场作业人员;中层管理者要正确领会领导的指示精神,并且正确下达任务给基层管理者;高层管理者负责制定公司总目标、总战略。不同的角色定位对应着不同的任务,相互之间又存在某种联系,环环相扣。按照这种模式进行工作,各个环节才会有序,公司才能正常运转。

因此,公司管理者应该合理利用人才资源,对每个员工进行评估,根据他们的能力安排合适的岗位,这样才能发挥人才的最大优势。各级领导要给予下属发挥才能的机会,发掘他们的潜力。而每个员工也都要清楚自己的定位,让自己发挥更大的价值。

技能训练 1-3

集权与分权

美国通用汽车公司历史上最初采用的是分权制。杜兰特把许多小企业并入了通用汽车公司,并且允许它们的经营一如从前,只要在很模糊的意义上有一点公司的整体观念就可以了。这点儿整体观念可以在现金的控制方法上窥见一斑。每一个业务单位均自行管理本单位的现金,所有收入都存在本单位的账户名下,并从那里支付一切开销。公司没有直接收入,也没有实际的现金调拨程序。它不能随便命令一个部门调出现金给另一个需要现金的部门。如果公司需要用现金来支付股息、税款或其他费用,那么公司的司库便只有向各业务单位提出索取现金的要求以应急用。但是,各个单位均希望保持尽可能多的现金来满足自身的需要,而且它们的所有财会人员对拖延向上级汇报手头现金余额的方法非常精通。因此,司库就只好自己推测一个部门手里有多少现金,以此决定他能向这个部门索取的数额。他需要找到这些部门的负责人,先讨论一些其他的一般问题,然后在谈话快结束时假装漫不经心地提起关于现金的话题。他们永远会对他提出的索取数额表示吃惊,有时候还会试图抵制,借口拿不出如此巨额的现款。由于存在着讨价还价、相互扯皮的情况,所以,公司很难从整体上有效做出全部现金决策。事实上,各部门主管都像是独立部落的酋长,完全不听"王命"了,通用公司那时的组织简直是一盘散沙。

后来,通用公司不得不建立了一个高度集权的现金管理体制。即以通用汽车公司的名义开账户,由总会计室负责控制,所有收入一律计入公司贷方,所有支出都在公司名下的各户头上支付。这样,各户头的主管会计之间便可以在全国范围内迅速而简便地调拨现金。当一个单位急需现金时,就从另一个存有现金的单位调拨过去。至于各地分户头收付金额上下限的设定,公司间结算手续的简化,以及现金预约计划的制订等业务,也全部都在公司总会计室的控制下。

问题:
撰写一份报告,谈谈该案例给你的启示。

答案:
通用汽车公司的管理史,实际上是分权与集权两种不同制度的斗争史。随着斗争的加剧,高度分权极大地影响了公司的运行,因此不得不改为高度集权的现金管理体制。可以说,通用公司的这次改革实际上是在追求集权与分权之间的平衡。

集权是把较多和较重要的权力集中在组织的高层或几个人手中;分权是把较多和较重要的权力分散到组织的中下层。当一个组织的规模还比较小的时候,高度集权可能是必需的,而且可以充分显示出其优越性。

1. 集权的优点

(1) 集权方式有着政令统一、标准一致、便于统筹全局的优点。例如,统一广告宣传活动,协调购置设备,有利于形成统一的企业形象。

(2) 集权方式有着指挥方便、命令容易贯彻执行的优点。这一点在通用汽车公司的案例中充分地展现了。最初的过度分权使公司总部在需要用到现金的时候,难以及时凑出足够的现金供总部使用。

(3) 集权方式容易形成排山倒海的气势。公司的权力高度集中,领导人有足够的亲和力,这可以使公司的所有员工都尽力为公司贡献力量,而所有人的力量被凝聚起来又可以展现公司的气势。

(4) 集权方式有利于集中力量应付危局。在应对公司的资金危机时,集权可以及时调齐足够的资金,以应对危局。

2. 集权的弊端

集权有着许多的优越性,但随着组织规模的发展,如果将许多决策权过度集中在较高的管理层次,则可能会表现出种种弊端。

(1) 在一些决策上,这位最高负责人可能表现得像一位天才人物,然而在另一些决策上,他又可能表现得任意、非理性和迟钝。

(2) 过度的集权不利于发展个性,无法顾及事物的特殊性。

(3) 过度的集权缺少了弹性和灵活性。

(4) 过度的集权使组织对外部环境的应变能力差。

(5) 过度的集权容易使下级产生依赖思想。

(6) 过度的集权使下级不愿承担责任。

因此,如果不想让总部的管理人员扼制各部门的管理积极性,那么分权显然又是必要的。组织规模越大,决策的数目也越多,协调、沟通及控制越困难,宜于分权;反之,则宜于集权。

3. 分权的优缺点
(1) 可以降低集权化程度,弱化直线制组织结构的不利影响;
(2) 提高下属部门管理者的责任心,促进权责的结合,提高组织的绩效;
(3) 减少高层管理者的管理决策工作,提高高层管理者的管理效率。

分权化组织的缺点在于:管理者的意见产生了较多分歧,难统一。

集权与分权的选择受到许多因素的影响,如决策的重要性、政策的一致性要求、规模问题、企业的文化、主管人员的数量和管理水平、控制技术和手段是否完善、组织的动态特征、环境影响。所以,通用汽车公司的这次改革,是从过度的分权到适度集权的过程,是一次合理且成功的改革。

技能训练 1-4

阿迪达斯怎么了

如果你是一名认真的长跑者,那么在 20 世纪 60 年代或 70 年代初,你只有一种合适的鞋可供选择:阿迪达斯(Adidas)。阿迪达斯是德国的一家公司,是为竞技运动员生产轻型跑鞋的先驱。在 1976 年的蒙特利尔奥运会上,田径赛中有 82% 的获奖者穿的是阿迪达斯牌运动鞋。

阿迪达斯的优势在于试验。它使用新的材料和技术来生产更结实和更轻便的鞋:它采用袋鼠皮绷紧鞋边。四钉跑鞋和径赛鞋采用的是尼龙鞋底和可更换鞋钉。产品的高质量、创新性和多样化,使阿迪达斯在 20 世纪 70 年代初这一领域的国际竞争中独占鳌头。

20 世纪 70 年代,蓬勃兴起的健康运动使阿迪达斯公司感到吃惊。一瞬间,数以百万计的、过去不喜欢运动的人对体育锻炼产生了兴趣。成长最快的健康运动细分市场是慢跑鞋。1980 年,有 2500 万~3000 万美国人加入了慢跑运动,还有 1000 万人是为了休闲而穿跑鞋。尽管如此,为了保护其在竞技市场中的统治地位,阿迪达斯并没有大规模地进入慢跑鞋市场。

20 世纪 70 年代出现了一大批竞争者,如彪马(Puma)、布鲁克斯(Brooks)、新巴兰斯(New Ballance)和虎牌(Tiger)。但有一家公司比其他公司更富有进取性和创新性,那就是耐克(Nike)。由前俄勒冈大学的一位长跑运动员创办的耐克公司,在 1972 年俄勒冈尤金举行的奥林匹克选拔赛中首次亮相。穿着新耐克鞋的马拉松运动员获得了第四至第七名,而穿阿迪达斯鞋的运动员在那次比赛中占据了前三名。

耐克的大突破来自 1975 年的"夹心饼干鞋底"方案。它的鞋底上的橡胶钉比市场上出售的其他鞋更富有弹性。夹心饼干鞋底的流行及旅游鞋市场的快速膨胀,使耐克公司 1976 年的销售额达到 1400 万美元,而在 1972 年仅为 200 万美元。自此,耐克公司的销售额飞速上涨,并成为行业的领导者。

耐克公司的成功源于它强调的两点:①研究和技术改进;②风格式样的多样化。公司有将近 100 名雇员从事研究和开发工作。它的一些研究和开发活动包括人体运动高速摄影分析,对 300 名运动员进行的试穿测验,以及对新的和改进的鞋及材料所进行的不断的试验和研究。

在营销中,耐克公司为消费者提供了最大范围的选择。它吸引了各种各样的运动员,并向消费者传递出最完美的旅游鞋制造商形象。到20世纪80年代初,慢跑运动达到高峰时,阿迪达斯已成了市场中的"落伍者"。竞争对手推出了更多的创新产品,并且成功地扩展了其他运动市场。例如,耐克公司的产品已经统治了篮球和年轻人市场,运动鞋已进入时装时代。到20世纪90年代初,阿迪达斯的市场份额降到了4%。

问题:
1. 耐克公司的管理当局做出了什么决策使它如此成功?
2. 到20世纪90年代初,阿迪达斯的不良决策如何导致市场份额的极大减少?这些决策如何使阿迪达斯的市场份额在20世纪90年代初降到了可怜的地步?不确定性在其中扮演了什么角色?

答案:
1. 预测在一定程度上决定了组织活动的成败。预测既是计划工作的前提条件,又是计划工作的结果,而决策是对不确定条件下发生的偶然事件所做出的决定。

耐克公司与阿迪达斯的共同点在于两者都存在着试验和创新优势,都非常注重技术、质量和创新,两个公司的最大不同在于阿迪达斯在预测和决策上的失误。耐克积极研发,制定了"夹心饼干鞋底",它不仅强调产品研发和技术进步,更关注产品的市场走向。20世纪70年代,耐克抓住机遇,在人们的体育锻炼兴趣高涨,慢跑成为成长最快的健康运动细分市场时,进入慢跑运动领域,并引进相关技术人员,大力研发慢跑舒适鞋底。在营销方面,耐克公司为消费者提供了最大范围的选择,吸引了各种各样的运动员购买。同时,耐克向消费者传递出最完美的旅游制造商形象。随着时间推移,慢跑运动逐渐达到顶峰,耐克就此甩下阿迪达斯,占领了大部分的市场,还赢得了篮球和年青一代的青睐,获得了成功。

2. 20世纪90年代,阿迪达斯的不良决策致使其市场份额极大减少,原因有以下两点。

第一,起初,阿迪达斯的高质量、多样化、创新性使自己在径赛这一领域处于支配地位。但是在一批批新品牌特别是耐克出现时,阿迪达斯仍坚守自己最初的想法,为了保护自己在竞技市场中的统治地位,主动放弃了大规模进入慢跑市场的机会。再后来,阿迪达斯没能及时对自己的品牌做出相应的符合市场规律的调整和转化,使之失去了与耐克竞争的优势地位。

第二,阿迪达斯最后的失败还在于它没有对市场前景和机遇做出预测、规划、调整,不能与时俱进,而是一如既往地想要保护自己的地位,这为耐克的发展和超越创造了机会。

预测是使管理具有预见性的一种手段,有助于促进各级主管人员向前看,为未来做准备,也有助于发现问题,从而集中力量加以解决。所以,在做预测时要确定预测的时间跨度,选择预测的对象,最后再付诸实践,以达到我们想要的目标。需求预测是指为公司产品或服务需求所做的预测,这些预测决定了公司的生产能力和计划体系,有助于公司做出财务、营销、人事等方面的调整。阿迪达斯落后的主要原因之一便是对需求的预测不够准确。

预测是决策的前提。从广义上讲,决策是一个提出问题、确立目标、设立和选择方案的过程。决策必然具有目标性、选择性、可行性、过程性、科学性和风险性。通过阿迪达斯的案例,我们可以清楚地了解到决策的关键性。阿迪达斯的落后在于其战略决策上的失误,没能看到公司发展的方向和前景,对公司的全局性、方向性把握不准。同时,在战术决策上,阿迪达斯的中层管理人员也存在一定的主观性和片面性,对全局带来了很大的不良影响。

在决策中,不确定性扮演着关键角色。不确定性决策所面临的问题是决策目标、备选方案尚可知,但很难估计各种自然状态发生的概率。此时,决策者需要有一定的经验、智力及对承担风险的态度。从风险性上讲,阿迪达斯的决策虽然在早期避免了一定的经济风险,但也导致自身的进一步落后和被超越。

科学决策并非易事,它要求决策者能够透过现象看到事物的本质,认识事物发展的规律,做出符合事物发展规律的决策。当然,科学性并非否认决策有发生失误、有风险的可能性,而是要善于从失误中总结经验教训,尽量减少风险,把握市场前景。懂得做出正确的预测和决策,方能赢得成功。

技能训练 1-5

升任公司总裁后的思考

郭宁最近被所在的生产机电产品的公司聘为总裁。在准备接任此职位的前一天晚上,他浮想联翩,回忆起他在该公司工作 20 多年的经历。

他在大学时就读的专业是工业管理,大学毕业后就到该公司工作,最初是担任液压装配单位的助理监督。当时,他真不知道该如何工作,因为他对液压装配所知甚少,在管理工作上也没有实际经验,几乎每天都感到手忙脚乱。可是他非常认真好学。一方面,他仔细参阅单位制定的工作手册,并努力学习有关的技术知识;另一方面,监督长也对他悉心指导,让他渐渐摆脱困境,胜任工作。经过半年多的努力,他已有能力独担液压装配的监督长工作。可是,当时公司没有提升他为监督长,而是直接提升他为装配部经理,负责包括液压装配在内的四个装配单位的领导工作。

在他当助理监督时,主要关心的是每天的作业管理,技术性很强。而当他担任装配部经理时,他发现自己不能只关心当天的装配工作状况,还要做出此后数周乃至数月的规划,并完成许多报告和参加许多会议,这使他没有多少时间去从事他过去喜欢的技术工作。在当上装配部经理后不久,他就发现原有的装配工作手册已基本过时,因为公司安装了许多新的设备,引进了一些新的技术,于是他花了整整 1 年时间修订工作手册,使之切合实际。在修订手册的过程中,他发现要让装配工作与整个公司的生产作业协调起来是有很多讲究的。他主动到几个工厂去访问,学到了许多新的工作方法,他把这些都吸收到修订的工作手册中。由于公司的生产工艺频繁发生变化,工作手册也不得不经常修订,对此郭宁都完成得很出色。工作几年后,他不但学会了做这些工作,而且学会如何把这些工作交给助手去做,并教他们如何做好。这样,他可以腾出更多的时间用于规划工作和帮助下属把工作做得更好,以及花更多的时间参加会议、批阅报告和完成向上级的工作汇报。

在他担任装配部经理 6 年之后,正好遇上该公司负责规划工作的副总裁辞职,郭宁便主动申请担任此职务。在同另外 5 名竞争者竞争之后,郭宁被正式晋升为规划工作副总裁。他自信拥有担任此新职位的能力,但由于高级职务工作的复杂性,仍使他在刚接任时碰到了不少麻烦。例如,他感到很难预测 1 年之后的产品需求情况。可是一个新工厂的开工,乃至一个新产品的投入生产,一般都需要在数年前做出准备。而且,在新的岗位上他还要不断处理市场营销、财务、人事、生产等部门之间的协调,这些是他过去不熟悉的。他在新岗位上越来越感到:越是职位上升,越难以按照标准工作程序工作。但是,他还是渐渐适应了,并做出了成绩,其后又被晋升为负责生产工作的副总裁,而这一职位通常是由公司资历最深、辈分最高的副总裁担任的。如今,郭宁又被晋升为总裁。他知道,一个人当上公司最高主管职位之时,他应该相信自己有能力处理可能出现的任何情况,但他也明白自己尚未达到这样的水平。因此,他不禁想到:自己明天就要上任了,今后数月的情况会是怎样的?他为此担忧着。

问题:

1. 郭宁当上公司总裁后,他的管理责任与过去相比有了哪些变化?他应当如何适应这些变化?

2. 郭宁要成功地胜任公司总裁的工作,哪些管理技能是最重要的?你觉得他具备这些技能吗?试加以分析。

3. 如果你是郭宁,你认为当上公司总裁后自己应该补足哪些能力欠缺,才能使公司取得更好的业绩?

答案:

1. 郭宁当上公司总裁后,他就成为管理组织中的高层领导,担负着实现组织战略目标以及实施方案决策的责任。他的主要职责是制定组织的总目标、总战略,掌握组织的大政方针,并评价整个组织绩效。在与组织外部交往时,他往往需要代表组织,以"官方"的身份出现。

担任装配部经理期间,郭宁在组织中的层次稍微低一些,主要职责是正确领会高层的指示精神,创造性地结合本部门的工作实际,有效指挥各基层管理者开展工作,注重的是日常管理事务。

担任助理监督时,郭宁是组织中的普通工作人员,主要职责是直接指挥和监督现场作业人员,保证完成上级下达的各项计划和指令,侧重的是具体任务的完成。

升任公司总裁后,郭宁的管理责任将会更重大,花费在计划、组织和控制职能上的时间将会更多。他应该更关心组织整体的长期战略规划,提高自己的组织职能,学会建立组织的物质结构和社会结构,做出一些重要的决定,同时也要预测未来并制订行动计划,努力提高自己的技能,使自己成为一个优秀的高层管理者。

2. 郭宁要想成功胜任公司总裁的工作,最应该具备的管理技能是人际技能和概念技能。

在人际技能方面,郭宁是具备的。因为在他当助理监督时,工作完成得很出色,而且可以腾出更多的时间帮助下属更好地工作,以及花更多的时间参加会议、批阅报告和完成向上级的工作报告。在担任装配部经理时,他也能处理好市场营销、财务、人事、生产等部门之间的协调,而且做出了成绩。所以,可以判定:郭宁具备人际技能。

在概念技能方面,他现在还没有完全具备。概念技能体现的是管理者的抽象思维能力,主要是对组织的战略性问题进行分析、判断和决策的能力。这个技能与一个人的知识、经验和胆略有关,所需要的知识基础相当广泛,而不仅限于专业知识。郭宁如今刚升任为总裁,他在这方面并没有太多经验,他的组织技能可能并没有足够成熟。从他过去的成长经历来看,相信他在工作一段时间之后便会具备这种能力。

3. 对于我自己而言,当上总裁后,最应该补足的能力是人际技能。人际技能是指管理者处理人与人之间关系的技能。良好的人际技能是各个层次的管理者都必须具备的。公平、民主、平等、信任地处理与下级的关系,对做好管理工作具有重要的意义。下级是管理者行使权力的主要对象,对待下级要讲究平衡艺术、引力艺术和弹性控制艺术。

同时,我也要学习组织技能,要学会建立组织的物质结构和社会结构,主要内容包括:设计组织结构,建立管理体制,分配权力,明确责任,配置资源,构建有效的信息沟通网络。

此外,我还要花费更多的时间进行社交活动、政治活动,与外界多交往。平时还应该注意交流例行信息和处理文书工作,而不应该在激励、惩戒、调解冲突、人员配备和培训方面花费大量时间。

如果做到了这几点,公司可能会有更好的业绩。

技能训练 1-6

南京曝光醉酒驾车者

2009 年 11 月,南京正式通过媒体曝光醉酒驾车者,首批公布的名单共有 106 人,都是在 7 月被警方查获并实施拘留的。交通管理部门介绍,曝光还将不定期发布。有人提出,对醉驾者拘留后还要被曝光的做法过于严厉。交通管理部门认为,曝光可以震慑醉驾者,让他们以后不敢有类似的行为,同时给其他司机以警示。

对此,支持者认为,酒后驾驶是一种高危行为,它会给社会公众带来极其严重的安全威胁。将这种潜在威胁告知公众,让大家提防,何错之有?同时,曝光醉驾者姓名,让所有司机都深切感受到醉驾的成本太高,从而不敢越雷池一步,又有什么不可以呢?

反对者认为,从我国的现行法律和规章来看,交通管理部门对醉酒驾驶者的行政处罚方式仅限于拘留、罚款、暂扣或吊销机动车驾驶证。而交通管理部门在媒体上公开曝光醉驾者,旨在通过道德谴责和贬损人格使醉驾者受到震撼,本质上已经是对醉驾者实施的"法外处罚"和"二次处罚"。

问题:
1. 你如何看待醉酒驾驶问题?
2. 你认为醉驾者该不该被曝光?

答案:
1. 首先,从管理学角度来看,道德是依靠社会舆论、传统习惯、教育和人的信念的力量去调整人与人、个人与社会之间关系的一种特殊的行为规范,是规定行为是非的惯例和原则。酒后驾驶严重威胁着广大人民群众的生命安全,是对生命权的不尊重,是缺乏职业道德、社会公德的具体表现。

其次，道德具有认识、调节和评价功能。道德的功能是道德对人类自身的生存发展和完善的功效及其意义。对醉驾者的曝光，有利于扭转驾驶员对酒驾问题不重视的态度，从而进一步加强执法部门的监管力度，减少酒后驾驶。

最后，要抓好管理道德教育。交通管理部门在管理酒驾问题时应该有强烈的责任感，不包庇，不放任。而将酒驾者的名单在新闻媒体上广而告之，不仅可以向社会公开表明公安交警部门打击酒后驾车交通违法行为的决心和意志，促使驾驶人放弃喝酒驾驶的侥幸心理，还可以对醉驾者的心理产生很大的震撼作用，使其他驾驶人从中吸取教训，进而达到社会效果和法律效果的统一。同时，曝光醉酒驾车者也是公安交通管理机关公开透明执法的具体表现。

2. 醉驾者应该被曝光。首先，醉酒驾车并不是纯粹私人领域的行为，而是涉及公共利益、威胁社会公共秩序的违法行为。在这样的行为过程中，醉驾者实际上已经将自己的部分个人信息主动公共化，适当地公布这些信息并无不可。其次，交通管理部门通过媒体公布违法醉驾者名单，从舆论监督的角度看，也属于满足公众知情权的行为。

课后作业——研讨与思考

课后作业 1-1

善于纳谏的唐太宗

唐太宗李世民以隋炀帝拒谏亡国为戒，即位后尽力求言，他把谏官的权力扩大，又鼓励群臣批评他的决策和风格。其中魏征廷谏了 200 多次，在朝堂上直陈皇帝的过失，在早朝时多次发生了使李世民尴尬、下不了台的状况。又如王圭、马周、孙伏伽、褚遂良等人，亦皆以极谏知名。

贞观中期以后出现了盛世，大臣都极力歌颂李世民，只有魏征保持着清醒的头脑，给李世民指出了十大缺点，要他警惕。李世民郑重地将这十大缺点抄在屏风上，以便早晚阅读，引以为鉴。公元 643 年，魏征病死，李世民十分悲痛，说："以铜为镜，可以正衣冠；以史为鉴，可以知兴替；以人为镜，可以明是非。魏征一死，我失去了一面镜子。"

晚年的李世民因国富民强，纳谏的气度不如初期，偶尔也发生误杀大臣的遗憾，但是大致上仍保有纳言的风范。

问题：
上述案例对你有什么启示？

课后作业 1-2

微软如何创建学习型组织

创建学习型组织，首先要有正确的学习理念。微软提出的理念是：学习是自我批评的学习、信息反馈的学习、交流共享的学习。为此,微软提出了以下四个原则。

1. 系统地从过去和当前的研究项目与产品中学习

为此,微软开展了以下五大活动。

(1) 事后分析活动。每个项目组、每个产品部门在开发一个产品、完成一个项目之后都要写一份事后分析报告,着重揭露存在的问题,通过自我批评进行学习。比尔·盖茨十分喜爱看这样的报告。

(2) 过程审计活动。在微软,审计人员在审计过程中会反复告诉被审计对象:我们的审计过程是一个技术交换的过程,是发现先进典型的过程,是学习的过程。

(3) 休假活动。每年组织一次休假会,主要目的是交流信息、对付难题、提高技巧、学习文件。

(4) 小组间资源共享活动。微软鼓励不同部门的人员在不太正式的场合经常交流,部门内部和部门之间定期或不定期举办午餐会,或者通过电子邮件进行互访交流。

(5) "自食其果"活动。微软要求员工首先使用自己开发的产品,通过这样做进行自我反思、自我批评,从而进行学习。

2. 通过数量化的信息反馈学习

微软把产品的质量问题分为四种程度。

(1) 整个产品不能使用。

(2) 一种特性不能运行,并无替代方案。

(3) 一个产品不能应用,但是可以代替。

(4) 表面的、微小的问题。

微软规定,要把产品质量信息公布于众,使公司有关部门的员工从中知道问题的严重性,经过反思,找出问题的关键所在。

3. 以客户信息为依据进行学习

学习资源有两种:一是通过内部获得的信息;二是从外部获得的信息,即把客户信息作为重要的学习资源。微软每天获得来自 6000 个用户咨询电话的信息资源。

为了鼓励用户提意见和咨询,产品售出 90 天内,用户打来提意见和咨询的电话由微软付款。因此,它每天承受的长途电话费相当可观。之所以这样做,就是为了让用户信息这类学习资源发挥作用。而在最终用户满意度调查方面,微软每年花 50 万美元进行用户满意度调查,包括三个满意度指标:①微软产品的满意度;②微软公司的满意度;③售后服务的满意度。

微软还开展评选"忠诚客户"的活动,条件是:对三个满意度指标都满意;保证以后都买微软的产品;向别人推荐微软产品。微软为什么会成功?就是因为它想尽办法获得外部学习资源,这是微软的秘密武器。

4. 促进各产品组之间的联系,通过交流共享学习成果

微软的重要理念是通过交流学习实现资源共享。微软公司为了有效开展交流共享,采取了三个措施。第一,成立共同操作、沟通系统。微软是个庞大的系统,需要高度的沟通。第二,开展相互交流活动。第三,开展"东走西瞧"活动。比尔·盖茨要求员工工作时间在各产品开发组之间多走一走,看一看,这会起到沟通、交流、相互学习的作用。

问题：

上述案例对你有什么启示？

课后作业 1-3

履新者水土不服

2016年，A企业进行了人力资源战略规划，从战略出发对企业人力资源情况进行了盘点，并制定了针对性的人力资源政策，以保障战略实现。根据人力资源战略规划，为了完成优化员工年龄结构、学历结构和专业结构的目标，2017年，A企业将一批年轻的主管提拔至部门正职或副职的岗位上。一时间，这些年轻人被压抑许久的积极性得到了充分调动，也在各个部门烧了几把火。过了一段时间，人力资源总监W着手对这些新中层的工作情况进行一番调查。调查过程中，W接到了一些普通员工对新中层的投诉，反映新领导是老好人，对下级要求过于宽松。甚至一些普通员工认为，新中层"很少对他们红脸"，如果跟着新中层工作对自己的个人成长无益。W感到奇怪：这些新中层虽然年轻，但均已担任过相当长时间的主管，为什么做主管时一直没有暴露出这方面的问题呢？

问题：

上述案例对你有什么启示？

课后作业 1-4

你是千里马还是一头驴

白龙马随唐僧西天取经归来，名满天下，被誉为"天下第一名马"。白龙马想念家乡，找驴、羊、牛等儿时伙伴玩，驴迫不及待地向白龙马询问成功秘诀，白龙马说："努力工作！"这时，驴委屈得号啕大哭："为什么我这样努力工作却一无所获？"

白龙马说："我去取经时大家也没闲着，甚至比我还忙还累。我走一步，你也走一步，只不过我目标明确，十万八千里我走了个来回，而你在磨坊的小圈圈原地踏步。"驴愕然："什么是目标？"

像驴一样勤奋，工作却原地踏步；像驴一样劳累，得到的却是皮鞭，这是很多职场人真实的体验和感受。其实，摆脱驴的命运，变身为职场千里马，得到赏识并重用，并不是没有可能。

问题：

上述案例对你有什么启示？

课后作业 1-5

日本企业管理模式的精髓——人本主义管理

日本人口密集度高，自然资源奇缺，却在第二次世界大战结束后短短的30余年时间里，从战争的废墟上建立起了一个经济强国，这不能不说是世界经济发展史上的一个奇迹。20世纪七八十年代,美国曾掀起过一股日本企业热,日本式经营在20世纪80年代风靡全球。分析这种情况出现的原因,除了日本经济在70年代初期的高速发展外,一个很重要的因素在于日本企业中出现了人本主义管理理念。进一步说,日本企业管理模式的精髓是人本主义管理。

具体而言,日本企业管理模式的精髓体现在以下六个方面。

1. 严谨细致的工作作风

日本企业的管理非常严谨规范,有非常完善的企业管理制度、流程体系。日本企业上下的执行力度非常强,他们有非常强的执行意识,尊重规则,遵守规则,从会长到基层员工都会严格执行公司制度,按流程做事。而且,日本企业的工作计划性非常强,每一项工作的前期准备、计划方案、贯彻执行、数据统计、分析总结都有条不紊地进行。

2. 规范系统的人才培养机制

日本是高度重视教育的国家。重视企业内部教育培训,这不仅是日本企业的经营特色,还作为国策以法律的形式被固定下来,1958年日本专门制定了《职业训练法》。日本企业员工从入职开始,公司就会根据岗位要求为其制订完善的培训计划,培训内容包括企业精神、道德教育、管理知识、专业知识、工作技能等。

在日本企业里员工工作六个月后才会被称为正式员工,培训合格到工作现场时企业还会安排一名师傅通过"一对一"的指导员制度继续培训一年,以使其达到熟练掌握的程度。在日后的工作中,还会根据企业需要对员工的其他技能进行培训拓展,"多能工"就是日本企业人才培养的有效成果。日本企业还会安排企业管理人员轮岗,来提升管理人员的综合素质,开发管理人员的潜能,同时在轮岗的过程中通过考察来挖掘人才。日本企业绝大多数中高层管理人员都是从基层做起,一步一步提升。这充分说明了日本企业人才培养机制的重要性和有效性。

3. 兼容并包的学习精神

日本是个爱好学习的国家,总是想尽办法吸纳国外的精华,再与本国实际相结合,创造自己的东西。比如,唐朝时日本就向中国学习,学习中国的儒释道等大智慧,后又有了日本文字、茶道、和服等;明治维新时,日本向西方学习,于是有了自己的工业技术;第二次世界大战后向美国及西方等学习,博采众长,结合到本国企业实际运作中,形成了现在世界闻名的日本管理模式等。

4. 注重团队精神和整体利益

一位日本企业的副总在谈及公司管理现状时说过一句话:"现在,公司的每个人都是警察,出了问题就罚款,批评'这个事你是怎么做的'。他们忘记了'公司是个大家庭',缺少大家互相帮一把、扶一把的态度。可是,工作得往前走啊!"他认为,公司管理不是警察管犯人,而是要创造出让员工尽情发挥其能力的工作环境和条件。

5. 注重实际效果,注重快速反应

有一家中日合资公司,其在成立之初,销售人员短缺,同时面临着尽快扩大销售规模的局面。后来,该企业得知有一家国外同类企业中止了在中国的业务。于是,他们便采取灵活的政策,突破常规,留住了那家公司的一大批人才,最终实现了公司产品销售的快速增长。

6. 高度敬业的职业态度

日本人的敬业精神举世闻名,他们将工作排在第一位,甚至有时还需要有献身精神。他们认为,工作才是人生的本质和真正含义,他们崇尚忠诚与奉献。所以,他们把公司当成家,勤勤恳恳、不知疲倦地工作一生,被人称作"工蜂"。在日资企业,经常可以看到日本人加班到很晚,但第二天照样精神抖擞地上班工作。大多数日本人都把工作当成神圣的使命,当成自己的事业来做,企业员工与老板一条心。

日本人讲究忠诚与奉献,视公司为家,这与日本企业有系统、完善的福利保障是相关的。日本企业员工的职业生涯无忧,所以他们也愿意把一生都奉献给企业。日本企业的福利措施不但完善而且富有人性,比如员工入职时有迎新会,员工离职时有欢送会,让员工来的时候有家的亲切感,离开的时候对公司留有怀念之情。

问题:
1. 日本企业管理模式的精髓对我国企业有哪些启示?
2. 我国企业实施人本主义管理的制约因素有哪些?

课后作业 1-6

百丽退市启示:一个迅猛颠覆的时代到来

这是一个十倍速变化的时代。

这个时代最大的特征,就是一个字:快!

如果在大变革来临之际,不顺应时代的潮流,不做出应对之策,即便是再庞大的帝国,也不能幸免于难。

没有人,能永远站在时代的顶峰!

鞋王,再见!百丽正式退市

北京时间 2017 年 7 月 27 日下午四点,"一代鞋王"百丽国际控股有限公司正式宣布退出香港联合交易所。

2017 年 7 月 28 日,高瓴集团、鼎晖投资牵头的资本财团,宣布以 531 亿港元将百丽私有化,该收购金额刷新了港交所的最高纪录。而百丽的两位创始人,董事长邓耀和 CEO 盛百椒均没有参加此次收购,宣布出售全部的百丽股份。这也意味着他们最终以套现百亿而离场。

百丽从此不再是"百丽"!

王者没落,市值缩水近 2/3

即使收购金额打破了港交所的最高纪录,但对于百丽来说,也是一场贱卖!要知道,百丽公司曾经无限风光。

1992 年,百丽公司正式成立,当时只是一个投资刚过 200 万元的小厂。

百货商场的出现,成为百丽公司的神奇转折点——百丽公司以线下渠道为王的战略彻底爆发。百丽凭借庞大的门面、店铺占据量成为当之无愧的"鞋王"。

2007 年 5 月 23 日,百丽在香港联交所正式挂牌上市,当时总市值超过 500 亿港元。

2011 年,百丽走上巅峰。这一年,百丽公司平均不到两天便会开设一家新店。一时间,百丽利润暴涨,市值狂增。最巅峰的时候,一度达到了 1500 亿元!

中国的女孩在很长一段时间内,只要买鞋,十有八九会买到百丽和它旗下的品牌。也难怪百丽国际首席执行官兼执行董事盛百椒曾豪气地说:"凡是女人路过的地方,都要有百丽。"然而,市场没有永远的王者。仅仅十年之后,百丽已经走向了衰亡。就在百丽公司达到巅峰的时候,2013 年,电子商务彻底爆发,颠覆了传统商业的线下单渠道模式。面对电子商务的出现,百丽公司继续以线下为王,这种顽固的态度让它付出了惨重的代价。

2014 年,百丽公司开始首次出现店铺负增长。百丽从疯狂增长,转入疯狂骤减——百丽从此前平均不到两天就开一家新店,变成了平均不足两天就关一家门店。

2016 年 6—8 月,百丽公司在内地关闭了 276 家门店,平均每天关店 3 家。截至 2017 年 2 月 28 日,百丽在国内还剩 13062 家鞋类店铺。

2014 年、2015 年、2016 年,百丽公司的营业收入分别为 504.74 亿元、484.52 亿元、470.83 亿元,净利润分别为 60.1 亿元、34.85 亿元、27.13 亿元。短短三年时间,净利润暴跌了 55%。

"鞋王"的唏嘘落幕,不仅意味着以百货商场为核心的时代正式结束,更说明了一个快速颠覆的时代到来!

前事不忘,后事之师

一定意义上讲,一部百丽的衰落史,所折射出的是一部中国实体零售店的衰落史。

在迅速发展壮大的电商的冲击下,实体零售业正在经历着一"劫"又一"劫"。

近几年,一家家带着岁月记忆的实体店或黯然离场,或不得不闭店改造,实体零售业整体进入了休整期。

百丽的案例说明:这是一个变化的时代。

一日千里的科技,正在使一切坚固的,变成脆弱的;使一切岿然不动的,变成变动不安的。

百丽的案例说明:没有一种商业模式是永恒的。

再大的帝国也要学会居安思危,更要适应时代的变革!500 强公司的平均寿命已经从 20 世纪 20 年代的 67 年缩短到了 2015 的 12 年。百丽由盛而衰,仅用了 10 年。

百丽的案例说明:过去的企业竞争,只是二维的、同行业之间的竞争;而如今这个时代的竞争,则是三维、四维乃至更高维度的跨界竞争!

你不主动改变自己,别人就会来改变你;你不主动颠覆自己,别人就会颠覆你。

中国企业要活下去,就必须具有强烈的危机感,战战兢兢,如履薄冰!即使在日子过得不错的时候,也要始终保持自我颠覆、自我革新和快速迭代的动力。

这个时代唯一不变的就是变化!

问题:

1. 查阅相关资料,了解百丽的发展历史。
2. 百丽的案例说明了什么?

课后作业 1-7

加多宝神话为何破灭

"怕上火,喝×××"让大家记住了这样一款凉茶产品,而现在,这个凉茶也"上火"了——加多宝集团正遭遇停工、裁员、资金链紧张等问题。

1. 工厂停产,公司裁员

2016年11月,据北京时间报道,国庆假期后,第二场裁员风波正在加多宝集团内部悄悄蔓延,继底层工厂的大幅裁员后,加多宝集团开始从中层的职能部门"开刀"。即使是跟随加多宝从广州建厂到北京总部成立的十多年老员工,在第二波裁员中也未能幸免。

另外据记者证实,为加多宝集团做了四年代加工的汇源集团已经停掉了下属六家工厂的全部生产线。

北京时间记者从加多宝总部的工作人员处了解到,裁员计划从北京总部向位于华北、西北、华南等地的销售分公司同时推进。其中,加多宝西北大区分部成为最先被砍掉的分支,包括行政、人事、销售等已经全部解散。

另一波动荡最大的是加多宝位于北京亦庄的总部,据一位员工透露,人事主管已经找相关部门单独约话,直言公司正在缩减人力成本。在记者接触到的多名加多宝员工中,部分人员已经处于被离职状态,另外一些人因为没有拿到合理的补偿款正在申请劳动仲裁。

2. 市场疲软,母公司停止注资

据澎湃新闻记者从渠道方面了解,凉茶生意面临下行压力。

一名卖场人士称,整个凉茶品类今年都出现了下行迹象,该人士认为,消费低迷,加上人们更愿意选择天然、无添加的饮品,使包括凉茶、碳酸饮品等商品销量都出现了下降趋势,相反纯净水的销量则出现了上升。

据北京时间报道,在2016年上半年,加多宝就开始出现资金紧张的问题。据悉,加多宝北京总部曾出现拖欠物流公司款项的事件,导致合作的物流公司拒绝为加多宝送货。截至目前,加多宝还有多名供应商的欠款没有结算,这些供应商大多是跟加多宝有长期合作关系,欠款的金额在几万元到几十万元。

据加多宝知情人透露,加多宝出现资金问题的根本原因是香港鸿道集团停止注资,加多宝需要自负盈亏。

3. 曾经的辉煌,架不住加多宝的折腾

(1) 建厂速度太快,销售业绩停滞不前

加多宝集团先后在北京、东莞、绍兴、武汉、杭州、四川等地自建了十余家分部,并投产生产,消耗资金达到几十亿元。

根据已有的资料,2012年,加多宝的年销售额就已经突破200亿元。而2013年,加多宝集团品管部总经理庞振国在接受媒体采访时表示,加多宝2013年销售额在2012年的基础上增长了20%~30%,接近260亿元。但是,根据2015年的数据,加多宝的销售额在250亿元左右。这三年里,加多宝的销售业绩处于停滞甚至倒退的状态。

（2）金罐加多宝是败笔之作

其实，广药集团和加多宝关于王老吉的商标之争，并没有给加多宝的品牌造成多大的影响。一是加多宝虽失去了商标权，但赢得了配方，这也是一种剑走偏锋的不对称优势。二是加多宝博得了大众的同情。

但加多宝可能太急于向大众证明跟王老吉划清界限了。它迫不及待地推出金罐，并且选择春节期间进行上市，寓意满堂金，意欲讨节日的好彩头。岂不知，在看惯了各类包装的消费者心里，贸然换个金罐，却打破了大家固有的印象，以及放弃了之前熟悉的那种认知，这就无端损失了一部分原先的忠实消费者。另外，金色与红色搭配，也使人们在节假日之外的时候不愿选择金罐。

最致命的是，在推出金罐加多宝的大范围广告之后，金罐产品却跟进不到位造成了渠道方面的只见海报不见货，这给经销商和消费者的购买和消费，造成了很大的障碍。

（3）炒作踩踏了政治底线

在任何国家，企业炒作都要关注一条高压线——这条线关乎政治，关乎导向，而加多宝却意识不到这条底线所带来的杀伤力，这足以让一个品牌之前所有的好口碑都消失殆尽。

某大V发微博，不管是有心还是无意，调侃革命烈士邱少云，并宣称开烧烤店。这种网络上的大V以及微博上的各方言论，企业方本应予以细致甄别，而加多宝只看到了大V的粉丝量和影响力，忽视了这件事情背后存在的对于百姓认知的导向，加多宝很失败地跟风大V的微博，并且表示愿意免费赞助烧烤店。

随着时间的发酵，最终加多宝被烈士子女告上了法庭，而在这一事件中，可以说，没有人会为加多宝说一句话，因为，加多宝已经踩了公然挑战道德观的这条线！

（4）频出高管贿赂、高管离职及投资商撤资之事

一个企业的管理团队非常重要，因为所有事情都要依靠人来做。而加多宝集团的董事长率先出了不光彩的事，之后总裁又离职，最终难免被投资方所抛弃。

据传，加多宝集团董事长陈鸿道是个外逃分子，外逃原因是陈鸿道在2002年通过3次行贿，以300万港币对广药集团原总经理李益民进行行贿，以低于国际惯例100多倍的价格租赁了王老吉商标，利用非法手段赚取了巨额利益。2005年10月，陈鸿道被广州边防部门抓获归案，当月陈鸿道申请取保候审，并于此期间潜逃至香港，后音讯全无。

这样一个被社会所不齿的人，却依然是加多宝的董事长，这给加多宝带来的负面影响是不容小觑的。

此外，几乎参与过加多宝全部重要战略和见证加多宝辉煌的原集团总裁爱星也在2015年年底离职，随后高管离职过半。这是因为，除了市场和销量不景气，加多宝的内斗也异常激烈，新任总裁无力回天，最终导致投资方香港鸿道集团停止注资。而加多宝无力自负盈亏，最终资金链断裂。

加多宝的营销神话破灭，足以给中国的其他民族企业敲响警钟。

我们希望中国有自己的百年企业，但是，打造百年企业不能仅仅靠雄心壮志和口号，还需要修炼内功，科学规划，合理的成本控制，专业的策划、营销。而最需要的是有一颗战胜贪欲、为民族企业复兴和发展而奋斗的心！

问题：
1. 查阅相关材料，了解加多宝发展过程中经历了什么风波？有什么教训？
2. 你认为加多宝还能走出困境吗？

推荐阅读书目

[1] 尤瓦尔·赫拉利.未来简史：从智人到智神[M].林俊宏,译.北京：中信出版社,2017.

[2] 尤瓦尔·赫拉利.人类简史：从动物到上帝[M].林俊宏,译.北京：中信出版社,2017.

[3] 莫提默·J.艾德勒,查尔斯·范多伦.如何阅读一本书[M].郝明义,朱衣,译.北京：商务印书馆出版,2004.

[4] 高铭.天才在左 疯子在右[M].北京：北京联合出版公司,2016.

[5] 迈克尔·波特.竞争战略[M].陈小悦,译.北京：华夏出版社,2003.

[6] 迈克尔·波特.竞争优势[M].陈小悦,译.北京：华夏出版社,2005.

[7] 唐浩明.曾国藩[M].青岛：青岛出版社,2018.

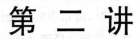

教学目的与要求

1. 了解隐形冠军们的成功经验
2. 掌握在管理领域"变则通,通则明"的道理
3. 要求学生在课外查找并总结与隐形冠军相关的材料

教学重点与难点

教学重点:企业文化创新的方式
教学难点:战略思维

主干案例

案例1 船主为什么会变好

在17—18世纪,英国的许多犯人被送到澳大利亚流放服刑,私营船主接受政府的委托承担运送犯人的任务。刚开始,英国政府按上船时犯人的人头给船主付费。船主为了牟取暴利,克扣犯人的食物,甚至把犯人活活扔下海,犯人在运输途中的死亡率最高时达到94%。后来英国政府改变了付款的办法,按活着到达澳大利亚下船的犯人人头付费。结果,船主们想尽办法让更多的犯人活着到达目的地,犯人的死亡率最低降到1%。

案例 2 降落伞何以 100% 合格

这是发生在第二次世界大战中期,美国空军和降落伞制造商之间的真实故事。

当时,降落伞的安全性能不够。在厂商的努力下,合格率已经提升到 99.9%,但军方要求产品的合格率必须达到 100%。对此,厂商不以为然,他们认为能够达到这个程度已接近完美,没有必要再改进。他们一再强调:任何产品也不可能达到绝对的 100% 合格,除非奇迹出现。不妨想想,99.9% 的合格率,就意味着每 1000 个伞兵中,会有 1 人因为产品质量问题在跳伞中送命,这显然会影响伞兵们战前的士气。后来军方改变了检验产品质量的方法,决定从厂商前 1 周交货的降落伞中随机挑出 1 个,让厂商负责人装备上身后,亲自从飞机上跳下。这个方法实施后,奇迹出现了:降落伞不合格率立刻变成了零。一开始,厂商们总是强调难处,为什么制度一改,厂商们再也不讨价还价,乖乖地、自主地绞尽脑汁做好产品呢?主要原因在于,前一种制度并没有最大限度地涉及厂商们的自身利益,以致厂商们对于千分之一的不合格率感受不深,甚至认为这是正常的产品质量水平,对"伞兵们每 1000 人必死 1 个"的现象表现漠然。后来制度改变后,老板们自己要先当一回"伞兵",于是产品品质史上的奇迹产生了。

知识点精要

一、变则通,通则明——思路决定出路

冲破旧观念的牢笼。
制度规则。
激活人的主动性和创造性。
切身利益。

二、赫尔曼·西蒙:隐形冠军们的七点成功经验

德国管理大师赫尔曼·西蒙历时十余年,对德国 500 余家中小企业进行分析、研究后,提出了"隐行冠军"的概念。西蒙认为,隐形冠军必须达到以下三个标准:其一,它必须拥有其产品的国际市场份额的第一或者第二的位置;其二,它必须是鲜为人知的中小公司;其三,它是社会知名度低的公司。

赫尔曼·西蒙通过研究,总结出了隐形冠军们的七点成功经验。

1. 燃烧的雄心

目标非常明确。"我们要在这个领域成为全世界最优秀的一员,不仅要占据最高的市

场份额,而且要在技术和服务方面做到最出色。"

2. 专注到偏执

例如,温特豪德(Winterhaiter)公司,它的定位非常狭窄,就是给餐厅和宾馆定制洗碗机。

3. 自己攥紧客户

每一步扩张都在建立自己的子公司,通过子公司服务全球的目标市场,而不是通过分销商。永远不要在你和客户之间插入第三者。

4. 贴近卓越客户

如果你想成为全球市场的领导者,那么你的客户也必须是全球顶级的。

5. 非技术创新

服务的创新,不断改进。

6. 毗邻最强者

与最强的对手在一起,与最强的竞争对手保持亲密的关系。

7. "事必躬亲"

要想形成卓越的品质,要求在产品加工制造方面有特殊的造诣、特殊的深度,自己做所有能够做的事情。

三、家族企业在中国为何能取得短暂成功

原因一:血浓于水的凝聚力、向心力

一个家族的人由于亲情血缘关系,比家族以外的人更容易相融。

原因二:高效的工作效率

在家族企业里,总有一个在家族中比较有权威的人居于企业的最高位,亲自掌握企业的经营管理。

当企业决策时,家族成员会和企业最高管理者迅速形成统一的观点,决策过程比较简单,工作效率较高。

原因三:易于控制管理,保密程度高

家族利益和企业利益相一致,大家为着一个共同的目标努力,所以在家族企业里各部门的关系容易协调,上令下达,易于控制管理。

四、中国家族企业短命病因

1. 先天不足导致发育畸形

缺乏科学的战略规划;
缺乏长期培养忠诚客户的理念;
只关注"如何一夜暴富";
低素质、不愿革新。

2. 心浮气躁导致虚火过旺

脚踏实地来得太慢,心浮气躁;

好大喜功;

没有研发,没有核心竞争力。

3. 不守规律导致昙花一现

违背了生存规律;

太相信奇迹、太崇拜奇迹;

轻视企业从小到大、由弱到强的发展规律;

轻视依靠制度,强调个人创造能力。

4. 家族企业仍缺乏社会和舆论环境优势

金融机构的"惜贷、恐贷、拒贷"现象仍然存在,致使中小企业缺乏资金支持,融资困难;

金融、财政部门等方面的政策和资金支持力度小;

社会化教育培训、管理咨询、市场营销、技术开发和法律援助等方面中介机构支持少之又少;

社会化服务体系尚未完全建立健全起来。

五、重视企业文化建设

夯实基础,循规蹈矩;

日清日高,厚积薄发;

坦荡透明,荣辱不惊;

耐得住寂寞,经得起诱惑。

例如:文化理念。

宝马公司:"只有每一个人都知道自己的任务,才能目标一致。"

奥迪公司:"竞争是从来不睡觉的。"

西门子公司:"过去总是开头,挑战在后头。"

德国强调依法治国,为德国企业建立诚信、守法的企业文化奠定了基础。

德国文化主张博爱、平等、勤俭、节制等价值观念。

管理实例——悟性与启示

管理实例 2-1

一个"顺"字治天下

北宋大学者张载曾豪言:"为天地立心,为生民立命,为往圣继绝学,为万世开太平。"

谁能至此,只有"顺"字。这豪言在"顺"字上得到了实现:"顺"为天地之心,一切在"顺"的支配下运行;"顺"为生民立命,只有顺应方能还民以安生;"顺"为往圣继绝学,"顺"是文化的最高境界;"顺"为万世开太平,只有天下"顺"、民心"顺",才能确保天下苍生万世之太平。

"顺"不是逆来顺受,"顺"不排除斗争,"顺"是在高层次上顺应规律、正义、进步,小的不"顺"是为了实现大的"顺"。

顺天下的目标是,人们的言行像道路交通一样,都按照理性顺序前行,这样世界就形成了健康运转的局面。"顺"之虽好,但不能一呼而就,在广泛倡导、使人们明其理的基础上,还需要实施"民格工程"。如果全国,乃至世界各国都实施"民格工程",那就是大"顺"、全面的"顺"、彻底的"顺",到那时必天下幸甚,人类幸甚,"天下一家人"的目标便指日可待。

启示:

"顺"字是天下第一字,最重要的一个字,没有什么字比它更重要了。"顺"是事物产生、变化、消亡的一切规律的概括,所有规律的本质就是"顺"。"顺"是检验真理的标准,"顺"是指导人们言行的最高准则。

凡是搞糟的事情,大多是因为没有顺,不顺则不幸。人世间有两大悲哀:自私和不顺。自私是万恶之源,不顺是自取其祸。

庄子尊崇"无为而治是最好的管理"的观点。他及其后学中的黄老派认为,"顺道而行"是理想领导者最完善的品质之一,是他们进行组织管理的一种最高行为原则。因此,管理者自身要"顺道而治",下属也要"顺道而治",只有这样才能管理好组织,才能治理好天下。

管理实例 2-2

任 用 人 才

李世民即帝位不久,按秦王府文学馆的模式,新设弘文馆,进一步储备天下文才。李世民知人善任,用人唯贤,不问出身。即位初期,他延揽房玄龄、杜如晦,后期则任用长孙无忌、杨师道、褚遂良等,这些人皆为忠直廉洁之士;其他如李勣、李靖等,亦为一代名将。此外,李世民还不计前嫌,重用李建成旧部魏徵、王圭,降将尉迟恭、秦琼等,人才济济。又命高士廉、令狐德棻等人重修《氏族志》,着重立德、立言、立功,以功臣代替世胄;又通过科举,吸纳有才干的庶族士人,用科举代替门第。如此一来,寒门子弟入仕的机会大增,为政坛带来新气象。此外,更接纳封德彝之议,命宗室出任官吏,以革除其坐享富贵的恶习。

启示:

"重人"是中国传统管理的一大要素。它包括两个方面:一是重人心向背;二是重人才归离。要夺取天下,办成大事,人是第一位的,故我国历来讲究得人之道、用人之道。

李世民任用人才时,不问出身,不计前嫌;以功臣代替世胄,用科举代替门第。这一切举措都是因为他重视人才,善于用人。李世民在位期间,积极听取群臣意见,对内以文治天下,虚心纳谏,例行节约,劝课农桑,使百姓能够休养生息,国泰民安,从而开创了"贞观之治"的盛况。

一个领导者要想成功,必须学会用人,而且重用人才不需要考虑他的出身和地位。只有做到这一点,他离成功才会更近。

管理实例 2-3

李 勉 葬 银

李勉是唐朝人,以诚信儒雅的君子风度闻名。

他虽然家境贫寒,但从不贪取不义之财。

有一次,他出外学习,住在一家旅馆里。正好遇到一个准备进京赶考的书生,也住在那里。两个人一见如故,经常在一起谈论古今,讨论学问,成了好朋友。

有一天,这位书生突然生病,卧床不起。李勉连忙为他请来郎中,并且按照郎中的吩咐帮他煎药,照看着他按时服药。一连好多天,李勉都细心照顾着病人的起居饮食等。可是,那位书生的病不但没有好转,反而一天天地恶化。看着日渐虚弱的朋友,李勉非常着急,经常到附近寻找民间药方,并且一个人跑到山上去挖药店里买不到的草药。

一天傍晚,李勉挖药回来,先到朋友的房间,看见书生气色似乎好了一些。他心中一阵欢喜,关切地凑到床前问:"哥哥,感觉可好一些?"

书生说:"我想,我剩下的时间不多了,这可能是回光返照。临终前,我还有一事相求。"

李勉连忙安慰道:"哥哥别胡思乱想,今天你的气色不是好多了吗?只要静心休养,不久就会好的。哥哥不必客气,有事请讲。"

书生说:"把我床下的小木箱拿出来,帮我打开。"李勉按照吩咐做了。

书生指着里面一个包袱说:"这些日子,多亏你无微不至的照顾。这是一百两银子,本是赶考用的盘缠,现在用不着了。我死后,麻烦你用部分银子替我筹办棺木,将我安葬,其余的都奉送给你,算我的一点心意。请千万要收下,不然,我到九泉之下也不会安宁的。"

李勉为了使书生安心,只好答应收下银子。

第二天清晨,书生真的去世了。李勉遵照他的遗愿,买来棺木,精心为他料理后事。剩下了许多银子,李勉一点也没有动用,而是仔细包好,悄悄地放在棺木下面。

不久,书生的家属接到李勉报丧的书信后赶到客栈。他们移出棺木后,发现了陪葬的银子,都很吃惊。了解到银子的来历后,大家都被李勉诚实守信、不贪财的高尚品行所感动。

后来,李勉在朝廷做了大官,他仍然廉洁自律,诚信自守,深受百姓爱戴,在文武百官中也是德高望重的好官。

启示:

李勉诚实守信的高尚品行感动了大家,为官后仍廉洁自律,诚信自守,深受百姓爱戴,更影响了文武百官。治国要守信,办企业也要守信。诚信是中华民族的传统美德,对企业文化的塑造也有着重要意义。对内诚信,利于各个环节和部门和谐运作;对外诚信,则利于稳固市场根基,利于企业做大做强。诚信是企业最宝贵的无形资产,成功的商人多是诚信、商业信誉度高的人。

管理实例 2-4

高阳酒徒

刘邦行军至高阳,访求贤士。正好沛公军队中有一位骑士的家在高阳,于是这位骑士回家探亲。这时,高阳人郦食其为其同乡,于是就请他代为向刘邦引荐自己。他对骑士说:"我听说沛公傲慢看不起人,但他有许多远大的谋略,这才是我真正想要追随的人,只是苦于没人替我介绍。你见到沛公,可以这样对他说,我的家乡有位郦先生,年纪已六十多岁,身高八尺,人们都称他是狂生,但他自己说并非狂生。"骑士说:"沛公并不喜欢儒生,许多人头戴儒生的帽子来见他,他就立刻把他们的帽子摘下来,在里边撒尿。在和人谈话的时候,动不动就破口大骂。所以,您最好不要以儒生的身份去向他游说。"郦食其对他说:"你只管像我教你的这样说。"骑士回去之后,就按郦生嘱咐的话从容地告诉了沛公。

果然,骑士的引荐发挥了作用,郦食其见到了沛公。但刘邦在召见他时,正踞坐在床,令两女子给其洗脚。郦食其大为不满,长揖不拜,直接斥责道:"您是想帮助秦国攻打诸侯呢,还是想率领诸侯灭掉秦国?"刘邦骂道:"你个奴才相儒生!天下的人同受秦朝的苦已经很久了,所以诸侯们才陆续起兵反抗暴秦,你怎么说帮助秦国攻打诸侯呢?"郦生曰:"如果您下决心聚合民众,召集义兵来推翻暴虐无道的秦王朝,那就不应该用这种倨慢不礼的态度来接见长者。"于是,刘邦起身道歉,整理好衣服后,以礼接待了郦食其。

当时,郦食其有个弟弟名叫郦商,陈胜起兵时,他亦聚数千人响应。郦食其归汉,郦商率领部下四千多人加入沛公队伍。

启示:

"重人"是中国传统管理的一大要素,一是重人心向背,二是重人才归离。刘邦重用郦食其就体现了"重人",也正因为"重人",刘邦方才成就霸业。

"运筹策帷幄之中,决胜于千里之外。"这句中国名言说明:在我国古代治国、治军、治生等一切竞争和对抗活动中,都必须统筹谋划,讲究对策,以智取胜。《孙子》道:"知彼知己,百战不殆;不知彼而知己,一胜一负;不知彼,不知己,每战必殆。"郦食其为了自己的仕途而提前了解刘邦的特点,便体现了这一点。综上,刘邦和郦食其的做法都充分体现了管理的重要性。

管理实例 2-5

商 鞅 变 法

商鞅变法是指战国时期法家著名人物商鞅在秦国进行的两次政治改革,是商鞅于公元前356年在秦孝公在位期间以富国强兵为目的实施的改革,对战国末年秦国的崛起发挥了重要作用。

春秋战国时期是奴隶制崩溃、封建制确立的大变革时期。这一时期,铁制农具的使用和牛耕的逐步推广,导致奴隶主的土地国有制逐步被封建土地私有制所代替。随着封建经济的发展,新兴地主阶级纷纷要求在政治上进行改革,发展封建经济,建立地主阶级统治。各国纷纷掀起变法运动,如魏国的李悝变法、楚国的吴起变法等。商鞅变法正是在这种背景下发生的。

商鞅对经济的改革是以废除井田制、实行土地私有制为重点。这是战国时期各国中唯一用国家的政治和法令手段在全国范围内改变土地所有制的变革。主要内容如下:废井田、开阡陌,废除奴隶制土地国有制,实行土地私有制;重农抑商、奖励耕织,发展封建经济;统一度量衡。

商鞅对政治的改革是以彻底废除旧的世卿世禄制,建立新的封建专制主义中央集权制为重点。主要内容如下:奖励军功,实行二十等爵制,废除世卿世禄制,鼓励宗室贵族建立军功,以增强军队战斗力;改革户籍制度,实行连坐法,并推行县制;定秦律,"燔诗书而明法令"等。

商鞅变法是中国战国时期各国改革中最彻底的改革。经过商鞅变法,秦国的经济得到发展,军队战斗力不断加强,发展成为战国后期最富强的封建国家。后来,商鞅因作法自毙而遭到五马分尸,但秦惠王和他的子孙都继续实行其新法,为后来秦灭六国、统一中国奠定了基础。

启示:

商鞅变法为秦灭六国、统一中国奠定了基础。如今的各种法律也为祖国统一、和平发展提供了保障。法治,把人与人之间相处、相存、相争、相让的原则予以细化和明确,体现了文明精神。所以,法治之于治国而言至关重要。韩非认为,法治优于人治,主张应有公开性和平等性,法律面前人人平等,人人都得守法。以法明理、明德,则一湖水中所有水滴均受益。所以,商鞅变法给我们的启示是:依法治国,则国盛人和。

管理实例 2-6

规章制度是严点好还是宽点好

某学校召开领导班子会议,研究学校的规章制度建设问题。党支部书记提出,根据依法治校的精神,要对学校规章制度进行全面修订。这次修订要求制度定得严一点还是宽一点,请大家讨论并定调,让各部门根据这个调子对规章制度进行修订。

规章制度是严点好还是宽点好,大家议论纷纷。有人认为,规章制度要从严、从细,越严越细,越能堵塞漏洞。还有人认为,出了问题,就说明制度有漏洞、不科学,规章制度要靠人来操作,关键是人的素质问题——对于那些高素质的人,即便没有制度约束,也不会出问题。制定制度,要建立在对大家的基本信任的基础上,要给责任人一点负责的空间。如果把什么都定得很死,反而不利于发挥责任人的作用。一时间,双方争持不下。

启示:

规章制度是严点好还是宽点好?应从人性假设理论出发。人性假设理论是美国道格拉斯·麦格雷戈提出的两套系统性假设——X 理论和 Y 理论。

对于信奉 X 理论的人来说,他们通常认为,人是由经济诱因来引发工作动机的,其行为目的在于获得最大的经济利益。他们希望有正规的、严厉的组织规章制度来要求自己的工作,而不愿意参与问题的决策、承担责任。对于这种人来说,最好的解决方法就是强化指导与控制,强化监督与条例,即制定严格的规章制度。

对于信奉 Y 理论的人来说,他们认为人工作的主要动机是社会需求,人们可以通过与同事的关系获得基本的认同感,他们需要更多的自制责任与发挥个人创造的机会。对于这种人来说,最好的解决方法就是留给他们个人负责的空间,即规章制度应设置得宽松一点。

总的来说,规章制度的设定,应以人为本,从人性出发,以调动员工的积极性和责任心为基础,以自觉自愿遵守为原则。

管理实例 2-7

回到管理学的第一个原则

纽曼公司的利润在过去一年来一直在下降,尽管在同一时期,同行们的利润在不断上升。公司总裁杰克先生非常关注这一问题。为了找出利润下降的原因,他花了几周的时间考察公司的各个方面。接着,他决定召开各部门经理人员会议,把他的调查结果和他得出的结论连同一些可能的解决方案告诉他们。

杰克说:"我们的利润一直在下降,我们正在进行的工作大多数看来也都是正确的。比如说,推销策略帮助公司保持住了在同行中应有的份额。我们的产品和竞争对手的一样好,我们的价格也不高,公司的推销工作看来是有效的,我认为还没有必要改进什么。"他继续评论道:"公司有健全的组织结构、良好的产品研究和发展规划,公司的生产工艺在同行中也处于领先地位。可以说,我们的处境良好。然而,我们的公司却面临这样严重的问题。"

室内的每一个人都有所期待地倾听着。杰克开始讲到了劳工关系:"像你们所知道的那样,几年前,在全国劳工关系局选举中,工会没有取得谈判的权利。一个重要的原因是,我们支付的工资一直至少和工会提出的工资率一样高。从那以后,我们继续给员工提高工资。问题在于,没有维持相应的生产率。车间工人一直没有能生产足够的产量,可以把利润维持在原有的水平上。"杰克喝了点水,继续说道:"我的意见是要回到第一个原则。近几年来,我们对工人的需求注意得太多,而对生产率的需要却注意得不够。我们的公司是为股东创造财富的,不是工人的俱乐部。公司要生存下去,就必须要创造利润。我在上大学时,管理学教授们十分注意科学管理先驱们为获得更高的生产率所使用的方法,这就是为了提高生产率广泛地采用了刺激性工资制度。在我看来,我们可以回到管理学的第一原则,如果工人的工资取决于他们的生产率,那么工人就会生产更多。管理学先辈们的理论在今天一样在指导我们。"

启示：

杰克采取的是权变管理理论的思想。在杰克的管理方式中，他认为"如果工人的工资取决于他们的生产效率，那么工人就会生产更多"，这一点正好符合权变管理理论中"把组织看成一个既受外界环境影响，又对外界环境施加影响的'开放系统'"这一观点。工人的生产率可以影响工人的工资，反过来，工人工资的高低也会影响他们的生产率。在管理方面，根据不同的情况采取不同的管理方法，和权变管理理论中的人事观点如出一辙。

作为公司总裁，杰克采取的是权变理论的领导方式观点——认为不存在一种普遍适用的"最好的"和"不好的"领导方式，一切以组织的任务、个人或小组的行为特点，以及领导者与职工的关系而定。他没有一味地批评否认某个小组的工作，而是客观地分析问题，提出"回到管理学的第一个原则"的管理方法，这样做不仅可以提升工人的生产效率，提高公司的利润，还会让工人对他更加忠心。

管理实例 2-8

雷鲍夫法则

在下面 8 条中，有 6 条是由美国管理学家雷鲍夫总结提炼的，只有第 1 条和第 4 条是别人补充的。管理界将语言交往中应注意的这 8 条法则，统称为"雷鲍夫法则"。也有人将雷鲍夫法则称为"建立合作与信任关系的法则"，还有人将雷鲍夫法则称为"交流沟通的法则"。

在我们着手建立合作和信任关系时，要牢记我们的语言中：

(1) 最重要的八个字是：我承认我犯过错误；
(2) 最重要的七个字是：你干了一件好事；
(3) 最重要的六个字是：你的看法如何；
(4) 最重要的五个字是：咱们一起干；
(5) 最重要的四个字是：不妨试试；
(6) 最重要的三个字是：谢谢您；
(7) 最重要的两个字是：咱们；
(8) 最重要的一个字是：您。

启示：

首先，雷鲍夫法则中最主要体现的就是：认识自我与尊重他人。第一句体现的就是在人际交往中首先要认识自己的不足，勇于承认自己的过错。后面主要表达的是善于听取他人意见、相信队友、团队合作、勇于尝试和尊重他人。这些都有利于和他人建立合作与信任关系。

其次，雷鲍夫法则从语言交往的角度，揭示了建立合作与信任的规律。在我们着手建立合作与信任关系的时候，应该将雷鲍夫法则自觉而灵活地运用到我们的交流与沟通中，这样自然会产生事半功倍的效果。

最后，我们在生活中一定要合理运用雷鲍夫法则，它能使我们更好地与他人沟通和合作。

管理实例 2-9

纽约市公园及娱乐部实施全面质量管理

纽约市公园及娱乐部的主要任务是负责城市公共活动场所（包括公园、沙滩、操场、娱乐设施、广场等）的清洁和安全工作，并增进市民在健康和休闲方面的兴趣。

市民将娱乐资源看作重要的基础设施，因此市民们对该部门重要性是认同的。但是在采用何种方式实现其使命，及该城市应投入多少资源去实施其计划等方面，却难以达成共识。该部门面临着管理巨大的系统和减少的资源等问题。和美国其他城市相比，纽约市的计划是庞大的。

为了对付预算削减，并能维持庞大复杂的公园系统，该部门采纳了全面质量管理技术，以求"花更少的钱干更多的事"。

该部门的策略是将全面质量管理逐步介绍到组织中，即顾问团训练高层管理者让他们接受全面质量管理的核心理念，将全面质量管理观念逐步灌输给组织成员。这种训练提供了全面质量管理的概念，选择质量改进项目和目标团队的方法，管理质量团队和建立全面质量管理组织的策略。虽然存在问题，但这些举措使全面质量管理在实施的最初阶段获得了成功。

在执行全面质量管理技术五年后，情况出现了变化。有关分析显示了该部门实施全面质量管理所获得的财政和运作收益：总共节省了71.15万美元，平均每个项目1年节约7.1万美元。

启示：

全面质量管理就是以产品质量为核心，建立一套科学、严密、高效的质量体系，以提供满足用户需要的产品或服务的全部活动。这种体系所提供的"一个过程，四个阶段，八个步骤，数量统计方法"的基本实施方案也能很好地使企业中全员参与改进工作。纽约市公园及娱乐部实施全面质量管理，可以初步解决面临的"管理巨大的系统和减少的资源"的问题。

从这个实例中，不得不感叹管理技术得当的重要性。对于一个企业，一个团体，抑或是一个机构，如果没有一套适合自己的管理体系，就可能会逐步走向衰弱，甚至分裂。

全面质量管理虽然只有六个字，但作用却很大。让每个成员以全面质量管理为核心理念展开工作虽然很难，但纽约市公园却做到了，给了我们一个成功的示范。

组织中成员的团结协作也是非常重要的。对管理者而言，要做好管理工作，除了设计一套适用的管理体系外，还需要做好内部的团结协作工作。当然，要实现完全的团结协作是很难的。所以，管理者还应该从成员的意见中"取其精华，去其糟粕"，争取与大部分人的意见相似，以降低实施难度。

管理实例 2-10

《孙子兵法·谋攻篇》

孙子曰：夫用兵之法，全国为上，破国次之；全军为上，破军次之；全旅为上，破旅次之；全卒为上，破卒次之；全伍为上，破伍次之。是故百战百胜，非善之善者也；不战而屈人之兵，善之善者也。

故上兵伐谋，其次伐交，其次伐兵，其下攻城。攻城之法，为不得已。修橹轒辒，具器械，三月而后成；距堙，又三月而后已。将不胜其忿而蚁附之，杀士三分之一，而城不拔者，此攻之灾也。

故善用兵者，屈人之兵而非战也，拔人之城而非攻也，毁人之国而非久也，必以全争于天下，故兵不顿而利可全，此谋攻之法也。

故用兵之法，十则围之，五则攻之，倍则分之，敌则能战之，少则能逃之，不若则能避之。故小敌之坚，大敌之擒也。

夫将者，国之辅也。辅周则国必强，辅隙则国必弱。

故君之所以患于军者三：不知军之不可以进，而谓之进，不知军之不可以退，而谓之退，是谓縻军；不知三军之事，而同三军之政，则军士惑矣；不知三军之权，而同三军之任，则军士疑矣。三军既惑且疑，则诸侯之难至矣，是谓乱军引胜。

故知胜有五：知可以战与不可以战者胜，识众寡之用者胜，上下同欲者胜，以虞待不虞者胜，将能而君不御者胜。此五者，知胜之道也。故曰：知彼知己，百战不殆；不知彼，而知己，一胜一负；不知彼，不知己，每战必败。

启示：

谋攻，顾名思义，即用谋略战胜敌人。百战百胜虽然在结果上看很美好，但是算不上高明。最高明的是，不用交战就让全部敌人降服。而这便要求，实施军事行动前，应先使用谋略，武力次之，而攻打敌人则是下下策。

兵法不仅适用于军事，还可以运用到社会生活的各个方面。兵法中说，将帅是国君的辅佐，一个国家的兴衰与将帅辅佐的好坏有必然的关系。企业管理者就好比将帅，需要从各个方面配合好企业的发展，并且领导企业成员一起进步。

即便是一个当下资金雄厚的企业，如果没有自己独特且有效的管理方法，也无法获得更好更大的发展。所以，作为管理者，需要充分运用自己的谋略与策略。就如兵法中说的一样，善于用兵的人，不是去和敌人硬碰硬，而是用智取胜。谋攻的原则，要做到军队不受挫而胜利可全得。

一个合格的管理者，不仅要熟悉企业自身的内部情况，还要有洞察别的企业的能力，要时时掌握竞争者的动向。这样才能使企业即使受到竞争者"偷袭"时，也能从容不迫。

综合技能——训练与提升

技能训练 2-1

县令买饭

南宋嘉熙年间,江西一带山民叛乱。身为吉州万安县令的黄炳,调集了大批人马,严加守备。一天黎明前,探报来说,叛军即将杀到。黄炳立即派巡尉率兵迎敌。巡尉问道:"士兵还没吃饭,怎么打仗?"黄炳却胸有成竹地说:"你们尽管出发,早饭随后送到。"黄炳并没有开"空头支票",他立刻带上一些差役,抬着竹箩木桶,沿着街市挨家挨户叫道:"知县老爷买饭来啦!"当时城内居民都在做早饭,听说知县亲自带人来买饭,便赶紧将刚烧好的饭端出来。黄炳命手下付足饭钱,将热气腾腾的米饭装进木桶就走。这样,士兵们既吃饱了肚子,又不耽误进军,打了一个大胜仗。这个县令黄炳,没有亲自捋袖做饭,也没有兴师动众劳民伤财,他只是借百姓的人,烧自己的饭。县令买饭之举,看起来平淡无奇,甚至有些荒唐,但却取得了很好的效果。

问题:
1. 县令的做法有何特点?
2. 写一篇小论文阐述如何利用资源并整合资源?

答案:
1. 特点:知人善用,借力而行。

妥善地管理企业,不在于你拥有多少资源,而在于你能利用多少资源,整合多少资源,是否善于借力。在占有资源上要行无为之事,在利用资源上要有所作为。

2. 核心能力理论、资源基础理论认为,企业的战略应该建立在企业的核心资源上。所谓核心资源,是指有价值的、稀缺的、不完全替代的资源,它是企业持续竞争优势的源泉。

个人主义是指在一个松散的社会结构,人们都只关心自己和最亲密的家庭成员;而集体主义则是在一个紧密的社会结构中,人们分为内部群体与外部群体,人们期望自己所在的那个内部群体照顾自己,而自己对这个群体绝对忠诚。

要取得成功就要善于运用自己身边的资源,就是利用他人的力量来实现自己的成功。

一个优秀的领导,不在于你多么会做具体的事务,因为一个人的力量毕竟是有限的,只有发动集体的力量才能战无不胜,攻无不克。领导尤其要注重加强培养自己驾驭人才的能力,知人善任,了解什么时候、什么力量是自己可以利用的,以助自己取得成功。

四两拨千斤,聪明的人总会利用别人的力量获得成功。领导者最大的本领是发动别人做事。

技能训练 2-2

冷饮厂的管理问题

王忠是冷饮厂厂长,该厂专门生产冰激凌。过去四年中,每年的产量都稳步上升。但是今年情况发生了较大变化,到 7 月,累计销售量比上年同期下降了 17%,生产量比计划的少了 15%,缺勤率比上年高 20%,迟到早退现象也有所增加。王忠认为这种情况的出现很可能与管理有关,但他不能确定发生这些问题的原因,也不知道应该怎样去改变这种状况。他决定请教管理专家。

问题:
具有不同管理思想(科学管理思想、行为科学思想、权变管理思想)的管理专家会认为该厂的问题出在哪里,会提出怎样的解决方法?

答案:
(1) 科学管理思想:该厂的管理者没有根据实际情况变通管理思想,没有及时更新管理方法、管理制度,而是听之任之。

解决方法:首先,管理者应该有较完善的计划,当计划发生变化时,要根据实际情况及时寻找最直接有效的方法,改变决策;其次,要依据市场信息来源,适当调整决策;最后,决策实施后,要及时了解自己员工的看法和意见,考察决策实施效果。

(2) 行为科学思想:该厂的管理者没有意识到该厂员工对于工厂的发展起着至关重要的作用,忽视了团体行为理论,管理者和被管理者之间存在沟通问题。

解决方法:行为科学理论的核心思想是要求管理者把员工作为一个人来看,把人视为需要予以保护和开发的宝贵资源,而不仅仅是生产的一个要素。因此,该厂的管理者发现员工缺勤率低和迟到早退现象后,要及时加以制止,果断采取措施,调动员工的积极性,提高生产效益。

(3) 权变管理思想:该厂的管理者没有考虑到环境的变数同工厂的相应管理观念和技术之间的关系,忽略了环境因素的重要性。

解决方法:企业管理者对企业管理研究的出发点不再是单纯的企业,而是整个社会系统。所以,市场所反映出的问题,管理者要引起注意。在管理中,要根据组织所处的内外部条件随机而变,针对不同的具体条件寻求不同的适合的管理模式、方案或方法。

技能训练 2-3

自我改善的柔性管理

大连三洋制冷有限公司(简称大连三洋)成立于 1992 年 9 月,于 1993 年正式投产,现有职工 400 余人,是由日本三洋电机株式会社、中国大连冷冻机股份有限公司和日本日商岩井株式会社三家合资兴办的企业。

大连三洋是在激烈的市场竞争中成立的。当时他们对外,面对来自国内外同行业企业形成的市场压力;对内,则面临着如何把引进的高新技术转化成高质量的产品,如何使来自各方面有着文化程度、价值观念、思维方式、行为方式巨大差异的员工,形成统一的经营理念和行为准则,适应公司发展的需要的问题。因此,大连三洋成立伊始,即把严格管理作为企业管理的主导思想,强化遵纪守规意识。

可是,随着公司的发展和员工素质的不断提高,原有的制度、管理思想和方法中,有的已不能适应企业的管理需求,有的则满足不了员工实现其精神价值的需要。更为重要的是,随着国内外市场竞争的激烈,大连三洋如何增强自身应变能力,为用户提供不同需求的制冷机产品,也成为公司发展过程中必须要解决的问题。因此,公司针对逐渐培养起来的员工自我管理的意识,使其逐步升华成为立足岗位的自我改善行为,即自我改善的柔性管理,从而增强公司在激烈的市场竞争中的应变能力。

大连三洋的经营领导者在实践柔性管理中深深地领悟到,公司不能把员工当成"经济人",而应是"社会人"和"自我实现的人"。基于此,大连三洋形成了自己特有的经营理念和企业价值观,并逐步形成了职工自我改善的柔性管理。

通过这种管理和其他改革办法,大连三洋不但当年投产当年盈利,而且5年利税超亿元,合资各方连续3年分红,很快收回投资,并净赚了两个大连三洋。以下是大连三洋自我改善的柔性管理运作的部分内容。

员工是改善活动的主体,公司从员工入厂开始,即坚持进行以"爱我公司"为核心的教育,以"创造无止境改善"为基础的自我完善教育,以"现场就是市场"为意识的危机教育。他们在吸纳和研究员工危机意识与改善欲求的基础上,总结出了自我改善的10条观念:

(1) 抛弃僵化固定的观念;
(2) 过多地强调理由,是不求进取的表现;
(3) 立即改正错误,是提高自身素质的必由之路;
(4) 真正的原因,在"为什么"的反复追问中产生;
(5) 从不可能中寻找解决问题的方法;
(6) 只要你开动脑筋,就能打开创意的大门;
(7) 改善的成功,来源于集体的智慧和努力;
(8) 更要重视不花大钱的改善;
(9) 完美的追求,从点的改善开始;
(10) 改善是无止境的。

如今在大连三洋,这10条基本观念已成为职工立足岗位自我改善的指导思想和自觉的行为。

大连三洋的职工自我改善是在严格管理的基础上日渐形成的。从公司创建起,他们就制定了严格规范的管理制度,要求员工要适应制度,遵守制度,而当员工把严格遵守制度当成他们自我安全和成长需要的自觉行动时,就能进一步使制度向有利于发挥员工潜能的方向发展。

例如,大连三洋的"员工五准则"中第一条"严守时间"规定的后面附有这样的解释,"当您由于身体不适、交通堵塞、家庭有困难,不能按时到公司时,请拨打7317375通知公司。"在这里没有单纯"不准迟到""不准早退"的硬性规定,充分体现了公司规章制度"人性化"的一面。公司创立日举行社庆,公司将所有员工的家属都请来予以慰问。逢年过节,公司常驻外地的营销人员,总会收到总经理亲自写的慰问信。在大连三洋,"努力工作型"的员工受到尊重。职工合理化提案被采纳者有奖,未被采纳者也会受到鼓励。企业与员工共存,为员工提供舒适的工作环境,不断提升员工的生活质量,而员工也以极大的热情关心公司的发展,通过立足岗位的自我改善,成为公司发展的强大动力。

问题:
1. 试分析大连三洋柔性管理模式的内涵。
2. 在大连三洋的柔性管理中体现了怎样的管理思想转变?

答案:
1. 大连三洋的柔性化的员工管理是以严格规范管理为基础,以高素质的员工队伍为条件,突出员工自我管理的主体,强化管理的应变性。

大连三洋制冷的柔性管理,是以尊重人的价值、发挥人的才能、承认人的劳动为精髓,通过不断提高的员工高素质带来产品的高质量、生产的高效率、企业的高效益、员工的高收入。

传统管理是以"管人"为核心来运作的,所谓制度、纪律是企图通过对人的活动的限制达到管物的目的,减少了员工的积极性,而大连三洋柔性管理模式的核心内涵是以人为本的"自我改善",以员工为主体,从而大大提升了员工的积极性。

柔性化管理在企业价值观下的自我约束、自我改善,并不是抛开企业制度。柔性化管理也是以"刚性管理"的一些内容为前提和基础的,没有规章制度约束的企业必然是无序的、混乱的,柔性管理也丧失了立足点。

2. 大连三洋柔性管理体现了古典管理理论向行为科学理论的转变。

大连三洋成立伊始,即把严格管理作为企业管理的主导思想,强化遵纪守规意识。这体现了古典管理理论思想。随着社会的进步和公司的发展,原有的管理理论不再适合公司的发展。后面提出的柔性管理,其管理模式的核心内涵是以人为本的"自我改善"。这正是体现了行为科学理论的本质。行为科学贯彻以人为本的思想,以人力资源为首要资源,高度重视对人力资源的开发和利用,提倡以人道主义的态度对待工人——通过改善劳动条件,提高劳动者工作生活的质量,培训劳动者的生产技能,调动人的积极性,进而提高劳动效率。这些思想有利于推动生产发展和社会进步。大连三洋的柔性管理,是以尊重人的价值、发挥人的才能、承认人的劳动为精髓,通过不断提高的员工高素质带来产品的高质量、生产的高效率、企业的高效益、员工的高收入,这和行为科学理论不谋而合。

技能训练2-4

南京冠生园事件及其反思

南京及江苏地区的广大民众都知道,南京冠生园是一个有着七十多年的老品牌,它就像在全国各地的十多个冠生园企业一样,伴随着许多人的美好回忆。冠生园品牌创始人是1918年到上海经商的广东人冼冠生,最早经营粤式茶食、蜜饯和糖果。1925年前后,上海冠生园在天津、杭州、南京、重庆、成都等地开设分店。其南京分店就是现在"南京冠生园"的前身。1934年,该品牌月饼聘请当时影后胡蝶作为形象代言人,广告词为"惟中国有此明星,惟冠生园有此月饼",产品一时名倾大江南北。

在计划经济年代,南京冠生园曾有过一段辉煌岁月,但在改革开放的市场竞争下,许多传统食品企业都受到很大冲击,南京冠生园也因大幅亏损而面临倒闭。1993年,一位跟随父母回国寻根的海外游子引进资金与冠生园合资。在合资后的八年里,为了提高管理水平、创造效益,南京冠生园走过了一段有汗水、有耕耘、有欢笑、有收获的艰辛日子。合资后的企业,在广大干部职工的艰苦努力下于第二年即转亏为盈,此后每年营业增长、年年获利,由小型企业发展为南京市政府核定的240家大中型企业之一。

最让南京人民骄傲的是,在竞争最激烈的月饼市场上,冠生园月饼不但在南京成为月饼品牌中的领头羊,广受消费者欢迎,而且更积极地走向全国。几年来外地市场急速扩大,全国近九十个大中城市及全部直辖市都有冠生园月饼的销售网络。2000年,南京冠生园2500万元的销售额中有3/4是走出南京面向全国后获得的,南京冠生已经成为一个名副其实的全国性品牌。为了促进企业稳步发展,南京冠生园经营虽然年年创造效益,但每年均在增添设备、改造生产条件上大力投入,以期实现企业的永续发展。南京冠生园所生产的各类食品、糕点不仅享誉中华,而且在日本、韩国以及整个东南亚地区都很有口碑。

然而意想不到的情况出现了。2001年中秋节前,南京冠生园用陈馅翻炒后再制成月饼出售的事件被中央电视台披露曝光。通过中央电视台2001年9月3日的节目,观众有幸看到以下画面:卖不出去的月饼被拉回厂里,刮皮去馅、搅拌、炒制入库冷藏,来年重新出库解冻搅拌,再送上月饼生产线。一时举国哗然,各界齐声痛斥其无信之举。老字号的南京冠生园月饼顿时无人问津,很快被各地商家们撤下柜台。时值月饼销售旺季,其销售却一下子跌入冰点。许多商家甚至向消费者承诺:已经售出的冠生园月饼无条件退货。

让我们来看看南京冠生园是怎么处理的。在中央电视台2001年9月3日报道新闻之后,南京冠生园于2001年9月18日在媒体上做出声明,摘录其中几句原话:某媒体9月3日播出的"南京冠生园大量使用霉变及退回馅料生产月饼"的报道,不但歪曲而且完全失实!对蓄意歪曲事实、毁损我公司声誉的部门和个人,我公司将依法保留诉讼的权利。我公司绝无在月饼生产中使用发霉或退回的馅料生产月饼。记者利用隐藏式摄像机将本公司所谓各"生产过程"片段拍下,经拼接后,再配以旁白陈述以及所谓"目击证人"提供的信息,就作为"事实"的陈述。因为法院起码还会给被诉人申诉的机会,但报道者以歪曲的所谓"事实"充当法官,在被告缺席的情况下定罪冠生园!如果拍摄当时真的看到冠生园用霉变原料去加工生产,记者应立该向执法部门举报,严惩厂家,及时制止防范危害社会大众之事发生,怎可等待近两个月时间,乃至一年后等厂家将生产出的月饼走进全国市场后再做报道?这是怎样的用心呢?这有什么样的目的呢?其实在前面叙述新闻报道的背景原因内,就很明确地知道:记者这样有意识地安排报道,其最大目的就是要用最大力度、在伤害最大的时间段内,对冠生园做致命的打击!

在上面一番话中,南京冠生园着重强调了几点:①中央电视台的报道完全失实。②记者时隔一年才报道完全是别有用心,其意图就是破坏冠生园的名誉。③南京冠生园绝对没有做过这种事情。可见,面对危机,南京冠生园还是没有表现出应有的诚信,而是辩称这种做法在行业内"非常普遍",绝不是南京冠生园一家;在卫生管理法规上,对月饼有保质期的要求,但对馅料并没有时间要求,意即用陈馅做新月饼并不违规。这份苍白无力的公开信只是南京冠生园继续为自己狡辩的工具,而企业却始终没有向消费者作任何道歉,其所作所为不仅令消费者更加寒心,也使自身信誉进一步丧失。不久,江苏省和南京市卫生防疫部门、技术监督部门组成调查组进驻该厂调查,该厂的成品库、馅料库全部被查封,各类月饼2.6万个及馅料500多桶被封存,南京冠生园食品厂被全面停产整顿。尽管有关部门后来通知商家南京冠生园的月饼经检测"合格",可以重新上柜,但心存疑虑的消费者对其产品避之唯恐不及,南京冠生园月饼再也销不动了。信誉的失落使多年来一直以月饼为主要产品的南京冠生园被逐出了月饼市场,该公司的其他产品如元宵、糕点等也很快受到"株连",没有人敢要。

南京某商家一位负责人说,冠生园事件曝光后将重创整个月饼市场,对商家来说,销售量至少减少一半,一些当地月饼生产企业对月饼市场前景忧心忡忡。南京市民对"老字号"冠生园的"落马"感到震惊和叹息,表示今后购月饼一定要"擦亮眼睛"。冠生园80多岁的刘老师傅痛心地说,冠生园1918年创立,发展到今天,倾注了多少代人的心血,实在不应该有今天这样的结局。

2002年春节刚过,南京冠生园食品有限公司向南京市中级人民法院申请破产,理由是"经营不善、管理混乱、资不抵债"。

问题:
1. 你如何评价南京冠生园食品有限公司的商业道德?
2. 该公司在履行企业社会责任方面的失误之处有哪些?
3. 如果你是当时该公司的负责人,在危机事件后会采取哪些措施来弥补?

答案:
1. 面对消费者,该公司非但没有做出任何解释和道歉,反而开脱说陈年馅月饼的做法并不违反有关规定,并自欺欺人地表示"生产日期对老百姓来说只是看看而已"。如此言论,既降低了冠生园这个知名品牌的标准,又愚弄了广大的消费者。这是一种极其不道德的行为。

管理道德是特殊的职业道德规范,是对管理者提出的道德要求。对管理者自身而言,它是管理的立身之本,行为之基,发展之源;对企业而言,是对企业进行管理价值导向,是企业健康持续发展所需的一种重要资源,是企业提高经济效益、提升综合竞争力的源泉。可以说,管理道德是管理者与企业的精神财富。实际上,在市场经济条件下,管理道德也是企业运行所需的一种重要的新型资本形态,是一个企业精神财富和生命力所在。从深层次上说,商业道德是一个企业的重要核心竞争力之一。所以说,树立领导者良好的管理道德,对推动整个公司层面管理道德的形成,起着举足轻重的作用,甚至也是公众对一个企业商业道德表现认同的重要基石。因此,做有道德的管理者应该是每一个管理者的职业准则。

南京冠生园作为一个拥有近百年历史的老品牌,竟使用"陈馅"翻炒后再制成月饼出售。而且,在被媒体披露后仍拒不承认,甚至狡辩。南京冠生园此举不仅毁了自己,而且严重影响了整个月饼行业市场。这种罔顾道德的行为令人可耻,确实令消费者寒心。最终,一个拥有百年历史的老品牌仅用不到一年的时间便走向了终结。究其根本,是企业本身失去了起码的诚信,不重视产品质量,只想着获取不法利润,结果既害了消费者,又害了自己。

2. 该公司在履行企业社会责任时,在商业运作中没有可持续发展策略。该公司只顾自身经济收益,而忽视了其不当的商品生产对社会的影响;没有与社会进行诚实的信息沟通;在企业经营活动过程中钻法律的空子,未履行相应的企业社会责任;为了降低成本,用发霉"陈馅"加工成新月饼销售;当有员工举报时,对涉嫌举报人进行打击报复;被有关媒体曝光后,还发表声明断然否认,恶意隐瞒事实真相。

3. 如果我是当时该公司的负责人,在危机事件后会采取以下措施。

(1) 在处理此事时,按自身实际情况对媒体与公众的疑问做出回应,并重拾自身的信誉,重新树立起令人信赖的企业形象。诚信与一个企业的品牌息息相关,品牌的建立依赖于诚信。要深刻吸取教训,与时俱进,适应社会变化。

(2) 向社会公布事件调查整改情况,给公众展示决心,并邀请社会人士与媒体参与此过程。

(3) 向消费者道歉并做出相应保证,重点宣传和组织相关活动。通过内部整改,提升产品品质,制定新型的宣传策略,以改变公众的看法。

(4) 重新进行市场调查,创新产品结构,减少月饼库存。

(5) 重新评估市场,创建月饼创新机构,"玩"出新花样,提升产品竞争力。

(6) 加强管理者商业道德培养,增强企业道德管理与社会责任管理。

技能训练 2-5

老干妈的管理圣经:大道至简

她不识字,没有任何财务知识,但她却喜欢钻研,记忆力惊人,不畏艰难,执着于想做的事,对现金近乎偏执的重视,绝不涉足自己不熟悉的行业,每一次迈出扩张的脚步都慎之又慎。2012 年,她以 36 亿元身家登上胡润中国富豪榜。她,就是老干妈陶华碧。2012 年,老干妈产值达到 33.7 亿元,纳税 4.3 亿元,人均产值 168.5 万元。老干妈到底是怎么成功的?

陶华碧出生在贵州省湄潭县一个偏僻的山村。由于家里贫穷,陶华碧从小到大没读过一天书。20 岁那年,陶华碧嫁给了贵州 206 地质队的一名地质普查员,但没过几年,丈夫就病逝了。丈夫病重期间,陶华碧曾到南方打工,她吃不惯也吃不起外面的饭菜,就从家里带了很多辣椒做成辣椒酱拌饭吃。经过不断调配,她做出一种很好吃的辣椒酱,这就是现在"老干妈"仍在使用的配方。

丈夫去世后,没有收入的陶华碧为了维持生计,开始晚上做米豆腐(贵阳最常见的一种廉价凉粉),白天用背篼背到龙洞堡的几所学校里卖。

由于交通不便,连做米豆腐的原材料也要到 5 公里以外的油榨街才能买到。每次需要采购原材料时,她就背着背篼,赶最早的一班车到油榨街去买。由于那时车少人多,背篼又占地方,驾驶员经常不让她上车,于是她大多数时候只好步行到油榨街。买完材料后,她再背着七八十斤重的东西步行回龙洞堡。由于常年接触做米豆腐的原料——石灰,她的双手一到春天就会脱皮。

1989年，陶华碧在贵阳市南明区龙洞堡贵阳公干院的大门外侧，开了个专卖凉粉和冷面的"实惠饭店"。"说是个餐馆，其实就是她用捡来的半截砖和油毛毡、石棉瓦搭起的'路边摊'而已，餐厅的背墙就是公干院的围墙。"当时餐馆的老主顾韩先生20年后对这个餐馆仍记忆犹新。

陶华碧做的米豆腐价低量足，吸引了附近几所中专学校的学生常常光顾。久而久之，就有不少学生因为无钱付账，赊欠了很多饭钱。陶华碧通过了解，对凡是家境困难的学生所欠的饭钱，一律销账。"我的印象是她只要碰上钱不够的学生，分量不仅没减反而额外多些。"韩先生回忆道。

在"实惠饭店"，陶华碧用自己做的豆豉麻辣酱拌凉粉。很多客人吃完凉粉后，还要买一点麻辣酱带回去，甚至有人不吃凉粉却专门来买她的麻辣酱。后来，她的凉粉生意越来越差，可麻辣酱却做多少都不够卖。

有一天中午，陶华碧的麻辣酱卖完后，吃凉粉的客人就一个也没有了。她关上店门去看看别人的生意怎样，走了十多家卖凉粉的餐馆和食摊，发现每家的生意都非常红火。陶华碧找到了这些餐厅生意红火的共同原因——都在使用她的麻辣酱。

1994年，贵阳修建环城公路，昔日偏僻的龙洞堡成为贵阳南环线的主干道，途经此处的货车司机日渐增多，他们成了"实惠饭店"的主要客源。陶华碧近乎本能的商业智慧第一次发挥出来，她开始向司机免费赠送自家制作的豆豉辣酱、香辣菜等小吃和调味品，这些赠品大受欢迎。

货车司机们的口头传播显然是最佳的广告形式，"龙洞堡老干妈辣椒"的名号在贵阳不胫而走，很多人甚至就是为了尝一尝她的辣椒酱，专程从市区开车来公干院大门外的"实惠饭店"购买。

对于这些慕名登门而来的客人，陶华碧都是半卖半送，但渐渐地来的人实在太多了，她感觉到"送不起了"。1994年11月，"实惠饭店"更名为"贵阳南明陶氏风味食品店"，米豆腐和凉粉没有了，辣椒酱系列产品开始成为这家小店的主营产品。

尽管调整了产品结构，但小店的辣椒酱产量依旧供不应求。龙洞堡街道办事处和贵阳南明区工商局的干部开始游说陶华碧，放弃餐馆经营，办厂专门生产辣椒酱，但被陶华碧干脆地拒绝了。

陶华碧的理由很简单："如果小店关了，那这些穷学生到哪里去吃饭？""每次我们谈到这个话题的时候，她都是这样说，让人根本接不下去话，而且她每次都哭得一塌糊涂。"时任龙洞堡街道办事处副主任的廖正林回忆当时的情景说。

让陶华碧办厂的呼声越来越高，以至于受其照顾的学生都参与到游说"干妈"的行动中。1996年8月，陶华碧借用南明区云关村村委会的两间房子，办起了辣椒酱加工厂，牌子就叫"老干妈"。

刚刚成立的辣酱加工厂，是一个只有40名员工的简陋手工作坊，没有生产线，全部工艺都采用最原始的手工操作。

"老干妈"员工回忆说，当时捣麻椒、切辣椒是谁也不愿意做的苦差事。手工操作中溅起的飞沫会把眼睛辣得不停地流泪。陶华碧就自己动手，她一手握一把菜刀，两把刀抡起来上下翻飞，嘴里还不停地说："我把辣椒当成苹果切，就一点也不辣眼睛了，年轻娃娃吃点苦怕啥。"

在老板的带头下,员工们也纷纷拿起了菜刀"切苹果"。而陶华碧身先士卒的代价是肩膀患上了严重的肩周炎,10个手指的指甲因长期搅拌麻辣酱而全部钙化。

陶华碧很快发现,她找不到装辣椒酱的合适玻璃瓶。她找到贵阳市第二玻璃厂(以下简称"贵阳二玻"),但当时年产1.8万吨的贵阳二玻根本不愿意搭理这个要货量少得可怜的小客户,拒绝了为她的作坊定制玻璃瓶的请求。

面对贵阳二玻厂长,陶华碧开始了她的第一次"商业谈判":"哪个娃儿是一生下来就一大个哦,都是慢慢长大的嘛!今天你要不给我瓶子,我就不走了。"

软磨硬泡了几个小时后,双方达成了如下协议:贵阳二玻允许她每次用提篮到厂里捡几十个瓶子拎回去用,其余免谈。陶华碧满意而归。

当时谁也没有料到,就是当初这份"协议",日后成为贵阳二玻能在国企倒闭狂潮中屹立不倒,甚至能发展壮大的唯一原因。

"老干妈"的生产规模爆炸式膨胀后,合作企业中不乏重庆、郑州等地的大型企业,贵阳二玻与这些企业相比,并无成本和质量优势,但陶华碧从来没有削减过贵阳二玻的供货份额。现在"老干妈"60%产品的玻璃瓶都由贵阳二玻生产,贵阳二玻的4条生产线,有3条都是为"老干妈"24小时开动。

作坊时代的"老干妈"虽然产量很小,但光靠龙洞堡周边的凉粉店已经消化不了这些产品,她必须开拓另外的市场。陶华碧第一次感受到经营的压力。

陶华碧用了一个"笨办法":她用提篮装起辣椒酱,走街串巷向各单位食堂和路边的商店推销。

一开始,食品商店和单位食堂都不肯接受这瓶名不见经传的辣椒酱,陶华碧跟商家协商将辣椒酱摆在商店和食堂柜台,卖出去了再收钱,卖不出就退货。商家这才肯试销。

一周后,商店和食堂纷纷打来电话,让她加倍送货。她派员工加倍送去,竟然很快又脱销了。陶华碧开始扩大生产,她给贵阳二玻的厂长毛礼伟打了一个电话:"我要一万个瓶子,现款现货。"

无论是收购农民的辣椒还是把辣椒酱卖给经销商,陶华碧永远是现款现货,"我从不欠别人一分钱,别人也不能欠我一分钱"。从第一次买玻璃瓶的几十元钱,到现在日销售额过千万元,她始终坚持这个原则。"老干妈"没有库存,也没有应收账款和应付账款,只有高达十数亿元的现金流。

1997年8月,贵阳南明老干妈风味食品有限责任公司成立,工人增加到200多人。陶华碧要做的不再仅仅是带头剁辣椒,财务、人事各种报表都要她亲自审阅,工商、税务、城管等很多对外事务都要她去应酬,政府有关部门还经常下达文件要她贯彻执行。除此之外,她还要经常参加政府主管部门召开的各种会议,有时还受命上台发言。

从部队转业到206地质队汽车队工作的长子李贵山得知她的难处后,就主动要求辞职来帮母亲。虽然此时的陶华碧已是小有名气的生意人,但她还是觉得李贵山辞掉"铁饭碗"来帮助她是"秀才落难",故极力反对。无奈之下,李贵山只能"先斩后奏",先辞掉工作再找到陶华碧,成为"老干妈"的第一任总经理。

只有高中文化的李贵山,帮陶华碧做的第一件事是处理文件。一个读,一个听。听到重要处,陶华碧会突然站起来,用手指着文件说:"这个很重要,用笔画下来,马上去办。"

王武和谢邦银说,陶华碧完全不懂财务报表之类的东西,但她的记忆力和心算能力惊人。"老干妈"的账目相对简单,由财务人员念给她听,她听上一两遍就能记住,然后自己心算财务进出的总账,立刻就能知道账目是不是有问题。

需要签字的文件,陶华碧就在右上角画个圆圈——这是她从电视里看来的。李贵山觉得这样很不安全,他在纸上写下"陶华碧"三个大字,让母亲没事时练习。陶华碧对这三个字看了又看,一边摇头,一边为难地感叹:"这三个字,好打脑壳哦(贵阳话:太难了)!"但为了写好自己的名字,她像小孩子描红一样一笔一画地整整写了三天。

有人问她练字的感受,陶华碧用她的"特色语言"总结说:"比剁辣椒难。"三天后,当她终于"描"会了自己名字的时候,高兴得请公司全体员工加了一顿餐。

直到现在,"陶华碧"是陶华碧认识的仅有的3个字。

1998年,在李贵山的帮助下,陶华碧制定了"老干妈"的规章制度。谢邦银说他们没有员工手册,所谓的规章制度其实非常简单。其中,只有一些诸如"不能偷懒"之类的句子,更像是长辈的教诲而非员工必须执行的制度。

就靠这样一套如美国宪法般没改过一个字的简单制度,"老干妈"11年来始终保持稳定,公司内部从来没有出过什么问题。

"陶华碧有自己的一套,你可以叫作'干妈式管理'。"贵州大学讲师熊昉曾作为记者多次采访过陶华碧,他说:"比如龙洞堡离贵阳市区比较远,附近也没什么吃饭的地方,陶华碧决定所有员工一律由公司包吃包住。从当初 200 人的小厂开始,'老干妈'就有宿舍,一直到现在 2000 人,他们的工资福利在贵阳是顶尖的。"

在陶华碧的公司,没有人叫她董事长,全都喊她"老干妈"。公司 2000 多名员工中,她能叫出 60%的人名,并记住了其中许多人的生日,每个员工结婚她都要亲自当证婚人。

除此之外,陶华碧还一直坚持她的一些"土原则":隔三差五地跑到员工家串门;每个员工的生日到了,都能收到她送的礼物和一碗长寿面加两个荷包蛋;有员工出差,她像送儿女远行一样亲手为他们煮上几个鸡蛋,一直送到他们出厂坐上车后才转身回去;贵州过年过节时,有吃狗肉的习俗,陶华碧特地建了个养狗场,长年累月养着 80 多条狗,每到冬至和春节就杀狗供全公司会餐。

除了"干妈式"管理之外,陶华碧在公司结构设置上也有自己的特色。"老干妈"没有董事会、副董事长、副总经理,只有 5 个部门,陶华碧的直属下级是谢邦银和王武,一个管业务,一个管行政。谢邦银笑称自己就是个"业务经理",因为总要扑到一线拼命。

1998 年开始,陶华碧把公司的管理人员轮流派往广州、深圳和上海等地,让他们去考察市场,到一些知名企业学习先进的管理经验。她说:"我是老土,但你们不要学我一样,单位不能这样。你们这些娃娃出去后,都给我带点文化回来。"

2005 年,李贵山离开总经理岗位,总经理职位空悬了一阵后,职业经理人王海峰上任,现任总经理谢邦银时任总经理助理。而《理财周报》记者了解到的情况是,李贵山在

"下课"之前的相当长一段时间里都只是挂名，不再参与公司管理。

"老干妈"的管理团队，大概是中国目前大型企业中最神秘的一支，陶华碧对他们的一个要求就是不能接受外界采访。坊间对这支团队的评价大致为：忠诚、勤勉、低调。而其长子李贵山离职的原因，一直是个谜。

2001年，为了进一步扩大规模，陶华碧准备再建一处厂房。当时，公司大部分资金都压在原材料上，有人建议她找政府寻求帮助。南明区委很重视，立即协调中国建设银行给她贷款。协调好以后，区委办给她打来电话，让她到区委洽谈此事。

陶华碧带上会计来到区委，乘电梯到区长办公室所在的三楼。因为电梯很旧，门已经坏了，陶华碧走出电梯时，一不小心被电梯门挂住了衣服跌倒在地。

陶华碧爬起来后，随行人员以为她要发火，谁知她却说："你们看，政府也很困难，电梯都这么烂，我们不借了。"

随行人员还以为她是在开玩笑，她却叹了一口气，说："我们向政府借钱（编注：陶华碧不知道政府协调银行贷款是什么意思，以为就是向政府借钱），给国家添麻烦。真不借了，我们回去。"

创业期间，陶华碧从来没有和银行打过交道，唯一的贷款是在她发达之后，银行不断托人找上门来请她贷款，却不过情面才勉强贷的。贵阳市商业银行的一位工作人员说，陶华碧对他们说得最多的一句话是："你们就是想找我点利息钱嘛。"

随着企业不断发展，"老干妈"品牌广为人知。但是，"人怕出名猪怕壮"。东西好卖了，仿冒品自然而然就出现了。

"老干妈"创立初期，李贵山就曾申请注册商标，但被国家工商总局商标局以"'干妈'是常用称呼，不适合作为商标"的理由驳回。这给了仿冒者可乘之机。

全国各地陆续出现了50多种"老干妈"，陶华碧开始花大力气打假。她派人四处卧底调查，每年拨款数百万元成立了贵州民营企业第一支打假队，开始在全国范围的打假活动。

但仿冒的"老干妈"就像韭菜一样，割了一茬又出一茬，特别是湖南"老干妈"，其商标和贵州"老干妈"几乎一模一样。

陶华碧这次犯犟了，她不依不饶地与湖南"老干妈"打了3年官司，还数次斗法于国家商标局。此案成为2003年中国十大典型维权案例。

2000年8月10日，一审法院认定，贵阳老干妈公司生产的"老干妈"风味豆豉具有一定的历史过程，湖南老干妈构成不正当竞争，判决其停止使用并销毁在未获得外观设计专利权前与贵阳老干妈公司相近似的包装瓶瓶贴，并赔偿经济损失15万元。

这意味着两个"老干妈"可以同生共存，这是陶华碧无法接受的，她很快提起上诉。

期间，很多人劝陶华碧放弃官司，但陶华碧面对前来劝解的人只说了一句话："我才是货真价实的'老干妈'，他们是崴货（贵州话：假货），难道我还要怕崴货吗？"

最终陶华碧和湖南"老干妈"的官司，在两位"贵人"的极力斡旋下得以终结。2003年5月，陶华碧的"老干妈"终于获得国家商标局的注册证书，同时湖南"老干妈"之前在国家商标局获得的注册被注销。

2003年，一些政府领导曾建议陶华碧公司借壳上市，融资扩大公司规模。

这个在其他企业看来求之不得的事情，却被陶华碧一口否决。陶华碧的回答是："什么上市、融资这些鬼名堂，我对这些是懵的，我只晓得炒辣椒，我只干我会的。"有领导感叹，和"老干妈"谈融资、搞多元化，比和外商谈投资还要难。

即使是在扩大公司生产规模这样的事情上，陶华碧也保持着自己固执的谨慎。贵阳市领导在劝说陶华碧时也备感艰难，最后在市区两级主要领导的多次上门劝说下，陶华碧才勉强同意。

现在，陶华碧几乎不去她的办公室，奔驰座驾也很少使用，因为"坐着不舒服"。除了一个月两三次去厂房车间转转，她生活的全部就是和几位老太太打麻将。

有一天在麻将桌上，有人问她："你赚了那么多钱，几辈子都花不完，还这样拼命干什么？"陶华碧当时没回答上来，晚上她躺在床上翻来覆去地想这个问题，几乎彻夜未眠。

第二天，正赶上公司召开全体员工大会，按着会前的安排，作为董事长的她要给员工们讲一讲当前的经济形势以及如何应对"入世"后的挑战，然后再由总经理下达具体工作指标。

按照陶华碧在公开场合发言的惯例，李贵山已经为她拟了一份讲话稿，陶华碧听了三遍，几乎就能一字不差地背下来。

但在会上讲话时，她突然想起昨天那个问题，转换话题了："有几个老阿姨问我，'你已经那么多钱了，还苦哈哈地拼哪样哦'？我想了一晚上，也没有想出个味来。看到你们这些娃娃，我想出点味来了：企业我带不走，这块牌牌我也拿不走。毛主席说过，未来是你们的。我一想呀，我这么拼命搞，原来是在给你们打工哩！你们想想是不是这个道理？为了你们自己，你们更要好好干呀！"

总结一下老干妈的经营智慧。

不贷款，不欠账

老干妈从来不拖欠国家一分一厘，这才是做企业，也是我们的能力，你拖欠或者偷漏人家是很不好的。我们没有国债，不欠国家税收，也没有贷款，贴息贷款我都不要，干干净净，一身清白，该赚的钱我就赚，不干净的钱我不要。

我也不欠员工一分钱，拖欠一分钱我都睡不着觉。和代理商、供货商之间也互不欠账，收购农民辣椒，或者把辣椒酱卖给经销商，永远是现款现货，我不欠你的你也别欠我的，我用我的质量保证我的市场。有很多供应商都是从建厂维持到现在。对顾客，从原材料到每一道工艺，我们都认认真真去做，保证质量。

我教育儿子，就好生生做人，好生生经商。千万不要入股、控股、上市、贷款，这四样要保证，保证子子孙孙做下去。

政府很早以前提出要扶持，我也不要，我有多大本事就做多大的事，踏踏实实做，不欠别人一分钱，这样才能持久。不贷款，自己去做，你晓得压力压在自己肩膀上，晓得去努力去奋斗。人有压力，就有动力。

做专做精

我做本行,不跨行,就实实在在把它做好做大、做专做精。不要想赚便宜钱,好生生去做。我自己有多大能力就做多少事情,自己打下一片天,才是真本事。这也做那也做,你哪有那么多的精力?我一心投入辣椒行业,越做越大,而且要做好。我们利很薄,就靠量,薄利多销。靠暴利那是不行的,滴水成河、粒米成箩。钱再来得快,也不能贪多。滴水成河,把一个行业做精。不要去贪大,要先把自己做强,做成精钢、好钢,吃的东西祖祖辈辈都可以延续下去。

诚信经商,勤奋做事

早期我挑着担子卖米豆腐,很多人耻笑我。我不怕,靠我自身的努力,我觉得光荣和自豪。无论种地还是做其他,不怕苦、不怕累,才打出金山、银山。现在我还要尽我最大的努力来奋斗,把企业做强、做大。就是我不睡觉,我都要把它做下去,做好,做得红红火火的。一旦放弃了再去做,绝不会成功。

我们不想当官,就要做实业,要上对得起祖宗,下对得起百姓,还要对得起党和政府。我实实在在、诚诚恳恳地做,讲质量,还要讲产量。过去十多年,老干妈基本上没有发生质量安全事件。

我这个人脾气不好,但我的心诚,不说假话,说真话,说实话,赚清清白白的钱。对人要诚,对人要忠,不管对谁,我觉得诚诚恳恳好一点。先做人,后做本,你人都不会做,怎么经商呢?诚信做人、诚信经商、诚信纳税,你就不怕,我们要子子孙孙这样做下去。

企业做大要同一条心

谈到家族企业,外界不看好,我不那样看——没有家族企业,企业是赚不到的。不是一家人,就容易各是各的心。要同一条心,才能做大企业,才有和谐社会。

西方国家一样有很多家族企业,包括香港的李嘉诚也是家族企业。家族企业并不是不要现代化企业管理的机制,家族企业同样要融入现代化企业的管理制度。历来的传统都是这样,成功的企业往往都是家族企业。

我最大的心愿就是:我这个企业像蛋糕一样做大、做强、做好。创民族品牌,立千秋大业,我要做千年光彩。做事要看长远,我们要做到祖祖辈辈,目光短浅是走不了多远的。金杯银杯抵不过消费者的口碑,我从来没有打过广告,靠消费者的口碑一个传一个,有华人的地方就有我们的产品。人算不如天算,做事、做人,都要凭自己的良心,我对得起自己的良心。

问题:

1. 老干妈的管理经验主要表现在哪方面?
2. 写一篇小论文阐述老干妈的管理方式能否适应现代管理?

答案:

1. 老干妈的管理经验主要表现在以下几个方面。

重人:自己虽然没有什么文化,但希望自己企业里的人多学点知识和现代化的经验。1998年开始,陶华碧把公司的管理人员轮流派往广州、深圳和上海等地,让他们去考察市场,到一些知名企业学习先进的管理经验。

人和：陶华碧推行"干妈式管理"，除了为员工提供优越的福利待遇，陶华碧董事长还有很多充满人情味的管理方法：①隔三差五地跑到员工家串门；②每个员工的生日到了，都能收到她送的礼物和一碗长寿面加两个荷包蛋；③有员工出差，她像送儿女远行一样亲手为他们煮上几个鸡蛋，一直送到他们出厂坐上车后才转身回去；④贵州过年过节时，有吃狗肉的习俗，陶华碧特地建了个养狗场，长年累月养着80多条狗，每到冬至和春节就杀狗供全公司会餐。

守信：①"老干妈"的生产规模爆炸式膨胀后，合作企业中不乏重庆、郑州等地的大型企业，贵阳二玻与这些企业相比，并无成本和质量优势，但陶华碧从来没有削减过贵阳二玻的供货份额。②无论是收购农民的辣椒还是把辣椒酱卖给经销商，陶华碧永远是现款现货。③全力打假：全国各地陆续出现了50多种"老干妈"，陶华碧开始花大力气打假。她派人四处卧底调查，每年拨款数百万元成立了贵州民营企业第一支打假队，开始在全国打假。

对策：①创业初期自己走街串巷以卖出去才收钱，卖不出就退回的方式让商家帮忙试销。②当贵阳二玻拒绝为她的作坊定制玻璃瓶的请求时，她与贵阳二玻厂长讲大道理，软磨硬泡后终于达成协议。③需要签字的文件，陶华碧就在右上角画个圆圈。

法治：坚持与湖南"老干妈"打了3年官司，还数次斗法于国家商标局。

2. 现代企业管理就是指为达到企业最大效益，对具有现代企业制度、采用现代化大生产方式和从事大规模产销活动的企业进行的现代化管理。它主要表现出以下特点。

（1）现代企业管理是以旨在实现企业价值最大化的综合经济效益和社会责任形象为目标的，从企业发展规划和整体部署出发，强调战略管理和动态管理。

（2）现代企业管理以营销管理为龙头，以成本管理为基础，以财务管理为核心，以人力资源管理为保证，是一个涉及多部门、各阶层管理及一般员工的有机体系。

（3）现代企业管理一方面要注重加强财务会计基础工作，提高财务报表分析的质量，另一方面要强化管理会计的职能，并在此基础上发挥财务管理的计划、决策、控制、考核等作用，为企业决策提供翔实可靠的信息。

（4）现代企业管理要充分调动各层次、各部门的积极性，利用人群关系学说和行为科学理论研究人的行为和心理，支持、鼓励广大员工的积极参与。

（5）现代企业管理要发挥科学技术的作用，借助数学及统计工具、计算机技术做好定量分析管理，并与定性分析管理相结合，提高决策的准确性，降低决策的风险。

（6）现代企业管理是一门科学，也是一门艺术，重视管理的艺术性是现代管理应有之意。

（7）现代企业管理致力于企业文化建设，视企业文化为企业管理的最高境界。

老干妈的大道至简管理曾经让"老干妈"成为国内快消费产业——佐餐产业的龙头老大，其产品占据了大半个中国佐餐调味品行业产品市场，并在现今日益剧烈的商业竞争中仍屹立不倒。但其不广告，不活动，不贷款，不上市，现款现货等做法，却与现代大型公司的管理、营销方式格格不入。"老干妈"应在原管理基础上，不断学习并接受现代企业的管理模式，以此达到与时俱进。

技能训练 2-6

亨利·福特的故事

提起亨利·福特,几乎人人都知道他所创造的流水线生产方式,以及随之而来的工业化生产和小汽车普及所带来的一些重大社会变革。但是,亨利·福特和他的福特汽车工业公司为什么会从汽车工业占绝对垄断优势的龙头老大的宝座上跌落下来,福特家族和福特公司内部代表新的经营策略的革新派又怎样被亨利·福特无情地压制下去,只能眼睁睁地看着福特公司衰败下去的失败教训却鲜为人知。

亨利·福特从小就对机械和制造表现出了浓厚的兴趣和好奇心,成年后有人问他,童年时喜欢什么玩具,他回答说:"我的玩具全是工具,至今如此。"1879年,17岁的福特离开父亲的农庄来到了底特律,开始了他的汽车生涯。为了给自己的汽车梦积累资金,亨利同时做了两份工作,白天在密歇根汽车公司做机修工,晚上在一家钟表店维修钟表。在维修表的工作中,福特发现,大多数钟表的构造其实可以大大简化,只要精密分工,采用标准部件,钟表的制造成本可以大大降低而性能更加可靠。他自己重新设计了一种简化设计的手表,估算成本为每只30美分,可日产量2000只。他认为这一计划是完全可行的,唯一使他担心的是,他没有年销60万只手表的销售能力,而销售活动又远不如生产那样吸引亨利·福特,因此,亨利·福特最后放弃了这一计划。但是,简化部件,大批量生产,低价销售的"更多、更好、更便宜"的经营思路却在此时大体形成了。

在亨利·福特建立他的流水线之前,汽车工业完全是手工作坊型的,三两个人合伙,买一台引擎,设计个传动箱,配上轮子、刹车、座位,装配1辆,出卖1辆,每辆车都是1个不同的型号。由于启动资金要求少,生产也很简单,每年都有50多家新开张的汽车作坊进入汽车制造业,但大多数的存活期不超过1年。福特的流水线使这一切都改变了。在手工生产年代,每装配一辆汽车要728个人工小时,而福特的简化设计,标准部件的T型车把装配时间缩短为12.5个小时。进入汽车行业的第12年,亨利·福特终于实现了他的梦想,他的流水线的生产速度已达到了每分钟1辆车的水平,5年后又进一步缩短到每10秒钟1辆车。在福特之前,轿车是富人的专利,是地位的象征,售价在4700美元左右,伴随福特流水线的大批量生产而来的是价格的急剧下降,T型车在1910年销售价为780美元,1911年降到690美元,然后降到600美元、500美元,1914年降到360美元。低廉的价格为福特赢得了大批的平民用户,小轿车第一次成为人民大众的交通工具。福特说:"汽车的价格每下降1美元,就能为我们多争取1000名顾客。"1914年福特公司的13000名工人生产了26.7万辆汽车;美国其余的299家公司66万工人仅生产了28.6万辆。福特公司的市场份额从1908年的9.4%上升到1911年的20.3%,1913年的29.6%;到1914年达到48%,月盈利600万美元,在美国汽车行业占据了绝对优势。

亨利·福特的名字是和汽车联系在一起的。但是,亨利·福特真正热爱的并不是作为产品的汽车,甚至也不是汽车工业所带来的巨额利润;他所梦寐以求的是现代化大工业的那种高度组织、高度精密、高度专业化的生产过程。福特在汽车流水线的建设上非常舍得投资,虽然利润很高,福特却一直不肯分红,而是把所得利润几乎全部投入再生产,不断地用最先进的设备来装备他的流水线。福特的这一做法招致福特公司的主要投资者之一的道奇兄弟的强烈反对,并把福特告上法庭。法庭判福特公司履行分红义务,福特本人则分到分红总额 1900 万美元中的 1100 万美元。

为了实现最高限度的专业化,以最大批量的流水线生产来达到最低成本,亨利·福特不允许汽车设计上有任何他认为多余的部件和装置。为了减少因为模具更换而损失的生产时间,也为了避免品种繁多所必然带来的设备费用和库存费用,福特公司只生产单一型号、单一色彩的 T 型车。其销售人员多次提出要增加汽车的外观喷漆色彩,福特的回答是:"顾客要什么颜色都可以,只要它是黑色的。"针对福特汽车的价格优势,由 29 家厂商联合组成的通用汽车公司在阿尔弗雷德·斯隆的领导下,在内部推行科学管理的同时,采用了多品牌、多品种的产品特色化策略;在联合公司的框架下,实行专业化、制度化管理;在采购、资金和管理取得规模经济效益的基础上,保留了众多相对独立的雪佛莱、卡迪拉克、别克、朋迪埃克这样的著名品牌,并在产品的舒适化、多样化、个性化上下功夫。

1924 年,通用汽车公司推出了液压刹车、4 门上下、自动排挡的汽车,1929 年又推出了 6 缸发动机,而福特的 T 型车仍然是 4 缸、双门、手排挡。面对通用的攻势,亨利·福特根本不以为然,他不相信还有比单一品种、大批量、精密分工、流水线生产更经济、更有效的生产方式。对于销售人员提出的警告,福特认为他们无非都是出于维护营销部门局部利益的危言耸听。福特不止一次地说,福特汽车公司面临的唯一问题就是供不应求。从 1920 年到 1924 年,福特共降价 8 次,其中 1924 年一年就降了 2 次。但是,长期沿用降价策略的前提是市场的无限扩张,而 1920 年以后,随着人们收入水平的提高,人们的汽车需求转向多样化和舒适性,代步型的经济低价车的市场已经近乎饱和;同时,长期的降价经营使福特公司利润率已经很低,继续降价的余地很小。农夫型的 T 型车靠降价促销,靠"生产导向型发展"的道路走到了尽头。

眼看着通用汽车一点一点地吞食福特的汽车市场,福特公司内部许多人都非常着急,希望亨利·福特能够及时调整策略,按照顾客需求重新设计产品,但是这些合理建议都遭到了福特的拒绝和压制。后来虽然迫于市场压力,亨利·福特终于批准了 6 缸汽车上马,但那已是 7 年以后;福特后来也批准了液压刹车上马,但那已是 14 年以后,为时已经太晚。福特车的销售额不断下降,而外部环境的恶化又使亨利·福特越来越孤僻,越来越听不进不同意见,正直的人们纷纷离去;身边的圈子越来越窄,不同意见越来越难传入福特的耳中,而福特也变得越来越依靠身边的几个亲信。到 1946 年,亨利·福特不得不让位给孙子亨利·福特二世时,福特公司的亏损已达到每月 1000 万美元;只是因为其巨大规模和第二次世界大战的政府订货,福特公司才得以免遭倒闭的噩运。

问题:

1. 亨利·福特的失败之处有哪些?试用学过的管理学理论分析。

2. 从亨利·福特的故事中,你得到了怎样的启发,你认为管理理论与管理实践的发展规律是怎样的?

答案:

1. (1) 没有以市场为导向,不能及时抓住消费者的需求与愿望,与市场脱轨。
商品是由市场决定的,市场需求大小决定了商品的生产量大小,而市场需求又是不断变化的，管理者需要通过市场需求来及时调整商品的生产。亨利·福特为了实现最高限度的专业化，以最大批量的流水线生产来达到最低成本，不允许汽车的设计上有任何的多余部件与装置，只生产单一的型号和单一色彩的汽车。但是，随着经济的高速发展，汽车的需求转向多样化和舒适化，福特生产的代步型经济低价车便不再具备市场竞争优势了。

（2）不愿及时进行产品革新，使原本占优势的市场一点点被后来的革新产品所吞食。

产品创新十分重要，是一个企业活力和竞争力的源泉。随着经济的快速发展，人们收入和生活水平的提高，需求也在不断变化，企业需要不断创新，顺应时代发展，开拓新的市场。如果不及时进行革新，就会使旧的商品失去原来的市场，而新的市场又无法打开。亨利·福特要求福特汽车都是黑色的，而别的公司不仅有黑色汽车，还可以打造出不同颜色的汽车，从而开拓出了新的市场。当人们日益追求多样化和舒适性时，亨利·福特还是没有及时进行创新，因而渐渐地丧失了市场优势。

（3）管理者的自我决断，不尊重团队的意见。

一个企业的生存、发展、管理都离不开团队的合作。在工作中，管理者可以有多种管理模式，重要的是在正确的时候选择正确的管理模式。选择独裁式的管理模式，领导者试图掌控一切，常常会导致决策失误。因此，管理者要多听取团队建议，及时调整策略。福特公司内部许多人都希望及时调整策略，但亨利·福特却一次次地拒绝团队提出的革新意见，导致正直的人逐渐离去，福特公司日渐衰败。

2.（1）管理者要时刻以决策者的身份要求自己，决策不能个人独大，要积极听取团队意见，尊重人才；要从全局出发，注重团队协作。

（2）管理者做决策时要从实际出发，从市场出发，综合考虑所有因素。管理者要顺应客观经济规律，以市场为导向，及时调整策略。

（3）管理者要运筹帷幄，面对竞争和对抗，必须要统筹谋划，正确研究对策，以智取胜；同时，也要及时进行创新，形成自己的竞争优势，积极调整企业策略。

课后作业——研讨与思考

课后作业 2-1

科学管理理论的实践应用

泰勒的科学管理理论并不是脱离实际的，其几乎所有管理原理、原则和方法，都是经过自己亲自试验和认真研究所提出的。它所涉及的内容都是以前各种管理理论的总结，与其他管理理论一样，其目的都是提高生产效率，但它却是各种理论中最成功的。因为，它坚持了竞争原则和以人为本原则。竞争原则体现为：给每一个生产过程中的动作建立一个评价标准，并以此作为对工人奖惩的标准，使每个工人都必须达到一个标准并不断超越这个标准，而且超过越多越好。于是，随着标准的不断提高，工人的进取心就不会停止，生产效率必然也随之提高。以人为本原则体现为：这个理论是适用于每个人的，它不是空泛的教条，是实实在在的。它是以工人在实际工作中的较高水平为衡量标准的，因此它既可使工人不断进取，又不会让他们认为标准太高或太低。

问题：

上述案例对你有什么启示？

课后作业 2-2

情绪影响行为

济南某青年职工小李，父母双亡，工资很低，还要供养弟妹，本人又患肺病，27岁还未找到对象，情绪非常低沉。他常常对人说："不如死了清心。"这种状态下，他上班经常迟到早退，不断发生违章作业。

企业工会了解到这一情况后，经常派人找小李谈心，发给他困难补助，并送他到苏州疗养。小李病好后，工会又帮他找到对象，并在其结婚时帮他找了房子。小李万分感谢组织，从此积极工作。因他严格执行规章制度，在一年的工作中连续防止了两起重大事故，受到了单位表扬和奖励。

问题：

上述案例对你有什么启示？

课后作业 2-3

王 珪 鉴 才

在一次宴会上，唐太宗对王珪说："你善于鉴别人才，尤其善于评论。你不妨从房玄龄等人开始，都一一做些评论，评一下他们的优缺点；同时也和他们比较一下，你在哪些方面比他们更优秀？"

王珪回答说："若论孜孜不倦地办公，一心为国操劳，凡所知道的事没有不尽心尽力去做，在这方面我比不上房玄龄。若论常常留心于向皇上直言建议，认为皇上能力德行比不上尧舜很丢面子，这方面我比不上魏征。若论文武全才，既可以在外带兵打仗做将军，又可以进入朝廷搞管理、担任宰相，在这方面，我比不上李靖。向皇上报告国家公务，详细明了，宣布皇上的命令或者转达下属官员的汇报，能坚持做到公平公正，在这方面我不如温彦博。处理繁重的事务，解决难题，办事井井有条，这方面我也比不上戴胄。至于批评贪官污吏，表扬清正廉洁，疾恶如仇，好善喜乐，这方面若与其他几位能人相比，我则略胜一筹。"

唐太宗非常赞同他的话，而大臣们也认为王珪完全道出了他们的心声，都说这些评论是正确的。

问题：

上述案例对你有什么启示？

课后作业 2-4

某高校专聘岗位制风波

湖北某高校系全国著名的重点大学,该校于 1997 年正式通过"211 工程"立项,成为国家"十五"期间重点建设的大学之一。长期以来,学校走教学与科研相结合的路子,教员既是教学骨干,又是科研人员。大家虽然累一点,但都安居乐业。

1998 年 10 月的某天,王校长突然一连收到了几封来自学生的匿名信。信中抱怨授课教师水平差,又不负责任,讲课时眼睛红肿,无精打采,一个学期下来,几乎听不到一些有名的教师授课。王校长看完信之后,马上打通了主管教学的刘副校长的电话,询问有关教学工作情况,并将有关学生匿名信的事告诉了他。刘副校长感到校长对他的工作很不满意。他来不及仔细思索,通过电话责成教务处长于两天内将教师不愿上课的原因及学生的反应调查清楚,并向他汇报。

教务处长调查的结果是这样的:从 1995 年开始,由于学校工资水平较低,正、副教授中有的人下海经商走穴,有的人则一心扑在科研上,因而对教学和青年教师的培养过问较少;而部分青年教师对教学缺乏热情,有的教师到外面兼职,有的教师把讲课当作应付差事,学生对此非常不满。

于是,刘副校长和王校长一起探讨解决问题的办法,决定实施教师专聘制。学校决定,为了体现"多劳多得,优劳优得"的分配原则,明确设置上岗教师岗位,岗位设置数量约为全校教师总数的 1/3。

这一决定受到学校各单位的一致好评,但就岗位设置数量问题,各二级单位反应不一,有的认为可行,有的认为 1/3 的数量太少,特别是那些较年轻的院系,如管理学院和外语系。但学校只是在细节问题上做了修改,1/3 的专聘制仍决定执行。顿时,整个校园沸腾了,大家对此表示了极大的关注,而各院系在具体实施过程中却遇到了前所未有的阻力。

问题:
上述案例对你有什么启示?

课后作业 2-5

伦迪汽车分销公司的苦恼

伦迪汽车分销公司是一家新成立的企业,下设若干销售门市部。

公司刚成立时,为具体体现民主管理,制定了若干责任制度,运转尚属顺利。随着时间的推移,员工中相互推诿的事情时有发生;但在处理具体事情时,又说不清谁应承担责任,以致有的事情不了了之。为了推进民主管理,公司力争让下属参与某些重要决策。他们引进了高级小组制度,从每一个销售门市部挑选一名非管理者,共挑出五人。公司主管人员每月与非管理者们开一次会,讨论各种问题的解决方法和执行策略。但是,大家的积极性并没有充分调动起来。

经过两年的经营,公司的营业收入有了一定的增长,但企业的税前利润增长不快,第二年比第一年仅增长1.8%,主管人员对此非常苦恼。

问题:

1. 公司制定了责任制度,却仍存在责任不清的问题,请分析原因。
2. 从人本管理分析,应如何调动员工的积极性?
3. 请为公司经济效益增长慢的原因做简要分析。

课后作业 2-6

管理的理论流派

某大学管理学教授在讲授古典管理理论时,竭力推崇科学管理创始人泰罗的历史功勋,宣扬泰罗所主张的"有必要用严密的科学知识代替老的单凭经验或个人知识行事"的观点,并且宣传法约尔的14条管理原则。

后来,在介绍经验主义学派的理论时,这位教授又强调企业管理学要从实际经验出发,而不应该从一般原则出发来进行管理和研究。他还说,E.戴尔(Ernest Dale)在其著作中故意不用"原则"一词,断然反对有任何关于组织和管理的"普遍原则"。

在介绍权变理论学派的观点时,这位教授又表示在企业管理中要根据企业所处的内外条件随机应变,没有什么一成不变、普遍适用的"最好的"管理理论和方法。

不少学生认为,这位教授的讲课前后矛盾,胸无定见,要求教授予以解答。教授却笑而不答,反而要求学生自己去思考,得出自己的结论。

问题:

1. 你是否认为教授的上述观点前后矛盾?为什么?
2. 在企业管理中,有无可能将管理原则与实践有机结合起来?
3. 请写一篇小论文,阐述一下:管理学究竟是一门科学还是一门艺术?

课后作业 2-7

董明珠:一辈子与"吃相"缠斗

2016年"双十一"期间,董明珠辞任格力集团董事长的消息不胫而走,一个职位变动引发了业内外的广泛关注。无可非议,身为企业家的董明珠这几年已经被充分地娱乐化了,有人认为这是董明珠刻意的营销手段,为企业节约下了巨额的广告费。

其实,一方面董明珠享受着被人关注;另一方面,也为格力带来了很好的传播效果。

"吃相"比"吃"更重要

1990年拎着包裹登上南京开往深圳的火车时,36岁的董明珠并未想到今天的风光。偶然推开面前的不同的门,人生的剧情往往天差地别,而其中有一些必然的东西,导致了某种结果的产生。正如一位前格力员工评价道:"董明珠从不按常理出牌,她只按自己的牌理出牌。"

她的牌理是什么?她多年前坐火车南下的深刻记忆值得玩味。记忆里,她的包中有她父母给她准备的食物,但她一点也没动,"在火车上吃东西太丑了,所以宁可不吃"。另一段关于坐火车出差的记忆,仍然是"一个女士独自在火车上吃东西不好看,就这么坐在位子上饿了一天多"。下了火车后,便生了一场不大不小的病。

这也许是迎合外界给她的"女强人"的标签和感慨"创业之艰",不过,能够战胜饥饿本能绝非毅力,只能是另一种本能——自我认同。也就是说,"吃相"对董明珠而言,比"吃"更重要,至少在她觉得不会饿死的情况下是这样的。

此后的董明珠一路围绕着各种"相"做文章,尤其是"吃相"——事关利益相关方如何交易和如何分配利益。

支付方式很重要。对制造业而言,"先货后款"是一种相对主流的销售方式,其间存在一个账期的问题。在博弈关系中,厂商是弱势的一方,渠道商是强势的一方。在这种交易情境下,厂方销售员乐于多压货,而经销商则乐于晚回款;但如果遇到"老赖",厂商很难追回损失。

"你说对账?你知不知道,我代销的都是几百万元、几千万元的产品。在我这里,从来没有谁敢说要对账!看你就是新手的样子,根本不懂这行的规矩……"霸道的话出自一个信誉极差的经销商之口。当时,初到安徽市场的新手董明珠"顶着太阳走了一公里的路"来对账,目的是清理长期欠款,彼此心知肚明。董明珠口干舌燥,对方却"连一杯水都懒得给",反而屡屡打断董明珠的话,最后又突然以开会为由,下逐客令了。

前任遗留下来的问题给董明珠带来很大的屈辱,反而使她不肯退缩。与其缠斗40多天,终于追回了她认为等值的货物。但是,回厂检测后,却发现其中有20多万元的旧货是报废货物,这让她感觉愧疚,虽然这不是她的责任。

深受刺激的董明珠开始了"先款后货"交易方式的尝试,这在当时几乎被视为异想天开,而业务员也倾向于"多供货、多拿提成"的交易方式。结果证明,董明珠的决策是正确的,她在当时不太富裕的安徽省创造了销量奇迹。

后来,董明珠从明星区域经理调回总厂担任经营部副部长,前者拿提成,后者拿死工资,二者在数目上有天壤之别,董明珠放弃了能获得丰厚报酬的前者。在格力空调供不应求的时候,有位经销商找到董明珠的哥哥,答应给他2%的提成,希望通过他能从董明珠那里拿到3000万元的指标。哥哥被不近人情的董明珠断然拒绝,后来在经销商写下保证书,不再走"歪门邪道"后,董明珠却给了他更大的订单。然而,董明珠兄妹却因此事失睦。

董明珠自认腼腆,这并不符合如今公众对她的认知。换句话说,她就是怕被人指指戳戳。人的各种细微恐惧,往往是人做某事或不做某事的下意识动因。对自己不够正确的恐惧,也驱使着董明珠一路向前。所以,在面对公众时,她也总喜欢说:"我从来就没有失误,我永远都是对的。"

"诸相过敏"

在小心翼翼面对自己的"吃相"的同时,董明珠对他人的"吃相"也采取了一些很有意思的举措。2004年之后,格力和国美高调对立,互相封杀,董明珠第一次成为全国性的公众人物。两家公司的利益之争固然存在,而国美模式所呈现的"吃相"激怒了董明珠。与电器大卖场的不合作,促使董明珠去深耕渠道。格力电器之所以能在2015年进入世界500强榜单,排名385位,基本得益于其专卖店模式功不可没。

这两年,董明珠又不时炮轰美的,"很多企业不愿意自己培养人,就靠高薪把别人培养了十年甚至更长时间的人挖走了,不仅挖人还偷技术,这方面我们感受最深"。董明珠直言,竞争对手曾派人冒充格力工人到工厂拍照。

对他人"吃相"的嫌恶,她要么躲避,不合作,要么骂上两句,顺便宣传一下自己。而对她治下的员工,事关种种"相",董明珠的管理则显得略微烦琐。不得上班的时候吃东西,合情合理;而女员工不得戴耳环,戴戒指,留长发,以及各种奇怪的开除制度,则显示了董明珠对"诸相"的过敏。

也有不少前格力员工把格力的管理比作富士康,认为除了工程师们真能学到东西之外,这家公司对就业者的吸引力远不及董明珠对公众的吸引力。

气势背后的悲凉

说到2016年的怒斥股东事件,以及被病毒式传播的短视频,充满喜剧效果的"我唯一一次进门没有人鼓掌",而没有人鼓掌似乎让她感觉到了某种"不被喜欢",这显然是她难以接受的。人对他人的指责本质上是自身需求未得到满足的另一种表达。

而在面临账面利益受损的中小股东的眼里,董明珠这次的"吃相"堪忧。格力造手机沦为笑柄,"董小姐"的开机祝福更是火上浇油。在手机业的表现受挫,也影响了股东们对格力进入不熟悉的新能源汽车领域的信心。

所以,虽然董明珠在会上赤裸裸地强调"吃相",但在她气势汹汹的背后,多少让人感觉姿态低到悲凉。

比如"格力没有亏待你们,我讲这话一点都不会过分。你看看上市公司有哪个像这样给你们分红的?我5年不给你分红你能怎么样我?你有什么资格,给你们越多越得意,话越多?2年给你们分了180多亿元,你看看哪个企业给你这么多……所以,讲老实话,我今天进来开股东大会,这是唯一一次没有鼓掌的,我想可能每个人都是带着自己的心思来的。"

又说到她自己,"哪个企业老板做到千亿级、两三百亿元翅膀都要飞了,都要前呼后拥。但是我董明珠到今天为止出门都是一个人……难道我花不起吗?花得起,更何况这不是我董明珠的钱,但我认为这是利益!能为企业挣一分钱的利益,我们都应该节约下来。"

20年的时间,伴随着消费升级,格力的销售业绩从2000万元做到1000亿元,销售量从2万台到4000万台。一个不得不面对的困境是,空调业已触及天花板,格力在2014年营业收入达到1400亿元之后,2015年营业收入跌破千亿元。格力必须进入其他领域,在董明珠看来,工业机器人和新能源汽车把握着下一个万亿级市场。

但是,收购珠海银隆以及扩股计划,同样也触及了国有大股东的短期利益。计划中把本应分给大股东40多亿元的现金红利,变成大股东即将购买的股份。当董明珠仍在格力集团董事长位置上时,扩股计划如果通过,董明珠控制的股权最终可以击败未来可能出现的野蛮人。

她及前任朱洪江与国有大股东之间的微妙关系,也曾是坊间津津乐道的话题。作为上级的格力集团曾经积极地想把高速发展的格力电器售于外资企业,但由于触及政策,才不得不悻悻作罢。

在朱洪江担任集团董事长之前,格力集团董事长已几易其人,多人因经济问题入狱。有趣的是,在董明珠接替退休的朱洪江担任集团董事长后,国有大股东珠海国资委强行任命的党委书记、总裁周少强却因为"吃相"而惊动天下,不得不离开格力集团,另有任用。周少强等人在"反吃喝"的风口浪尖之时,一顿宴会喝掉顶级红酒12支。但其出事又纯属偶然,只因饭局里某位宾客拍了张照片发到了微信上。珠海国资委调查后称,他们当晚只喝了6瓶,另6个空瓶是"学习红酒知识的道具"。舆论哗然,周少强也被戏称为"学酒哥"。

"吃相"太好的打工者是危险的

历史上,"吃相"太好的打工者对老板而言是危险的。秦国大将王翦在灭楚战争前,向秦王嬴政讨要"美田宅园池甚众","以请田宅为子孙业耳",秦王大笑;出关前,又连续五次求赐美田,连部下也开始担心会不会太过分了。王翦这才说出了自己的用意:手握六十万大军,"吃相"难看些,这说明你不想做老板,反而能让上面放心。

董明珠从来没有把自己视为打工者。她对资本说:"格力人能从1个亿1％的利润率都没有,从一个亏损企业做到今天,能做到13％的利润,是靠着你们来的吗?是靠我们的心。"有女性媒体采访董明珠,希望她谈谈女性感兴趣的话题,结果董明珠没有涉及任何采访提纲上的问题,反而将记者当作宣传途径,谈的全是格力。

某种意义上,董明珠已经被她的事业"异化"了。尽管她可以归入求关注的孔雀型人群,然而董明珠每次上头条都是在围绕格力展开,无论是她和雷军互相"调戏",还是在其他事件中,董明珠即格力。2012年,她解除了和成龙的代言人签约,自己来当格力代言人,并称"动辄花几千万元请一个明星代言'是一种浪费',何况成龙代言的企业都死了"。

但格力并不是她的。

董明珠从未提及,当年自己为什么要离开稳定的干部岗位以及年幼的儿子孤身南下。或许她终于逃离了周围人对她的同情。在普通人的潜意识里,"失去丈夫是不幸的","不幸福的人生暗示着这个人种种可能的不对"。

20多年前,董明珠来到格力电器总部,开始大刀阔斧地整顿搭建销售渠道时,对格力电器来说是一个拐点。如今董明珠失意,回归格力电器,对格力电器来说,可能也是一个拐点。董明珠曾对媒体坦承,多年来,她从未和儿子谈论过再婚的话题。在她看来,自己这辈子最大的转折点,还是丈夫去世。"如果不是这件事,我不会走现在这条路。如果他在,也不会同意我来珠海。"

问题:

1. 董明珠的性格特点是什么?
2. 董明珠成功的经验有哪些?
3. 如何理解董明珠的"吃相"?

推荐阅读书目

[1] 斯图尔特·克雷纳.管理百年[M].邱琼,等译.海口:海南出版社,2003.

[2] 彼得·圣吉.第五项修炼[M].张成林,译.北京:中信出版社,2018.

[3] 彼得·德鲁克.卓有成效的管理者[M].许是祥,译.北京:机械工业出版社,2009.

[4] 吉姆·柯林斯.从优秀到卓越[M].珍藏版.俞利军,译.北京:中信出版社,2009.

[5] 杰克·韦尔奇,苏茜·韦尔奇.赢[M].余江,玉书,译.北京:中信出版社,2017.

[6] 孙武.孙子兵法[M].臧宪柱,译.北京:北京联合出版公司,2015.

[7] 罗贯中.三国演义[M].北京:人民文学出版社,2015.

[8] 孔子.论语[M].王超,译.北京:北京联合出版公司,2015.

[9] 老子.道德经[M].高文方,译.北京:北京联合出版公司,2015.

第 三 讲

教学目的与要求

1. 了解主干案例的经验和教训
2. 掌握成功创业的关键核心点
3. 要求学生课外查找并总结与主干案例相关的材料

教学重点与难点

教学重点：创业的启动
教学难点：创业环境分析

主 干 案 例

案例 "非常小器"圣雅伦

1. 中山圣雅伦日用制品有限公司简介

20世纪80年代，香港聚龙集团收购了具有悠久历史的法国个人美妆工具生产厂家达尔夫公司，更名为圣雅伦。

以"个人护理，二次革命"的口号，把美妆工具升华为个人护理用品，赋予美妆工具以时尚、休闲的文化内涵。

圣雅伦的产品包括眉毛镊子、睫毛翻卷夹、粉刺用具、眉笔刨等。

通过成功的品牌推广，圣雅伦一举成名，迅速成为引导个人护理用品时尚潮流的著名品牌，并成为馈赠佳品。

1999年4月，第一批圣雅伦品牌的指甲钳正式推向市场。同年6月，国家日用五金制品监督检测中心为圣雅伦颁发了中国有史以来第一张"指甲钳质量检测合格证书"。

1999年,圣雅伦销售额达4000万元。

2000年,圣雅伦在国内市场的年销售额达到6000万元,一跃成为国内销量最大的品牌。

2004年5月,圣雅伦销售额突破1.6亿元。

圣雅伦的市场占有率排名世界前三,占国内指甲钳市场份额的65%,是名副其实的中国指甲钳大王。

2. 董事长梁伯强

圣雅伦的董事长梁伯强,1962年10月出生于中山市小榄镇,高中学历,中国"隐形冠军"形象代言人,被媒介称为"鬼才""每根头发都是竖起的天线"的"指甲钳大王"。

1962年本来就是一个贫困的年代,梁伯强的出生给家里带来的是更加贫困。"我的家和当时许多中国的农民家庭一样贫困。但是母亲的爱让我的精神一点不贫困。"梁伯强如此回忆他的童年时光。

母亲常安慰他,让他好好读书,自强不息,长大了,做出点事来才不会让别人小看。"'自强不息'四个字让我咬紧牙关渡过了许多难关,所以,我办公室里就悬挂着这四个大字。"梁伯强说。

1980年4月10日,高中毕业的梁伯强听到澳门的新闻广播说要换澳督,预计移民政策会放松,于是决心到澳门。

在给别人打工的时候,老板对他说:"你做得很不错,但我这里天地小,你要发展自己,就到外面租个大房子,我发货给你,你再请两个人一起做。找找当小老板的感觉。"

没有任何经验的梁伯强高兴地雇了两个人。"包工头"从此成了梁伯强一段美好又苦涩的回忆。

1984年10月9日,梁伯强得知澳门政府宣布有澳门临时身份证者可以换取正式身份证。渴望改变命运的梁伯强再次单枪匹马来到澳门。

"我找到了以前的朋友,拿回了那张改变我命运的临时身份证后又在澳门警察署排队换取一个正式身份证,如获至宝地到中国旅行社申请办理了一张回乡证。至此,我的身份才发生了重大变化——我是合法的澳门居民了。"

3. 创业历程

(1) 把握市场机遇

1998年4月,梁伯强翻阅旧报纸时看到《话说指甲钳》的文章。文中说,1997年10月27日,时任副总理朱镕基接见全国轻工企业代表时拿出3把台湾商人送给他的指甲钳,动情地说:"我们生产的指甲钳剪了两天就剪不动了,而人家的精致又耐用,所以我们要盯住市场缺口找活路。"

这句话触动了迷茫中的梁伯强。他心想:"朱副总理说得对啊,吉列能把小小的剃须刀做成大品牌,我怎么就不能做成指甲钳业的吉列呢?"

说干就干。当年,梁伯强就创立中山圣雅伦日用品公司,转向经营指甲钳业务。但开张后,他发现看似简单的指甲钳业务,其实真正运作起来却问题重重。他说:"我当时没有做市场调查就一头扎进去,项目盲目启动后发现不对劲。我压力很大,做也不是,不做也不是。"

梁伯强没想到,自己会这么快就陷入了骑虎难下的窘境。怎么办?

只好先出国考察全球指甲钳市场去!

从1998年4月到1999年9月,他带着翻译,跑了20多个国家和地区,拜访了德国、韩国的指甲钳名企。如果当时交给专门的调查公司去做,可能二三百万元就解决了问题,但他的考察却花费了1000多万元。

经过摸底,他了解到,全球指甲钳市场销售额大约有60多亿元,其中欧洲占了1/3,韩国占了20亿元左右,中国以及东南亚地区合起来也是20亿元。

但在中国国内,韩国厂商占据了全部的中高端市场,国产指甲钳几乎全部属于地摊货档次。

"高档的是韩国货,三块多钱一个,低档的是国产的,才三毛钱一个。"

光看不练也不行,必须实践。梁伯强随后选中了韩国最大的指甲钳生产商777,做起了其经销商。

当时,中国有几百家指甲钳企业在低端市场混战,但777品牌却占据着中国高端市场。

为了搞明白777品牌的市场运作及其产品技术工艺,他一年前往韩国20多次,先后购买了777品牌1000多万元的货物。在此过程中,他学到了777的技术,并编织着国内指甲钳营销网络。

(2) 正式创业

1999年,梁伯强正式决定做指甲钳。那时候,包括广州"555"、上海"双剑"在内的最大的5家指甲钳国有企业因为体制的问题先后倒闭,梁伯强把这5家厂的厂长都聘请过来指导生产和进行品质控制。第一批"圣雅伦"牌的指甲钳出炉后,当年销售额就达到6000多万元,一跃成为全国第一。

(3) 营销手段

一次,梁伯强报上公开征集"圣雅伦"的广告语,结果"非常小器"夺得头筹。此后,梁伯强开始采用"非常小器"和"圣雅伦"双品牌战略,分别在低高端两个市场出击。"非常小器"走的是低端路线,最低的发货价格为3块多;圣雅伦走的是高端路线,最高的一套为100多元。

"目前在国际上,我们与排名前两位的韩国777和钟牌相差也只有不到1000万元左右的份额。"梁伯强说。

"非常小器"指甲钳系列产品的质量标准已被国家轻工业局定为行业标准。

1999年9月20日晚,北京展览馆里人头攒动,气氛热烈。这里正举办着"中华人民共和国建国50周年成就展",当晚开办的是中央领导同志专场。在轻工展区的展示柜里,"圣雅伦"牌指甲钳与国内许多名优产品一起接受中央领导的检阅。

原国家轻工业局局长陈士能把一套"圣雅伦"修甲产品送到朱总理手中说:"我国的指甲钳质量现在可以和韩国的名牌产品相比了,您给轻工企业提出的任务,我们正在努力完成。"

朱总理打开盒子,看到了 10 件修甲美容器具件件精致,品质不凡,把玩良久高兴地说:"这就像个样!"这时,记者按动快门,拍下了这一珍贵镜头。"这张照片现在就挂在办公室里,每当抬头凝视着照片,一股自豪感油然而生。"梁伯强说。

"这就像个样!"这成为梁伯强日后在各种场合进行推销的经典话语。

圣雅伦公司已有 200 多个品种,并由单一指甲钳延伸到个人护理用品。有手指甲钳、脚指甲钳,还有专门的婴儿指甲钳——指甲钳面是平的,比成人的要短一半。

在一次聊天中,梁伯强发现,把指甲钳当成名片的形式来推销可能是一个好方法。于是,他有了这样的创新——名片指甲钳:在指甲刀上刻上赠送人的名字、头衔和电话号码。

在这个想法诞生之前,梁伯强获得的全球指甲刀行业最大的一笔订单是 2000 万元,为了得到这张订单,他用尽浑身解数,历时三个月。而他拿到招商银行的一笔 3000 万个指甲刀、价值 1 亿元的订单只是动了动嘴皮子——在一次财富论坛上,他发布了其所谓"名片指甲钳"的"第六媒体"理念,而当时招商银行的一位负责人正好在座。

此后,梁伯强采取了更为大胆的做法:对于第一次使用的人,梁伯强几乎都是免费奉送。"第一批我们送了 10 万个,全部免费赠送。"他说,"我相信你派送完 1000 个指甲钳,起码直接或间接地给我带来 200 笔新生意。"

将指甲钳做成名片的创意,让圣雅伦一下子收获了 3 亿元,并且媒体送给这种"名片"一个好听的名字——第六媒体。

知识点精要

一、技术创新为核心,要有远大志向

企业不分大小,要有远大志向。

找准目标竞争对手,细心分析逐项对比,把实质性的差距逐个攻破。

二、适应市场需求为导向,细分目标市场,建立双赢的厂商伦理关系

为建立起自己独特的销售渠道,圣雅伦着力搭建连锁加盟经营平台。据梁伯强介绍,从 2004 年开始,圣雅伦公司推出"315 老板孵化计划"——用 3 年时间,投入 1000 万元,培育出 500 个老板(加盟商)。被选出的加盟者可免培训费,合格者可获得 10000 元创业

基金支持。

梁伯强把国内市场划分为七大区域,由 7 个加盟商分管。"如果你有关系,把生意做到国外去都可以。"他说。目前,Kitty 猫、迪士尼、维尼熊等 10 多个世界知名品牌都与圣雅伦建立了合作关系。

"财聚人散,财散人聚。"敢于舍弃部分利益,通过整合社会资源来实现低成本运作,成为梁伯强的快乐经营之道。在市场销售上,与加盟商六四分成,加盟商 60%,圣雅伦 40%。

"普通指甲钳的毛利只有 5% 左右,而我的指甲钳可以达到 40%。"梁伯强把利润的 30% 作为福利发放给员工。

这个计划推出后便备受争议,最初进展并不顺利。为此,圣雅伦公司对加盟者的条件进行了调整,更关注其年龄资历、经济条件和社会背景。这样做,是为了让加盟者能更好地胜任被赋予的市场使命。圣雅伦公司现在的加盟商就是在这个计划中"孵化"出来的。

为了活化加盟经营平台,圣雅伦公司还借助梁伯强传奇的成功创业经历,打造了"冠军论道"平台。

梁伯强认为,企业家群体也是一个相对孤独的群体,需要找到与之对等的人去对话,同时部分民营企业家还在亲自做业务,想跟现场能拍板的人直接对接业务,而"冠军论道"平台恰恰能满足他们的需要。

搭建"冠军论道"平台的具体做法是:在每个城市设立一个秘书处,其中 300 万人口设一个物流商,30 万人口设一家专卖店。秘书处由物流商负责,统一组织活动。每年在每个城市最多举办四场。在此过程中,圣雅伦公司只是扮演服务生的角色。现场不推销产品,待他们需要商务礼品时能想起圣雅伦即可。

圣雅伦公司在 17 个城市设有秘书处,集中在民营企业密集的华南、华东地区。专卖店建立了几百家。

三、通过提高竞争门槛,不断为企业建立防火墙

争夺行业第一品牌;

创立中国指甲钳研发中心;

制定行业标准,占领行业制高点。

四、树立全球视野,实施两条腿走路方针

一是为发达国家品牌进行 OEM 生产。

二是在发展中国家实行网络营销,为产品注入文化,塑造产品知名度和美誉度。

在国外市场,据梁伯强介绍,一方面,圣雅伦与迪士尼、Kitty 猫、维尼熊等知名品牌建立合作关系,直接给他们贴牌生产,分享他们的渠道资源;另一方面,与欧洲的皮具商捆绑销售,借用他们的渠道,直接销售圣雅伦自有品牌产品。

五、身体力行，营造独特的企业文化

坚信老板文化的衍生就是企业文化，老板要身体力行，不断学习，用个人魅力感动员工，让员工产生认同感与积极性。同时，也要以企业的魅力感动客户、感动社会。

管理实例——悟性与启示

管理实例 3-1

给 猫 挂 铃

"最近，几乎每天晚上都有同伴被猫吃掉！大家想想办法来对付那只猫吧！"有一天晚上，老鼠们这样商议着。

"我有个好主意！我们把铃铛挂在猫的脖子上就行了。"

"对呀！这样只要一听到铃铛响，就知道是猫来了。"

"真是个好主意！"老鼠们非常高兴地一致表示赞成。"现在只要在猫的脖子上挂上铃铛，我们就不必再担心了。可是，谁去替可怕的猫挂上铃铛呢？"

"哦！我怕，我不要！"

"我也不行！"

最后，这个计划并没有执行。

启示：

这个实例中，老鼠们作为参与者讨论了如何对付猫以保护自己生命安全的问题，会议讨论的方案是把铃铛挂在猫的脖子上，以起到预警效果，但因老鼠天生怕猫导致这个计划无法实施。这好比我们人类在生活中遇到一些难以处理的事情时总是想办法去逃避，始终没能和想象中的成功发生关系。制订计划很重要，因为计划为组织提供了未来的行动远景；但是，计划的制订必须考虑实际情况，要着力解决何人做、如何做等问题。

管理实例 3-2

《孙子兵法·九变篇》

孙子曰：凡用兵之法，将受命于君，合军聚众。圮地无舍，衢地交合，绝地无留，围地则谋，死地则战。途有所不由，军有所不击，城有所不攻，地有所不争，君命有所不受。故将通于九变之利者，知用兵矣；将不通于九变之利者，虽知地形，不能得地之利矣。治兵不知九变之术，虽知五利，不能得人之用矣。

是故智者之虑，必杂于利害。杂于利，而务可信也；杂于害，而患可解也。是故屈诸侯

者以害,役诸侯者以业,趋诸侯者以利。故用兵之法,无恃其不来,恃吾有以待也;无恃其不攻,恃吾有所不可攻也。

故将有五危:必死,可杀也;必生,可虏也;忿速,可侮也;廉洁,可辱也;爱民,可烦也。凡此五者,将之过也,用兵之灾也。覆军杀将,必以五危,不可不察也。

启示:

《孙子兵法·九变篇》说到,智慧明达的将帅在考虑问题时,必然把利与害一起权衡——在考虑不利条件时考虑有利条件,在看到有利因素的同时考虑不利因素,这样祸患就可以被排除。因此,用最令人头痛的事去使敌国屈服,用复杂的事变去使敌国穷于应付,以利益为钓饵引诱敌国疲于奔命,这些都需要将领们制订完美的作战计划。制订计划需要明确目标,从这个目标的各个方面辐射做到方方面面的周全之策。既要保证计划的领先性,又要保证计划的效率。当一项计划效率较高的时候,往往管理者们的工作会相对轻松。此外,要做到对特殊情况的妥善处理,然后再完成计划。

管理实例 3-3

简 单 道 理

从前,有两个饥饿的人得到了一位长者的恩赐:一根鱼竿和一篓鲜活硕大的鱼。其中,一个人要了一篓鱼,另一个人要了一根鱼竿。之后,他们分道扬镳了。

得到鱼的人在原地就用干柴搭起篝火煮了鱼,他狼吞虎咽地吃鱼,还没有品出鲜鱼的肉香,转瞬间,就连鱼带汤都吃了个精光。不久后,他便饿死在空空的鱼篓旁。另一个人则提着鱼竿继续忍饥挨饿,一步步艰难地向海边走去,可当他已经看到不远处那片蔚蓝色的海洋时,浑身的最后一点力气也用完了,只能眼巴巴地带着无尽的遗憾撒手离开人间。

又两个饥饿的人,他们同样得到了长者恩赐的一根鱼竿和一篓鱼。但他们并没有各奔东西,而是商定共同去寻找大海。他俩每次只煮一条鱼,经过漫长的跋涉,终于来到了海边。从此,两个人过起了捕鱼为生的日子。几年后,他们盖起了房子,有了各自的家庭、子女,有了自己建造的渔船,过上了幸福安康的生活。

启示:

在这个实例中,前两个饥饿的人与后两个人受到的恩赐是一样的,但结局却大不相同,根本原因在于前两个人不懂合作。后两个人之间相互合作,让他们的计划得到实施,最终各自过上了幸福的生活。在计划中指明方向和协调工作很重要。我们不管做什么事情,都必须注重合作。好的合作往往能够给整件事带来效益,能增加成功的概率。如果像前两个人一样不懂合作,最终的结局就会是失败。

管理实例 3-4

生产计划排程的原则

(1)交货期先后原则:对交期越短、交货时间越紧急的产品,越应安排在最早时间生产。

(2) 客户分类原则：客户有重点客户、一般客户之分，越重点的客户，对其订单的排程越应受到重视。有的公司根据销售额按 ABC 法对客户进行分类，A 类客户应受到最优先的对待，B 类次之，C 类更次之。

(3) 产能平衡原则：各生产线生产应顺畅，半成品生产线与成品生产线的生产速度应相同，机器负荷应恰当，不存在生产瓶颈，出现停线待料事件。

(4) 工艺流程原则：工序越多的产品，制造时间越长，应重点予以关注。

启示：

上述实例体现了计划的作用。

(1) 协调：客户分类原则对于客户服务顺序的协调，交货期先后原则对于不同工期货品生产的协调。

(2) 预测变化，降低风险：产能平衡原则是通过对各生产线、各生产单元速度的调控来避免停线。

(3) 控制：交货期先后原则、工艺流程原则都体现了对生产流程的控制。

上述实例还体现了计划的原则。

(1) 系统性原则：对组织内资源进行最优配置。通过对交货期和工艺制作顺序进行计划，可以实现资源的最优配置。

(2) 平衡性原则：组织各个层次需达到自我与全局的平衡。在生产过程中，要考虑半成品生产线与成品生产线的平衡，所制订的计划要有连续性和稳定性。

(3) 发展创新原则：计划要着眼于未来。通过对客户进行分类，进而决定优待顺序，可以更好地服务客户，为企业赢得更长久的利益。

管理实例 3-5

快餐店的计划

约瑟夫·斯卡格斯先生在美国公共卫生局工作二十年后退休了。他把他的储蓄存款投资到五家快餐馆。这五家快餐馆是依照获得很大成就的肯塔基油煎鸡全国联营公司的情况经营的。以前的老板是一个小城市的银行家，他一度想重新创新肯塔基油煎鸡公司所取得的成就。当事实证明他不能如愿以偿时，他把商店卖给了斯卡格斯。

斯卡格斯在投资前事先进行了研究，这使他深信，只要运用基本的管理原则和技术，这五家商店的利润就能比以前增加。首先，他以为，以前的商店所有者听任这五家商店的经理各自经营，而没有给予集中的指导，这种做法是错误的。他认为，即使这些商店遍及整个州，因而无法对他们进行日常的监督，但是仍应设法做出努力。同时，他也不想用呆板的章程和程序约束商店经理的手脚，从而挫伤他们的主动性。他认为，把"良好的管理"引进到这个系统的最好办法是，首先执行主要的管理职能——计划。

斯卡格斯在同五家商店的经理举行的一次会议上提出的关于"计划"的概念是以他在公共卫生局的经验为基础的。对这个被称为 POAR 的计划可做如下解释：POAR 是由组成计划的四个要素——问题（Problem）、目标（Objectives）、活动（Activities）和资源（Resources）这四个词的第一个字母组成的。因此，计划人员（在这个实例中是五家商店的经理)奉命为他们各自的商店所确定的每一个问题制订年度行动计划。因而,此后分配资金以及报告进展情况时,都将以这些计划为依据。

商店的经理们同意斯卡格斯的看法:对计划予以更多地强调,使人们更明白需要做些什么事情,使所有五家商店获得更多的利润。他们也同意按斯卡格斯的指示办事,但是他们对POAR能否适用于企业的计划表示怀疑。他们要求斯卡格斯用例子来说明他的主张。于是,斯卡格斯把他在公共卫生局工作时制订的关于家庭计划的规划拿出来给他们看。这个规划如下。

1. 问题

(1) 预期的情况:应向居住在该县的所有 2500 名育龄妇女提供计划生育服务。

(2) 目前的情况:500 名妇女在公立或私立医院,或医生事务所接受计划生育指导。

(3) 具体的问题:现在问题是预期的情况和目前的情况有差距,因此要解决的问题是向 2000 名妇女提供计划生育的指导。

2. 目标

到本财政年度结束时,将有 1500 名妇女接受公立或私立医疗单位对计划生育的指导。

3. 活动

为了实现上述目标,要求进行下列活动。

(1) 举办 100 次的门诊,每周一次,估计每次将有 30 人,总共将达 3000 人次。

(2) 安排医生事务所为 100 位病人视诊。

(3) 为七年级到十二年级的老师举办十次计划生育讲座,参加的教员人数可达 250 名,以后学生人数可达 5000 名。

(4) 举办 20 次正式展览会,向社会和市民小组传播知识。

4. 资源

计划的预算开支将为每项活动开支的总和。

门诊费:2000 美元。

医生事务所视诊费用:500 美元。

举办讲座费用:100 美元。

传播知识所需费用:200 美元。

总支出:2800 美元。

启示:

约瑟夫·斯卡格斯先生相信,运用基本的管理原则和技术,可以增加五家商店的利润。五家商店虽然位于不同地点,但斯卡格斯认为它们不能各自经营,而且呆板的章程和程序又会挫伤经理们的主动性,因此,他制订了POAR计划(由问题、目标、活动和资源四部分组成)。

1. 问题

认识机会是计划工作的起点,计划制订者需要充分认识组织的优势和弱势。斯卡格斯在制订计划时,认真分析了现实的情况(只有 500 名的妇女在医院或事务所接受指导),并将其与预期的情况(为 2500 名妇女提供服务)进行对照,从而得出现实的问题是:向

2000 名妇女提供服务。

2. 目标

目标是指期望达到的成果,可以为整个组织提供大的方向,同时作为标准衡量实际的绩效。目标要具有可实现性,因此,斯卡格斯将目标定为1500人。

3. 活动

为了实现目标,必须制订详细的方案。在斯卡格斯的计划中,他把拟订合适方案、评价各种方案、选择方案、制订辅佐方案等整合在一起,从而确立了最终的方案和具体的活动安排。

4. 资源

计划工作的最后一步是把计划转变成预算,使计划数字化。编制好预算,可以让计划更加明确,也便于对重要的资金执行严格控制,使计划更有约束性。

管理实例 3-6

滚动计划让 S 公司插上成功的翅膀

每逢岁末年初,各企业的领导者都会暂时放下手中的工作,与自己的核心团队一同踏踏实实地坐下来,专门花些时间制订来年的工作计划,以求为下一年插上希望和成功的翅膀,让企业各项事业在当年业绩的基础上更上一层楼。但外部环境千变万化,内部条件变数难料,怎样才能让企业来年12个月的"漫长"计划科学合理、高效务实,让所有工作都能按部就班、一帆风顺呢?

S公司是中国东部地区的一家知名企业,原有的计划管理水平低下,粗放管理特征显著,计划管理与公司实际运营情况长期脱节。为了实现企业计划制订与计划执行的良性互动,在管理咨询公司顾问的参与下,S公司逐步开始推行全面滚动计划管理。

首先,S公司以全面协同量化指标为基础,将各年度分解为4个独立的、相对完整的季度计划,并将其与年度紧密衔接。在企业计划偏离和调整工作中,S公司充分运用了动态管理的方法。

所谓动态管理,就是S公司年度计划执行过程中要对计划本身进行3次定期调整:第一季度的计划执行完毕后,就立即将该季度的计划执行情况与原计划进行比较分析,同时研究、判断企业近期内外环境的变化情况。根据统一得出的结论,对后3个季度计划和全年计划进行相应的调整;第二季度的计划执行完毕后,使用同样的方法对后两个季度的计划和全年计划进行相应的调整;第三季度的计划执行完毕后,仍然采取同样方法对最后一个季度的计划和全年计划进行调整。

S公司各季度计划的制订是根据近细远粗、依次滚动的原则开展的。这就是说,每年年初都要制订一套繁简不一的四季度计划:第一季度的计划率先做到完全量化,计划的执行者只要拿到计划文本就可以一一遵照执行,毫无困难或异议;第二季度的计划要至少做到50%的内容实现量化;第三季度的计划也要至少使20%的内容实现量化;第四季度的计划只要做到定性即可。同时,在计划的具体执行过程中对各季度计划进行定期滚动管理——第一季度的计划执行完毕后,将第二季度的计划滚动到原第一计划的位置,按原第一季度计划的标准细化到完全量化的水平;第三季度的计划则滚动到原第二季度计划的位置并细化到至少量化50%内容的水平,以此类推。第二季度或第三季度计划执行完毕时,按照相同原则将后续季度计划向前滚动一个阶段,并予以相应细化。当年度4个季度计划全部执行完毕后,下年度计划的周期即时开始。

其次,S公司以全面协同量化指标为基础建立了三年期的跨年度计划管理模式,并将其与年度计划紧密对接。

跨年度计划的执行和季度滚动计划的思路一致。S公司每年都要对计划本身进行一次定期调整,第一年度的计划执行完毕后,就立即对该年度的计划执行情况与原计划进行比较分析。同时研究、判断企业近期内外环境的变化情况,根据统一得出的结论对后三年的计划和整个跨年度计划进行相应调整;当第二年的计划执行完毕后,使用同样的方法对后三年的计划和整个跨年度计划进行相应调整,以此类推。

S公司立足于企业长期、稳定、健康地发展,让季度计划、年度计划、跨年度计划环环相扣,互为呼应,形成了独具特色的企业计划管理体系,极大地提高了企业计划制订和计划执行相辅相成的效果,提升了企业计划管理、分析预测和管理咨询的水平,为企业整体效益的提高奠定了坚实的基础。

启示:

要制定一个较长期或者长期目标时,应该制定多个切实可行的短期目标,为实现长期目标做准备。而当目标周期过长时,就应该合理地将这些目标分为多个长期目标,再将长期目标分为多个合理的短期目标。但是,短期目标的方向一定要和长期目标一致,否则就会适得其反。

管理实例 3-7

山田本一的故事

山田本一是日本20世纪80年代的一名马拉松运动员。1984年,在东京国际马拉松邀请赛中,名不见经传的日本选手山田本一出人意料地夺得了世界冠军。当记者问他凭什么取得如此惊人的成绩时,他说了这么一句话:"凭智慧战胜对手。"当时,许多人都认为,这个偶然跑在前面的矮个子选手是在故弄玄虚。马拉松是一项比拼体力和耐力的运动,只要运动员身体素质好又有耐性,就有望夺冠,爆发力和速度都在其次。如果说单纯用智慧取胜,确实有点勉强。

两年后,在意大利国际马拉松邀请赛上,山田本一又获得了冠军。有一位记者问他:"上次在你的国家比赛,你获得了世界冠军;这一次远征米兰,又压倒所有的对手取得第一名,你能谈一谈经验吗?"山田本一性情木讷,不善言谈,回答记者的仍是上次那句让人摸不着头脑的话:"用智慧战胜对手。"这回,记者在报纸上没再挖苦他,只是对他所谓的智慧迷惑不解。

10年后,这个谜团终于被解开了。山田本一在他的自传中这么说:"每次比赛之前,我都要乘车把比赛的线路仔细看一遍,并把沿途比较醒目的标志画下来,比如第一个标志是银行,第二个标志是一棵大树,第三个标志是一座红房子,这样一直画到赛程的终点。

比赛开始后,我就以百米冲刺的速度奋力向第一个目标冲去,等到达第一个目标,我又以同样的速度向第二个目标冲去。四十几公里的赛程,就被我分解成这么几个小目标轻松地跑完了。起初,我并不懂这样的道理,常常把我的目标定在 40 公里以外终点的那面旗帜上,结果我跑到十几公里时就疲惫不堪了。我被前面那段遥远的路程给吓倒了。"

启示:

山田本一将马拉松赛程分解为一个个的短距离目标,这样就能让最终的目标显得不那么可怕,而且可以帮助自己更好地规划行动。山田本一的做法可以更有效地实现长期目标或者较为困难的目标。目标是一个很重要的东西,如果缺乏目标,行动就会迷茫。例如,有一个参加冬泳比赛的人,在正式比赛前的每一次训练中,他都可以顺利游到对岸;但因为比赛当天天气不好,雾很大,他看不见对岸,导致他在离对岸还有 100 米的距离时放弃了。因此,我们应该重视目标的作用,如果一个目标过于长远或者实现起来过于困难,那么我们可以把它分解为一个短期可以实现的目标,这样行动起来就不会感到无从下手了。

管理实例 3-8

目标的制定

总公司制定的印制公司管理绩效评价内容主要包括四个方面:企业成本费用控制状况、企业专业管理能力状况、企业资产效益状况、企业发展能力状况。

印刷公司每年的企业总目标是根据总公司下达的考核目标,结合企业长远规划,并根据企业的实际情况,兼顾特殊产品要求,总目标主要体现在印刷公司每年的行政报告上。依据厂级行政报告,印刷公司将企业目标逐层向下分解,将细化分解的数字、安全、质量、纪律、精神文明等指标,落实到具体的处室、车间,明确具体的负责部门和责任承担人,并签署《企业管理绩效目标责任状》,以确保安全、保质、保量、按时完成任务,此为二级目标即部门目标。然后,将部门目标进一步向下分解为班组和个人目标,此为三级目标。由于班组的工作性质,不再继续向下分解。部门内部小组(个人)目标管理,其形式和要求与部门目标制定相似,签订班组和员工的目标责任状,由各部门自行负责实施和考核。具体方法是:先把部门目标分解落实到职能组,再将目标任务分解落实到工段,最后由工段下达给个人。这一做法要求各个小组(个人)努力完成各自的目标值,从而保证部门目标的如期完成。

启示:

(1) 企业的任务必须转换为目标。印刷公司制定总目标就体现了这一思想,通过考核目标对下级进行领导,从而保证了企业总目标的实现。

(2) 企业的总目标需要子目标的支持。印刷公司将总公司的考核目标逐层向下分解成一级、二级、三级目标,并且具体到部门和个人。子目标的完成,可以保证总目标的实现。

(3) 工作人员要靠目标来管理,而不是靠上级来管理。本例中签订目标责任状,就起到了这一作用。

(4) 企业管理人员需要根据子目标对下级进行考核、评价分析与反馈。

(5) 企业的目标应由上级与下级一起讨论制定。印刷公司只是向下传达目标,没有与下级形成互动。如果与下级一起讨论并确定目标,可以提高人们的积极性,增强企业活力。

管理实例 3-9

目标管理出问题了

一家制药公司,决定在整个公司内实施目标管理。事实上,他们之前在为销售部门制定奖金系统时已经用了这种方法。公司通过对比实际销售额与目标销售额,支付给销售人员相应的奖金。这样销售人员的实际薪资就包括基本工资和一定比例的个人销售奖金两部分。销售大幅度提上去了,但却苦了生产部门,他们很难完成交货计划。销售部抱怨生产部不能按时交货。

总经理和高级管理层决定为所有部门、个人经理以及关键员工建立一个目标设定流程。为了实施这个新方法,他们需要用到绩效评估系统。生产部门的目标包括按时交货和库存成本两个部分。他们请了一家咨询公司指导管理人员设计新的绩效评估系统,并就现有的薪资结构提出改变的建议。他们付给咨询顾问高昂的费用修改基本薪资结构,包括岗位分析和工作描述;还请咨询顾问参与制定奖金系统,使该系统与年度目标的实现程度密切相连。他们指导经理们组织讨论目标设定和绩效回顾的流程。

总经理期待着很快能够提高业绩。然而不幸的是,客户满意度下降,业绩不但没有上升,反而下滑了。部门间的矛盾加剧,每个部门都指责其他部门的问题。尤其是销售部和生产部,生产部埋怨销售部销售预测准确性太差,而销售部埋怨生产部无法按时交货。

启示:

(1) 企业人员要对目标的达成状况进行考核分析和反馈,并把经验用于新的目标管理周期。本例中企业制定新的目标时,要考虑到销售部与生产部的供求矛盾。

(2) 目标管理需要沟通与统一,而且不仅要强调目标的管理,也要重视思想与制度的工作。制药公司实施绩效评估,并对生产部与销售部分别制定了目标,但是公司并没有就生产部与销售部的供需矛盾与这两个部门一起协商处理和解决的方案,没有做好思想工作,从而导致目标的不合理,利润下滑,部门的矛盾加大。

(3) 目标管理有一定的局限性。生产部和销售部都急于完成自己的目标,于是就出现了急功近利的趋向。当利润下滑时,双方开始互相指责。

管理实例 3-10

两则小故事

故事1:我国的永久、飞鸽自行车都是国内外久负盛名的优质产品,但在卢旺达却十分滞销,因为卢旺达是一个山地国家,骑自行车的人经常要扛车步行,我国的永久、飞鸽自行车重量大,令当地人感到十分不便。日本人瞄准这一市场空白,在做了详细的市场调查后,专门生产一种用铝合金材料作车身的轻型山地车,抢夺了市场。我国的企业由于只知己不知彼,错过了一个很好的占领市场的机会。

故事2:20世纪80年代初,我国向某阿拉伯国家出口塑料底鞋,由于忽视了研究当地人的宗教信仰和文字。因当时设计的一款鞋底花纹酷似当地文字中"真主"一词,结果被当地政府出动大批军警查禁销毁,造成了很大的经济损失和政治损失。

启示:

这两则小故事都强调了把握机会和关注细节的重要性。企业制订和实施战略时,应扬长避短,发挥优势,有效利用企业的各种资源,同时应多注意考察外部的影响因素。企业要生产一件商品投入市场,就要实地考察,因地制宜。如果商品不能够很好地满足顾客的需求,那么营销活动就很难顺利进行。在此过程中,其他企业抓住了机会,找到正确的战略之后,企业就没有竞争优势了。每个地区的文化都有所不同,如果想要将商品投放到当地市场,在生产之前,应先要了解清楚该商品是否适合在此地进行销售。

每个企业都有自身的优势和劣势,机会对于每个企业来说都是平等的,需要制定合理的战略来把握住机会。面临市场竞争时,企业要有自己的应对措施,还要注重创新,在贴合市场调查的基础上进行战略调整以及创新。

综合技能——训练与提升

技能训练3-1

华生集团

华生集团是美国最大的银行企业,有3300家分支机构。该集团被认为是创新银行业务的领导者,而且被认为有一个得力的领导团体。在整个20世纪80年代,这家银行机构几乎每年都盈利。尽管华生集团在金融业拥有强大的实力,而且具有良好的管理力量,但它近来还是受到了世界范围银行业危机的影响——许多银行纷纷倒闭,其数量创纪录。特别在以下三个领域,一直困扰着华生集团:美国政府债权交易中糟糕的业绩、公司伦敦分部的困境和投资银行业拓展势力的失败。

华生集团的管理者宣布:计划步其他许多美国公司的后尘,进行经济规模收缩。虽然公司最近并没有财政困难,但公司希望通过积极主动的行为避免未来出现问题。作为紧缩的一部分,公司决定削减2000个职位。正如所预料的,公司雇员反映十分强烈,并有两名雇员自杀。雇员的压力增大,导致工作事故和失误显著增加。

华生集团意识到了伴随紧缩出现的问题,并采取措施去帮助雇员应付面临的不确定性,收效不错。

问题:

1. 华生集团是怎样应对环境变化的?
2. 对于华生集团内部出现的这些问题,应该怎样处理?

答案：

1. 华生集团有良好的管理能力，在面临世界范围银行危机的影响、外部环境的多端变化时，需要辨识企业长期的变化驱动及外部环境要素对企业的不同作用，从而确定关键因素。华生公司为了应对三个领域的长期问题，及时调整了组织结构，这引起了内部环境的变化。内部环境包含企业能力、企业核心竞争能力等。华生集团已经分析出了企业的弱点，采取了积极主动的应对行为——大量裁员，但员工强烈反对，并发生了两起自杀事件，而且工作事故和失误显著增加。面对内部环境的急剧变化，华生集团及时采取措施帮助雇员，而且收效不错。综上可以看出，华生集团在面对外部和内部环境变化时，都能及时采取应对措施，积极主动地解决问题。

2.（1）在尽量减少削减职位数量的同时，认真评估每一名员工的价值，制定公平合理的标准，让有潜力的员工留下，让该离开的员工离开。

（2）将裁员的原因公开，告诉员工新的计划，安排好各个部门的工作，制定好新的目标，分析出公司的优势和劣势。

（3）在削减职位的同时采取竞聘制，让员工安心于裁员制度的透明化，同时激发工作热情，减少工作事故和失误，竞争工作岗位。

（4）主动安抚员工，转移员工注意力，积极主动地解决问题。

技能训练 3-2

二 八 定 律

19 世纪末 20 世纪初，意大利经济学家帕累托认为，在任何一组东西中，最重要的只占其中一小部分，约 20%，其余 80% 尽管是多数，却是次要的。例如，社会约 80% 的财富集中在 20% 的人手里，而 80% 的人只拥有 20% 的社会财富。这种统计的不平衡性在社会、经济及生活中无处不在，这就是二八定律。

问题：

1. 如何加强服务，从而达到事半功倍的效果？

2. 企业领导人应如何对工作进行分类，从而把主要精力用在解决主要问题、抓主要项目上？

答案：

1. 在客户服务过程中，应该将大部分的资源给最有可能消费的客户，因为他们是主要的消费群体。例如，笔记本电脑卖家会将显卡配置高端的笔记本电脑推荐给喜欢玩游戏的年轻群体，因为这个群体是主要消费人群，而不会花很多时间推荐给不玩游戏的中老年人。但是，在产品推广过程中，企业还应该面向社会大部分群体进行广泛宣传，因为这也是发现潜在顾客的方式。将年轻人作为主要服务对象，同时又面向其他群体进行宣传，这是最合理的选择。当然，在不同的行业中，企业所面对的重要群体是不同的。在客户服务过程中，只有对重点客户进行重点关注，才有可能做到利润最大化。同时，对其他大部分的消费群体也不能不管不顾，应该进行主动宣传，让这些群体从潜在客户变成实际消费者，这样做的目的也是实现利润最大化。

2. 作为企业的领导者,首先要确立企业的短期和长期目标,然后将这些目标确定为企业发展方向。在面对矛盾冲突时,应对照目标进行解决。管理者还应该及时和高层干部进行讨论,及时修改目标或重新定制。而想要抓住主要项目,首先应该确定企业未来的前景规划方向,从而判断哪些项目是主要的,集中企业的大部分人力、物力、财力来完成该项目。

技能训练 3-3

蝴 蝶 效 应

20世纪70年代,美国一个名叫洛伦兹的气象学家在解释空气系统理论时说,亚马孙雨林一只蝴蝶的翅膀偶尔振动,也许两周后就会引起美国得克萨斯州的一场龙卷风。

蝴蝶效应是说,初始条件十分微小的变化经过不断放大,对其未来状态会造成极其巨大的差别。这给人们一个启示:一些小事如经系统放大,会对一个组织、一个国家带来重要的影响,因而不能视而不见。

问题:
1. 企业的命运会如何受到蝴蝶效应的影响?
2. 如何理解"你一朝对客户不善,公司就需要10倍甚至更多的努力去补救"这句话?
3. 如何理解"能够让企业命运发生改变的'蝴蝶'已远不止'计划之手'"?

答案:
1. 任何事物之间都存在联系。一方面,企业在对未来进行规划时,一个小目标制定的偏差都会导致企业未来发展方向的偏差,影响企业的命运。另一方面,企业日常运营时,某个部门甚至某个人的失误,都会影响到周围的部门,从而影响到整个公司的发展。因而,企业命运会受到蝴蝶效应的影响。

2. 这句话充分体现了蝴蝶效应。个人服务态度的不当,可能使公司失去一位顾客,而顾客的流失带来的影响是该公司在顾客心中的信任度降低,从而失去更多的顾客。良好的服务态度是企业的竞争优势之一。如果因为某个人对客户的服务态度不当,就可能会违背公司的战略目标,那么公司便需要以十倍的努力去补救。

3. 能够影响企业发展的因素不止"计划"这一个方面,因而能够让企业命运发生变化的"蝴蝶"也不止计划。一旦企业的战略目标、本行业的发展行情、企业内部的优势和劣势、外来竞争者的影响等发生变化时,会导致企业的命运发生改变,因而要综合考虑各方面的因素。

技能训练 3-4

建筑公司败走日本

某建筑公司经过几十年的发展,已经成为当地知名的建筑龙头企业。总结企业成功的经验,许多管理人员归结为天时、地利、人和,例如,国家经济的持续发展,与当地政府、银行的良好关系,几十年形成的固定客户和良好的信誉,良好的员工素质等。2008年北京奥运会的召开,为整个建筑行业带来了利好,公司确立了"打破地区界限,成为全国乃至世界知名建筑企业"的远景和使命。当企业树立这样的远景和使命并为之努力时,发现曾经作为优势的"天时、地利、人和"似乎不在。例如,日本一家建筑企业在与公司谈判时,让公司在两天内给出一个项目的报价。由于公司没有既懂建筑专业又精通日语的人员,所以没有及时报价,最终很遗憾地没有抓住公司项目。

问题:
分析该公司内外部环境的变化,给出你的应对措施。

答案:
案例中的建筑公司已发展成当地知名的建筑龙头企业,管理员把企业成功的原因归结于天时、地利、人和。从中可以看出,公司过去的成功来自天时、地利、人和,这些构成了公司的竞争优势。天时、地利、人和是该公司内外部环境的概括性描述。当公司重新确立新目标"成为全国乃至世界的建筑企业"时,却发现自己在政府、银行关系方面,在地利方面,在人员素质方面,所谓的天时、地利、人和的优势都不存在了;而且公司在人才培养上存在致命缺陷,这导致公司错失了日本一家建筑企业的项目。

措施:①分析公司的优劣势,根据实际情况制定切实可行的方针;②认清所处的内外部环境,明确公司使命,围绕"天时、地利、人和"采取相应措施,提高公司迅速把新产品投入市场的能力、更好的售后服务能力、生产制造高质量产品的技能、对市场变化做出快速反应的能力、建立网络系统的技能等;③根据公司发展需要广招人才,制订人才培养计划;④分析公司的核心竞争力、风险、竞争等,做到知己知彼,以便在制定和选择战略时能够利用外部机会,避免对企业的威胁;⑤制订下一阶段的计划表,不能因为一次失败就一蹶不振,要锻炼内功,把握下次机会。

技能训练 3-5

顾军的打算

进入12月后,宏远公司的总经理顾军一直在想两件事:一是年终已到,应好好总结一年来的工作;二是好好谋划一下明年怎么办,更远的是该想想以后五年怎么干,以至于以后10年怎么干。

上个月顾军抽出身来,到省财经学院工商管理学院去听了三次关于现代企业管理知识的讲座,教授精彩诙谐的演讲对他触动很大。公司成立至今,转眼已有10多个年头了。10多年来,公司取得了很大的成就,其中有运气,有机遇,当然也有自身的努力。仔细琢磨,公司的管理全靠经验,特别是顾军自己的经验,遇事都是由他拍板,从来没有公司通盘的目标和计划。可现在公司已发展到几千万元资产,300多人,再这样下去可不行了。顾军每想到这些,晚上都睡不着觉,到底该怎样制订公司的目标和计划?

宏远公司是一家民营企业,是改革开放的春风为宏远公司建立和发展创造了条件。15年前,顾军三兄弟来到省里的工业重镇滨海市,借了一处棚户房落脚,每天出去找营生。在一年的时间里,他们收过废旧物资,贩过水果,打过短工。哥哥顾军经过观察和请教,发现滨海市的建筑业发展很快,但建筑材料如黄沙和水泥却很紧缺。他想到,在老家镇边上,表舅开了家小水泥厂,由于销路问题,不得不减少生产。三兄弟一商量,决定做水泥生意。他们在滨海市找需要水泥的建筑队,讲好价,然后到老家租船借车把水泥运出来,去掉成本每袋水泥能赚几元钱,虽然薄利,但积少成多,一年下来他们赚了几万元。3年后,他们从家乡组建工程队开进了城,当然水泥照样贩,算是两条腿走路了。

一晃15年过去了,顾军三兄弟已经成为拥有几千万元资产的宏远公司老板了。他们现在有一家贸易公司、一家建筑装饰公司和一家房地产公司,有员工300多人。顾军当公司总经理,两个弟弟做副经理,顾军妻子的叔叔任财务主管,表舅的儿子做销售主管,顾军具有绝对的权威。去年,顾军代表宏远公司拿出50万元捐给省里的贫困县建希望小学,从此顾军名声大振。不过,顾军心里明白,公司近几年的日子也不太好过,特别是今年,建筑公司任务还可以,但由于成本上升,只能勉强维持,略有盈余。贸易公司今年做了两笔大生意,挣了点钱,其余的生意均没有成功,而且仓库里的存货很多,无法出手,贸易公司的日子也不好过。房地产公司更是一年不如一年,生意越来越难做,留着的几十套房子把公司压得喘不过气来。

面对这些困难,顾军一直在想如何摆脱这种状况,如何发展。发展的机会也不是没有,上个月在省财经学院工商管理学院听讲座时,顾军认识了滨海市一家国有大公司的老总,得知这家公司正在寻找在非洲销售他们公司当家产品——小型柴油机的代理商,据说这种产品在非洲很有市场,这家公司老总很想与宏远公司合作,利用民营企业的优势去抢占非洲市场。顾军深感这是个机会,但该如何把握呢?

10月1日,顾军与市建委的一位处长在一起吃饭,这位老乡告诉他,市里规划从明年开始江海路拓宽工程,江海路两边都是商店,许多大商店都想借这一机会扩建商厦,但苦于资金不够。这位处长问顾军:有没有兴趣进军江海路?如果有意向,他可以牵线搭桥。宏远公司早就想进军江海路了,现在诱人的机会来了,但投入也不少,该怎么办?随着住房分配制度的改革,长时间没有正常运作的房地产业是不是该动了?这些问题一直盘旋在顾军的脑海中。

问题:
1. 宏远公司是否应该制订短、中、长期计划?
2. 你如何为顾军编制公司发展计划出谋划策?
3. 写一篇小论文,谈谈你对顾军捐资修建希望小学这件事的看法。

答案:
1. 宏远公司应该制订短、中、长期计划。根据公司和市场现状制订相关计划,有利于为公司发展指明方向,协调工作;预测变化,降低风险;有效减少浪费,提高效益;提供标准,便于控制。为了推动公司的稳步发展,制订短、中、长期计划是非常有必要的。

2. (1) 顾军应明确自身发展方向和目标。

(2) 对企业的战略环境进行分析,并预测这些环境未来发展的趋势,以及这些趋势可能对企业造成的影响。

(3) 坚持与时俱进的思想,不断开拓创新,引进先进人才,促进企业发展。

(4) 抓住机遇,把握企业发展机会。

(5) 建立多元化成长的公司战略,拓宽发展范围,多方位撒网,可根据自身资金状况发展周边产业。

(6)分析竞争者的发展趋势,加强对本公司员工的管理与培训。

3.顾军捐资修建希望小学的做法是正确的,是一种具有正能量的社会行为。企业的发展要兼顾经济效益与社会效益,捐赠希望小学是一种善举,也是社会责任的一部分。如今,社会中的贫富差距还很大,在企业成功的基础上,多做公益活动,能够更直接地帮助贫困群众。这也是企业发展的一个重要里程碑。捐赠希望小学在帮助社会弱势群体的同时,还能为企业建立良好的形象,扩大企业的社会影响力。

曾有人说:"这个世界的穷,救不完;这个世界的病,也治不光。"但我们可以做的是唤醒这个世界上每个人的善意和善心,这也是做公益的初心。企业家们作为公益活动的主力军,多做公益事业有利于营造良好的社会风气,也是企业家回馈社会的最好方式。慈善事业是出于对人类的热爱,为了增进人类的福利所做的努力。慈善事业的开展,有利于组织和调动社会资源,促进慈善事业与社会保险、社会救助、社会福利等工作的相互衔接,相互补充,调解贫富差距,缓解社会矛盾,维持社会稳定,促进社会公平,同时也有利于增强社会责任,激发社会活力,增进社会各阶层之间的理解、交流和合作,营造团结友爱、和谐相处的人际关系氛围。

课后作业——研讨与思考

课后作业 3-1

诸葛亮借东风

三国时代,有个诸葛亮借东风的故事,至今仍在我国民间流传。

当时,曹操率兵 50 万,号称 80 万,进攻孙权。孙权兵弱,他和曹操的敌人刘备联合,兵力也不过三五万,只得凭借长江天险,拒守在大江南岸。

这年十月,孙权和刘备的联军,在赤壁同曹操的先头部队遭遇。曹军多为北方兵士,不习水战,很多人得了疾病;士气很低。两军刚一接触,曹操方面就吃了一个小败仗。曹操被迫退回长江北岸,屯军乌林,同联军隔江对峙。

为了减轻船舰被风浪颠簸,曹操命令工匠把战船连接起来,在上面铺上木板。这样,船身稳定多了,人可以在上面往来行走,还可以在上面骑马。这就是所谓"连环战船",曹操认为这是个渡江的好办法。但是,"连环战船"目标大,行动不便。所以,有人提醒曹操防备吴军乘机火攻。曹操却认为:"凡用火攻,必借东风,方令隆冬之际,但有西北风,安有东南风耶?吾居于西北之上,彼兵皆在南岸,彼若用火,是烧自己之兵也,吾何惧哉?若是十月阳春之时,吾早已提备矣。"周瑜也看到了这个问题,只是由于气候条件不利火攻,急得他"口吐鲜血,不省人事"。刘备军师诸葛亮用"天有不测风云"一语,点破了周瑜的病因,并密书十六字:"欲破曹公,宜用火攻;万事俱备,只欠东风。"可见,对于火攻的条件,曹、周、诸葛三人都有共同的认识。

然而，诸葛亮由于家住赤壁不远的南阳，对赤壁一带气象规律的认识，比曹、周两人更深刻、更具体。西北风只是气候现象，在气候背景下可以出现东风，这是天气现象。在军事气象上，除了必须考虑气候规律之外，还须考虑天气规律作为补充。当时，诸葛亮根据对天气气候变化的分析，凭着自己的经验，已准确地预报出现偏东风的时间。但为糊弄周瑜，他却设坛祭神"借东风"。十一月的一个夜晚，果然刮起了东南风，而且风力很大。周瑜派出部将黄盖，带领一支火攻船队，直驶曹军水寨，假装去投降。船上装满了饱浸油类的芦苇和干柴，外边围着布幔加以伪装，船头上插着旗帜。驶在最前头的是十艘冲锋战船。这十艘船行至江心，黄盖命令各船张起帆来，船队前进得更快，逐渐看得见曹军水寨了。这时候，黄盖命令士兵齐声喊道："黄盖来降！"曹营中的官兵，听说黄盖来降，都走出来伸着脖子观望。曹兵不辨真伪，毫无准备。黄盖的船队距离曹操水寨只有二里路了。这时黄盖命令"放火！"，号令一下，所有的战船一齐放起火来，就像一条火龙，直向曹军水寨冲去。东南风越刮越猛，火借风力，风助火威，曹军水寨全部着火。"连环战船"一时又拆不开，火不但没法扑灭，而且越烧越盛，一直烧到江岸上。只见烈焰腾空，火光烛天，江面上和江岸上的曹军营寨，陷入一片火海之中。就这样，孙、刘联军歼灭了曹操的大队人马，把曹军所有的战船全部烧毁。

问题：

上述案例对你有什么启示？

课后作业 3-2

提醒自我

有个老太太坐在马路边，望着不远处的一堵高墙，总觉得它马上就会倒塌，见有人向墙走过去，她就善意地提醒道："那堵墙要倒了，远着点走吧。"被提醒的人不解地看着她，然后大模大样地顺着墙根走过去了——那堵墙没有倒。老太太很生气："怎么不听我的话呢？"又有人走来，老太太又予以劝告。三天过去了，许多人在墙边走过去，并没有遇上危险。第四天，老太太感到有些奇怪，又有些失望，不由自主便走到墙根下仔细观看。然而就在此时，墙倒了，老太太被掩埋在灰尘砖石中，气绝身亡。

问题：

上述案例对你有什么启示？

课后作业 3-3

《孙子兵法·作战篇》

孙子曰：凡用兵之法，驰车千驷，革车千乘，带甲十万，千里馈粮。则内外之费，宾客之用，胶漆之材，车甲之奉，日费千金，然后十万之师举矣。

其用战也胜，久则钝兵挫锐，攻城则力屈，久暴师则国用不足。夫钝兵挫锐，屈力殚货，则诸侯乘其弊而起，虽有智者，不能善其后矣。故兵闻拙速，未睹巧之久也。夫兵久而国利者，未之有也。故不尽知用兵之害者，则不能尽知用兵之利也。

善用兵者,役不再籍,粮不三载。取用于国,因粮于敌,故军食可足也。国之贫于师者远输,远输则百姓贫;近于师者贵卖,贵卖则百姓财竭,财竭则急于丘役。力屈、财殚,中原内虚于家,百姓之费,十去其七;公家之费,破车罢马,甲胄矢弩,戟楯蔽橹,丘牛大车,十去其六。故智将务食于敌,食敌一钟,当吾二十钟;秆一石,当吾二十石。故杀敌者,怒也;取敌之利者,货也。故车战,得车十乘已上,赏其先得者,而更其旌旗,车杂而乘之,卒善而养之,是谓胜敌而益强。

故兵贵胜,不贵久。

故知兵之将,生民之司命,国家安危之主也。

问题:

上述文章对你有什么启示?

课后作业 3-4

王岚的建议

到公司的第五天,王岚拿着自己的建议书走向了直接上级的办公室。

"王经理,我到公司已经快一个星期了,我有一些想法想和您谈谈,您有时间吗?"王岚走到经理办公桌前说。

"来来来,小杨,本来早就应该和你谈谈了,只是最近一直扎在实验室里就把这件事忘了。"

"王经理,对于一个企业尤其是处于上升阶段的企业来说,要持续企业的发展必须在管理上狠下功夫。我来公司已经快一个星期了,据我目前对公司的了解,我认为公司主要的问题在于职责界定不清;雇员的自主权力太小,致使员工觉得公司对他们缺乏信任;员工薪酬结构和水平的制定随意性较强,缺乏科学合理的基础,因此薪酬的公平性和激励性都较低。"王岚按照自己事先所列的提纲开始逐条向王经理叙述。

王经理微微皱了一下眉头说:"你说的这些问题我们公司也确实存在,但是你必须承认一个事实——公司在盈利,这就说明我们公司目前实行的体制有它的合理性。"

"可是,眼前的发展并不等于将来也可以发展,许多家族企业都是败在管理上。"

"好了,那你有具体方案吗?"

"目前还没有,这些还只是我的一点想法而已,但是如果得到了您的支持,我想方案只是时间问题。"

"那你先回去做方案,把你的材料放这儿,我先看看,然后给你答复。"说完,王经理的注意力又回到了研究报告上。

王岚此时真切地感受到了不被认可的失落,她似乎已经预感到了自己第一次提建议的结局。

果然,王岚的建议书石沉大海,王经理好像完全不记得建议书的事。王岚陷入了犹豫中,她不知道自己是应该继续和王经理沟通,还是干脆放弃这份工作,另找一处发展空间。

问题:

上述案例对你有什么启示?

课后作业 3-5

青蛙现象

把一只青蛙直接放进热水锅里，由于它对不良环境的反应十分敏感，所以会迅速跳出锅外。如果把一只青蛙放进冷水锅里，慢慢地加温，青蛙并不会立即跳出锅外，水温逐渐升高的最终结局是青蛙被煮死了，因为等水温高到青蛙无法忍受时，它已经来不及，或者说是没有能力跳出锅外了。

青蛙现象告诉我们，一些突变事件往往容易引起人们的警觉，而易置人于死地的却是人们在自我感觉良好的情况下，对实际情况的逐渐恶化没有清醒的察觉。

问题：
1. 我们的组织和社会生存的主要威胁来自哪里？
2. 如何防范那种缓慢而又微小的危险？

课后作业 3-6

迪士尼的错误决策

位于法国的迪士尼开张两年后，尽管每月有 300 万游客，但却每天损失 100 万美元，到底什么地方出问题了呢？

迪士尼一直充满雄心，结果造成严重的战略和财务失误。在利率开始上升时，他们过于依靠负债。他们认为乐园会继续火爆，那时可以卖掉一些股份用于偿还债务。乐园本身也做出了一些错误的决策，包括成本超出、无酒精政策（在法国午餐有一瓶葡萄酒是正常的）、太少的淋浴卫生间、错误地认为法国人不在饭店的餐厅用早餐等。

公司认为是连续的欧洲经济衰退、高利率、法郎升值等造成了这些问题。但是公司与员工关系很糟，公司认为懂得最多，并坚持将观念强加于员工。法国建设与工业部的一位官员说"因为他们是迪士尼，所以他们什么都懂"。欧洲迪士尼的管理者感到他们不过是在充当总公司管理的副手而已。

迪士尼在许多方面都表现得过于自信。管理者夸口他们能预测巴黎未来的生活模式：他们认为人们会转移到离欧洲迪士尼很近的东部来；他们相信能够改变欧洲人的习惯。例如，欧洲人不像美国人那样认可孩子逃学，他们宁可在吃饭上少花时间也要拥有更多的休闲时间。迪士尼认为它能改变欧洲人的这些习惯。迪士尼的一位前任管理者说"有一种倾向相信人们所接触的都是最完美的"。迪士尼认为在佛罗里达能做到的，在法国一样能做到。过分骄傲、批评的压力、工人的士气低落等问题的存在，一开始就使游客远离。而门票价格要比美国的门票高。迪士尼完全没有看到欧洲经济处于不景气中。一名高层管理者说："由于受到计划规定的开园日期的压力以及开园的诱惑，我们没能意识到一场大的经济衰退正在来临"。

迪士尼的主席米歇尔·艾思纳曾经鼓励过欧洲迪士尼要在计划中大方一些。他执着于要保证迪士尼的质量，而忽视做事情的预算和评论家的警告。

当事情完全出乎预料时,迪士尼威胁要关掉乐园,但是在谈判的最后关头,却赞同新的财务计划。至少暂时来说危机似乎得到了解决,也有许多观察家认为欧洲迪士尼没有关门的危险,公司还有许多好牌。比如,它的债权人和法国政府,一个提供低于市场利率贷款7500万美元,一个开始为公园提供公路和铁路网。

新管理层降低了门票价格并削减成本。欧洲迪士尼开始恢复并在财务上走向正轨。但是,迪士尼又一次惹怒了欧洲人。动画电影《大力神》和《钟楼怪人》对原著的粗暴歪曲激怒了人们。一家欧洲的主要报纸评述说,"卡通(指大力神)歪曲和滥用欧洲文化的一个基本传说",并进一步说,"在美国虽然对'政治上是否正确'非常敏感,在素材来源的地方也是一样。他们只顾赚钱,真的这样做了并赚了上亿元的钱,"还有人评论道"好莱坞为自己的顾客比迪士尼更加歪曲欧洲文化"。

问题:

1. 在这个案例中你能找出多少次决策?对于这样一个巨大计划哪些应该做而没有做?
2. 在这个案例中迪士尼高层有什么错误?
3. 为长期利益,迪士尼可以做哪些工作?
4. 你如何看待在最后一段中所描写的欧洲人的反应?迪士尼应该怎样做?

课后作业 3-7

德国企业并不热衷于上市

中国企业三十多年来学习的是美国模式,一味做大做强:融资+快速扩张模式。其实还有另一种欧洲模式,追求恒定长远目的,这些企业以家族企业为多。不少德国的中小企业、隐形冠军们,并不谋求上市。

中国股市概念横飞,新三板上,只要沾上"工业4.0""互联网+",把企业"染"成搞机器人、搞网络的色彩,股价立马被炒上数十倍甚至百倍。一些中国企业在学美国模式时有点学歪了,应该好好借鉴一下德国模式。

1. 德国企业为什么不热炒互联网思维

今天我们就说说徕卡和保时捷吧,它们会被互联网思维淘汰吗?

相机界的"神级企业"——徕卡起步于家族企业。像不少德国家族企业一样,徕卡坐落在一个只有5万多人口的小城。19世纪80年代后,这里汇聚了德国光学工业的精华,建立了包括徕卡公司在内的十几家光学公司,以生产照相机、显微镜和望远镜闻名遐迩。也像其他德国家族企业一样,徕卡公司格外低调,总部就是这座银灰色的4层大楼。

从1849年创立到现在数码相机大行其道,徕卡这样的精密机械相机仍是很多人的梦想极品——精密、坚固、品质卓越,它正寻求在手机时代的新生,比如与华为手机合作。

为什么徕卡创始人不选择一线城市?因为这里远离喧嚣,能让工厂的设计人员和工人保持宁静的心态,潜心投入产品的研发上。徕卡的职工福利体系早于国家福利制度,"员工在愉快心情下和郁闷心情下的工作质量是完全不一样的"。

业界有句名言:"单反误一生。"可以说,是发烧友们成就了徕卡。发烧友追求的,就是徕卡人低调而极致的做法。今天，徕卡可能远离所谓的互联网思维，但"什么人做什么事"，玩好相机，这是立身之本。

再说说保时捷，这家家族企业于1936年成立，如今已传至第三代。保时捷有以下三条经营哲学。

（1）品质精神

这里组装一部车只需9小时，但出厂则需要经过数月。保时捷的订单最快也需3个月完成交付，有些配置高的甚至需要提前一年预订。尽管需求旺盛，但该企业并不急于扩张。

保时捷并非拒绝机械化。在这里，工人负责组装，机器人负责搬运，全场通过Wi-Fi遥控和联络，井然有序。

（2）不盲目扩张

保时捷保持着细水长流的生产节奏：从未有过淡季，即便金融危机时也不淡。由于受厂房限制，又处于市区，保时捷每天只能生产200辆车，年产不过6万辆，仅两三百亿元的产值，和其他汽车巨头动辄上千亿元的产值无法类比。不轻易急速扩张、不愿加班，与其说是德国家族企业的特点，不如说是德国企业的普遍特点。

（3）传承精神

保时捷售价每部12万欧元起，属汽车中的奢侈品。保时捷的技工至少要培训三年以上，上岗前还要集训两到三个月。这里，上年纪的熟练工不少，他们一般干到老（65岁退休，现在可以延长至67岁）。老技工的技艺（know-how）是核心竞争力。

是工匠精神、家族传承和现代科技形成的铁三角，让保时捷这样的德国制造立于不败之地，凭互联网的风口怎么吹就是不动摇。

所谓互联网思维不过是手段，做企业不要忘记初心。保时捷的初心是做一款大众开得起的跑车，徕卡的初心则是做好一部相机。

2. 德国企业为什么不热衷于上市

德国92%都是中小企业，因为德国的股市不发达（全德国不过800家上市公司）。德国中小企业比较"一根筋"，信奉世代代流传下来的经营哲学——"活下去"比什么都重要，因此他们不会纯粹追求利润，也不擅长资本运作，更是从来没想过上市。因为"资本来了，麻烦和谣言就接踵而来"。

有一家玻璃业的"隐形冠军"，客户包括埃及国家博物馆、卢浮宫、北京故宫等世界顶级博物馆。这家百年企业坚决不上市，甚至刻意把规模控制在150人以内（超过150的熟人圈极限，人们容易叫不上名字）。

当人数一旦超过，老板就可能叫不出员工的名字，不得不聘请职业经理人来管理公司。这样一来，老板和员工之间的关系就逐渐疏远，于是员工或许就不那么卖力地工作，或许会离职，原本那种"以公司为家"的气氛也不复存在了。

许多员工在这些家族企业中一干就是一辈子，甚至三代同在一家企业的情况也不在少数。而企业一上市，一切都为之改变。为业绩扩张，为业绩迁厂，为业绩裁人，而且按上市条例，企业必须公开专利技术。

上市重要，还是将企业打造成命运共同体重要？金钱能长久维持一个命运共同体吗？

问题：
1. 德国企业的专注表现在哪些方面？
2. 你认为企业上市好还是不上市好？

推荐阅读书目

[1] 斯蒂芬·P.罗宾斯.管理学[M].黄卫伟,等译.4版.北京：中国人民大学出版社,2004.

[2] 钱穆.中国历代政治得失[M].新修订版.北京：生活·读书·新知三联书店,2017.

[3] 小艾尔弗雷德·D.钱德勒.看得见的手：美国企业的管理革命[M].重武,译.北京：商务印书馆,2014.

[4] W.钱·金,勒妮·莫博涅.蓝海战略[M].吉宓,译.北京：商务印书馆,2005.

[5] 岩田松雄.卓越领导力：星巴克日本区总裁给领导者的51条建议[M].章绮雯,译.北京：北京时代华文书局,2014.

[6] 李卓汐.向上管理：做高效能下属[M].北京：电子工业出版社,2015.

第 四 讲

 教学目的与要求

1. 了解广告风险、决策的重要性
2. 熟悉企业决策的关键因素
3. 掌握广告的效用与决策
4. 要求学生课外查找并总结相关广告方面成功与失败的材料

 教学重点与难点

教学重点：如何看待广告的效用
教学难点：广告招标选择的考虑因素

主 干 案 例

案例　央视历年广告招标标王

1. 第一届　孔府宴酒：命途多舛

1994年11月2日，在首届中央电视台广告竞标中，孔府宴酒以3079万元夺得1995年"标王"桂冠。

几乎是在一夜之间，"喝孔府宴酒，做天下文章"的央视广告，让这家名不见经传的企业家喻户晓。夺标当年，"孔府宴"就实现销售收入9.18亿元，利税3.8亿元，主要经济指标跨入全国白酒行业三甲，成为国内知名品牌。但决策失误、结构调整不力和盲目扩张使企业很快陷入困境，加上自1996年国家对白酒行业实施的控制，"孔府宴"品牌最终于2002年6月被零价转让给山东联大集团。

2. 第二、三届 秦池：黄粱一梦

1995年11月8日,秦池酒在第二届标王竞标会上以6666万元抢摘"王冠"。原为山东临朐县一县属小型国有企业的秦池"称王"后,1996年收入高达9亿多元。1996年11月8日,秦池又以3.212118亿元天价卫冕"标王"成功。但秦池老板"每天开进央视一辆桑塔纳,开出一辆豪华奥迪"的梦想并没有变成现实。由于没有及时将经济效益转化为发展后劲,"勾兑事件"在1997年年初遭媒体曝光后,对危机攻关的乏力使秦池销售一落千丈。秦池酒厂至今仍然在维持生产,当年的辉煌已是过眼云烟。

3. 第四届 爱多VCD：来去匆匆

1997年8月,央视第四届标王竞标会上,当时的VCD盟主爱多以2.1亿元戴上"标王"桂冠。28岁的胡某某当时得意忘形："2.1亿,太便宜了！"但这位口出狂言的爱多胡某某不会想到自己会成为"标王"中结局最悲惨的一个。

4. 第五、六届 步步高VCD：终结"浮躁"

1998年后,社会上对"标王"议论纷纷,央视开始淡化"标王"的概念。当年,事实上的"标王"为广东步步高电子有限公司,它在央视投下的广告总额为1.59亿元,并在2000年以1.26亿元蝉联冠军。

由于VCD市场利润空间被不断压缩,步步高的广告策略改变为"能够不投尽量不投",在近两年的央视招标中,其标额均未进入前10名。

5. 第七、八届 娃哈哈：多元发展

2001年和2002年,娃哈哈分别以2211万元和2015万元获得"标王"。从"喝了娃哈哈,吃饭就是香"到"天堂水,龙井茶",娃哈哈已成为中国最有价值的品牌之一。2004年,娃哈哈销售收入达到114亿元。

6. 第九届 熊猫手机：深陷困局

2002年年底,马某某以1.0889亿元让市场表现平平的熊猫手机成为2003年度广告的"标王"。熊猫手机虽然借此一举扬名,并带动了销售的提升,但在竞争激烈的手机市场中却未能胜出。由于缺乏核心技术,熊猫手机在巨额广告与薄利销售的矛盾中掉进了债务的无底洞。

7. 第十届 蒙牛：牛气冲天

蒙牛在2004年度央视招标会上"牛气十足",以3.1亿元夺魁。2004年,在香港成功上市的蒙牛实现销售收入72.138亿元,净利润3.194亿元。2005年上半年,蒙牛乳业的营业额为47.5亿元,净利润2.465亿元,盈利增幅远远高于其他乳业巨头。尽管乳业仍不失为一个高增长的行业,但经过几年高速扩张,已经进入了恶性竞争阶段,由此引发的种种问题,无疑会影响着蒙牛的"奔跑"速度。

8. 第十一届 宝洁："教父"转型

2004年11月18日,宝洁以3.85亿元的中标额成为央视广告招标以来的首个"洋标王"。而这笔投给央视的巨资不过是宝洁在中国整体营销策略中的一部分。2003—2004

财政年度,宝洁全年销售额为514亿美元。素有"品牌教父"之称的宝洁成为"标王",在某种程度上意味着国际品牌在中国媒介策略的转型。2005年,宝洁等跨国公司在中国市场遭遇了一系列新麻烦,但这并没有阻止宝洁大举进发的脚步。据悉,宝洁旗下拥有300多个子品牌,而投放中国市场的只有10%。面对中国市场的进一步开放,其他子品牌的进入只是时间问题。因此,宝洁"2005年央视夺标不过是个前奏"。

9. 2008年 伊利：3.78亿元新科标王

2008奥运年,央视广告招标也打响了"奥运大战",连续12个小时的招标后,伊利以3.78亿元成为央视奥运年的最大赢家。

10. 2009年 纳爱斯：本土品牌大战洋品牌

金融危机使合资品牌在广告投入上显得更加谨慎,而国内品牌却信心十足——早在央视2009年度广告招标大会上,纳爱斯战胜宝洁,成为新"标王",以总价3.05亿元的天价,一举拿下2009年央视上、下半年电视剧特约剧场的广告标段。

11. 2010—2011年 蒙牛：乳业走出低谷

纳爱斯、蒙牛这对央视招标的竞争者,再次纠缠于2010年电视剧特约剧场上、下半年广告资源的争夺。最后,蒙牛以2.039亿元的高价竞得上半年特约剧场广告标段,夺得央视最贵单项广告,一洗前两年在该项竞争上的败北之恨。三聚氰胺事件后,蒙牛声誉受损严重,因市场萎缩、产品回收等问题导致现金流紧张。而蒙牛两夺"标王",意味着乳业已经走出低谷。

12. 2012年 茅台："限酒令"醉了央视

在2012年广告招标中,央视要求黄金时间的酒类广告原则上不超过两条,全天酒类广告不超过12条。"限酒令"提高了白酒类企业做广告的门槛,但这并未阻挡该行业中龙头企业的疯狂——根据现场媒体报道,茅台与洋河、剑南春组成的"三杯酒",以合计6.56亿元的价格为《新闻联播》准点报时。茅台一家就在这一环节掷金4.43亿元,不让其"老大"风范。

2013年 剑南春。

2014年 央视广告招标无"标王"。

2015年 央视广告招标异常低调：数字不再,标王成谜。

知识点精要

一、成功的企业家都有自己独特的理论

领导者的行为要与被领导者的准备度相适应,才能取得有效的领导效果。

1. 关于企业

功利性组织：功——做事情必须要有成效；利——投入必须要有回报。

2. 企业的三种境界

二流企业卖产品；

一流企业卖技术；

超一流企业卖标准。

3. 关于企业家

企业家应具备的十种素质：

敢于决断——克服犹豫不定的习性；

挑战弱点——彻底改变自己的缺陷；

突破困境——从失败中积累成功的资本；

抓住机遇——善于选择，善于创造；

发挥强项——做自己最擅长的事情；

调整心态——切忌让情绪伤害自己；

立即行动——只说不做，徒劳无益；

善于交往——巧妙利用人力资源；

做人做事——坦诚富有理性；

不以成败论英雄——精彩的人生，永恒的传奇。

二、企业通病——狂想症

1. 民营企业十大败局之一：德隆集团

产业整合模式的风险被德隆发挥到了极致；

德隆模式的最核心思想是"产业整合"；

在产业整合上，步子迈得太快，战线拖得太长，一些做法太理想化，导致了德隆的失败。

2. "标王"的本质应该是核心能力，而不是狂想

央视"标王"是企业彰显品牌的舞台，但它所表现的不仅仅是企业的品牌营销能力，而是企业整体经营管理的素质。

"品牌"只是冲到前台的演员，而没有内涵的演出最终只能在哄笑中下场，舞台变成了断头台。

管理实例——悟性与启示

管理实例 4-1

拍脑袋决策

《梦溪笔谈》记载：海州知府孙冕很有经济头脑，他听说发运司准备在海州设置三个盐场，便坚决反对，并提出了许多理由。后来，发运使亲自来海州谈盐场设置之事，还是被孙冕回绝了。当地百姓拦住孙冕的轿子，向他诉说设置盐场的好处，孙冕解释道："你们不懂得做长远打算。官家买盐虽然能获得眼前的利益；但如果盐太多，卖不出去，三十年后就会自食恶果了。"然而，孙冕的警告并没有引起人们的重视。

孙冕离任后，海州很快就建起了三个盐场。几十年后，当地刑事案件高发，流寇盗贼、徭役赋税等都比过去大大增多。由于运输、销售不通畅，囤积的盐日益增加，盐场亏损，负债很多，许多人都破了产。这时，百姓才开始明白，在这里建盐场确实是个祸患。

启示：

海州当地政府及百姓贪图眼前利益，没有考虑到长远发展，以至于在知府孙冕离任后疯狂发展盐业，却又没有考虑交通运输问题，导致盐大量堆积，百姓负债累累。造成这一困境的原因是没有做好详细的预测。在设置盐场的问题上，只有知府孙冕提出反对意见，没有其他专家或有远见的人提出反对意见，导致公信力不足。所有人只满足于眼前利益而不顾长远发展，以致盐场设立后，运输能力不足，又因为销售不力导致盐场亏损，进而引发流寇、盗贼，影响社会安定。如果在设置盐场之前，能多几个像孙冕这样有见识的人一起分析海州当地的实际情况，进行更加认真的预测，那么结果将会完全不同。说到底，任何决策都必须建立在充分预测的前提下，不能头脑一热就做出决定。

管理实例 4-2

抉 择

一个农民从洪水中救起了他的妻子，他的孩子却被淹死了。事后，人们议论纷纷。有人说他做得对，因为孩子可以再生一个，而妻子却不能死而复生。有人说他做错了，因为妻子可以另娶一个，孩子却不能死而复生。我听了人们的议论，也感到疑惑难决：如果只能救活一人，究竟应该救妻子，还是救孩子呢？于是，我去拜访那个农民，问他当时是怎么想的。他答道："我什么也没想。洪水袭来，妻子在我身边，我抓住她就往附近的山坡游。当我返回时，孩子已经被洪水冲走了。"归途上，我琢磨着农民的话，对自己说："所谓人生的抉择，不少便是如此。"

启示:

洪水发生后,农民救了自己的妻子,孩子却被洪水冲走了。这件事发生后,人们议论纷纷,都认为农民之所以救妻子,是他在救妻子和救孩子两个备选方案中做出的最终抉择。实际情况却是:农民之所以救了妻子,是因为洪水来时,妻子正好在他身边。洪水来袭是不确定条件下发生的偶然事件,农民在这种条件下做出决策,既无先例可以参照,也没有可遵循的规律,完全是凭本能做出的选择。

管理实例 4-3

领 导 决 策

某城市繁华地段有一个食品厂,因经营不善而长期亏损。该市政府领导拟将其改造成一个副食品批发市场,这样既可以解决企业破产后下岗职工的安置问题,又可以方便附近居民的生活。为此,他们进行了一系列前期准备,包括项目审批、征地拆迁、建筑规划设计等。不曾想,外地一开发商已在离此地不远的地方率先投资兴建了一个综合市场,而综合市场中有一个相当规模的副食品批发场区,足以满足附近居民和零售商的需求。

面对这种情况,市政府领导陷入了两难境地:如果继续进行副食品批发市场建设,必然亏损;如果就此停建,则前期投入将全部落空。在这种情况下,该市政府盲目做出决定,将该食品厂厂房所在地建成一居民小区,由开发商进行开发。但是,由于对原食品厂职工没能做出有效的赔偿,又使该厂职工陷入困境。该厂职工因未能解决赔偿问题而长期上访,给该市的稳定带来了隐患。

启示:

该市政府领导在改造食品厂的决策过程中,只看到了改造对下岗工人和附近居民的益处,而忽视了外部条件的变化,没有考虑到附近综合市场的兴建,导致陷入两难困境中。其根源在于该市政府领导缺乏全面考虑,缺乏全局性、长远性和方向性,最后导致其决策失败,不仅造成了下岗工人的损失,而且影响了城市后期发展。

管理实例 4-4

林肯"独断"

美国总统林肯上任后不久,有一次将六个幕僚召集在一起开会。林肯提出了一个重要法案,而幕僚们的看法并不统一,于是七个人便激烈地争论起来。林肯在仔细听取其他六个人的意见后,仍感到自己是正确的。最后决策时,六个幕僚皆反对林肯的意见,但林肯仍坚持己见,他说:"虽然只有我一个人赞成但我仍要宣布,这个法案通过了。"

启示:

决策是领导者最重要的工作之一。决策可以看作一个包括提出问题、确立目标、设计和选择方案的过程。决策对于一个团队的发展尤其重要。在通过法案这种关乎国家的大事件上,个人决策的效果往往不如集体决策好。因为个人决策带有主观性和片面性,而集体决策能充分发挥集体的智慧、集思广益。但是作为最高决策者,如果认为自己的意见是对的,即使其他人反对,也应该勇于做出决定,并承担决策可能产生的风险。

管理实例 4-5

要　　求

有三个人要被关进监狱三年,监狱长允许他们每人提一个要求。美国人爱抽雪茄,要了三箱雪茄。法国人最浪漫,要一个美丽的女子相伴。而犹太人说,他要一部与外界沟通的电话。

三年后,第一个冲出来的是美国人,他的嘴里和鼻孔里塞满了雪茄,大喊道:"给我火,给我火!"原来他忘记要火了。接着出来的是法国人。只见他手里抱着一个小孩子,美丽的女子手里牵着一个小孩子,肚子里还怀着第三个。最后出来的是犹太人,他紧紧握住监狱长的手说:"这三年来我每天与外界联系,我的生意不但没有停顿,反而增长了200%。为了表示感谢,我送你一辆劳施莱斯!"

启示:

案例中的三个犯人,在被关进监狱之前分别跟监狱长提出了一个要求:美国人要了烟却忘了要火,三年来一口烟也没抽上;法国人要了一个美女,出狱时有了好几个小孩;犹太人要了一部电话,延续并发展了自己的生意。三种不同的决策,产生了完全不同的结果。

很显然,美国人的决策没有可行性,产生的结果最差。一个好的领导者,必须确保决策的可行性。如果能有前瞻性,那么结果会更好。过程性、科学性、目标性、可行性、超前性、选择性,这些都是高效决策的重要特征。

管理实例 4-6

直升机扇雪

有一年,美国北方格外严寒,大雪纷飞,电线上积满冰雪,大跨度的电线常被积雪压断,严重影响通信。过去,许多人试图解决这一问题,但都未能如愿。后来,电信公司经理应用奥斯本发明的头脑风暴法,尝试解决这一难题。他召开了一种能让头脑卷起风暴的座谈会,参加会议的是不同专业的技术人员,参会时他们必须遵守以下原则。

第一,自由思考。即要求与会者尽可能解放思想,无拘无束地思考问题并畅所欲言,不必顾虑自己的想法或说法是否"离经叛道"或"荒唐可笑"。

第二,延迟评判。即要求与会者在会上不要对他人的设想评头论足,不要发表"这主意好极了!""这种想法太离谱了!"之类的"捧杀句"或"扼杀句"。至于对设想的评判,留在会后组织专人考虑。

第三,以量求质。即鼓励与会者尽可能多而广地提出设想,以大量的设想来保证质量较高的设想的存在。

第四，结合改善。即鼓励与会者积极进行智力互补，在增加自己提出设想的同时，注意思考如何把两个或更多的设想结合成另一个更完善的设想。

按照这种会议规则，大家七嘴八舌地议论开来。有人提出设计一种专用的电线清雪机；有人想到用电热来化解冰雪；也有人建议用振荡技术来清除积雪；还有人提出能否带上几把大扫帚，乘坐直升机去扫电线上的积雪。对于这种"坐飞机扫雪"的设想，大家心里尽管觉得滑稽可笑，但在会上也无人提出批评。相反，有一位工程师在听到用飞机扫雪的想法后，突然有了灵感，一种新的清雪方法冒了出来。他想，每当大雪过后，出动直升机沿积雪严重的电线飞行，依靠高速旋转的螺旋桨即可将电线上的积雪迅速扇落。他马上提出"用直升机扇雪"的新设想，顿时又引起其他与会者的联想，有关用飞机除雪的主意一下子又多了七八条。不到一小时，与会的 10 名技术人员共提出 90 多条新设想。

启示：

一群人围绕一个特定的兴趣领域产生新观点，就叫作头脑风暴。由于团队讨论使用了没有拘束的规则，人们就能够更自由地思考，进入思想的新区域，从而产生很多的新观点和解决的问题方法。当参加者有了新观点和想法时，就大声说出来，然后在他人提出的观点之上建立新观点。所有观点都被记录下，但不进行批评。当头脑风暴会议结束的时候，再对这些观点和想法进行评估。头脑风暴的特点是让参会者敞开思想，使各种设想在相互碰撞中激起脑海的创造性风暴，是一种集体开发创造性思维的方法。

头脑风暴法的精神体现在鼓励创新并集思广益，每个人的思维都得到最大限度的开发。实施头脑风暴法时，不强调个人的成绩，应以小组的整体利益为重，注意和理解别人的贡献，人人创造民主环境，不以多数人的意见阻碍个人新的观点的产生，从而激发个人追求更多、更好的主意。这种方法会使参与者自信，而良好的沟通和交流又非常有利于培养人才，培养团队精神，增强团队凝聚力。不过，头脑风暴法只适用于明确简单的问题决策，可以高效解决问题。如果问题比较复杂，影响因素很多，牵涉面广，就不适合采用这种方法。

管理实例 4-7

"叽叽喳喳"的决策模式

就像美味的中餐可以出自"乱七八糟"的厨房，有创意的决策往往也是一群人叽叽喳喳的结果。《商业周刊》的编辑罗斯菲德研究本田的创新能力后发现："叽叽喳喳"（Waigaya）还真的是这家汽车企业的决策习惯。

本田汽车的高管藤泽先生开创了公司的"叽叽喳喳"决策方法。在这种决策模式下，少到 3 人，多至 20 人，公司员工习惯聚集在一起，放言讨论任何生产中的问题，没有固定的议程，不分行政职务的高低，每个人都有说话权，各种意见都能充分表达。以美国本田分公司引擎出噪声的返工事件为例，流水线小组 10 个人"叽叽喳喳"讨论后，找到了一个不需要拆卸引擎就能调整角度的方法。本来需要花 3 个小时拆装引擎，现在 1 小时内便可以解决。类似的创新实践进行多年后，形成了本田"叽叽喳喳"决策方法的四点规则：

①团队里没有笨人,更没有蠢意见;②让值得争论的主意充分表达;③讲出来后,就是集体的,不必扯什么"对事不对人";④一定以"落实"结束会议,从人、岗位、责任到任务和时间。罗斯菲德在他的新书中总结道,"叽叽喳喳"决策文化成就了本田的创新。

"叽叽喳喳"决策法很有道理,因为没有任何个人能完全掌握正确的答案。在《理想国》中,哲学家柏拉图形容人类的思维就像"陷于洞穴里的人",对于洞穴外(人以外的世界)是什么,为什么,洞穴人只能根据投射在墙壁的光影来猜测。两千年过去了,即便科学有了长足发展,柏拉图的哲学比喻仍然形象、深刻。为了平衡、弥补单个自然人的认知残缺,越来越聪明的社会人提倡参与式的讨论,鼓励非权威化的对话。从企业的创新活动到社会与家庭组织的内部治理,它已经被反复证明是有效的方法。

"叽叽喳喳"决策法给决策者带来优势,因为随机碰撞是创新解决方案的重要来源,科学的发展也证明了这一点。传统牛顿物理学关注线性的力学现象,强调直接的因果关系,形成了"决定论"的思维模式。现代量子力学研究微观粒子的运动现象,发现随机互动与影响的关系,形成了"概率论/可能性"的思维模式。通俗地讲,我们看到的"确实"不过是概率/可能性大小的现象,变化始终存在;随机碰撞创造丰富的可能性;没有数量就没有质量,丰富的选择为高质量的决策提供保障。

20世纪初,在量子力学形成阶段,即使许多大科学家也难接受"随机概率"思维。爱因斯坦咬定"上帝不会掷骰子"(随机创造);量子学家波尔友好地提醒他,"爱因斯坦,别代表上帝说话!"所以,对那些持"绝对论"和"决定论"的人,我们也要像波尔一样提醒他们。

"叽叽喳喳"的决策文化代表一种乐观向上的价值观。它永不满足于已经有的解释,并相信可以持续修改和不断进步。因此,对于任何被宣称是终极的理论,我们都要持谨慎的怀疑态度。

毫无疑问,决策方法多种多样,"叽叽喳喳"的方法不是唯一的决策选择。例如,1876年开始,由美国罗伯特将军总结的"罗伯特议事规则"就是另外一套决策规则。它提供了一套有章有法的交换意见和达成共识的刚性流程。这套决策规则受到孙中山先生的大力推崇。1917年,孙中山先生亲自翻译编写了《民权初步》,讲解如何开会、怎样组织公共事务的讨论。中国的一些社区业主委员会尝试利用"罗伯特议事规则",已经获得较好的效果。利用它,大家可以激烈争论,但不失相互尊重;能够保持不同的观点,但不妨碍循序渐进地提高社区的福祉。

尽管决策的方法多种多样,只要涉及公共事务,高质量的决策保持着一致的逻辑:要么是随机的参与规则,要么是刚性的程序规则。因此,在社会活动中,对于那些既不允许参与也不遵守程序的决策,我们都可以怀疑它的决策质量,甚至不妨拿起批判的武器。

启示:

正如上例中所说,"叽叽喳喳"的讨论模式更容易形成决策成果,也更容易出现创新点子。在这个模式中,有更多的人甚至处于基层的员工也可以发表自己的意见,意见多了,创意也就多了,所以决策出的方案会更加全面。不过,这种模式虽然有利于提高企业的创新能力和决策能力,但是也容易导致一些问题:其一,它容易导致员工之间的内部矛盾;其二,这种模式适用于公司等营业性机构,对于政府部门来说则不够严谨。

管理实例 4-8

德鲁克关于组织工作的七项原则

(1) 要明晰,不是简单。哥特式大教堂在设计上并不简单,但在里面,你的位置是显而易见的;你知道站在何处,应该走向何方。一座现代化的办公大楼在设计上非常简单,但在里面很容易迷路,那么它就不是分明的。

(2) 努力用经济来维持管理,并把摩擦减至最小限度。用于控制、监督、引导人们取得成绩的力量应该保持在最低限度。组织结构应该使人们能够自我控制,并鼓励人们自我激励。

(3) 眼光直接投向产品,而不是投向生产过程;投向效果,而不投向所做的努力。可以把组织比作一种传输带,这种传输带越"直接",各个活动取得成绩时的速度越快和方向的改变就越小,组织就越有效率。必须使意愿和能力为成果而工作,而不是为工作而工作;为未来而工作,而不是躺在过去的成绩上;为了增强实力,而不是为了"虚胖"。

(4) 每个人都要理解自己的任务,以及组织总体的任务。组织的每一个成员,为了把他的努力与共同的利益联系起来,需要了解如何使他的任务适应整体的任务,以及整体的任务要求他自己的任务与贡献是什么。组织结构需要促进信息交流,而不是阻碍信息交流。

(5) 把注意力集中在正确问题上时,要面向行动,而且尽可能让最低层的管理人员做出决策。

(6) 要稳定,反对僵化,以求在动乱中生存下来;要有适应性,以便从动乱中学到东西。它必须在其周围的世界处于动乱时代仍能进行工作。稳定性并不是僵硬性,一个极其僵化的组织是不稳定的,而是脆弱的。一个组织只有使自己能适应新的情况、新的需求、新的条件,以及新的面孔和新的个性时,才能继续存在。

(7) 要能永存和自我更新。一个组织必须能够从内部产生未来的领导者。为此,一个基本条件是组织不应该有太多的层次;组织结构应该帮助每个人在他担任的每个职位上学习和发展,应该设计得使人能够继续学习;必须接受新思想并愿意和能够做新事情。

启示:

企业组织是一个有机系统,要把许多人组合起来,形成一个有机的分工协作体系。这并不是一件十分容易的事情,需要遵循一系列基本的原则。德鲁克关于组织工作的七项原则的启示在于:我们在做事情的过程中要明确界限,要学会运用经济思维来指导工作,要重视人才培训,需要通过自我负责、自我磨炼、自我启迪、自我控制这样的过程来达到"自我更新"。也让我们明白,创新不是天才的发明,不是缪斯的创造,不是灵光乍现,而是每个人经过培训后都能学会的。不能为客户创造价值的创新就是瞎折腾。只有为客户创造了价值,才能推动企业发展。德鲁克强调重视知识工作者的思想,不能强制性要求他们进行各类工作,而是要充分地激励他们的积极性,这样效果会更好。

管理实例 4-9

王氏年糕厂的抉择

王小旺本是北京平谷的一位普通农民,不过人们早就知道他家有一种祖传绝招——烹制一种美味绝伦的年糕——王氏年糕。

20世纪80年代,王小旺办起了"王家饭馆",而他做的年糕绝不亚于他的祖上。1987年,他在本村办起了利平年糕厂,开始生产"老饕"牌袋装和罐装系列年糕食品。因其风味独特和质量优质,牌子很快打响。不要说本县,即便在北京市里也呈供不应求之势。王小旺如今管理着这家100多名职工的年糕厂和多家经营"王氏年糕"的王家饭馆、小食品店。王小旺在经营上有自己的想法。他要求保持产品的独特风味与优秀质量,如果小食品店服务达不到规定标准,职工的技能培训未达应有水平,宁可不设新点。王小旺强调质量是生命,宁可放慢发展速度,也绝不冒险危及产品质量,不能砸了牌子。

目前,王小旺年糕厂里的主要部门是质量检验科、生产科、销售科和设备维修科,还有一个财会科以及一个小小的开发科。其实该厂的产品很少做出改变,品种不多。但王小旺坚持只推出这几种传统产品,服务的对象也是"老"主顾们,彼此都很熟悉。

不久前,王小旺的表哥周大龙回村探亲。周大龙来访表弟王小旺,对年糕厂的发展称赞一番,还表示想投资入伙。但他指出,王小旺观点太迂腐保守,不敢开拓。他认为,牌子已创出,不必僵守原有标准,而应当大力扩充品种与产量,大力发展北京市内市场甚至向北京以外区域扩展。他还指出,目前厂里这种职能型结构太僵化,只适合于常规化生产,为定型的稳定的顾客服务,适应不了变化与发展,各职能部门眼光只限在本领域内,看不到整体和长远,彼此沟通和协调不易。他建议王小旺彻底改组工厂结构,按不同产品系列来划分部门,这样才适应大发展的新形势,千万别坐失良机。但王小旺对周大龙的建议并不认同,他说他在基本原则上绝不动摇。两人话不投机,谈话变得激烈。最后周大龙说王小旺是"土包子""死脑筋""眼看着大财不会赚"。王小旺反唇相讥说:"有大财你去赚得了,我并不想发大财。要损害质量和名声的事,我坚决不做。你走你的阳关道,我过我的独木桥!"周大龙听罢拂袖而去,两人不欢而散。

启示:

生产年糕,保证质量固然重要,但是生产、销售、研发环节也缺一不可。王氏年糕厂目前的组织形式僵化,需要变革。世界呼唤变革,只有变革的企业才可以生存下来。

发展到后来,王氏年糕厂的组织形式根本支撑不起工厂的继续发展,组织形式需要变革。决策者王小旺有一个误区,他认为改革的代价是损害质量和名声,并且过度看重当前的用户群体。具体而言,王小旺可以从以下几个方面进行变革。

(1) 王氏年糕厂应该对研发部门、销售部门进行改革,对销售部门也要适当放权。
(2) 保证质量的同时,在研发方面加强发展,开拓新市场,扩大消费群体。
(3) 厂长要着手改革,在创业初期就要考虑到组织的适应性和发展性。

综合技能——训练与提升

技能训练 4-1

决 策 树 法

某厂为生产一种新产品提出两个方案:一是新建一个车间;二是改建一个旧车间,两个方案中车间的使用期限皆为 10 年,新建一个车间需投资 30 万元,改建则需投资 12 万元。据预测,新产品上市后畅销的可能性为 70%,滞销的可能性为 30%。如果新建车间,在销路好的情况下,年收益为 100 万元,销路差的情况下,每年则要亏损 20 万元;而改建旧车间,在销路好的情况下,年收益为 40 万元,销路差的情况下,年收益为 30 万元。

问题:
对上述两种方案做出决策。

答案:
本案例中有两种方案:一是新建一个车间;二是改建一个旧车间。两种方案的收益值见表 4-1。

表 4-1 不同方案的收益值 单位:万元

方案\自然状态及概率	市场需求	
	畅销 0.7	滞销 0.3
新建车间	100	−20
改建车间	40	30

根据表 4-1 可知:
第一种方案的总收益=[100×0.7+(−20)×0.3]×10=640(万元)
第一种方案的净收益=640−30=610(万元)
第二种方案的总收益=(40×0.7+30×0.3)×10=370(万元)
第二种方案的净收益=370−12=358(万元)

综合以上原因,第一种方案的净收益最大,为 610 万元。所以,新建一个车间是最优方案。

有多个方案时,我们应该多考虑对几种方案加以对比,不要冲动和盲目,不要凭自己的感觉去选择方案。面对选择时,要保持头脑冷静,这样才能做出明智、合理的选择。

技能训练 4-2

蔬 菜 管 理

彼得·莫斯是一名生产和经营蔬菜的企业家,现在他有一个 50000 平方米的蔬菜温室大棚和一座毗邻的办公大楼,并且聘请了一批农业专家顾问。莫斯经营蔬菜业务是从一个偶然事件开始的。有一天,他在一家杂货店看到一种硬花球花椰菜与花椰菜的杂交品种,他突发奇想,决定自己建立温室培育杂交蔬菜。

莫斯用从他祖父那里继承下来的一部分钱,雇用了一班专门搞蔬菜杂交品种的农艺专家,这个专家小组负责开发类似于他在杂货店中看到的那些杂交品种蔬菜,并不断向莫斯提出新建议。如建议他开发菠生菜(菠菜与生菜杂交品种)、橡子萝卜瓜、橡子南瓜以及萝卜的杂交品种。特别是一种柠橡辣椒,是一种略带甜味和柠橡味的辣椒,他们开发的新蔬菜品种很受顾客欢迎。

同时,莫斯也用水栽法生产传统的蔬菜,销路很好。生意发展得如此之快,以致他前一个时期,很少有时间更多地考虑公司的长远建议与发展。最近,他觉得需要对一些问题着手进行决策,包括职工的职责范围、生活质量、市场与定价策略、公司的形象等。

莫斯热衷于使他的员工感到自身工作的价值。他希望通过让每个员工"参与管理"了解公司的现状,调动员工的积极性。他相信:这是维持员工兴趣和激励他们的最好办法。

他决定召开一次由公司所有农艺学家参加的会议,其议程如下。

(1) 周末,我们需要有一个农艺师在蔬菜种植现场值班,能够随叫随到,并为他们配备一台步话机。目的是一旦蔬菜突然脱水或者枯萎,可以找到这些专家处理紧急情况。要做的决策是:应该由谁来值班,他的责任是什么?

(2) 我们公司的颜色是绿色的,要做的决策是:新地毯、墙纸以及工作服等应该采取什么样的绿色色调?

(3) 公司有一些独特的产品还没有竞争对手,而另外一些产品在市场上竞争十分激烈。要做的决策是:对不同的蔬菜产品应当如何定价?

彼得·莫斯要求大家务必准时到会,积极发表意见,并期望得到最有效的决策结果。

问题:

1. 一个决策的有效应取决于( )。
　　A. 决策的质量高低　　　　　　B. 是否符合决策的程序
　　C. 决策的质量与参与决策的人数　D. 以上提法均不全面

2. 按照利克特的行为模式,彼得·莫斯的工作作风与管理方式属于( )。
　　A. 协商式　　　　　　　　　B. 群体参与式
　　C. 开明—权威式　　　　　　D. 民主式

3. 这次会议有必要吗?( )
　　A. 很有必要,体现了民主决策
　　B. 不必要,会议议题与参与者不相匹配
　　C. 有必要,但开会的时间选择为时过晚

D. 一部分议题是必要的,另一部分议题是不必要的
4. 公司的装潢问题是否需要进行群体决策?(   )
   A. 完全需要,因为绿色是企业的标志
   B. 需要,但参加决策的人应当更广泛一些
   C. 不需要,此项决策可以由颜色与装潢专家决定或者运用民意测验方法征询意见
   D. 需要与不需要,只是形式问题,关键在于决策的质量
5. 定价问题是否需要列入彼得·莫斯的决策议事日程?(   )
   A. 需要,因为它是企业中重大的问题
   B. 不需要,因为该项决策的关键是质量问题,而不是让所有员工参与和接受
   C. 在稳定的市场环境下,不需要;在变化的市场环境下,则需要集思广益,群体决策
   D. 定价应当由经济学家来解决

答案:
  1. D 解析:A、B、C 三个选项都不够全面,决策的有效性取决于多个因素。
  2. B 解析:协商式,上级对下级有一定的信任,高层管理者负责制定总体政策,低层管理者负责制定具体政策;群体参与式,上级对下级有充分的信心,总是从下级获得解决方法,本人与下级共同决策;开明—权威式,允许自上而下的沟通,下级有一定的决策权,上级掌握政策性控制;民主式,下级提出决策,上级根据情况选择。从文中不难看出,彼得·莫斯的工作作风与管理方式属于群体参与式。
  3. D 解析:通过自我推荐和他人推荐选出来的人才,可以更好地处理这种紧急情况,所以开会是必要的。采取什么样的绿色色调这一决策,利用专业人员会得出更适合的决策。对于不同蔬菜产品如何定价的问题,应该是专门做过市场调研的人更有发言权,所以不必在会上决策。
  4. C 解析:在装潢问题上,与农林专家相比较,显然颜色与装潢专家的决定更合适。并且,通过民意检测的方法来争取大家的意见,集思广益,更为合适。
  5. A 解析:定价是企业的重大问题,科学的决策可以使定价更合理。

技能训练 4-3

鹏程小学是否应该撤销

某大城市外来务工人员较多,为了解决外来务工人员的子女就学问题,开办了一些外来务工人员子弟学校,"鹏程小学"就是其中之一。但是,由于外来务工人员收入不高,所以学校的教育设施比较简陋,师资力量薄弱,卫生状况很差。而且,鹏程小学未在该城市教育部门登记备案,属于擅自开办。根据教育部门已有的文件,凡是未登记备案的教学机构一律要予以取缔。但是,一旦取缔鹏程小学,大量外来务工人员的子女将面临失学辍学的危险。现在,该城市教育部门对此事做了认真的研究,在研究过程中出现了以下两种意见:

(1) 撤销鹏程小学的办学资格；
(2) 破例保留鹏程小学的办学资格。

问题：

如果你是该市教育部门的负责人，将按哪种意见处理？如何处理？

答案：

按中国人的人情观念和思维方式，似乎应该选择第二种方法——破例保留鹏程小学的办学资格，让祖国未来的花朵有书可读，接受九年义务教育，学习知识，提升素质。可如果这样做，以后的问题会越来越多，孩子今后上初中和高中该如何解决？没有城市户籍的孩子的高考问题如何解决？这些问题并非下发一个文件就可以解决的。教育部门的决策不仅要考虑孩子的现状，还要为日后他们的从学之路进行方向性的规划。如果选择第一种方法——撤销鹏程小学的办学资格，那么，收入不高的外来务工人员的子女可能就会失学、辍学。所以，两种办法都不太可行。

是否可以有第三种选择？让外来务工人员的子女在该城市的公办学校上学，然后待高考时回到自己户籍所在地参加考试。这样既可以解决孩子们的失学问题，又可以减轻外来务工人员的经济负担。但是实施这样的政策后，就会有大批人员带着孩子到城市读书，城市人口会快速增加，从而导致其他一系列问题。为了解决后一个问题，政府可以对小孩入学的资格进行严格规定，例如必须有几年以上的稳定工作，有社保和纳税证明等。

当然，要想从根本上解决外来务工人员的子女就学问题，还需从外来务工人员本身入手。政府需要不断提高他们的经济收入和生活水平，努力提高他们的知识水平，让他们成为真正的市民。

技能训练 4-4

你会怎么办

某外资企业经费紧张，现只有 20 万元，要办的事情有以下几项：

(1) 解决办公打电话难的问题；
(2) 装修会议室大厅等，以承办上级单位委托的大型会议；
(3) 支付职工的高额医疗费用；
(4) 五一劳动节为职工发放福利。

很明显，20 万元无法将这四件事情都办圆满。

问题：

如果你是这个公司的分管领导，将如何使用这笔钱？

答案：

把这 20 万元重点花在解决"办公室打电话难"以及"五一劳动节为职工发放福利"这两件事上。如果解决好这两个问题后还有经费剩余，再对会议室进行简单装修。

企业要想获得更好的发展，首先需要提高员工的工作效率。而解决了打电话难的问题，就可以让员工节约出大量时间，让工作有条不紊地进行，将时间花在其他更重要的事情上。相比装修会议室来说，解决打电话难的问题所需要的资金更少，更容易解决。更何况,电话对于企业来说是重要的必需品,所以首先必须解决办公室打电话难的问题。

其次,想要提高办事效率,提升办事质量,激发员工的积极性至关重要。员工积极性高了,办事效率自然就会提高,所以应适当为职工发放福利。而且,给全体员工发放福利,是一种比较平均的做法,这样做可以顾及每一名员工的感受,是提高大部分员工积极性的有效方法。而这又与支付职工高额医疗费用不一样,后者只能满足少部分需要看病的员工的需求,但可能会使另一部分员工因未得到该福利而产生意见。毕竟该企业当前资金不太充裕,需要把每一分钱都花在刀刃上。

当然,如果解决这两个问题后还有一些资金剩余,可以对会议室进行简单装修,提供一个较为舒适的开会环境。

一名合格的管理者,要将公司利益放在首要位置,同时要加强对员工的关心,解决他们在工作中遇到的困难。

技能训练 4-5

王厂长的会议

王厂长是佳迪饮料厂的厂长,回顾 8 年的创业历程可以用两个词来概括:艰苦奋斗、勇于探索。但最令全厂上下佩服的,还数 4 年前王厂长决定购买二手设备(国外淘汰生产设备)的举措,饮料厂因此跻身国内同行业强手之林。4 年后,王厂长又通知各部门主管及负责人晚上 8 点在厂部会议室开会。部门领导们都清楚地记得:4 年前在同一地点召开会议时,王厂长做出购买进口二手设备这一决定。在他们看来,厂里又将有一项新举措出台。

晚上 8 点会议准时召开,王厂长庄重地讲道:"我们厂比起 4 年前已经有了很大的发展,可比起国外同行,还差得很远。我们不能满足现状,而要力争世界一流水平。为了达到这一目标,我们必须从改善硬件入手,立即引进世界一流的先进设备,相信这样会带动我们的人员和技术等一起前进。现在厂子规模扩大了,厂内外事务也相应增多了,大家都是各部门的领导及主要负责人,我想听听大家的意见,然后再做决定。"

会场一片肃静,大家都清楚地记得,4 年前王厂长宣布引进二手设备的决定时,有近 70% 的成员反对,即使后来王厂长谈了他近三个月对市场、政策、全厂技术人员、工厂资金等厂内外环境的一系列调查研究结果后,仍有半数以上人员持反对意见,10% 的人持保留态度。因为当时很多厂家引进设备后,由于设备不配套和技术难以达到等因素,均使高价引进的设备成了一堆闲置的废铁。但是,王厂长在这种情况下仍采取了引进二手设备的做法。事实表明,这一举措使佳迪饮料厂摆脱了企业由于设备落后、资金短缺所陷入的困境。而那时,二手设备的价格很低,但在我国尚未被淘汰。但是,这种做法现在还可行吗?

王厂长见大家犹豫不决,便说道:"大家不必顾虑,今天这一项决定完全由大家决定,我想这也是民主决策的体现。如果大部分人同意,我们就宣布实施这一决定;如果大部分人反对,我们就取消这一决定。现在,请大家举手表决吧!"

最后,会场上有近 70% 的人投了赞成票。

问题:
1. 王厂长的两次决策过程合理吗？为什么？
2. 如果你是王厂长，在两次决策过程中应做哪些工作？
3. 影响决策的主要因素是什么？

答案:
1. 王厂长的两次决策过程都很合理。在4年前的决策中，即使王厂长拿出做了近三个月的对市场、政策、全厂技术人员、工厂资金等厂外环境的一系列调查研究成果后，仍有多数人持反对意见，王厂长力排众议，这才有了工厂后来的兴盛和其在国内的地位。预测作为一种面向未来的行动部署，是使管理具有预见性的一种手段，在一定程度上决定了组织的成败。王厂长做出正确决策，紧跟时代潮流，趁机购买国外二手设备，这才有了工厂后来的大发展。所以，拥有一位高瞻远瞩的管理者是十分必要的。

4年后的第二次决策时，4年前的决策以及工厂4年来的成绩对于提升王厂长的威信发挥了显著作用，所以大部分职工才会投赞成票。

2. 如果我是王厂长，首先，我要了解当前的最新技术、劳动力价格、经济发展趋势，然后考虑如何改良厂里的环境，使工厂利益最大化。

其次，我要尽力获得职工们的理解和支持，广泛接纳有益的建议和意见。

最后，我会统筹兼顾，使自己保持最清晰的头脑、最明智的判断，努力使自己的思路不被影响，果断做出决策。

3. 影响决策的因素有很多，具体包括以下几个方面。

(1) 国家政策很重要，要努力把握国家给企业的优惠政策，再考虑是否做大企业。

(2) 资金投入顺畅是企业运转的直接要素，应适当规划工厂财力，用有限的资金获取最大的利润。资金周转不良时，也可以寻求外部投资，可以用工厂前几年的业绩来说服对方，使工厂渡过暂时的危机。

(3) 国际贸易形势也是一个重要因素，它直接关乎外汇变动。对于想把产品推向世界的企业来说，此事关乎关税、进出口产品的销量、企业的全球化。

(4) 企业购进材料与机器的价格是否变动，是工厂决策的必备信息。产品成本的大幅度波动，可能会带来异常的亏损或收益。因此，抓住这样平常却又珍贵的机会，是需要领导者明察秋毫的。

(5) 决策能够成功，也取决于这段时间里人们的喜好取向。管理者要紧追时代潮流，或者捕捉这段时间社交网络的爆红点，以此作为吸引顾客的特殊关注点所在。

(6) 要学会创新。任何企业在技术水平停滞不前的时候都会被时代抛弃。企业只有深刻了解拥有自主的创新技术是多么重要，才能不屈居人下。因此，在工厂稳定发展的时候，就要考虑投入资金，尝试研发出独立自主的核心技术。

(7) 员工的支持有助于提升决策执行的速度。如果员工愿意定下目标，努力工作，往往可以达到事半功倍的效果。

技能训练 4-6

荣董事长的困惑

1. 公司发展概况

古兴集团前身是一家乡镇企业,创业 15 年来,已发展成为一家以铜冶炼加工为主体,多行业并存,集科、工、贸、服务于一体的大型跨国集团。公司在岗职工 3500 余人,资产总值 16 亿元,其中固定资产 11.5 亿元。公司形成了 10 万吨冶炼、10 万吨电解铜、10 万吨铜加工材的生产能力。产品有电解铜、各类铜及铜合金板、带、管、棒、线材系列。2004 年,该公司实现工业总产值 19.5 元亿元,利润 1.6 亿元。公司铜冶炼加工综合能力位居全国第 4 位,是铜加工行业中最具竞争实力的企业之一。产品已通过 ISO 9000 认证,铜锭取得了进入伦敦金属交易所(LME)的免检资格,公司成为上海黄金交易所的会员单位并取得两个席位。公司复合铜带材生产和毛细管材生产的装备和技术水平已达到国际先进水平,在国内居绝对领先地位。集团公司下属的独资或控股子公司 13 家,其中 9 家为境内企业,4 家为境外企业。

最近古兴集团刚投资 2 亿元,将一家全面亏损的国有铜加工企业的一条板带连铸连轧生产线购入。在生产线购入 3 个月内,古兴集团就产出第一批优质铍青铜带,并直接出口美国,效益十分可观。目前,公司正在实施低成本扩张战略,已成功地兼并了几家关联企业,计划在 5 年内成为中国同业中的霸主。对此,年届不惑的荣董事长充满信心。

然而,深谋远虑的荣董事长并非盲目乐观之人。他隐约感到公司似乎已处在某种生死攸关的嬗变阶段,许多问题操作起来已不如以前那么得心应手。直觉告诉他:潜在的危机越来越大。经过几天的冥思苦想之后,他请来了新近才担任公司高级人事顾问的李教授。

两个星期后,通过与公司所有上层管理成员的深入接触,以及一系列规范化的调查分析,李教授所带的研究小组基本厘清了公司的管理状况以及荣董事长所讲的潜在危机。

2. 荣董事长其人

李教授按着 360°大回转的思路,从不同视角进行调查后,系统地列出了荣董事长的秉性特征:敏捷的思维、快速的反应、犀利的眼光、坚毅的个性、充沛的精力,以及敢于冒险的果断精神融为一体。他每天的休息时间极少,除了工作外,几乎没有其他任何个人嗜好,精力十分充沛,是一个典型的工作狂。他几乎每天都要到几个主要生产车间去看看,喜欢现场办公,也常常现场处分员工。公司上下都熟悉他那身灰色工作服,也有点惧怕他。荣董事长十分健谈,如果不是什么事情迫使他停下来,他可以连续不断地说上几个小时。在任何一次会议上,只要有荣董事长在,他总是自始至终的发言人,别人的讲话总被他打断。专家们反映:以前荣董事长不能静下来听他们陈述意见,但荣董事长又不太喜欢看书面报告,大家对此十分苦恼。好在荣董事长思维敏捷,反应快,总能及时发现问题并立即调整方案,化险为夷。管理层普遍感到难以跟上荣董事长的跳跃式思维,难以沟通,但也基本上形成了一个共识:按荣董事长的意见办,准没错。

3. 公司结构和管理层的运作

古兴集团是先有一个核心企业,再由"核"扩散发展起来的。它的产权纽带紧密,实质上属于一种较典型的母子控股公司模式。集团公司对下属子公司的经营战略、重大投资决策和人事任免,均有绝对控制权。荣成既是集团公司董事长兼总经理,又是所有二级控股(独资)公司的董事长、法人代表。集团公司总部管理班子十分精干,总共不到 80 人。"新三会"(股东会、董事会、监事会)和"老三会"(党委会、工会、职代会)在职能上实际是交叉互兼的:党委会、工会与职代会的主要领导是监事会的主要成员。集团董事会是最高权力和决策机构,由集团正副总和各二级公司总经理组成的理事会实质上是协商和执行机构,无决策权。这是一种较典型的中小企业集团的管理模式。

在职能部门设置方面,董事会下实际上只有董事会办公室是实体部门,其职能并未与董事会的需求相吻合;董事会的内部机构是最近才设立的,职能也未明确界定。从人员配置上看,各部部长都是由对应的主管副总兼任,即职能部门除了能实际协助所在层级的领导人之外,还有权在自己的职能范围内向下层人员下达指令。同时,公司组织机构变动频繁,高层管理人员的职位更迭更是像走马灯似的,许多高层经理都不清楚公司现在的组织结构情况。

4. 公司的成功经验

荣董事长最得意的事情是他成功的用人之道。只有小学文化程度的荣董事长最喜爱《三国演义》和《毛泽东选集》这两本书,他能随意指出某一段故事在书的第几章、第几页。刘备的"尊老敬贤"与毛主席的群众路线思想是他用人的主要原则,公司内部处处体现了他的"仁德、民本、重义、尊贤"的思想。集团公司专门成立的总工程师办公室完全不同于其他企业作为职能部门的总工办,它由几位专职工作人员管理着从全国各地聘请来的 56 位铜冶炼、加工专家,其中有 11 位是国家级有突出贡献的专家,18 位曾担任过国有大中型冶铜加工企业的厂长、副厂长或总工程师。公司为他们专门修建了高级专家公寓楼,并为每一位专家配备了一名专职服务员。专家们的月薪从 3000 元到数万元不等,在进入企业时由双方商定,没有统一的标准。此外,荣董事长还根据各人的贡献大小,以红包形式发放奖金。他们都有各自的具体岗位,总工办只负责其生活后勤管理及参谋咨询的组织工作。荣董事长把他们统称为"军师",对他们十分尊敬。

跟随荣董事长一起打天下的一班老臣最叫人头痛。他们历经艰辛,劳苦功高,但大多文化水平不高,又居高自傲,排斥外来人才和年轻人。为此,几经周折,荣董事长终于下决心于 1996 年进行了一次全面清理,对在公司工作 5 年以上的员工一一论功行赏,根据工龄、职位和贡献大小,一次性"买断功绩":最早跟随荣董事长创业的元老们每人得到一栋小别墅,8 年以上者可得到一笔可观的奖金,工作 5 年以上者各得到一份依据工龄而不同的退休保险单,可以每月从银行支取一笔固定的收入。荣董事长组织专门力量根据能力面前人人平等原则,按工作需要重新聘用员工。此举使公司的许多外来优秀人才和年轻人脱颖而出,从而开创了公司 1996 年后快速发展的新局面。荣董事长对这一决策颇为自得,他认为历史上李自成没有解决的难题,在他手上却成功地得到解决,从而保持了公司的活力。

5. 荣董事长的困惑

从荣董事长自身的角度,他请来李教授,主要是为了解决以下三大难题。

一是集权分权问题。荣董事长觉得自己太累了,每天签审公司上下报账的财务票据就要花2个小时,公司其他大小事情几乎都要他拍板,总有做不完的事。他平均每天只睡3个小时,最近竟有两次晕倒在办公室,再这样干下去,肯定是不行的。

二是决策风险问题。公司越做越大,大小决策都集中在荣董事长身上。"我总是胆战心惊的",荣董事长诚恳地说,"过去我拍板下去,涉及的资金少的只有几十元,多的也就几万元、几十万元;现在任何决策动辄就是几千万元、上亿元,弄不好就是全军覆没。我心里没底,但也得硬着头皮拍板,怎么会不紧张惧怕呢?我表面故作轻松,其实心理压力太大了。这不,才四十岁,头发几乎全白了"。

三是控制问题。在深入的交谈中,荣董事长向李教授剖白了心迹:外面的人总以为我在公司里是绝对权威,甚至耀武扬威、随心所欲。其实我觉得,要控制这家公司是越来越困难了。过去,我给员工发一个小红包,拜个年什么的,就会得到员工真诚努力的回报。近年来,尤其是2001年有关部门界定我个人在公司中的产权占90%、镇政府只占10%后,员工们的心理似乎在悄悄地变化,过去最亲密的战友都和我疏远了,工作表面上很努力,实际上大多是在应付我。我给他们的工资一加再加,现在高层经理年薪已达10万~15万元,还给每人配备了专车、司机和秘书,但他们就是怪怪的,提不起劲。现在,公款消费和大手大脚浪费的现象也开始在公司内部蔓延,民营企业的原有优势正在逐步消失。我感觉到我的公司在全面地腐化堕落。更糟的是,我控制不了这个局面,在庞大的公司面前我显得那么虚弱和无能为力。我对公司的未来感到害怕……

问题:
1. 你认为荣董事长在公司壮大前期的管理成功之处是什么?
2. 随着公司的快速成长,你认为荣董事长的担心与他个人的什么能力有关?
3. 公司目前的机构设置有问题吗?你认为设置成什么样的组织结构更合理?
4. 请设想你是咨询专家,谈谈如何帮助企业有效地解决三大难题。

答案:
1.(1)荣董事长的管理成功之处在于思想,他对人才的思想——仁德、民本、重义、尊贤——处处可以体现。

(2)荣董事长的管理成功之处在于决心,对于一起打天下的老臣一次性买断功绩,引进了更多年轻人才,由此保持了公司活力。

2.(1)荣董事长担心集权分权问题,这和他个人坚毅的个性、充沛的精力有关。他除工作外没有个人嗜好,大小事都要亲自关注,亲自做决定。

(2)荣董事长担心的决策风险问题,这和他个人敏捷的思维、快速的反应、犀利的眼光有关。公司逐渐变大后,每一次决策涉及的金额都很大,致使他心理压力过大。

(3)荣董事长担心的控制问题,这和他个人充沛的精力有关,但更多的是与公司的快速发展有关,这需要更多的人来讨论管理结构调整的问题。

3. 目前公司模式为母子控股公司,集团公司对下属公司的部分事务有绝对控制权,是比较典型的中小集团的管理模式。在部门设置方面,公司存在以下问题。

(1) 在职能部门设置方面，董事会下实际上只有董事会办公室是实体部门，其职能并未与董事会的需求相吻合；董事会的"一办四部"是最近才设立的，职能也未明确界定。

(2) 组织机构变动较快，许多高层都不明白公司结构。

为了建立有益于管理的组织，该公司应设立事业部制组织结构，以便集中决策，分散经营，并在集权领导下实行分权管理。在总公司的领导下，赋予各个事业部较大的自主权，这样可以提高管理的灵活性和适应性；而让各个部门的职能和结构更加清晰明确，则利于公司多元化发展。随着环境变化，需要考虑向更多维度、立体化组织结构发展，将产品划分为事业部，按职能划分参谋机构，按地区划分管理机构，让三个方面的机构协调一致，紧密配合。

4.（1）集权分析问题。荣董事长管理事务繁多，大大小小都要自己做决定，需要把一些小的事务交给下属，同时让他们承担相应责任。权责关系是组织设置的核心，每个成员都应该明白自己应该干什么，有哪些方面的权利，这是保持组织稳定性和提升组织运行效率的前提。

（2）决策风险问题。公司越做越大，大小决策不应该全在荣董事长身上，而需要由更多的人集思广益，定下共同的目标。

（3）控制问题。公司规模越大，越需要按管理专业和分工设置组织机构，让每一名管理者和员工都明确自己的定位，明确责任与权利、义务和酬劳，使各个部门合作形成一个高效的组织和有机的整体。

课后作业——研讨与思考

课后作业 4-1

董事会职权

（1）召集股东会会议，并向股东会报告工作；

（2）执行股东会的决议；

（3）决定公司的经营计划和投资方案；

（4）制订公司的年度财务预算方案、决算方案；

（5）制订公司的利润分配方案和弥补亏损方案；

（6）制订公司增加或者减少注册资本以及发行公司债券的方案；

（7）制订公司合并、分立、解散或者变更公司形式的方案；

（8）决定公司内部管理机构的设置；

（9）决定聘任或者解聘公司经理及其报酬事项，并根据经理的提名决定聘任或者解聘公司副经理、财务负责人及其报酬事项；

（10）制定公司的基本管理制度；

（11）公司章程规定的其他职权。

问题：
上述案例对你有什么启示？

课后作业 4-2

总经理权力

（1）主持公司的生产经营管理工作，组织实施董事会决议；
（2）组织实施公司年度经营计划和投资方案；
（3）拟订公司内部管理机构设置方案；
（4）拟订公司的基本管理制度；
（5）制定公司的具体规章；
（6）提请聘任或者解聘公司副经理、财务负责人；
（7）聘任或者解聘除应由董事会聘任或者解聘以外的管理人员；
（8）公司章程和董事会授予的其他职权。

问题：
上述案例对你有什么启示？

课后作业 4-3

权力滥用

有网友爆料称，某省负责职称评审的评委名单刚刚确定即遭泄露，有评委专门在宾馆开房收钱。对此，该省教育厅表示高度重视，已终止当事者刘某当年度高校教师系列职称评审专家资格，有关情况正在进一步调查核实。

问题：
上述案例对你有什么启示？

课后作业 4-4

且慢下手

大多数同人都很兴奋，因为单位里调来了一位新主管，据说是个能人，专门被派来整顿业务。可是，日子一天天过去，新主管却毫无作为，每天彬彬有礼地进办公室后，便躲在里面难得出门。那些平时表现不好的员工，现在反而更猖獗了。他哪里是个能人？根本就是个老好人，比以前的主管更容易糊弄。

四个月过去了，新主管发威了，庸者一律开除，能者则获得提升。下手之快，断事之准，与四个月前表现保守的他，简直像换了一个人。年终聚餐时，新主管在酒后致辞："相信大家对我新上任后的表现和后来的大刀阔斧，一定感到不解。现在听我说个故事，各位就明白了。

我有一位朋友，买了一栋带着大院的房子，他一搬进去，就对院子全面整顿，杂草杂树一律清除,改种自己新买的花卉。某日,原先的房主回访,进门大吃一惊地问,那株名贵的牡丹哪里去了?我这位朋友才发现,他居然把牡丹当草给割了。后来,他又买了一栋房子,虽然院子更是杂乱,他却是按兵不动。果然,冬天以为是杂树的植物,春天里开了繁花;春天以为是野草的,夏天却是锦簇;半年都没有动静的小树,秋天居然红了叶。直到暮秋,他才认清哪些是无用的植物而大力铲除,并使所有珍贵的草木得以保存。"

说到这儿,主管举起杯来,"让我敬在座的每一位!如果这个办公室是个花园,你们就是其间的珍木。珍木不可能一年到头开花结果,只有经过长期的观察才认得出啊。"

问题:
上述案例对你有什么启示?

课后作业 4-5

比特丽公司

比特丽公司是美国一家大型联合公司,总部设在芝加哥,下属有 450 个分公司。该公司经营着 9000 多种产品,其中许多产品,如克拉克捧糖、乔氏中国食品等,都是名牌产品。公司每年的销售额达 90 多亿美元。

多年来,比特丽公司都采用购买其他公司来发展自己的积极进取战略,因而取得了迅速的发展。公司的传统做法是:每当购买一家公司或厂家以后,一般都保持其原来的产品,使其成为联合公司的一个新产品市场;另一方面是对下属各分公司都采用分权的形式。允许新购买的分公司或工厂保持其原来的生产管理结构,这些都不受联合公司的限制和约束。由于实行了这种战略,公司变成一个由许多没有统一目标、彼此又没有什么联系的分公司组成的联合公司。1976 年,倡导这个发展战略的董事长退休以后,德姆被任命为董事长。

新董事长德姆的意图是要使公司朝着他新制定的方向发展。根据他新制定的战略,德姆卖掉了下属 56 个分公司,但同时又买下了西北饮料工业公司。

据德姆的说法,公司除了面临发展方向方面的问题外,还面临着另外两个主要问题:一个是下属各分公司都面临着向社会介绍并推销新产品的问题,为了刺激各分公司的工作积极性,德姆决定采用奖金制,对下属干得出色的分公司经理每年奖励 1 万美元。但是,对于这些收入远远超过 1 万元的分公司经理人员来说,1 万元奖金恐怕起不了多大的刺激作用。另一个更严重的问题是,在维持原来的分权制度下,应如何提高对增派参谋人员必要性的认识,应如何发挥直线管理人员与参谋人员的作用问题。德姆决定要给下属每个部门增派参谋人员,以更好地帮助各个小组开展工作。但是,有些管理人员认为,只增派参谋人员是不够的;有的人则认为,没有必要增派参谋人员,可以采用单一联络人联系几个单位的方法,即集权管理的方法。此外,公司统一设立一个财务部门,但是这个财务部门根本就无法控制这么多分公司的财务活动,因此,造成联合公司总部甚至无法了解并掌握下属部门支付支票的情况。

问题:
1. 比特丽公司可以在分权方面做得更好吗?

2. 写一份报告,谈谈你对德姆的激励方法的看法。
3. 参谋人员可以发挥什么作用?如何协调直线管理人员和参谋人员的关系?

课后作业 4-6

领导影响力

朱杰是一家公司的财务部经理,他手下有9名会计人员和办事员。最近,他招聘了一位商学院的优秀毕业生赵斌。不久后,办公室中的每个人都觉得赵斌是一个友善、开朗的人,易于相处,而且对会计相当在行。很快,赵斌就成了这些同事的朋友。朱杰注意到,许多会计人员开始就他们的疑问和发现的问题向赵斌征询意见。而他似乎总有解决的办法,并且很乐意花时间帮助他人。他个人的一切工作也完成得十分出色。赵斌工作的独立性很强,他的到来使朱杰的工作轻松多了。只有在涉及本部门外要求的决策时,他才会来询问朱杰。在某种意义上说,朱杰很为这种变化感到欣慰。但有两件事使他担忧:一是部门内有些人员甚至开始同赵斌谈个人的事情。朱杰比赵斌大20岁,他觉得在这些方面他更有经验。二是赵斌在本部门以外也交了不少朋友,尤其是同公司的两位资深经理关系很好。对此,朱杰感到很不安,他想赵斌在职务上超过他只是早晚的事。朱杰决定采取行动。他开始寻找机会在同事面前批评赵斌。当有人有问题或疑问找赵斌时,他就会提醒他们说我是你们的直接上司。而且,朱杰会想法更改或贬低赵斌的建议。没多长时间,办公室的人都了解到这一信号。朱杰的策略终于奏效了,赵斌辞职离开了。但一段时间后,朱杰部门的其他三位会计人员也提出了辞职,整个部门陷入了混乱之中。

问题:
1. 赵斌拥有哪些权力?朱杰的权力又有哪些?
2. 根据此案例,写一篇小论文,谈谈你对领导影响力的认识。

课后作业 4-7

华为的高薪为何能赢得社会尊重

央企"当家人"的薪酬终于掀起了"盖头"。2016年12月29日前,国有资产监督管理委员会网站上披露了111家央企负责人2015年度的税前薪酬信息,各大央企负责人中最高的能达到上百万元,最低仅有四五万元,平均水平大致在50万元到70万元。

这份"工资单"可以看作自2015年"限薪令"实施以来央企薪酬改革的一个成果。央企虽然都是全民所有,但是市场地位未必相同。有的央企资源垄断的色彩更强一些,有的央企则处于竞争性更强的行业和市场环境。对于前者,企业的利润和经营业绩更多地体现出垄断优势,而未必是企业家能力的真实反映。相比之下,如果这一类央企负责人的薪酬偏低,也就不难理解。

比如,在111家央企负责人中,税前薪酬能够达到百万元的有15位,集中在招商局集团有限公司、华润(集团)有限公司、中国港中旅集团公司;而"三桶油"(中石油、中石化、中海油)负责人,则无一超过80万元。

对于央企负责人,他们的薪酬还受到自身双重身份的制约:一是职业经理人;二是具有较高行政级别的公务人员。这意味着,他们在职务薪酬上既有高管工资,又含"高官"待遇。

从前者来说,薪酬应该与经营业绩挂钩,因此,中石油、中石化等央企都在降薪之列;从后者来看,又不能完全"随行就市"。因此,央企负责人的百万元薪酬,在与同期一些民企高管动辄千万元的年薪相比之下相形见绌。

央企负责人薪酬制度改革,其目的是消除薪酬水平总体偏高、薪酬结构不合理等弊病,这被认为是央企建立现代企业制度的重要组成部分,是深化收入分配制度改革的应有之义。但如今是不是达到了期待的效果,依然充满争议。

的确,央企负责人普遍"限薪",薪酬制度也更加阳光、公开和透明,但未必就能让纳税人普遍信服和满意。因为薪酬的设计到底是基于行政级别还是企业家能力,仍然不能有效区分。而从另一个角度讲,探索国企经营管理人员激励方式的长效机制,还是一个未能完成的任务。

这似乎是一个悖论:央企高管薪酬高低都不如意,里外都难以平衡。问题在哪里?可能还不在于"薪酬"二字上,或者说这不是薪酬改革所能解决的问题,而需要一场系统全面的央企和国企改革来加以推进。

这也让人联想起舆论"炸锅"的新闻:华为宣布,预计2016年销售收入达到5200亿元,同比增长32%。与此相应,华为员工特别是高管的薪酬将更上层楼。根据年报,华为2015年工资、薪金、福利、离职后计划的总开支接近1008亿元,加上净利润369亿元(绝大部分分红+股票升值给员工),华为花在员工身上的成本将达到1377亿元。这也意味着,17万员工的人均年收入超过80万元。在华为,年入500万元的有千余人,年薪百万元的超1万人。华为高管薪酬有多高,不言而喻。

没有人会觉得华为的高薪需要改革,也没有人会因此心理不平衡,或者对社会的公平正义产生怀疑。相反,很多国人为华为的做大做强而充满了民族自豪感,甚至为深圳以高房价"赶跑华为"而生杞人之忧。

华为的高薪模式赢得了国人尊重,这是因为这家企业赢得了国人的尊重。我们可以从两个角度来解释其中的秘密。

第一,华为作为一家民营企业,不仅在国内竞争市场自力更生,而且在竞争激烈的国际市场与狼共舞,让中国品牌真正地实现巨大的自我价值。当很多央企醉心于大搞金融、大炒房产,华为有60%以上的收入来自国外,其研发的高端智能手机敢与苹果比高。华为完成了很多央企应该完成而未能完成的任务。

第二,华为作为一家高科技企业,并未躺在从前的功劳簿上坐享红利,而是在不断地研发高投入中推进产业升级。按照欧盟委员会发布的"2016全球企业研发投入排行榜",华为排名全球第八,在中国企业中排名最高,最近十年研发经费达到1900亿元。在某种意义上,华为是中国最能体现创新驱动战略的企业,而这样的角色本应该由担负战略使命的央企来体现和承担。

就此而言,央企需要反思的是:华为的高薪为何赢得尊重?如果央企能有这样的国际化眼光和成绩,有这样的创新意识和实践,所谓高薪怎么会是个问题?

当然,华为的成就与其完善的现代企业制度和公司治理结构密不可分。比如,华为没有上市,把大部分股权开放给员工,创办人任正非只拥有公司1.4%的股权,这形成了一种有效的激励机制。

对国企尤其是央企来说,在薪酬制度改革之外,如何通过混合所有制和员工持股改革来激活企业活力、完善激励机制,是一个尚需完成的任务。

问题:
1. 查阅相关材料,了解华为的发展历史。
2. 华为的薪资政策有何特点?起到了什么积极作用?
3. 华为的做法对国企有什么启示?
4. 如何正确理解企业决策的重要性。

推荐阅读书目

[1] 安迪·格鲁夫. 格鲁夫给经理人的第一课[M]. 巫宗融,译. 北京:中信出版社,2013.

[2] 谢丽尔·桑德伯格. 向前一步[M]. 颜筝,等译. 北京:中信出版社,2013.

[3] 斯蒂芬·P. 罗宾斯. 管理学[M]. 黄卫伟,等译. 4版. 北京:中国人民大学出版社,2004.

[4] 哈罗德·孔茨,海因茨·韦里克. 管理学[M]. 张晓君,等译. 13版. 北京:经济科学出版社,1998.

[5] 彼得·德鲁克. 创新与企业家精神[M]. 蔡文燕,译. 北京:企业管理出版社,2018.

[6] 罗伯特·西奥迪尼. 影响力[M]. 闾佳,译. 5版. 北京:中国人民大学出版社,2011.

第 五 讲

 教学目的与要求

1. 了解海尔是如何成功的
2. 熟悉海尔管理创新的基本经验
3. 掌握企业管理创新的理念
4. 课外查找并总结有关海尔管理方式的材料

 教学重点与难点

教学重点：创新理念的总结

教学难点：如何进行管理创新

主 干 案 例

案例　海尔管理创新的理念

1. 张瑞敏其人

1984 年 12 月，张瑞敏出任海尔的前身青岛电冰箱总厂厂长，制定了海尔第一个发展战略——名牌战略。

1985 年，张瑞敏果断决策，砸毁 76 台有缺陷的冰箱。

1991 年 12 月，张瑞敏成立海尔集团，任总裁，并制定了海尔第二个发展战略——多元化战略。

1992 年，张瑞敏第一次作为党代表参加中国共产党第十四届全国代表大会；开始建设中国家电业第一个工业园——青岛海尔工业园。

1998 年，张瑞敏应邀到美国哈佛大学讲课，成为第一位登上哈佛讲坛的中国企业家；"海尔文化激活休克鱼"案例选入哈佛商学院案例库；制定海尔第三个发展战略——国际化战略。

1999年,张瑞敏出任海尔集团董事局主席;走出国门,在美国南卡罗来纳州建立生产基地。

2005年,张瑞敏制定海尔第四个发展战略——全球化战略。

2008年,张瑞敏率先推行零库存下的即需即供战略,砸掉仓库,使海尔在当时的金融危机中未受到较大影响。

2012年,张瑞敏第五次作为党代表参加中国共产党第十八届全国代表大会,并当选为中共第十八届中央委员会候补委员;制定海尔第五个发展战略——网络化战略。

2013年8月,张瑞敏获邀出席美国管理学会(AOM)第73届年会并做主题演讲,是此届年会演讲嘉宾中唯一的企业。

1984年,张瑞敏上任时,海尔的销售收入为348万元,2000年,海尔的销售收入达到406亿元,年均增长速度达到80%。

2015年,海尔集团全球营业额实现1887亿元,实现利润预计为180亿元,同比增长20%。

2. 创业历程

(1) 名牌战略(1984—1991年)

观念:抓住改革开放的机遇,以"要么不干,要干就要争第一"的观念,为用户提供当时最渴望的高质量产品的体验。

差异化的路径:海尔通过砸冰箱及自主管理班组等活动,创出一条以提高人的素质而非仅靠引进设备和技术生产高质量产品的差异化路径。

经典创业故事:砸冰箱。

1985年,一位用户向海尔反映:工厂生产的电冰箱有质量问题。于是,张瑞敏突击检查了仓库,发现仓库中有缺陷的冰箱还有76台。当时研究处理办法时,有干部提出意见:作为福利处理给本厂员工。就在很多员工十分犹豫时,张瑞敏却做出了有悖"常理"的决定:召开一个全体员工的现场会,把76台冰箱当众全部砸掉。而且,由生产这些冰箱的员工亲自来砸。

听闻此言,许多老工人当场就流泪了……要知道,那时候别说"毁"东西,企业就连开工资都十分困难。况且,在那个物资紧缺的年代,别说正品,就是次品也要凭票购买的。如此"糟践",大家"心疼"啊!当时,甚至连海尔的上级主管部门都难以接受。

但张瑞敏明白,如果放行这些产品,就谈不上质量意识。不能用任何姑息的做法,来告诉大家可以生产这种带缺陷的冰箱,否则今天是76台,明天就可以是760台、7600台……所以必须强制处理,处理措施必须要产生震撼作用。

结果,伴随着一柄大锤的阵阵巨响,真正砸醒了海尔人的质量意识。从此,在家电行业,海尔人砸毁76台有缺陷冰箱的故事传开了。至于那把著名的大锤,已经收入国家历史博物馆。

(2) 多元化战略(1991—1998年)

观念:抓住邓小平南巡讲话的机遇,以制造多元化、高质量产品的观念,为用户提供所希望的系列白色家电,提供高质量的产品和服务。

差异化的路径：通过进入哈佛大学的"吃休克鱼"案例的思路兼并18家企业，创出一条"靠企业文化，将人的因素放在第一位"的兼并道路。

经典创业故事：海尔文化激活"休克鱼"。

1995年7月，青岛市政府决定把红星电器公司整体划归海尔集团。红星电器本来和海尔一样是青岛市重点企业，后来由于经营不善，在海尔成为中国家电第一名牌时，红星电器却亏损1亿多元，资不抵债。

此时，在张瑞敏面前摆着一个艰巨任务：如何操作？如何发展？于是，张瑞敏首先提出一个问题：红星电器失败于何处？是技术问题？资金问题？员工问题？他认为："红星的失败，不是少技术，也不是少资金，更不是员工不好，关键是管理不到位，职工凝聚力差，缺乏将现有生产要素有效组合的灵魂。而海尔员工、干部有共同认可的价值观，形成了海尔文化。因此，我们当前的紧迫工作就是将海尔文化输入红星集团。只要思想认识一致了、统一了，一切都好办。文化是企业的灵魂，无形资产可盘活有形资产，红星必然重生。"

海尔经受住了这次兼并的考验。在划归的第二天，杨绵绵就率领企业文化、资产管理等五大中心的管理人员进驻红星集团，实施"文化先行"的管理理念。随后，张瑞敏又到红星集团全体中层以上干部会上推心置腹地讲述自己的管理心得和体会，要求大家从我做起，目标是2～3年争创中国洗衣机第一品牌，最终是国际名牌。

三个月之后，企业扭亏为盈，海尔洗衣机成为全球洗衣机第一品牌和第一制造商。

1998年3月，"海尔文化激活休克鱼"案例被写入哈佛商学院案例库，张瑞敏应邀去哈佛大学讲课，成为第一位登上哈佛讲坛的中国企业家。

(3) 国际化战略(1998—2005年)

观念：抓住加入WTO的机遇，以出国创牌而非仅出口创汇的观念，在与国际接轨中，以三步走的战略倒逼自己。

差异化路径：通过在南卡罗来纳州设厂及并购意大利工厂，暴露出自己的差距，创出一条提高素质成为国际化人才，以推进国际化战略实施的道路。

海尔为何在美国建厂？

1999年，张瑞敏决定投资3000万美元，在美国南卡罗来纳州建立海尔美国工业园，生产家电。

一石击起千层浪。国内很多人认为海尔是在盲目扩张，而为其担忧，甚至不少人明确对此持批评态度。人们批评的依据，就是美国的优势在于技术领先，劣势在于人力成本高而且市场饱和，去美国无异以己之短攻人之长。有本杂志以《提醒张瑞敏》为题，为海尔在美国建厂的前景表示担忧。

可是，海尔决策层却认为去美国办厂是像"下雨打伞"一样理所当然的事。"到美国建厂有风险，但是不到美国建厂是否就没有风险？"海尔人要在风险中抓机遇。

当然，敢于冒风险不等于没有预防风险的措施。在这方面，海尔做了充足预算。

在市场方面，海尔的理念是"先有市场，再建工厂"。当时的海尔向美国出口冰箱已经达到50万台，而实际上达到29万台，就可达到建厂的盈亏平衡点。

在成本上,美国劳动力年薪2.5万美元,中美两地工薪差别达到8~10倍。但海尔进一步分析后认为事实并非如此简单:一是中国低工薪优势其实完全被运费抵消了,而且今后运费有走高的趋势。二是在美国建厂还可以就地收集信息,就地进行技术开发。三是可以节省从中国到美国集装箱运输时间30天,另外又节省从接订单到生产的30天,这对生产需求的快速反应至关重要。四是"美国制造"的标签是个卖点,对美国零售商很有吸引力,可以平等地与美国企业竞争,其优势是很大的。

如今在美国,年青一代都知道海尔是一个很好的家电品牌,已经不知道它是来自中国的品牌,海尔品牌正在成为美国本土认可的品牌。

随着中国企业"走出去"的起航,海尔的国际化行动已毫无疑问成为中国企业出海的领航者。

(4) 全球化战略(2005—2012年)

观念:抓互联网时代的机遇,以满足用户个性化需求的观念加快走上去的步伐,争取为全球用户提供白色家电引领的体验。

差异化的路径:通过零库存即需即供的推进,建立社区店,配以建成的专卖店体系,创立一条从以企业为中心到以用户个性化需求为中心的道路。

经典创业故事:张瑞敏砸仓库。

2008年,由美国"次贷危机"引发的全球性金融风暴开始了,但在中国市场,当时还没有蔓延到实体经济,至少在家电市场还看不出这种迹象。尽管如此,当时的海尔正在张瑞敏的主导下进行一次非常重要的转型,从以企业为中心向以用户为中心转型,从制造业向服务业转型。

2008年8月28日,这是海尔历史上又一个值得铭记的日子。这一天,张瑞敏再一次举起他那把"大锤"。这一次,他要砸的不是冰箱,而是仓库。

当张瑞敏及海尔决策层提出要取消DC库(海尔在各工贸公司设立的物流仓库)的时候,整个市场的人员都炸锅了。市场人员直接说:这是不可能的,市场形势那么差,有仓库都未必能满足客户的需求,更别说取消仓库了。如果取消仓库,销售量肯定要大幅下降。

客户的反应也非常大。一位海尔的老客户也是大客户向海尔反映:"你们要取消仓库,大方向我们认可,但你们这样做是违约的。"因为按照经销合同,客户是在当地的海尔仓库提货。没了仓库,给客户造成了交货不及时的麻烦。

张瑞敏和他的决策层顶住压力,做法是:卖不出去就停下来,停下来怎么办? 停下来倒逼企业内部体系的改革。为了不让变革的成本影响到客户,海尔改变了自己的供应链流程,周下单、下周单,按单生产。虽然没有仓库了,但通过订单模式和流程的变革,海尔把货放在公路上,放在集装箱上,实现即需即供。

国庆节之后,金融危机明显波及中国市场,市场零售大幅下滑,行业的库存大幅上升,而海尔的库存处理得恰到好处。

(5) 网络化战略(2012—2019年)

2012年12月26日,海尔创业28周年之际,张瑞敏宣布海尔进入第五个战略阶段,其战略主题为网络化战略。

3. 创新理念

(1) 海尔管理创新——日清日高

基本理念：

① "斜坡球体"理念——企业在市场上的位置犹如斜坡上的小球,目标是上升力,管理是止动力。

② 以人为本,实行自主管理,不是对上级负责而是对市场负责,形成市场链关系。

③ 什么叫不简单？把公认简单的事天天做好,就是不简单。什么叫不容易？把公认容易的事认真做好,就是不容易。

④ 抓反复,反复抓。

⑤ 管理是动态的,它在观念创新中上升,在基础管理中止滑。

⑥ 先要把握好大局,抓大局中的小事,要一抓到底,抓出模式来,再推而广之。

方法：

OEC 模式："O"是指 Overall(全面的),"E"是指 Everyone、Everything、Everyday(每人、每事、每天),"C"是指 Control and Clear(控制和清理)。意思是全方位地对每人每天做的每一件事进行控制和清理。又称为"日事日毕,日清日高"管理法。

OEC 模式的内容：总账不漏项,人人都经营,事事都创新,管事凭效果,管人凭考核。

OEC 模式的框架：

企业发展方向的目标系统——管理精细化到位；

日清控制系统——流程控制能力到位；

有效激励机制——考核激励到位。

OEC 模式的风格：严、细、实、恒。

6S 大脚印：在整理、整顿、清扫、清洁、素养、安全六个方面的自我检查站。通过检查、表彰的反复抓、抓反复,实现自主管理,把要我干变成我要干,人人成为自我经营的人。

(2) 海尔管理创新——市场链管理

实现大企业的规模、小企业的机制的统一。大小都不是美,能大能小才是美。

使外部市场目标转化成内部目标；内部目标转化成每位员工的目标；把市场链的经济社会效果转化为每位员工的收入。

使市场外部竞争效应内部化,建立内部市场链,实现企业机制与市场机制的整合。

员工工资多少与受罚多少不由上面说了算,而是由市场说了算。

方法：

以海尔文化与 OEC 模式为基础,一手抓全球供应链,一手抓全球用户资源。

以订单信息流为中心,带动物流、资金流的运行,实现"三个零"(零距离、零库存、零营运资本)。

SST 机制：每位员工由"对上级负责"转变为"对市场负责",实现"索酬""索赔"和"跳闸"的 SST 机制。"索酬"是从市场链下游服务中取得回报；"索赔"是市场链下游向上游因失误造成的损失导致"违约"的索赔；"跳闸"是指出现不索赔、不索酬的故障,第三方就要跳闸。

每个人都有自己的一个市场目标,没有市场目标就没有存在价值。

以市场链工资把员工价值观锁定在用户需求上,去创造新市场。

(3) 海尔管理创新——双赢模式

人单合一,"人"是员工,"单"表面是订单,本质是用户资源。表面上是把员工和订单连在一起,但订单的本质是用户,包括用户的需求、用户的价值。因此,所谓"人单合一",实质上是把员工和他应该为用户创造的价值"合"在一起。双赢,即员工不是根据上级下达任务完成的多少和好坏获得收益,而是以员工创造的用户价值来体现自己的价值。

海尔"人单合一双赢"模式荣获第十八届"全国企业管理现代化创新成果奖",该奖项被誉为中国企业管理创新的"奥斯卡"。

基本理念:

人单合一是契约,双赢就是高单高酬,人单合一落到运行上就是全员与用户的一个个契约。

传统管理模式与人单合一双赢模式的区别在于前者是以企业为中心制定的,而后者则是以用户为中心制定的。

员工被用户驱动,而不是被领导驱动;接受用户考核,而不是公司评价。

方法:

海尔的组织架构从"正三角"颠覆为"倒三角",进而扁平为节点闭环的网状组织。

自主经营体:在海尔网状组织中,每个节点都是一个自主经营体,这个自主经营体作为接口,通过连接外部资源来满足用户需求,创造用户价值。

三自机制:高单自生成、人单自推动、单酬自推动。要么高单高酬,要么低单散人。

利益共同体:由自主经营体与合作方、供应商等共同组成的开放性团队,围绕第一竞争力的目标,按单聚散。

(4) 海尔管理创新——机构裁员

2014年6月,海尔领袖人物张瑞敏在出席沃顿商学院全球论坛上表示,海尔完成组织结构调整后,将进一步"瘦身",预计去掉1万名中层管理者。

张瑞敏表示:"企业里面的中间层就是一群烤熟的鹅,他们没有什么神经,也不会把市场的情况反映进来。所以去年我们去掉16000人,变成70000人,去掉了18%。"

这是张瑞敏推动海尔跳出传统制造业,在互联网时代谋求转型的结果。"如果不创新,就会被时代所抛弃。"张瑞敏认为,互联网甚至击碎了传统企业管理的基石。

(5) 管理创新三原则

① 创新目标:创造有价值的订单。

② 创新本质:创造性地破坏,先破后立。

③ 创新途径:创造性地借鉴和模仿。

(6) 观念创新——保障

"三只眼"意识:一只"眼"盯住内部员工,另一只"眼"盯住营销与顾客,第三只"眼"盯住国内外产业政策与机遇;

绝不对市场说"不";
赛马不相马。
(7) 技术创新——不求所有,但求所用
引进先进技术;
整合资源。
(8) 组织创新——有序的非平衡结构
直线职能式结构;
矩阵结构;
市场链结构(满足个性化)。
(9) 流程再造——造出活力
三个零:和用户零距离;零库存;零营运资本。

知识点精要

一、观念创新

价值观;竞争观;战略观;用人观。
质量观;信誉观;品牌观;资本运营观。

二、举起理念的大旗

海尔:真诚到永远。
格兰仕:努力,让顾客感动。
海信:创新就是生活。
日立:和,诚,开拓。
英特尔:只有偏执狂才能生存。

三、制度创新是关键

(1) 股份制成为公有制的主要形式。
(2) 现代企业产权:归属清晰、权责明确、保护严格、流转顺畅。
(3) 优化公司治理结构。
(4) 经营者选拔机制。
以市场方式引进社会人才;

职业经理人制度。

(5) 组织结构创新。

所有权与经营权分离；

股东与管理层分设；

董事会、监事会、经理层相互制约。

四、激励是管理艺术的核心

聪明老板驾驭员工之术；

激励机制有竞争力；

规范企业经营者薪酬制度；

解决企业创始人制度；

合理的激励手段：薪酬、晋升、授权、分权；

合理的激励方式；

合适的激励时间；

明确的激励目的。

管理实例——悟性与启示

管理实例 5-1

德国 MBB 公司：灵活的上、下班制度

在德国的航空和宇航企业 MBB 公司可以看到这样一种情景：上、下班的时候，职工们把自己的身份卡放入电子计算器，马上就显示到当时为止该职工在本星期已经工作了多少小时。原来，该公司实行了灵活上下班制度。公司对职工的劳动只考核其成果，不规定具体时间，只要在所要求的期间内按质量完成工作任务就照付薪金，并按工作质量发放奖金。由于工作时间有了一定的机动性，职工不仅免受交通拥挤之苦，而且可以根据工作任务和本人方便，与企业共同商定上下班时间。这样，职工感到个人的权益得到尊重，因而责任感和工作热情大大提高，同时企业也受益。

启示：

组织利益与员工个人利益密切相关；产品生产最大量、产品质量最优化都与员工的工作态度和积极性紧密联系。德国 MBB 公司的灵活上下班制度的优点主要体现在以下方面。

(1) 员工只要在所要求的期间内按质量完成工作任务就照付薪金，保证了公司能在规定时间内实现生产所需的总量。

(2) 按工作质量发放奖金，可以激励员工在快速完成生产任务的同时提高产品质量。

(3) 员工和企业共同商定上下班时间，可以让员工在工作中更加高效。

MBB公司用制度调动员工的工作积极性,不但可以确保员工按时按量生产,还通过奖励机制保障产品质量,在促进员工以最快速度完成生产任务的同时注重产品质量。

管理实例 5-2

分　粥

有七个人曾经住在一起,每天分一大桶粥。但是,粥每天都是不够的。一开始,他们抓阄决定谁来分粥,每天轮一个。于是,每周下来,他们只有一天是饱的,就是自己负责分粥的那一天。后来,他们推选出一个品德高尚的人出来分粥。但是,强权就会产生腐败,大家开始挖空心思去讨好他,贿赂他,搞得整个小团体乌烟瘴气。后来,大家组成三人的分粥委员会及四人的评选委员会,互相攻击扯皮下来,吃到嘴里的粥全是凉的。最后,大家想出一个方法:轮流分粥,但分粥的人要等其他人都挑完后拿剩下的最后一碗。为了不让自己吃到最少的,每人都尽量分得平均,就算不平均,也只能认了。大家快快乐乐,和和气气,日子越过越好。

启示:

管理的真谛在"理"不在"管"。管理者的主要职责就是建立一个合理的制度,让每名员工按照制度自我管理。制度要兼顾公司利益和个人利益,并且要让个人利益与公司整体利益统一起来,实现责、权、利三者的完美结合。在组织管理过程中,明确各部门、各职位与整体组织之间的责权关系,使每个组织成员都明确自己应该干什么,有哪些方面的权力,归属谁直接领导,这是保持组织的稳定性和增进组织运行效果的前提条件。缺少责任承担,公司就会产生腐败,进而衰退;缺少权力匹配,管理者的命令就会变成废纸;缺少利益分享,员工就会积极性下降,消极怠工。企业在管理过程中也应该首先建立一个"责、权、利"完美结合的平台,形成一个相对公平合理的人力资源管理机制,这样才能充分调动员工的积极性,使其各显其能。这七个人最后制定了合理的制度,即"轮流分粥,分者后取",并且大家都快快乐乐,和和气气,日子越过越好,这充分说明了合理的制度对于组织来说是多么重要。

管理实例 5-3

谋求与非正式组织领袖的合作

非正式组织中的领袖人物集中体现了非正式组织成员的共同价值观和共同志趣,他们往往凭借自身的技术专长和个人魅力在非正式组织中享有很高的威望和影响力。有时他们的实际影响力甚至远远超过那些正式组织任命的管理者。他们的思想和行动直接影响着非正式组织的思想和行动。因此,当非正式组织出现"紧密化""危险化"时,管理者应对非正式组织中的领袖的影响给予高度重视,与他们在各个层面上进行有效沟通,并在理性和合作的基础上解决危机。

启示：

在组织管理的过程中，要重视非正式组织的作用。非正式组织在满足组织成员个人的心理和感情需要上，比正式组织更有优越性。所以，应充分发挥非正式组织的凝聚作用。非正式组织形式灵活，稳定性弱，覆盖面广，几乎所有正式组织的成员都会介入某种类型的非正式组织。根据这两个特点，主管人员应有意识、有计划地促进某些具有较多积极意义的非正式组织的形成和发展。要尽量维持组织目标与非正式组织目标的平衡，避免对立，并在领导与指导时使非正式组织能够为正式组织的工作服务。同时，非正式组织中的领袖人物至关重要，他们享有很高的威望和影响力，有时甚至超过正式组织的管理者。因此，管理者应对非正式组织中领袖的影响给予高度重视，与他们在各个层面上进行有效沟通，并在理性和合作的基础上解决危机。

管理实例 5-4

不拉马的士兵

一位年轻的炮兵军官上任后，到下属部队视察操练情况，发现有几个部队操练时有一个共同的情况：在操练中，总有一个士兵自始至终站在大炮的炮筒下，纹丝不动。经过询问，得到的答案是：操练条例就是这样规定的。原来，条例遵循的是用马拉大炮时代的规则。当时站在炮筒下的士兵的任务是拉住马的缰绳，防止大炮发射后因后坐力产生的距离偏差，减少再次瞄准的时间。现在的大炮不再需要这一角色了，但条例没有及时调整，于是出现了不拉马的士兵。这位军官的发现使他受到了表彰。

启示：

组织工作的职能包括：根据组织目标设计和建立一套组织机构和职位系统；确定职权关系，从而把组织上下左右联系起来；与管理的其他职能相结合，以保证所设计和建立的组织结构有效运转；根据组织内外部要素的变化，适时地调整组织结构。实例中，这位军官发现了现在大炮已经不再需要拉马的角色，但操练条例并没有及时调整，于是他及时根据组织内部要素的变化，适时地建议调整组织结构。因为他出色地完成了组织工作的职能，所以受到了表彰。从中可以看出，我们要关注身边的小事，及时发现组织的变化，适时地提出建议；而想要更好地完成组织工作职能，就要明确组织目标，划分不同的管理层次，并确定各层次的职权，适应组织结构的变化。

管理实例 5-5

老 农 移 石

在一名老农的农田中，多年以来横亘着一块大石头。这块石头碰断了老农的好几把犁头，还弄坏了他的中耕机。老农对此无可奈何，巨石成了他种田时挥之不去的心病。

一天，在又一把犁头被打坏之后，老农想起巨石带来的无尽麻烦，终于下决心"了结"这块巨石。于是，他找来撬棍伸进巨石底下，却惊讶地发现，石头埋在地里并没有想象得那么深,只要稍使劲就可以把石头撬起来,再用大锤打碎,清出地里。老农脑海里闪过自己多年被巨石困扰的情景,再想到可以更早些把这桩头疼事处理掉,禁不住一脸苦笑。

启示:

我们遇到事情时,不要过早地下结论,不要否定自己,要勇敢尝试。想要完成一件事情,首先要做的是确定目标,然后再为目标做出一系列努力。同样,组织工作也是这样一个过程,是为成功实现组织目标而采取行动的一个连续过程。首先,要确定组织目标,接着对目标进行分解,拟定派生目标;其次,明确为实现目标所必需的各项业务或工作,再把这些工作分配给各个部门;最后,各部门做出努力,完成自己相应的任务,这样就可以实现组织目标了。

管理实例 5-6

两 头 鸟

从前,森林里生活着一只两头鸟,名叫"共命"。这只鸟的两个头"相依为命"。遇事时,两个"头"都会讨论一番,才会采取一致的行动,比如到哪里去找食物,在哪儿筑巢栖息等。

有一天,一个"头"不知为何对另一个"头"产生了很大误会,造成谁也不理谁的仇视局面。

后来,其中一个"头"想尽办法和好,希望还和从前一样快乐地相处,另一个"头"却不理睬,根本没有要和好的意思。

再后来,这两个"头"为了食物开始争执,那个善良的"头"建议多吃健康的食物,以增进体力;但另一个"头"则坚持吃"毒草",以便毒死对方,消除心中的怒气。和谈无法达成,于是两个"头"只有各吃各的。最后,这只两头鸟终因吃了过多的有毒食物而死了。

启示:

这只两头鸟之前遇事都会讨论一番,所以它可以生存,但是后来产生了误会,两个"头"为了食物开始争执,结果因吃了过多的有毒食物而死去。这只鸟就像一个组织,两个头就是组织中的人,如果组织中的人为了同一个目标而努力,组织就能长存;如果组织中的人不能团结,而是各自按照自己的想法去做,不为他人考虑,那么组织的命运将和这只鸟的下场一样——死亡。所以,组织内部的团结非常重要。同时,组织工作具有动态的特点,组织结构也不是一成不变的,而是会随着组织内外部要素的变化而变化。目标的变化会影响到组织结构,为使组织结构能切实起到促进组织目标实现的作用,就必须对组织结构做出适应性的调整。

管理实例 5-7

大学班级中的非正式组织

大学生来自五湖四海,个人爱好、观念、成长心理、感情喜好等方面存在着差异。根据"物以类聚,人以群分"定理,许多人会选择从属于某个和自己爱好相投或兴趣相近的小团体、小圈子,这种小团体、小圈子就是一种非正式组织。

就大学班级中的非正式组织来说,其作用和影响主要体现在两个方面。

(1) 积极作用:第一,为组织成员提供了一定的社会满足感,增强了他们的归属感。第二,有效促进各成员之间的交流和沟通。第三,有利于增强组织凝聚力,培养班级文化,促进班级优秀文化的形成。

(2) 消极作用:第一,易在正式组织——班集体内部拉帮结派,形成利益小团体,分裂班集体,给班级管理带来巨大困难,影响大家正常的工作和学习秩序。第二,在班级中传播谣言,搬弄是非,破坏班集体和同学之间的团结。第三,易于导致盲目的"集体行为"和"集体思维",不利于个人的良好发展。

启示:

非正式组织在管理过程中既有积极作用,又有消极作用。非正式组织是组织成员在彼此交往中以共同利益和需要为原则而自发地形成的一种组织。在大学中,非正式组织主要有社团、老乡会、舍友等。这些非正式组织很容易形成自己的组织文化,因为组织中的成员是因为一些相同的特点或需求才加入的。从一定意义上来说,非正式组织更具有凝聚力,组织文化更易形成。但其也有消极的一面。有些非正式组织的成员是因为一些共同的利益聚集在一起的,这样就容易形成利益小团体。在大学班级这个大的集体中,如果形成这样的利益小团体,就很不利于班级的团结,会使班级四分五裂,也会导致一些同学盲目地推崇自己小团体中的领导人,造成班级管理混乱。因此,要重视非正式组织,科学发挥非正式组织的作用。具体来说,可以依据每个非正式组织的不同的利益需求,让他们做一些有利于自己和班级的事情。比如,对喜欢做手工和美术的同学,可以鼓励他们在班级装饰中发挥作用,使班级更加美丽。

管理实例 5-8

一日厂长

韩国精密机械株式会社实行了一种独特的管理制度,即让职工轮流当厂长管理厂务。一日厂长和真正的厂长一样,拥有处理公务的权力。当一日厂长对工人有批评意见时,要详细记录在工作日记上,并让各部门的员工收阅。各部门、各车间的主管,要依据批评意见随时核正自己的工作。这个工厂实行"一日厂长制"后,大部分担任过"厂长"的职工,对工厂的责任心增强,工厂管理成效显著。开展这一制度的第一年,该厂节约生产成本达300多万美元。

启示:

组织工作中要遵循目标一致性原则。组织不是松散的、自由组合成的群体,是人们为了实现共同的目标而建立的。组织中的所有成员都要为共同目标而努力。"一日厂长"这样的管理制度,首先能够让每个员工都了解到大家的共同目标是什么。因为如果员工平时仅在自己的车间里工作,他们或许会认为自己的目标只是制作好某一个零件,而不是整个机器。但身为厂长,他就要顾全大局,要明白整个工厂的目标是做好整个机器。这样他会替其他车间的员工着想,在做好自己工作的时候不仅思考如何做好这个零件,还会思考如何让这个零件和其他车间做出来的产品进行更好的衔接。这样,不仅促进了各车间之间的交流,同时也提高了整个工厂的效率和效益。

管理实例 5-9

裤子奇遇

阿东就要参加小学毕业典礼了,他想穿得精神点,把这一美好时光留在记忆之中。于是,他高高兴兴地上街买了条裤子,可惜裤子长了两寸。吃晚饭的时候,趁奶奶、妈妈和嫂子都在场,阿东把裤子长两寸的问题说了一下,饭桌上大家都没有反应。饭后大家都去忙自己的事情,这件事情就没有再被提起。

妈妈睡得比较晚,临睡前想起儿子次日要穿的裤子还长了两寸,于是就悄悄地把裤子剪好、叠好,并放回原处。

半夜里,狂风大作,窗户"哐"的一声关上,把嫂子惊醒。她猛然想起小叔子裤子长两寸,自己辈分最小,怎么也得自己去做。于是,她披衣起床,将裤子处理好,才上床入睡。

老奶奶每天一大早醒来给小孙子做早饭,她想起孙子的裤子长两寸,于是趁做早饭的间隙又把裤子剪掉两寸。

最后,阿东只好穿着短四寸的裤子去参加小学毕业典礼了。

启示:

组织内部要有合理的分工协作。只有进行了合理分工,组织中的每个成员才能明确自己的工作任务,从而避免不必要的错误。"裤子奇遇"中,正是因为没有合理的分工,最终才闹出了笑话。如果阿东明确地指出需要由谁来帮他改裤子,大家就能明白自己的任务是什么,才不会闹出笑话。一个人在组织中首先要明白他在组织中需要做什么,才能更好地为组织创造利益。对于领导者或管理者来说,给成员进行明确的分工也有益于界定和追溯责任。

综合技能——训练与提升

技能训练 5-1

选谁当办公室主任

董事长要选择一个办公室主任,以下是 4 位人选:薛宝钗、贾母、王熙凤、林黛玉。

问题:

你觉得选谁当办公室主任最合适?为什么?

答案:

授权是指管理者将职权或职责授给某位部属负担,并责令其负责管理性或事务性工作。授权是一门管理艺术,充分合理的授权能使管理者们不必亲力亲为,从而把更多的时间和精力投入在企业发展上,引领下属更好地运营企业。

授权的原因:任何组织都不可能由一个人独立控制,必须通过权力的分散来实现控制;职权和职责是相辅相成的,没有职权,下级就不能很好地完成任务;只有职权,才能缓解压力,赢得时间,一个管理者如果事必躬亲或者下级事事向他请示,就会陷入烦琐的日常事务无法自拔,更不用说考虑组织的全局问题和战略问题;有效的授权可以增加下级的满意度和成就感,起到良好的激励作用。

授权时需遵守明确具体原则、授要原则、明责授权、动态原则、适度控制原则。

上述案例中,要从薛宝钗、贾母、王熙凤、林黛玉四人中选出一个当办公室主任。办公室主任需要有足够的耐心、超高的交际手段、一定的领导能力、沉着稳定的性格。结合这些条件,最先淘汰的应该是林黛玉,因为她优柔寡断,多愁善感,不适合与他人交际,也没有管理者应有的果断。其次是贾母,贾母是大家族的领导者,她掌控的是整个家族的发展方向,而不是细微的细节,她适合做董事长而不是办公室主任。最后是薛宝钗,她虽然与大家关系都不错,做事也比较稳重,但性情温厚,也不适合。王熙凤是四人中最合适的人选,她聪明果断,沉着稳重,交际手段高超,懂得在上下级之间协调,是一个很好的管理者。

技能训练 5-2

通用电气公司管理制度的变化

20 世纪 50 年代初,美国通用电气公司年销售额已超过 20 亿美元。公司规模大了,权力完全集中于美国纽约总部,已经不能适应公司的发展,需要改良组织结构。于是,公司总裁卡迪纳先生决定实施分权制度。该分权制度由斯密迪一手策划,斯密迪行伍出身,非常强调纪律的作用。他认为,实施新的制度时,肯定有阻力,所以,必须由他说了算,基层人员要绝对服从,不能有异议。

斯密迪的制度有以下几点。

第一,一个经理自己所能管理的企业规模是有限的。

他认为,一个经理自己所能胜任的经营规模,最大不能超过 5000 万美元一年,再大就管不了了。按照他的观点,通用电气公司被拆成了 150 个部门,各部门的经营规模每年不超过 5000 万美元,各部门相对独立,各有各的经营业务,由各部门的经理负责管理,每个部门的经营直接对总裁负责。这样,通用电气公司就等于分成了 150 个"小公司"。这又导致一个很不好的格局:当某部门的经营业务超过 5000 万美元时,按照斯密迪的观点,必须分成两个相互独立的业务部门。

第二,评价部门经营的好坏要有具体的量化指标。

斯密迪在测评一个部门经营好坏时,设计了 8 项指标,其中,两个较为典型:一个是利润;一个是部门长期利益和短期利益的平衡。可实际工作中,利润是很容易测定的,是多少就是多少。而长期利益的平衡怎么测定呢?当时无法测定,实际上也是很难测定的。

第三,管理是一种职业,真正懂得管理的人,什么都能管理好。

他认为,能管理好一个钢铁厂的人,也能管理好一个大的菜市场。因此,他特别注重对管理人员流动能力的训练。一个管理人员应有多方面的技能,能做许多方面的工作,要能胜任市场工作、工程工作、制造工作等。这样,通用电气公司的一个部门经理,这 3 年可能在做洗衣机生意,另外 3 年可能又去做核能的生意。在斯密迪的指示下,这些经理们流来流去,形成了极强的流动能力。

后来,斯密迪制度在公司的系统经营方面遇到了困难。1966 年,通用电气通过竞争,获得了新加坡一家发电厂的承建权。该业务要求,电厂的设计、基建、设备和安装等所有业务全由承建方一家公司承包下来,进行系统经营。由于通用电气公司已经分成 150 多个相互独立的业务部门,其中任何一个部门都不可能承包发电厂的所有业务。要参与这种国际竞争,公司必须成立一个协调部门——通用电厂公司,来组织各业务部门共同承接下这种系统业务。但是,由于各业务部门已经有了自己的责、权、利,互相独立,其工作开展难度可想而知。当通用电厂公司到各部门去购买各种设备时,各部门为了最大限度地提高本部门的利润,就尽量提高设备的售价。最后,通用电厂公司发现,各部门提供设备的价格,竟然比外部公司的价格还高。

1970 年,博希当上了通用电气公司的总裁,对这种情况进行了改进,采取有关措施对分权制度进行了完善。

问题:

1. 斯密迪的改革措施,其目的是要在通用电气公司建立(   )结构。
   A. 事业部式   B. 矩阵式
   C. 直线—职能式   D. 混合式

2. 斯密迪把管理看成一种职业,对于这种观点你的看法是(   )。
   A. 更适合高层管理者
   B. 更适合一般管理者
   C. 这种看法本身就是错误的,管理者必须精通本领域的具体业务
   D. 是否正确取决于组织业务的复杂程度

3. 从斯密迪改革的措施中可以看出,他在一定程度上违背了(   )。
   A. 管理的系统原理   B. 管理的权变原理
   C. 管理的责任原理   D. A 和 B

4. 在实行分权后可能会出现(   )。
   A. 销售额有可能不断增加
   B. 部门经理的积极性受到压制
   C. 由于内耗,导致各小公司总是亏损
   D. 总公司总裁失去权威性

5. 以上案例说明(   )。
   A. 通用电气公司在分权制度方面做得不够理想,其实,分权是一种很有效的管理方式,关键是其他方面也要配套进行
   B. 企业管理中有分权制度是正确的,关键在于公司的总裁要用人得当
   C. 分权制度不符合管理的一般原理,不利于调动中层管理人员的积极性
   D. 本案例所体现的并不是真正的分权

答案:

1. C 解析:因为文中第四段提到将通用电气公司拆为150个部门,所以是总公司分为多个部门,然后再由总经理进行管理。

2. C 解析:文中提到,斯密迪把管理当作一种职业,这种观点是错误的。如果把管理变成了职业,人们可以在完全没有接触下级业务的时候就从事管理工作,这样是做不好管理工作的。管理者只有自己熟悉了手下人的所有业务,从底层不断晋升,积累实践经验,才能更好地指导他人,管理他人。

3. A 解析:系统原理是管理原理中最基础性的原理,是指在管理过程中应从组织全局的角度,正确处理组织与各要素之间、各要素相互之间的关系,以实现组织利益最大化。斯密迪把公司分为各个独立的小公司,而且当部门的经营业务超过5000万美元时,就必须被分为两个相互独立的部门,这种做法忽略了各个部分相联系的作用。

4. B 解析:因为如果经营得好,就必须被分为两个业务部门,这会扰乱之前的管理流程,还要重新制定管理方法等,将大大挫伤部门经理的积极性。

5. A 解析:分权确实是一种很有效的管理方式,但其他方面也要配套进行,不能在分权的同时挫伤员工的积极性。

技能训练 5-3

巨 人 集 团

巨人集团曾经是我国民营企业的佼佼者,一度在市场上叱咤风云,该企业以闪电般的速度崛起后,又以流星般的速度迅速在市场上沉落了。

1993年以前,巨人集团的经营状况非常乐观。但是,1993年国家有关进口计算机的禁令一解除,国外众多超重量级选手蜂拥进入我国市场,一些头脑理智的企业纷纷压缩规模、调整结构,可巨人集团的管理当局急于寻求新的产业支柱,轻易迈出了经营房地产和保健饮品的多元化经营的脚步。但是,当时巨人集团的资金不足,又没有得到银行等金融机构的资金支持,没有实力在两个全新的产业中同时展开大规模投入。

到了1994年,巨人集团管理当局已经意识到集团内部存在的种种隐患:创业激情基本消失了;出现了大锅饭现象;管理水平低下;产品和产业单一;开发市场能力停滞。但管理当局还是回避了企业内部产权改造及经营机制重塑的关键问题,想通过再一次掀起的发展和扩张热潮,将企业重新带回过去辉煌的时期,因而在保健饮品方面大规模投入。这样的投入带来了短暂的效益,可企业的问题很快暴露无遗:企业整体协调乏力;人员管理失控;产品供应链和销售链脱节等。针对此问题,企业管理当局进行了整顿,但是未能从根本上扭转局面,最终全线崩溃。

总结巨人集团失败的经验教训,其计划过程失控也是主要原因,主要表现在:计划动因不明确;计划非理性,试图超越规范;计划制订得较为粗放;计划执行过程中缺乏必要的反馈与检讨;计划柔性不足,在市场状况即企业经营状况发生变化时缺乏对策;企业原有经营管理模式及经营管理层的经营理念与计划不匹配;人才的压力也是导致计划失控的原因之一等。

问题：
从巨人集团的失败中可以得到哪些启示？

启示：
现金流是一个企业的血液，企业要有充足的现金流。巨人集团因为资金不足，没有得到银行等金融机构的资金支持，同时面临几大产业的大量资金投入，在现金上面临极大困境。企业要避免盲目扩张，应根据自身实力来决定是否扩张，是选择专业化还是多元化。做企业要稳扎稳打，多元化的进程不宜过快。向陌生行业进军前，要先了解行业运作规则，先对市场进行充分调查和分析。

不管是个人还是企业，都要有危机意识。个人要有危机意识，这样才能努力学习新知识、新技能，才能适应不断进步的社会，才能不断超越自我。企业有了危机意识，才会谨慎决策，不断发展。巨人集团沉迷于往昔的辉煌，对所面临的市场环境没有足够的了解，面对外来商品入侵缺乏了解和准确的应对方法，最终一败涂地。而且，巨人集团的一系列不当做法更是加速了自己的灭亡。

巨人集团管理当局尽管已经意识到了集团内部存在的种种隐患，如创业激情基本消失、管理水平低下、产品和产业单一、市场开发能力停滞等问题，但管理层还是极力回避企业内部产权改造及经营机制重塑的关键问题，想要通过再一次掀起发展和扩张热潮将企业重新带回过去的辉煌。这样的投入虽然带来了短暂的效益，可很快企业暴露出了更多的问题，无法从根本上扭转局面，最终导致集团全线崩溃。所以，在管理决策时要从全局出发，要对趋势有更好的把控，因为趋势往往会被现象所掩盖，要通过现象抓本质，找到关键。

技能训练 5-4

来自总经理部的信

联合制造公司总经理奥斯特曼对随时把本公司经济上的问题告诉雇员们的重要性非常了解。她知道，由于市场价格不断跌落，公司正在进入一个困难的竞争时期。同时她也清楚，为了保住市场份额，必须降低本公司产品售价。

奥斯特曼每月向所有雇员发出一封定名为"来自总经理部"的信，她认为这是传递信息的一种好方式。然而，一旦出现了重要情况，她会专门把各部门负责人召集到那个简朴的橡木镶板的会议室里。在她看来，这样做会使这些负责人确实感到他们是管理部门的成员并参与了重大决策的制定。根据会议召开的规定，所有与会人员都要在预定时间之前就座，当奥斯特曼夫人进来时要起立致意，直至得到允许后再坐下。而这次会议上，奥斯特曼进来后只简单地点了点头，便示意他们坐下。

"我叫你们都来，是想向你们说明我们所面临的可怕的经济形势。我们面对的是一群正在咬我们脚后跟的恶狼一样的对手。他们正在迫使我们以非常低的价格出售我们的产品，并且要我们按根本不可能实现的日期交货。如果我们这个大公司——自由企业的一个堡垒——还打算继续存在下去，我们所有人都要全力投入工作，齐心协力地干。下面我具体谈谈我的意见。"

在她发表完意见以后，奥斯特曼用严厉的目光向在座的人扫视了一下，似乎在看是否有人敢讲什么。没有一个人说话，因为他们都知道，发表任何意见都会被奥斯特曼夫人看成持有不同意见。

"首先，我们这里需要想象学。我们需要积极思想的人，而且所有人都应当通力合作。我们必须要使生产最优化，在考虑降低成本时，不能对任何一个方面有所疏忽。为了实现降低成本的应急计划，我在公司外聘请了一个最高级的生产经理。

我们要做的第二件事是最大限度地提高产品质量。在我们这个企业里，质量就是一切。每部机器都必须由本部门的监督员按计划进行定期检验。只有经过监督员盖章批准后，机器才能开始运转，投入生产。在质量问题上，再小的事情也不能忽视。

第三件事是增强我们的推销员的力量。顾客是我们这个企业的生命线，尽管他们有时不对，但我们还是要态度和气地、灵活地对待他们。我们的推销员必须学会做生意，使每一次推销都有成效。公司对推销员的酬报办法是非常公正的，即使如此，我们还打算通过提高滞销货的佣金率来增加他们的奖金数额。我们想使这个意见在董事会上得到通过。但是，我们必须保住成本，这是不能改变的。

最后，我要谈谈相互配合的问题。这对我们来说比其他任何问题都更加重要。要做到这一点，非齐心不可。领导就是配合，配合就是为同一目标共同努力。你们是管理部门的代表，是领导人，我们的目标你们是知道的。现在让我们一起努力工作，并迅速地把我们的这项复杂的事情搞好吧！要记住，我们是一个愉快的大家庭。"

奥斯特曼结束了她的讲话，参加会议的人都站了起来，静立在各自的椅子旁边。奥斯特曼收起文件，离开会议室，朝她的办公室走去。

问题：
1. 上述案例中，构成沟通障碍的除了语言因素外还有什么因素？
2. 如果这次会议由你安排，你打算怎样保证双向沟通？

答案：
1. 上述案例中，构成沟通障碍的除了语言因素外，还有性格因素和人际因素。

在性格因素方面，总经理奥斯特曼对自己过分自信，认为自己的决策都是正确的，所以不容别人置喙。如此一来，员工们自然不敢提出自己的意见，也达不到沟通的目的。

在人际因素方面，奥斯特曼采用的沟通方式是简单的单向下行沟通。她认为，书面沟通是最好的方式，可以让员工清楚地了解公司存在的问题，可是她忽略了几个问题：大家是否都仔细阅读了她写的信？阅读了这封信以后有没有认真思考过？大家有没有其他的想法……奥斯特曼只是一厢情愿地认为大家接受了而已。另外，在会议上，各部门负责人并没有说话的机会，一直是她自己在说，甚至是直接下达命令。这样的沟通很难起到作用。

2. 如果我是奥斯特曼，我会采取以下做法来确保双向沟通。首先，我不会要求必须要向领导致敬，而是让他们轻松自由地进行会议准备。其次，在会议之前，我已经给员工们发了邮件，所以在会议进行时，我会先说一下公司面临的问题，让员工有一个更加清晰的认识。然后我不会直接给出自己的意见，而是先让员工发表自己的意见，态度要亲和，不能太严厉。在员工发表意见时，我会结合自己准备的内容，认真思考哪些问题是自己事先没有考虑到的,或者哪些地方是不合适的。在员工各自发表完意见后,我再发表自己的意见。如果可以,最好是在确认大家都没有不同意见之后再下达任务。最后,会议结束后,还应该向大家说明,如果会后有什么想法,还可以直接到我的办公室来提出,鼓励大家表达意见。确保该会议的举行是有意义的。在这个双向沟通过程中,可以选择正式沟通形式,如设置意见箱或者建议制度,有助于保密工作的进行,保持信息沟通的权威信,但是这样的沟通速度很慢,对于公司现状来说可能没有时效性。基于此,我建议选择非正式沟通形式,在私下和员工进行交流,但是在这个过程中态度不能强硬,要让员工认为是朋友间的闲谈,而非员工与领导之间的工作交流。这种沟通方式比正式沟通更灵活迅速,还可以听到员工真实的想法、态度和动机,对管理决策往往会起到至关重要的作用。

奥斯特曼的做法说明她已经习惯了专权,别人只能听她的。时间一长,员工们对她就只有恐惧和服从,从而会让大家对这位总经理产生不满情绪。这样一来,不仅无法有效解决公司面临的问题,还会导致情况恶化。作为领导者,多多进行双向沟通,不仅可以缓解上下级的紧张关系,还可以激发员工的积极性。事实上,不管公司所面临的问题有多么困难,只要全公司上下一心,就一定能解决好问题。

技能训练 5-5

张瑞敏的烧鹅困境

又一次站上沃顿商学院全球论坛,又一次以中国管理学大师的名义,谁也未曾料到,包括 65 岁的张瑞敏本人也未曾料到,这篇题为"互联网时代商业模式创新探索"的演讲,会引发一派喧嚣。只因为 2014 年 6 月 17 日这天,他提到了"烤熟的鹅"。

一般情况下,老成持重的张瑞敏并不愿意公开表达自己的观点。不同于同辈柳传志,或者后生马云,作为三十年前从国营青岛电冰箱厂走出的首席执行官,张瑞敏严格控制着自己的言论边界。毕竟,他已是连续三届的中国共产党中央候补委员,作为一家非国家战略性行业企业的领导人,这无疑是最高的政治荣誉了。

当然,如果讲授管理学,张瑞敏便会滔滔如不绝江水,似乎他也自得于斯。在搜索有关张瑞敏的词条的"主要成就"一栏中,除了言及他创建全球白色家电的第一品牌,还提及他是首位登上哈佛讲坛的中国企业家,并着重强调其创造了 OEC 管理模式、市场链管理以及人单合一的双赢模式。

在沃顿,张瑞敏不改本色、一如既往,不仅贡献了"没有成功的企业,只有时代的企业"这样的金句,也有对西方舶来品的 360°考评法水土不服的反思,更不乏援引"倾否,先否后喜"的《易经》原文进行的哲学性点睛。从亚当·斯密、泰勒到马克思·韦伯、法约尔,从大名鼎鼎的德鲁克到一般人不甚了解的美国企业史学家钱德勒,他侃侃而谈。

然而,就在言及组织体系的扁平化革新,强调了"外去中间商,内去隔热墙"观点后,张瑞敏平地起风雷,称"企业里面的中间层就是一群烤熟的鹅,他们没有什么神经,他们不会把市场的情况反映进来"。进而,张瑞敏宣布,海尔方面 2013 年拥有员工 8.6 万人,一年内已裁撤 1.6 万人,而 2014 年准备再削减 1 万人。

必须为张瑞敏证明,这个关于烧鹅的比喻并非其信手拈来或口误,而是查尔斯·汉迪——被认为仅次于彼得·德鲁克、在欧洲最像管理哲学家的人的出典,这个 82 岁的爱尔兰神父后裔,素以"组织与个人关系"和"未来工作形态"的研究享有盛名。也就是说,张瑞敏不过是为印证自己欲将海尔分拆成 2000 余个微型组织体的前瞻性和合理性,掉了一次书袋。

很显然,除了鹅肝,西方人绝不会像广东人那般,将桂皮烧鹅、深井烧鹅、彭公烧鹅当作珍肴,还能分出街市、食肆两种销售渠道下的不同生产方式和计价类别;他们认为,远较鸡、鸭、斑鸠纤体韧实的鹅肉,实在是缺乏灵魂刺激不了灵感的俗物。

然而问题来了,管理学大师两年内裁减 2.6 万员工——这几乎占到海尔员工总数的 30.3%,都是公司中间层?对于一家大型家电制造企业,真的会拥有如此庞大的中间层?如果这个中间层确实存在,他们又是如何形成的?更重要的是,为何在这个时间节点采取如此激越的动作,仅仅是因为张瑞敏感到了来自互联网的冲击和威胁吗?

裁员之于家电制造企业,早已不是新闻。从 2009 年开始的 3 年内,索尼鉴于在全球电视市场上的份额持续下挫和连续赤字,便削减过 2.6 万员工。而同病相怜的松下,至 2013 年共砍去了 4.6 万员工,2014 年 7 月前,松下更将内部信息系统开发部门斩至 2/3 规模。日系企业关厂裁人的理由如出一辙:节减开支。

中国的同行也在以同样的行动相呼应,理由却稍有不同:应对新《劳动法》后急剧攀升的人工成本,为即将消失的人口红利提前铺陈;同时,也希望在快速崛起的国产工业机器人产业的背景板下,分享最大的技术红利。

事实上,就在张瑞敏发言的当日,中国机器人产业联盟发布了市场统计数据,称 2013 年中国已成为全球第一大工业机器人市场,同时,基于国产工业机器人价格年均 4% 的降价幅度和原本既有的低价优势,2013 年国产工业机器人售出 9500 台,同比大涨 65.6%。特别需要指出的是,此前国家主席习近平在中科院和中国工程院的院士大会上,也专门提出"机器人革命有望成为第三次工业革命的一个切入口和重要增长点,将影响全球制造业格局"。

美的集团董事长方洪波曾明确表示,将机器人应用于生产线的直接原因是工人工资至 2015 年将提升 15%~20%,而格力掌门董明珠更直白:以机器人上岗为契机,该公司员工未来将控制在 6 万人以下,而之前近 10 万人。

在被取消家电下乡政策和不断上升的人工成本影响下,白电三巨头中两家早已向富士康的郭台铭学习了,格力所在的珠海更有意由此成为机器人制造重镇。对互联网都如此敏感的张瑞敏会如此不解风情吗?更接近于真相的裁员解释是:那已然消失或即将蒸发的海尔员工中,并非是没有市场感觉的中间层,他们更多是败给了只消三五年即可收回投资的钢铁之躯。其实,海尔的变相裁员工作早已开始。由于相当部分海尔人已在企业工作十年以上,受到法律条款中"无期限合同"的保护,海尔将员工由海尔本部的"在册身份"转为劳务派遣公司的"别册身份",由此引发了部分员工"爱则加诸膝,恶则坠诸渊"的情绪反弹——在海尔文化熏陶下,基层员工也像他们的大佬一般喜欢引经据典。要知道同样被炒鱿鱼,美的员工说出的却是"离开美的,原来生活可以更美的"这样仍为原东家广告的小清新词。

需要注意的是,尽管早在 2004 年海尔已跨越千亿元营业收入大关,而格力和美的还要花几年才能赶上这一目标,但是由于海尔的长项冰洗业务增长日渐乏力,而后两家专攻的空调业务却有着更大的上升空间,海尔的压力不断加大。至2014年第一财季,其主力上市公司青岛海尔营业收入同比增长8.97%至223.9亿元,净利同比增长20.28%至8.67亿元,相较于同期格力同比增长11.62%至246.6亿元的营业收入和同比增长68.8%至22.54亿元的净利,以及美的同比增长21.5%至383.5亿元的营业收入和同比增长148.5%至25.39亿元的净利,海尔与格力、美的的差距一目了然。要提升净利率,裁员不失为海尔的一个立竿见影的财务技巧。

问题:
1. 张瑞敏的烧鹅困境体现了什么样的管理内涵?
2. 写一篇小论文,谈谈你对当前管理创新的体会。

答案:

1. 张瑞敏从现今社会的发展趋势以及其他同类企业的发展运行状况中了解到:互联网时代下,需要改变商业模式。他认为,海尔公司目前的中间层就像烧鹅,没有什么神经,于是,他宣布海尔将裁掉1万名员工。张瑞敏身为企业的管理者,他明白管理的任务是要设计和维持一种系统,使在这一系统中共同工作的人们能用尽可能少的支出(包括人力、物力、财力、时间以及信息),去实现他们预定的目标。美的和格力使用机器人代替人力,大大节省了公司的支出,敏感的张瑞敏当然也发现了这一好处,这更加坚定了他裁员的想法。身为管理者的张瑞敏需要对公司进行组织,而海尔公司之所以裁掉中间层,是为了调整组织结构。海尔公司近年来一直在推进转型,而裁员是因为组织结构变革造成岗位价值转变。在"互联网+"的时代,海尔不再需要过多没有神经的中间层,其需要的是技术型的研究人才。从中可以看出,管理不是一成不变的,管理需要结合现实社会发展情况及自身需求来进行决策、计划、组织、创新等。同时,身为管理者,很重要的一项职能就是创新。管理者要顺应时代潮流,结合自身优势,不断创新出使企业收益最大化的管理模式。

2. 管理创新是指在特定的时空条件下,通过计划、组织、指挥、协调、控制、反馈等手段,对系统所拥有的生物、非生物、资本、信息、能量等资源要素进行再优化配置,并实现人们新诉求的生物流、非生物流、资本流、信息流、能量流目标的活动。

现如今是"互联网+"时代,企业管理不能再遵循以前的传统模式,而要顺应时代潮流,改变管理模式。身为企业的管理者,若要管理创新,首先就要深入了解企业存在的问题。比如转型企业,要明确转型的方向。管理者要根据企业自身特点,结合时代发展潮流,不断调整企业结构,使企业收益达到最大化。在"互联网+"时代,很多电器公司都已经向互联网转型。这就意味着其企业内的组织结构也在发生变化,需要更多的技术研究型人才。近几年来,人工智能技术迅速发展,机器人代替人力,被广泛地应用在工厂生产线上。对于很多企业来说,将会面临大规模的组织结构整改问题,一大部分生产型人员面临失业。在当今科学技术和经营环境急剧变化的复杂环境中,企业管理者必须把握管理创新的趋势和要求,不断进行管理创新,把创新渗透于管理的整个过程中。同时,还要注重企业创新文化的培养,使企业在市场竞争中立于不败之地。在信息化、市场化、一体化日益深化的背景下,企业要取得持续发展,必须在理念、技术、组织和制度上不断创新,运用新的理论指导企业管理,在变化中求生存,在创新中求发展。

优秀的管理者要时刻具备创新意识,尤其是在这个急剧变化的时代。只有不断创新,才能使企业持续发展。同时,身为管理者,要有敏锐的洞察能力,要能够及时感应外界趋势,从而更好、更快地促进企业创新。管理创新是一个管理者应该具备的能力,也是一个企业能够持续发展的动力。

技能训练 5-6

乐百氏组织结构的调整

在乐百氏的历史上,经历了三种业态的架构模式:从1989年创业到2001年8月,乐百氏一直采取直线职能制,按产、供、销分成几大部门,再由全国各分公司负责销售;从2001年8月到2002年3月,实施了产品事业部制,这在乐百氏历史上虽然实施的时间很短,但为现在实施区域事业部制奠定了基础,实现了组织结构变革中的平稳过渡。架构调整无疑是一个公司的重大战略转变,也必然是由外界甚至内部的各种环境变化促成的。值得关注的是,乐百氏在不到8个月的时间里,就进行了两次架构调整,原因何在?

1. 直线职能制

乐百氏创立于1989年,在广东中山市小榄镇,何伯权等五个年轻人租用"乐百氏"商标开始创业。据乐百氏一位高层人员介绍,创业伊始,何伯权等与公司的每个员工都保持一种很深的交情,甚至同住同吃同玩。大家都觉得,乐百氏就是一个大家庭,"有福同享,有难同当",公司的凝聚力很强。在这一阶段,公司采用直线职能制这种架构模式,使其得到快速稳定的发展。

从1989年至2000年,五位创始人不但使乐百氏从一个投资不足百万元的乡镇小企业发展成中国饮料工业龙头企业,而且把一个名不见经传的地方小品牌培育成中国驰名商标。然而,随着乐百氏的壮大,何伯权不可能再与公司的每一个员工同吃同住,原来的领导方式发生了变化,起不到原有的作用。何伯权有些迷茫了。特别自2000年3月与法国最大的食品饮料集团达能签订合作协议,并由达能控股后,直线职能制的弊端更多地暴露出来。

为了完成销售任务,分公司员工把精力放在水乳酸奶这些好卖的产品上,其他如茶饮料那些不太成熟的产品就没人下功夫,这对新产品发展非常不利。更糟糕的是,由于生产部门只对质量和成本负责,销售部门只对销售额和费用负责,各部门都不承担利润责任,其结果就变成了整个集团只有何伯权一个人对利润负责。

乐百氏的销售额受此影响直线下降,有着50年国际运作经验的达能肯定不愿看到这种局面,因此,寻求变化势在必行,其中组织架构的改革就是为适应新形势的举措之一。

2. 产品事业部

2001年8月,在乐百氏历史上最为关键的一次组织结构变革期间,乐百氏为75%员工换了座位,原五人创业组合中的四大元老同时发生重要的位置变化,都退出原先主管的实力部门,何伯权是唯一没有变化的,仍然任总裁。改革后,乐百氏的事业部制架构变为:

在总裁之下设5个事业部、8个职能部门和一个销售总部。其目的是利润中心细分,瓶装水、牛奶、乳酸奶、桶装水和茶饮料共5个事业部,每一个事业部都成为一个利润中心。同时,公司减少了中间层,集团的权力结构由从前的5人会议,变为一个总裁和14个总经理,成为一个比较扁平化的组织架构。这是公司首次将战略管理和日常营运分开,形成多利润中心的运作模式。

而促成这次改革的重要力量是达能这个欧洲第三大食品集团,它自1987年进入中国成立广州达能酸奶公司后,就开展了一系列"收购行动",并且每次都神鬼莫测,"收购刀法极其温柔"。尤其是在水市场上达能对行业内处于领袖企业地位的浙江娃哈哈、深圳益力、广州乐百氏、上海梅林正广和的控股或参股分别达到41%、54.2%、50%的股份,这足以让人相信:达能已经完成了它在中国水市场的布局,已经成了当之无愧的老大。但这个老大只是表面现象,许多问题都摆在达能管理者的面前——收购的这些企业能够盈利的很少,它需要整合资源,减少运行成本。乐百氏连年亏损的状况,迫使何伯权痛下决心,实施组织结构改革。

然而,新的架构还没有实施几天,就在2001年11月底,乐百氏爆出大新闻:何伯权、杨杰强、王广、李宝磊、彭艳芬五位乐百氏创始人向董事会辞去现有职务,并决定由达能中国区总裁秦鹏出任乐百氏总裁。何伯权称,五位元老集体辞职的原因是他们与董事会的战略思路发生重大分歧,无法达成一致,并且,没有完成董事会下达的销售任务。还没有来得及检验自己的改革成果,何伯权就匆匆退出了乐百氏的历史舞台。

3. 区域事业部

又一场架构改革在秦鹏的控制下悄悄地酝酿。2002年3月11日,区域事业部正式出台,乐百氏按地域分为五大块:西南、中南、华东、北方和华北。这次架构改革距上次架构改革仅仅7个多月的时间,据业内人士分析,速度之所以这样快,其中一个重要原因还是达能的全国战略思路在操纵着这次变革。

随着达能旗下产品的不断增多,它也在寻求一种更能整合现有生产和销售资源的最佳方法,来改变许多品牌因亏本而成为达能的负担的局面。据相关消息称,达能为了加强对自己绝对控股的乐百氏的支持,要求乐百氏扮演更加重要的角色,甚至欲将其他如深圳益力、上海梅林正广和、广州怡宝等在外地的工厂和销售渠道交由乐百氏托管。并且,除了上述一些已收购的品牌,达能的收购行动远未停止。达能将持有豪门啤酒和武汉东西湖啤酒分别62.2%和54.2%的股份转让给华润;华润则以桃报李,心甘情愿让达能收购其旗下的怡宝公司。然而,正如达能一位高层人士所说,这只是达能欲将中国水市场进一步控制在自己手中的一个很小的行动计划。

据一些媒体报道,达能已将触角伸到了许多地方品牌。乐百氏也因拥有良好、稳定的经销商网络,被达能委以重任,它在中国市场上的战略地位将越来越重要。随着乐百氏托管的产品增多,每个市场的产品更加复杂、各种产品的销售情况各不相同。原来的产品事业部制可能对客户的变化需求反应不再迅速,很快不再适合新的发展,于是区域事业部制,这种以工厂为中心、更扁平的组织结构应运而生。

区域事业部制更有助于了解消费者的需求,能更灵活地进行品牌定位。而且,区域事业部将更有利于培养事业部的全局观念。负责人注重利润的追求,使决策和运营更加贴近市场,对市场形势和客户需求做出快速预测和反应,加强了区域的市场主动权和竞争力,对资源的调控更为快捷和趋于合理。同时,让总部从日常业务中脱离出来,多进行一些宏观性的战略决策。换句话说,原来的乐百氏只有何伯权一人是企业家,现在的乐百氏可以造就五个甚至更多有全局观念的企业家。有业内人士开玩笑说,善于资本运作的达能将乐百氏一分为五之后,它可以把其中的任何一个事业部单独转让,不仅灵活,而且分开卖比整体卖更赚钱。但达能一位高层人士否认了这种说法,他认为,"水"是达能的三大主业(其余两项是乳制品和饼干)之一,达能只有加强水市场的投资力度和资源整合,没有理由把自己的主业都卖掉。

当然,这次改革还有一个不容忽视的原因,那就是随着领导的更替,特别是前者是有极强影响力的何伯权,他与其他四位创业者亲密无间的合作一直被业内和传媒传为美谈,何伯权的名字一直与乐百氏紧密相连。何伯权等五位创业元老在乐百氏的关系错综复杂,根深蒂固,而他们这些高层领导的出局,肯定会给乐百氏内部蒙上一层阴影,带来一些消极影响。新的领导上任后,不得不采取一些有效的措施,来改变这种被动局面。组织架构的重新调整,必然会导致各种人事关系、职位的变动。所谓"一朝天子一朝臣",新的领导把老的人才重新分配,把涣散的人心收拢,尽快摆脱"何伯权时代"的阴影,提出新的发展方向,会更有利于增强公司的凝聚力。

事实证明,乐百氏人并未受这次"乐百氏地震"的高层领导更替事件的影响,没有外界想象中的动荡和冲突,顺利进入了"秦鹏时代"。3月16日西南事业部会议开完后的当天晚上,几位核心人士聚到一起,他们为这种给予了他们更多自主权的架构模式感到兴奋,无不摩拳擦掌,对当年能取得更好的业绩充满信心。

问题:
1. 乐百氏的早期组织结构为什么是有效的,后来为什么不适应了?
2. 结合本案例,谈谈乐百氏组织结构变化的历程。
3. 组织结构与人的心理、行为有关系吗?为什么?写一篇小论文对此进行阐述。
4. 结合本案例,讨论各种组织结构的适用性及特点?是否存在一种完美无缺的组织结构?
5. 你从乐百氏组织机构改革的实践中得到了什么启示?

答案:
1. 乐百氏创业伊始,规模不大,人员少,产品比较单一。何伯权等人与公司每个员工的关系都很好,让大家觉得乐百氏就是一个大家庭,公司凝聚力很强。因此,乐百氏早期采取的组织结构是直线职能制,这在当时来说是很有效的。这一组织机构使乐百氏在创业初期得以快速、稳定的发展。

随着乐百氏的不断壮大,公司规模扩大,人员不断增多,产品种类增多,加上乐百氏与法国达能集团签订协议,由达能集团控股,于是,达能集团开始干预乐百氏的管理,所以直线职能制不再适应公司的发展。

2. 乐百氏组织结构的变化历程:从最开始的直线职能制到产品事业部制,再到之后的区域事业部制。

3. 组织结构与人的心理、行为有直接关系。组织结构确定了人与人之间的关系,而这种关系的确定直接决定了人们在工作中处理他人关系时的心理与方式。组织结构也决定了人在组织系统中的位置和定位,而这种位置和定位直接决定了人们对自我的定位,包括责任的定位、利益的定位以及工作权限和方法的定位。

4. 直线职能制的适用性:适用于企业发展初期,规模较小,人员较少时,产品比较单一,集中在一个地区的组织。乐百氏创业伊始正好符合这些条件。

直线职能制的特点:能够直接监督和管理员工,加强与员工的沟通,提高凝聚力,提升员工的积极性,使企业创业初期能够得到快速发展。

事业部制的适用性:适用于公司规模较大,人员较多,产品比较丰富,不集中在一个地区的组织。乐百氏发展到后面采用的就是事业部制。

事业部制的特点:①"集中决策,分散经营",即在集权领导下实行分权管理;②有很高的灵活性和适应性;③优化了组织结构,划小核算单位。

5. 启示:①要结合企业具体情况采取适当的组织结构,乐百氏创业初期采取的直线职能制就比较适合当时的实际情况,所以乐百氏在创业初期得到了快速发展;②当原有的组织结构不再适应企业发展时,要及时发现问题,并积极果断地对组织结构进行变革;③企业运行到现在,组织创新的重要性更加显现,而组织创新正是制度创新的重要方面,这可以为企业增加灵活性,降低管理层次和管理成本。

课后作业——研讨与思考

课后作业 5-1

"挑战者"号事件

"挑战者"号航天飞机的失事在全世界引起了不小的轰动,美国政府对此事件委派了专门的调查团进行调查。"挑战者"号事件的直接原因是右侧火箭发动机上的两个零件连接处出现了问题,它直接导致了喷气燃料的热气泄漏。调查表明,导致该事件发生的技术原因是必然存在的。虽然承建商在说明书中指出有关禁止条件,但是,萨科尔公司和宇航局的工程师并没有对问题提出任何质疑,甚至忽视了这个细节。直到发射后,问题才暴露出来,而所有人员此时只能祈祷航天飞机能够安全飞行,或者认为不能因为飞行而中止项目的进行。

表面上看,"挑战者"号的失事是从技术层面向人们提出的警告,产品必须经过合格验收才能营运。然而,若从根源上讲,"挑战者"号失事的真正原因是在决策上。不论是发射前的准备,还是发射的过程,甚至发射后对问题的分析,人们的决策都存在严重问题。

在早期的飞行实验中,一些工程师开始注意到腐蚀的影响。但是他们并没有从宇航局和萨科尔公司那里得到任何支持,甚至在解决密封圈腐蚀问题的会议上,宇航局高级官员科尔斯特将它定为一次毫无意义的会议。正是由于领导的有限见识和经历,导致他们在决策中犯下错误。决策中的认知偏见是问题表现之一。

20世纪80年代早期,人们对宇航局的做法是否有道理存在很多争议。宇航局当局在为制造宇航飞机选择制造商时过于草率。在后来出台的《空间站宇航员安全选择研究》中我们看到了问题的来源:企图消除和控制威胁而不是采取挽救措施,且这一趋势逐渐发展。如此决策是领导者的严重失误。

这次决策存在的另外一个问题是:决策的不确定性。人们总是倾向在获取好处时避免冒风险,在回避损失时则比较敢于冒险。在"挑战者"号发射的前6个月里,萨科尔公司和宇航局曾对航天飞机的重新改造工作做了一次预算,然而其飞行实验仍在继续进行。面对风险指数的增加,每个人却还在冒险进行着。工程师们提出的相关建议也没有明确的指向。对于这些消极因素的出现,他们采取了忽视的态度,从而进一步将问题扩大化。

而曾经的成功先例与经验主义的错误引导,又使人们产生了骄傲情绪,这带来了更大的潜在危险。在做出发射"挑战者"号决策时,宇航局安全办工作人员甚至没有一个人参加,所以,做出失败的决策也在所难免。

从以上分析可以看出,决策的失误导致了悲剧的酿成。任何一项决策都不是轻而易举的,一项工程的好坏、一个项目的顺利完成都离不开正确的决策。虽然影响决策的因素有很多:群体规模、成员对群体的依赖、信息的沟通以及领导的要求和压力,甚至社会从众心理、权威主宰等;但是,要进行理性的、有效的群体决策也并非不可能。

问题:

上述案例对你有什么启示?

课后作业 5-2

美的事业部制组织结构

美的按照产品逐步建立了事业部体系。各个事业部在集团统一领导下,拥有自己的产品和独立的市场,拥有很大的经营自主权,实行独立经营、独立核算。它们既是受公司控制的利润中心,又是产品责任单位或市场责任单位,对销、研、产,以及行政、人事等管理负有统一领导的职能。此外,各事业部内部的销售部门基本上设立了市场、计划、服务、财务、经营管理五大模块,将以上功能归至销售部门,形成了以市场为导向的组织架构。

事业部制的建立使美的集团总部脱身于日常琐事管理,将主要精力集中在总体战略决策、控制规模额度和投资额度、各事业部核心管理层任免的人事权,以及市场的统一协调工作上。

问题:

上述案例对你有什么启示?

课后作业 5-3

矩阵制结构的运营模式

某教育软件开发企业(下面简称A企业),采用的是直线职能制和局部矩阵结构相结合的组织架构。各部门分工协作，各司其职。

（1）产品部。负责产品规划和市场运作管理，主要由产品经理组成。

（2）研发部。负责新产品开发，并按专业分为四个部：教研部由各科教师组成，负责软件的内容编写；美工部由美工人员组成，负责软件的美术设计；高级程序组由软件工程师组成，负责将教研组编写的内容程序化；信息部负责整个软件开发过程的技术支持。

（3）销售部。负责产品销售，在全国范围内设立销售网络。

（4）大客户部。主要负责为大客户提供定制服务和整体解决方案。

（5）客户服务部主要负责软件售后服务和客户关系管理。

产品部根据公司发展目标，收集市场信息，进行产品规划和市场策划；产品策划方案报营销总监和总经理审批通过后进入软件开发阶段，进入研发中心；研发总监根据产品策划方案的特点和要求，从研发中心各部门中选择合适的项目经理，项目经理将对整个软件开发项目负责；项目经理和研发中心各部门的经理一起协商进入项目组的候选成员，然后举行由所有候选人参加的项目协调会，讨论相关的技术细节，会后最终确定进入项目组的成员，软件开发项目组成立。项目组成员召开第一次项目会议时，项目经理负责拟订总体开发计划，对软件开发的时间、成本、质量和人员做总体安排，相关负责人则对总体计划进行细化。随后，人们按照计划进行项目开发，待项目结束后，人员回到各自部门。

问题：

上述案例对你有什么启示？

课后作业 5-4

TCL 的企业文化

TCL 集团股份有限公司创办于 1981 年。经过 20 年的发展，TCL 集团现已形成了以王牌彩电为代表的家电、通信、信息、电工四大产品系列。特别是进入 20 世纪 90 年代后，连续 12 年以年均 50% 的速度增长，是全国增长最快的工业制造企业之一。2001 年，TCL 集团销售总额 211 亿元，利润 7.15 亿元，税金 10.8 亿元，出口创汇 7.16 亿美元。2001 年 TCL 品牌价值 144 亿元，在全国知名品牌中排第 5 名。

TCL 的企业宗旨是"为顾客创造价值，为员工创造机会，为社会创造效益"。

"为顾客创造价值"。这是 TCL 文化生生不息的价值根本，明确企业最重要的工作目标就是用高质量的产品、全方位的服务满足社会广大顾客的需求，通过卓有成效的工作，让更多的顾客认同 TCL 产品和服务的价值。这就要求 TCL 人在生产经营的每一个环节，都必须把顾客的需求放在第一位。

"为员工创造机会"。这是 TCL 文化生生不息的动力源。TCL 要建立一个科学、公平的员工考核和价值评价体系，建立员工教育和培训制度，建立合理的薪酬和福利制度，使员工在企业能获得更好的成长和发展机会，实现自己的事业追求，同时也获得合理的回报和生活福利保障。

"为社会创造效益"。这是 TCL 文化生生不息的生态链。TCL 是国有控股企业，企业所创造的效益，在更大程度上是为社会创造效益，是为国家经济的振兴、为民族工业的发展尽力尽责,这是所有 TCL 人的使命。

TCL 倡导的企业精神是"敬业、团队、创新"。

"敬业"是鼓励为事业而献身的精神,这种敬业实质上是 TCL 过去"艰苦拼搏"精神的延续;追求更高的工作目标,勇于承担工作责任;掌握更好的工作技能,培养踏踏实实和精益求精的工作作风。

"团队"是要求企业内部要有协作和配合的精神,营造企业和谐健康的工作环境;员工不但要对自己的工作负责,同时也对集体的工作负责,对整个企业负责;提倡员工间互相鼓励、互相关心、互相帮助。

"创新"精神一直是 TCL 高速发展的重要动力。创新包含了"开拓"的内涵。

TCL 提出的企业经营目标、宗旨、精神,构成了一个相互支撑的企业文化体系。

问题:

1. 写一份报告,结合案例谈谈你对企业文化在企业管理中的作用的看法。
2. TCL 的文化是如何体现组织文化的基本特征的?

课后作业 5-5

生生不息的华为文化

华为成立于 1988 年。经过多年的艰苦创业,华为建立了良好的组织体系和技术网络,市场覆盖全国,并延伸到中国香港、欧洲、中亚。在发展过程中,华为一直坚持以"爱祖国、爱人民、爱公司"为主导的企业文化,发展民族通信产业。

华为不仅在经济领域取得了巨大发展,而且形成了强有力的企业文化。因为华为人深知,文化资源生生不息,在企业物质资源十分有限的情况下,只有靠文化资源,靠精神和文化的力量,才能战胜困难,获得发展。

1. 民族文化、政治文化企业化

华为人认为,企业文化离不开民族文化与政治文化,中国的政治文化就是社会主义文化,华为把共产党的最低纲领分解为可操作的标准,来约束和发展企业高中层管理者,以高中层管理者的行为带动全体员工的进步。华为管理层在号召员工向雷锋、焦裕禄学习的同时,又奉行绝不让"雷锋"吃亏的原则,坚持"以物质文明巩固精神文明,以精神文明促进物质文明",来形成千百个"雷锋"成长且源远流长的政策。华为把"实现先辈的繁荣梦想,民族的振兴希望,时代的革新精神"作为华为人义不容辞的责任,以之铸造华为人的品格;同时,坚持宏伟抱负的牵引原则、实事求是的科学原则和艰苦奋斗的工作原则,使政治文化、经济文化、民族文化与企业文化融为一体。

2. 双重利益驱动

华为人坚持为祖国昌盛、为民族振兴、为家庭幸福而努力奋斗的双重利益驱动原则。这是因为,没有为国家的个人奉献精神,就会变成自私自利的小人。随着现代高科技的发展,企业必须以坚持集体奋斗不自私的人,来结成一个团结的集体。同样,如果人们没有促成自己体面生活的物质欲望,没有以劳动来实现欲望的理想,就会因循守旧,故步自封,进而滋生懒惰。因此,华为提倡欲望驱动,采取正当方法,使群体形成蓬勃向上、励精图治的风尚。

3. 同甘共苦,荣辱与共

团结协作、集体奋斗是华为企业文化之魂。在华为,成功是集体努力的结果,失败是集体的责任。华为人不将成绩归于个人,也不把失败视为个人的责任,一切都由集体来共担。而且,"官兵"一律同甘共苦,除了工作上的差异外,华为人的高层领导不设专车,吃饭、看病一样排队,付同样的费用。在工作和生活中,华为无人享受特权,大家同甘共苦,人人平等,集体奋斗,任何个人的利益都必须服从集体的利益,并将个人努力融入集体奋斗之中。"自强不息,荣辱与共,胜则举杯同庆,败则拼死相救"的团结协作精神,在华为得到了充分体现。

4. "华为基本法"

从1996年年初开始,公司开展了"华为基本法"的起草活动。"华为基本法"总结、提升了公司成功的管理经验,确定了华为二次创业的观念、战略、方针和基本政策,构筑了公司未来发展的宏伟架构。华为人依照国际标准建设公司管理系统,不遗余力地进行人力资源的开发与利用,强化内部管理,致力于制度创新,极力拓展市场,优化公司形象,建立具有华为特色的企业文化。

问题:

1. 写一篇报告,总结华为文化的精神导向。
2. 华为文化为什么能生生不息?

课后作业 5-6

娃哈哈正遭遇天花板,主业营收增长陷入困顿

娃哈哈修补渠道

在以互联网化的电商、超市、便利店等为主流的渠道模式下,娃哈哈依然依靠自己的联销体经营模式发展显得有些步履维艰。

中国饮料市场进入寒冬期,增长放缓是不争的事实。在中国饮料界纵横数十年的杭州娃哈哈集团(下称"娃哈哈")在渠道方面也面临着很多无法解决的难题。

在内部创新乏力、外部竞争激烈交困之下,娃哈哈试图重构渠道,但变革能成为公司的突破口吗?

增长天花板

一手打造了"联销体"模式的娃哈哈集团创始人兼董事长宗庆后,让娃哈哈的发展一鸣惊人,通过让饮料和牛奶等方面的渠道充分下沉,稳扎稳打赢得了三四线市场,创造了饮业帝国。

在采访中记者了解到,"联销体"操作模式是娃哈哈的一级经销商必须于每年年底将该年销售额的10%作为保证金一次性打到娃哈哈账户,娃哈哈为此支付高于或相当于银行存款的利息。此后,经销商每月进货前必须结清货款,娃哈哈才予发货。一级经销商主要承担物流商的作用,负责仓储、资金和送货到终端等服务,并管理每个地区的二级批发商。

同时，娃哈哈分布在全国的各分公司会派人帮助经销商铺货、理货，以及广告促销等业务。每年，公司还对经销商实行返利激励和间接激励相结合的全面激励制度。截至2016年11月，娃哈哈拥有70多个生产基地、170余家子公司、3万多名员工、400多亿元总资产。

但如今娃哈哈的发展正遭遇天花板。宗庆后曾公开向媒体表示，饮料行业正面临着下滑趋势，娃哈哈的增速从往年的20%多，下滑到2015年的4%多一点，2016年上半年只有2%多。

抛开饮料行业大环境的影响，饮料渠道、网络建设的同质化问题也会弱化其分销优势和终端竞争力。

快消品行业最激烈的竞争在于销售终端。以同样卖水的康师傅为例，它早已投资了大型超市与便利商店的强势渠道，其中就包括被特易购收购的乐购以及正处于高速发展的全家。此外，华润怡宝、农夫山泉等也都在渠道上攻城略地。

"试水"线上线下融合

虽然宗庆后曾多次公开表示，要坚守发展实体经济，但其实也一直关注着发展火热的移动互联网领域。不久前，娃哈哈旗下控股子公司上海娃哈哈福礼网络有限公司（下称"福礼惠"）在上海交通大学主办OAO峰会，探讨融合线上线下的新商业模式。

据了解，"福礼惠"是由宗庆后、杉杉控股董事局主席郑永刚及上海交通大学海外教育学院前院长王红新在2016年4月联合创办。2016年5月，杉杉集团、上海恒大、兰维乐集团又领投1亿元人民币战略投资该互联网OAO平台，意在颠覆传统互联网企业的流量获取模式。

所谓OAO(Online And Offline)模式，即是将线下实体店和线上网店融合的一体化"双店"经营模式。现任职福礼惠董事长的王红新告诉《第一财经日报》记者："我们所推崇的OAO商业模式作为一种新的营销模式，其对客户体验的重视开始颠覆网络上原有的生态模式，这种模式具有能和用户进行深度对话和互动的天然属性，从真正意义上打破O2O的资本困局，实现'店商'与'电商'的有机融合。"

王红新认为，下一个十年的风口就是OAO。这不是让每一个企业都想着去与BAT叫板，而是每一个企业在各自领域中，去思考如何利用互联网技术与产业深度融合，之后形成差异化，形成竞争力。在接下来的30年里，互联网作为每一个企业的基础设施，就像水和电一样，会融入企业的发展中。哪个企业利用得好，哪个企业就能在行业中取得领先。

除了欲改变传统的营销模式，娃哈哈也开始更加重视一二线市场。其中涉及销售和市场团队的人员配置，以及产品的定位、口味和包装等层面的重新调整。娃哈哈也意识到这项工作的复杂性，表示将加大新品推广和研发力度，以适应新常态和新主流的消费变革。

多元化弯路

宗庆后在该峰会的演讲中也表示，当前中国实体经济的发展出现了增速下滑的问题，一方面经历了三十多年的快速发展以后，低端、粗放的模式已经不适应中国经济发展的要求，到了需要结构调整转型阶段。而互联网作为一个平台和手段，能够促进实体经济的发展，提高实体经济的管理水平和质量水平。

在饮料行业中，许多企业都在从事转型升级，以摆脱以往低端、粗放的经营模式。农夫山泉在2015年2月推出定价在35～40元/750ml的玻璃瓶装矿泉水,加多宝以旗下昆仑雪山水抢占中高端水市场。

上海社会科学研究院经济研究所副所长沈桂龙告诉《第一财经日报》记者:"人目前整个大经济背景来看,外在需求很弱,国内的需求成长也是力道不如预期。尤其是一般的国民消费也并没有想象中的好,使投资实体经济不易获利。很多钱都流到股市和房市。在这样的环境下,实体经济发展确实不易。企业做好流通环节是重要课题,但无论线上还是线下,消费升级还是应当更多关注在产品本身的升级,避免生产和需求脱节。"

过去几年里,娃哈哈在多元化上走了一些弯路,试水了包括童装、乳业、酒业等多个品类,还有重金砸向商业零售等。宗庆后的打法思路是利用过去积攒沉淀的品牌和渠道优势,嫁接到新进入的产业方向上,以快速实现多元化突围,但目前娃哈哈并没有实现预期效果。

尽管主业营收增长陷入困顿,但宗庆后表示娃哈哈的平均利润率仍保持在20%以上,而且没有一分钱银行贷款。想来有着大量银行存款现金流的娃哈哈,用于试错的资本十分雄厚。

谈到福礼惠,宗庆后则称赞这是一个创新,是一种异业推广,实现了买娃哈哈产品可以得到其他产品优惠的可能。它一方面可以促进娃哈哈产品的销售;另一方面可以让消费者认识其他的产品品牌。

娃哈哈已经把从下订单一直到生产调度、成本控制,包括追溯等环节都集合到互联网上。另外,在生产设备上实行自动化管理,减少劳动力,并保证生产质量。

问题:

1. 查阅相关材料,了解娃哈哈的发展历史。
2. 娃哈哈的发展困境表现在哪些方面?为什么会出现这种情况?

推荐阅读书目

[1] 王萍萍.你的思路决定你的未来[M].北京:团结出版社,2018.

[2] 史蒂芬·柯维.高效能人士的七个习惯[M].高新勇,等译.北京:中国青年出版社,2010.

[3] 托马斯·弗里德曼.世界是平的[M].何帆,等译.长沙:湖南科技出版社,2008.

[4] 诺思科特·帕金森.帕金森法则:职场潜规则[M].刘四元,叶凯,译.北京:中国人民大学出版社,2007.

[5] 迈克尔·波特.竞争战略[M].陈小悦,译.北京:华夏出版社,1997.

[6] 迈克尔·波特.竞争优势[M].陈小悦,译.北京:华夏出版社,1997.

[7] 约翰·麦克斯韦尔.真正的成功[M].于挺,等译.北京:中国社会科学出版社,2008.

第 六 讲

 教学目的与要求

1. 了解大午集团的管理方式
2. 熟悉民营企业的管理特点
3. 掌握民营企业管理创新的方法
4. 查找并总结有关民营企业管理方式的材料

 教学重点与难点

教学重点：民营企业的管理方式
教学难点：民营企业的管理创新

主 干 案 例

案例 特立独行的孙大午

1. 孙大午其人

孙大午，1954年出生，河北徐水县人，河北大午农牧集团有限公司董事长，大午中学校长，北京大学民营经济研究院特邀研究员暨院长专家咨询委员会委员。

孙大午初中毕业后曾在山西临汾二十八军八十二师与徐水县农业银行工作，这两段经历让他发现：农牧业是自己可以发展经营的领域。

1985年，孙大午创立大午农牧集团有限公司，担任董事长。当时，他以2万元承包了一片荒地，艰难创业，以1000只鸡和50头猪起家。到2002年，大午集团已发展为年产值过亿元的大型企业集团。

他因为一场突如其来的牢狱之灾而受到全社会的瞩目。2003年5月29日,他被指向3000多户农民借款达1亿8000多万元,以非法集资的罪名遭到收押,两个弟弟、大午集团副董事长、总经理、财务处长也都被扣留。最终,徐水县人民法院以非法吸收公众存款的罪名,判处其有期徒刑3年、缓刑4年,罚金10万元,大午集团同时也被判处罚金30万元。

尽管获得媒体、农民、学者与网友的支持,但孙大午并未选择上诉,并于2003年11月1日父亲生日时出狱回家,跟他的企业与农民走在一起,继续奋斗。

孙大午记忆中的童年生活是贫穷、肮脏、野蛮和苦难的。"我从小就有两个心愿,可以说自己既定的两个发展方向:一是考大学,二是当兵。上大学的愿望落空以后,我决定报名参军。我看到古往今来,多少治国安民之士,也都是铁甲戎装出身。"

2. 大午集团

河北大午集团位于河北省保定市徐水区,始建于1985年,经过三十多年的艰苦创业,自我积累,滚动发展,逐步形成了"以农牧业为主,工业、服务业相互配合,齐头并进"的产业模式,发展成为集养殖、种植、农产品加工、农业观光旅游、民办教育、医疗养老、电子商务等行业多位一体的省级农业产业化经营重点龙头企业。

集团下辖大午农牧集团有限公司、大午饲料有限公司、大午种禽有限公司、大午食品有限公司、大午酒业有限公司、大午温泉度假村有限公司等18家子公司,还有新希望大午农牧有限公司和大午酒业宜宾酿酒基地2家合资公司。集团员工3500余人,其中大中专生500余名,固定资产20亿元,年产值20多亿元。

2005年2月28日,大午集团再起波澜,孙大午在他的企业里开始确立"君主立宪制"。

"为什么叫君主立宪?因为实际上分掉的是我自己的权力。"孙大午采用的方法是,自己作为所有者担当监事长,不再参与具体经营决策。决策权由董事长负责行使,经理层仍旧掌握执行权。孙大午这样做,一方面是和他希望家族企业可以持续发展的愿望有关,另一方面,或许与他对人生的感悟有关。

大午集团在企业治理层面首创私企"君主立宪制",其特点是企业的所有权、决策权和经营权三权分立,并立并行。集团设监事会、董事会和理事会,三会的董事长、理事长(总经理)均由选举产生,监事长实行家庭选举继承制,由家族委员和顾问委员组成监事会,分别选举监事长和副监事长。通过分权、确权和限权,对"三长"尤其是董事长和总经理的权力进行了分割。企业最高权力机构是三会联席会。自这套制度实施以来,大午集团稳定发展、"政通人和",进入到良性发展阶段。

知识点精要

一、大午集团的企业文化

大午集团坚持以人为本，注重培育具有大午特色的企业文化。"朴素诚实勤奋、敬业守信创新；不卑不亢正直、公正公平热心；勤勤恳恳做事，实实在在做人"，这是大午集团的企业精神，也是大午集团的工作准则。集团以传统的儒家思想、当代法制思想、社会主义共同富裕思想三者相结合作为治企思想。集团修建了敬儒祠，教育干部职工温、良、恭、俭、让，仁、义、礼、智、信。在大午集团形成了一种孝敬老人、助人为乐的祥和气氛。集团监事长孙大午先生以他的丰富思想和真知灼见不断使企业文化得以提升，并不断为之注入新的内涵。

二、大午集团的治厂思想

1. 儒家思想

己所不施，勿施于人；

己欲立，先立人；

己欲达，先达人。

2. 法制思想

私企"立宪制度"；

谁当家谁是老板，不是"谁是老板谁当家"。

3. 共同富裕思想

要看到高层的需求，更要看到工人的需求；

对员工绩效采用动态平衡模式；

完善福利制度；

以发展奖励为主。

4. 不以营利为目的

以发展为目标；

以共同富裕为归宿。

管理实例——悟性与启示

管理实例 6-1

惠普敞开式办公室

美国惠普公司创造了一种独特的"周游式管理办法",鼓励部门负责人深入基层,直接接触广大职工。为此目的,惠普公司的办公室布局采用美国少见的"敞开式大房间",即全体人员都在一间敞厅中办公,各部门之间只有矮屏分隔,除少量会议室、会客室外,无论哪级领导都不设单独的办公室。同时,人们彼此不称头衔,即使对董事长也直呼其名。这样一来,非常有利于上下左右通气,创造出一种无拘束和合作的气氛。

启示:

惠普公司采用的敞开式办公室,打破了传统领导者的办公环境,可以更好地凝聚员工,最大限度地调动员工的积极性和创造性,使领导者更多地了解员工亟须解决的问题,满足员工的需求,解决员工的问题。这充分体现了组织文化的精髓,增加了领导者与员工之间的交流,拉近了彼此的距离,有利于内部的团结与合作,有利于创造自由和谐的气氛。同时,员工之间不称头衔,对董事长也是直呼其名,这使领导者的身份不再神秘;部门之间的人都在一起办公,使办事效率大大提高,同事之间的关系更加亲密。

管理实例 6-2

V形飞雁

大雁有一种合作的本能,它们飞行时都呈V形。这些雁在飞行时定期变换领导者,因为为首的雁在前面开路,能帮助它两边的雁形成局部的真空。科学家发现,雁以这种形式飞行,要比单独飞行多出12%的距离。

启示:

团队间的合作是走向成功的前提条件。大雁之间相互合作,使它们能多飞行一段距离。部分大雁轮流在前面开路,能够帮助两边的大雁形成局部的真空。

合作型组织文化对个体、群体及组织都有影响。它可以凝聚个体,使个体愿意为组织目标共同努力,贡献自己的力量。同时,它对每一个个体都有好处,组织文化规定了个体行为的准则与价值取向,能对个体产生持久、深刻的影响力。

管理实例 6-3

没有吃完的牛排

素有"经营之神"之称的日本松下电器总裁松下幸之助有一次在一家餐厅招待客人,

一行六个人都点了牛排。等六人都吃完主餐后,松下让助理去请烹调牛排的主厨过来,他还特别强调:"不要找经理,找主厨。"助理注意到,松下的牛排只吃了一半,心想一会儿的场面可能会很尴尬。

主厨来时很紧张,因为他知道这位客人来头很大。"是不是牛排有什么问题?"主厨紧张地问。"烹调牛排,对你已不成问题,"松下说,"但是我只能吃一半。原因不在于厨艺,牛排真的很好吃。你是位非常出色的厨师,但我已80岁了,胃口大不如前。"

主厨与其他五位用餐者困惑得面面相觑,大家过了好一会儿才明白怎么一回事。"我想当面和你谈,是因为我担心,当你看到只吃了一半的牛排被送回厨房时,心里会难过。"

启示:

看完这个小故事,很多人非常佩服松下的人格。他时刻真情关怀下属的感受,这样的领导将完全捕获下属的心,并让下属心甘情愿为他赴汤蹈火。事实上,对别人表示关心和善意,比任何礼物都能产生好的效果。

松下的牛排没有吃完,特地将主厨叫来解释原因。领导者能够做到这个地步,是很难得的。而这样的做法也让员工感受到了自己的价值,让领导者收获人心。

管理实例 6-4

手 不 释 卷

赵匡胤虽是一员武将,却很喜爱读书,经常手不释卷。他跟从周世宗平江淮(今淮河流域)时,有人向周世宗告密说,他用几辆车运载自己的私物,其中都是财宝。周世宗派人去检查,车中却只有几千卷书籍。

周世宗问他:"你是武将,要书有什么用!"

赵匡胤回答说:"我没有好的计谋贡献给陛下,只能多读些书以增加自己的见识。"

赵匡胤称帝后,也很尊重和重用读书人。有一次,他遇到一个疑难问题,问宰相赵普,赵普回答不出。再问读书人,学士陶穀、窦仪准确地回答出了,赵匡胤深有体会地说:"宰相须用读书人!"

对于读书不多的文臣武将,赵匡胤也总是鼓励他们要多读书,以弥补自己的不足,赵普正是在他的鼓励下才变得手不释卷的。

赵匡胤用人不问资历。他一方面命令臣下要注意选拔有才能而缺少资历的人担当重任;另一方面,他自己也随时留心内外百官,见谁有什么长处和才能,他都暗暗地记在本子上。每当官位出缺时,他就翻阅本子,选用适当的人去担任。这又使臣下都致力于提高自己。

启示:

赵匡胤未黄袍加身之前是一名武将,却格外喜爱读书,当时的皇帝不解:武将读书有何用?赵匡胤说,读书能够增加见识。后来赵匡胤称帝后,遇到一个难题,也是读书人给出了答案。因此,他更加相信知识的力量,重视官员的才能和知识,任人唯才。

从管理学角度看,赵匡胤与他的臣子们好比一个组织,赵匡胤是组织的领导者,臣子们是下属。组织文化涉及分享期望、价值观念和态度,对个体、群体及组织都有影响。组织文化具有凝聚员工的作用,能从根本上改变员工的旧有价值观念,使之适应组织的实践活动需要。赵匡胤对于读书不多的文臣武将加以鼓励,使他们手不释卷,通过读书来丰富自己的才能,为朝廷出力。

此外,组织文化具有完善组织的作用,组织在不断的发展过程中所形成的文化积淀,会通过无数次的辐射、反馈和强化,不断地更新和优化,并从一个高度向另一个高度迈进。赵匡胤正是通过不断鼓励官员读书、增长才干来完善组织的。

管理实例 6-5

鞭　　策

拿破仑一次打猎的时候,看到一个落水男孩,一边拼命挣扎,一边高呼救命。这河面并不宽,拿破仑不但没有跳水救人,反而端起猎枪,对准落水者,大声喊道:"你若不自己爬上来,我就把你打死在水中。"那男孩见求救无用,反而增添了一层危险,便更加拼命地奋力自救,终于游到岸上。

启示:

拿破仑通过鞭策的方法,让小男孩最后成功自救。这种鞭策方法也可以运用到组织管理中。当领导者选择和确立了组织的价值观、组织文化模式之后,就应该把基本认可的方案通过一定的方式进行强化和灌输,使其深入人心;再通过鞭策等各种方法来鼓励、教导员工,使其更好地践行和完善组织文化。

管理实例 6-6

玻璃天花板效应

玻璃天花板效应是一种比喻,是指设置一种无形的、人为的困难,以阻碍某些有资格的人(特别是女性)在组织中上升到一定的职位。

玻璃天花板一词出现于 1986 年 3 月 24 日的《华尔街日报》的《企业女性》的专栏中,用来描述女性试图晋升到企业或组织高层所面临的障碍。

"天花板效应"是莫里森和其他人在 1987 年的一篇文章——《打破天花板效应:女生能够进入美国大企业的高层吗?》中首先使用的概念。一年以后,玛里琳·戴维森和加里·库珀在其《打碎天花板效应》一书中也讨论了这个问题。

玻璃天花板效应的基本内涵为:女性或是少数族群没办法晋升到企业或组织高层并非是因为他们的能力或经验不够,或是他们不想要高层的职位,而是一些组织似乎针对女性和少数族群在升迁方面设下一层障碍,这层障碍甚至有时看不到其存在。

因此,如果组织中的女性或少数族群想顺着职业生涯发展阶梯慢慢往上攀升,当快要接近顶端时,自然而然就会感觉到一层看不见的障碍阻隔在他们面前。这使他们的职位往往只能爬到某一阶段就不可能再继续上升了。这种情况就是所谓的"玻璃天花板的障碍"。

启示:

玻璃天花板效应是指设置一种无形的、人为的困难,以阻碍某些有资格的人(特别是女性)在组织中上升到一定的职位。

一个好的组织不应该阻碍有能力、有才干的人晋升到企业或组织高层。许多领导者总是认为女性能力不如男性,难以管理好一个组织,这种思想本身就是错误的。组织要经过变革,才能发展得更好。当今时代,组织所处环境变化加剧。此时,组织变革不仅是必要的,而且是必须的。

组织变革的动因分为外部条件的变化和内部条件的变化。内部条件的变化包括组织目标的调整、人员条件的变化、管理条件的变化和组织自身成长的要求。人员条件的变化是指员工是一个组织中最为重要和活跃的因素,员工条件、构成的改变自然会引起组织的变革。然而,玻璃天花板效应在无形中阻碍了女性的职位升迁,从而导致人员管理僵化,不利于组织的变革。组织应该为员工提供参与变革的机会,广泛动员员工积极地参与组织的变革。组织变革措施、方案的设计与实施,都应当有广大员工的参与。因此,企业不应有阻碍员工职位升迁的行为。

管理实例 6-7

索尼的内部跳槽

有一天晚上,索尼董事长盛田昭夫按照惯例走进员工餐厅,与员工一起就餐、聊天。他多年来一直保持着这个习惯,以培养员工的合作意识和与他们的良好关系。

这天,盛田昭夫忽然发现一位年轻员工郁郁寡欢,满腹心事,闷头吃饭,谁也不理。于是,盛田昭夫就主动坐在这名员工对面,与他攀谈。几杯酒下肚之后,这个员工终于开口了:"我毕业于东京大学,有一份待遇十分优厚的工作。进入索尼之前,对索尼公司崇拜得发狂。当时,我认为我进入索尼,是我一生的最佳选择。但是,现在才发现,我不是在为索尼工作,而是为科长干活。坦率地说,我这位科长是个无能之辈,更可悲的是,我所有的行动与建议都得科长批准。我自己的一些小发明与改进,科长不仅不支持,不解释,还挖苦我癞蛤蟆想吃天鹅肉,有野心。对我来说,这名科长就是索尼。我十分泄气,心灰意冷。这就是索尼?这就是我的索尼?我居然要放弃了那份优厚的工作来到这种地方!"

这番话令盛田昭夫十分震惊。他想,类似的问题在公司内部员工中恐怕不少,管理者应该关心他们的苦恼,了解他们的处境,不能堵塞他们的上进之路。于是,他产生了改革人事管理制度的想法。之后,索尼公司开始每周出版一次内部小报,刊登公司各部门的"求人广告",员工可以自由而秘密地前去应聘,他们的上司无权阻止。另外,索尼原则上每隔两年就让员工调换一次工作,特别是对那些精力旺盛、干劲十足的人才,不是让他们被动等待工作,而是主动给他们施展才能的机会。在索尼公司实行内部招聘制度以后,有能力的人才大多能找到自己较中意的岗位,而人力资源部门也可以及时发现那些"流出"人才的上司所存在的问题。

启示:

"内部跳槽"可以给人才创造一种可持续发展的通道。在一个单位或部门内部,普通员工如果对自己正在从事的工作并不满意,认为本单位或本部门的另一项工作更加适合自己,此时想要改变一下,实际上并不是一件容易的事。许多人只有在干得非常出色,感动得上司认为有必要给他换个岗位时,才能如愿。而这样的事,普通人可能一辈子也碰不上。然而,当员工们对自己的愿望常常感到失望时,工作积极性便会受到明显的抑制,这对用人单位和员工本身都是一大损失。

企业如果真的要用人所长,就不必担心员工们对岗位挑三拣四。只要他们能干好,尽管让他们去争。争的人越多,相信会干得越好。对那些没有能力抢到自认为合适的岗位,又不努力的员工,不妨让他待岗或下岗。这样,公司内部各层次人员的积极性都能被调动起来。当每个干部、员工都朝着"把自己最想干的工作干好,把本部门最想用的人才用好"的目标努力时,企业人事管理的效益就能发挥到极致。而内部候选人已经认同了本组织的一切,包括组织的目标、文化、缺陷时,他们比外部候选人更不易辞职。

管理实例 6-8

养在鸡笼里的鹰

一个人在高山之巅的鹰巢里,抓到了一只幼鹰。他把幼鹰带回家,养在鸡笼里。这只幼鹰和鸡一起啄食、嬉闹和休息。这只鹰以为自己是一只鸡,等到渐渐长大、羽翼丰满之后,主人想把它训练成猎鹰。可是,由于终日和鸡混在一起,这只鹰已经变得和鸡一样,根本没有飞的愿望了。主人试了各种办法,都毫无效果。最后,主人把它带到山顶上,一把将它扔了出去。这只鹰像块石头似的,直掉下去。慌乱之中,它拼命地扑打翅膀,就这样,它终于飞了起来!

启示:

这只幼鹰从小与鸡一起生活,形成了鸡固有的行为习惯,而不是鹰这个物种本身应该具有的行为习惯,甚至认为自己就是一只鸡,也早已忘记自己的本能,例如飞翔。当主人想要将这只鹰训练为猎鹰时,它却怎么也飞不起来。

从管理学的角度看,这就是所谓的阻力——个体对待组织变革的阻力。因为这只鹰的行为习惯难以改变,加上它对未知状态的恐惧,导致主人将它训练为猎鹰的计划难以实现。为了推进计划,主人必须克服这些阻力,为计划的实施扫清障碍。

企业组织变革管理中,阻力来源于多方面:个体和群体方面的阻力、组织的阻力、外部环境的阻力。管理者需要思考这些阻力对整个企业发展的影响,及时运用自身的技能克服这些阻力,为组织变革扫清障碍。

管理实例 6-9

将所有经理的椅子靠背锯掉

麦当劳创始人雷·克罗克不喜欢整天坐在办公室里,大部分工作时间都用在"走动管理"上,到所有各公司、部门走走、看看、听听、问问。麦当劳公司曾有一段时间面临严重亏损的危机,克罗克发现其中一个重要原因是公司各职能部门的经理有严重的官僚主义,习惯躺在舒适的椅背上指手画脚,把许多宝贵时间耗费在抽烟和闲聊上。于是,克罗克想出一个"奇招",将所有经理的椅子靠背锯掉,并立即照办。一开始,很多人骂克罗克是个疯子,但不久之后大家便悟出了他的一番"苦心"。他们纷纷走出办公室,深入基层,开展"走动管理",及时了解情况,现场解决问题。最终,公司扭亏转盈。

启示:

工作效率与办公环境的舒适度有时候是成反比的,因为人都是有惰性的。如果办公室里有舒适的座椅,有空调带来的适宜温度,谁还愿意到基层受苦受累、出身臭汗呢?但是,如果不走出办公室,什么事都要等到有人报告了才知道,什么问题都要等到生死关头才去解决,如此没有效率,又怎么能创造利润呢?

面对严重亏损的危机,麦当劳创始人雷·克罗克果断采取措施,将所有经理的椅子靠背锯掉。这一"奇招"打破了舒适圈,给所有员工以压力,同时传递了鲜明的变革信号。所有经理都明白,再也不能靠指手画脚进行管理了,不能把时间浪费在抽烟和聊天上了。在组织变革的压力下,经理们纷纷走出办公室,深入基层,开展"走动管理",及时了解情况,现场解决问题,终于使公司扭亏转盈。

管理实例 6-10

所长无用

有个鲁国人擅长编草鞋,他的妻子擅长织白绢。他想迁到越国去。友人对他说:"你到越国去,一定会贫穷的。""为什么?""草鞋是用来穿着走路的,但越国人习惯赤足走路;白绢是用来做帽子的,但越国人习惯披头散发。你跑到一个用不到你长处的地方去,能不贫穷吗?"

启示:

即使是有价值的东西,在不需要的人的眼里,依然是没有价值的。我们不应盲目决策,应该懂得资源配置的道理,要认真考察市场需求和发展前景。

这对鲁国夫妇虽有才艺,但要想在越国生活和发展,几乎是不可能的,因为他们没有学会合理配置资源,不懂得考察市场需求。任何企业的发展都应该注重资源的合理分配。只有把自己的产品推广到合适的地区,才有可能发展壮大。此外,人才也是企业中最重要的资源,企业应对各种人力资源进行认真的预测与规划,从而对企业的人力资源进行合理配置。

综合技能——训练与提升

技能训练 6-1

鲶鱼效应

以前,沙丁鱼在运输过程中成活率很低。后来有人发现,若在沙丁鱼中放一条鲶鱼,情况会有所改观,成活率能大大提高。这是何故呢?

原来,鲶鱼到了一个陌生的环境后,就会"性情急躁",四处乱游,这对于大量好静的沙丁鱼来说,无疑起到了搅拌作用;而沙丁鱼发现多了这样一个"异己分子",自然也很紧张,加速游动。这样,沙丁鱼缺氧的问题迎刃而解,也就不会死了。

问题:

鲶鱼效应对于管理有什么启示意义?

答案:

鲶鱼在搅动沙丁鱼生存环境的同时,也激活了沙丁鱼的求生能力。在市场竞争中,"鲶鱼"的存在可以刺激一些企业活跃起来,投入市场中积极参与竞争,从而激活市场中的同行业企业。在企业管理中,"鲶鱼"实质上是一种负激励,是激励员工队伍的奥秘。在某些企业中,由于一些官僚长期无所作为,或者无力承担新任务、新责任,所以亟须引入"鲶鱼型人才",以改变企业一潭死水的状态。

沙丁鱼就像企业中同质性极强的群体,他们技能水平相似,缺乏创新能力和主动性,效率低下,导致整个机构处于低能低效的状态。而"鲶鱼型领导"到来后,新官上任三把火,整顿纪律,规范制度,改造流程,合理配置岗位和人、财、物,逐渐使组织状况有了起色。随后,减少了经营成本,简化了臃肿的机构,赶走了无能的"沙丁鱼",有能耐的"沙丁鱼"得到了正面激励,于是,整个机构呈现欣欣向荣的景象。在"鲶鱼型领导"的带领下,整个组织的活力都被调动起来,集体的力量更加强大,这为企业占领市场、保有市场奠定了坚实的基础。

而对于为了共同目标而奋斗的员工群体而言,如果领导者有鲶鱼特性,那么员工要生存下去的方法就是"紧张"地运动起来,激发自己的能量,至少要和"鲶鱼"同步速度,并且要保证同一方向,朝着同一目标努力。这样,他们才不致被快速运动的"鲶鱼"追上、碰撞,或者因被其他"沙丁鱼"挤到而憋死。

技能训练 6-2

选谁做接班人

捷迅公司是一家中等规模的汽车配件生产集团。最近由于总经理临近退休,董事会决定从该公司的几个重要部门的经理中挑选接班人,并提出了三位候选人。这三位候选人都是在本公司工作多年,经验丰富,并接受过工作转换轮训的、有发展前途的高级员工。就业务而言,三个人都很称职,但三个人的领导风格有所不同。

1. 贾旺

贾旺对他本部门的产出量非常满意。他总是强调对生产过程和质量控制的必要性,坚持员工必须很好地理解生产指令,迅速、准确、完整地执行命令。当遇到小问题时,贾旺喜欢放手交给员工去处理。当问题严重时,他则委派几个得力的员工去解决。通常他只是大致规定员工的工作范围和完成期限,他认为这样才能发挥员工的积极性,获得更好的合作。贾旺认为对员工采取敬而远之的态度是经理最好的行为方式,亲密关系只会松懈纪律。他不主张公开批评或表扬员工,相信每个员工都心中有数。贾旺认为他的上司对他们现在的工作非常满意。贾旺认为管理中的最大问题是员工不愿意承担责任。他认为,如果员工尽力去做,他们可以把工作做得更好。贾旺还表示不理解他的员工如何能与他的前任——一个没有多少能力的经理相处。

2. 李东生

李东生认为应该尊重每一位员工。他同意管理者有义务和责任去满足员工需要的看法。他常为员工做一些小事:帮助员工的孩子上重点学校,亲自参加员工的婚礼,同员工一起去郊游等。他还为一些员工送展览会的参观券,作为对员工工作的肯定。

李东生每天都会到工作现场去一趟,与员工们交谈,共进午餐。他从不愿意为难别人。他还认为贾旺的管理方式过于严厉,贾旺的员工也许不太满意,只不过在忍耐。李东生注意到管理中存在的不足,不过他认为大多是由于生产压力造成的。他想以一个友好、粗线条的管理方式对待员工。他也承认本部门的生产效率不如其他部门,但他相信员工会因他的开明领导而努力地工作。

3. 李邦国

李邦国认为作为一个好的管理者,应该去做重要的工作,而不能把时间花在与员工握手交谈上。他相信如果为了将来的提薪与晋职而对员工的工作进行严格考核,那么他们会更多地考虑自己的工作,自然地会把工作做得更好。一旦给员工分派了工作,就应该让他以自己的方式去做,可以取消工作检查。他相信大多数员工知道自己应该怎样做好工作。如果说有什么问题,那就是本部门与其他部门的职责分工不清,有些不属于他们的任务也安排在他的部门。但是,他一直没有提出过异议,因为他认为这样做会使其他部门产生反感。他希望主管叫他去办公室谈谈工作上的问题。

问题:

请你以推举候选人的董事身份,参加讨论,决定总经理的最终人选。

答案:

三个候选人各有特点:贾旺的工作效率高,保持了很好的上下级关系但不亲密,有点自负;李东生尊重每位员工,与员工们关系亲密,但生产效率不高;李邦国放任员工自由发展,但是他的部门职责分工不清。

贾旺是三个候选人中最适合当总经理的人。首先,作为领导人,各个部门的分工明确非常重要,只有每个员工各司其职,公司的运行才会有条不紊。如果分工不清,原本不属于那个部门的工作也由该部门承担,会导致工作效率降低、员工不满。如果存在分工不清的情况,领导要有解决问题的能力,适当地提出异议,积极与其他部门沟通协调,这样才能解决问题。而不能因为害怕其他部门产生反感,默默地接受任务,然后等待主管安排。一个缺乏解决问题能力的人,不宜担任总经理职位。

其次,领导要做领导的事。与员工过于亲密会导致工作效率低、员工懒散。上下级之间能够打成一片固然不错,但是必须遵守应有的秩序。领导要树立领导的威信,培养员工对上级应有的尊重。当然,保持适当的亲密关系对于工作效率的提高是有一定作用的。尊重他人是做人的基本要求,也许对于那些员工来说,他们更喜欢这样的领导;但是,一个没有威信的领导,对于企业是不能起到应有作用的。

当然,贾旺做总经理也还有一些不足。身为领导人,应胸襟开阔,要正确对待前任,充分肯定前任的成绩,慎重评价前任的问题;而不应认为前任没有多少能力。但是,贾旺的工作效率高，与员工的关系也不错，应该能够很好地解决这一问题，培养员工的能力，给每个员工进步的空间。当然，如果贾旺能够与员工之间更加亲密一些会更好。

技能训练 6-3

副总家失火以后

一家公司的销售副总，在外出差时家里失火了。他接到妻子的电话后，连夜火速赶回家。第二天一早去公司向老总请假，说家里失火要请几天假安排一下。按理说，这并不过分，但老总却说："谁让你回来的？你要马上出差。如果你下午还不走，我就免你的职。"这位副总很有情绪，无可奈何地从老总办公室里出来后又马上出差走了。

老总听说副总已走，马上把党、政、工、团负责人都叫了过来，要求他们分头行动，在最短的时间内，不惜一切代价把副总家里的损失弥补回来，把家属安顿好。

问题：
1. 利用管理方格理论分析这位老总属于哪一种领导风格？为什么？
2. 从本案例中你可以获得哪些启示？
3. 你赞成这位老总的做法吗？有何建议？

答案：
1. 这位老总的领导方式属于指示型。该老总对下属副总提出要求，不给他批假，并让他必须出差。但之后又叫党、政、工、团负责人分头行动，弥补副总家的损失，安顿好他的家属。该老总为副总指明方向，又给他提供相应的帮助和指导，使下属能够按照工作程序完成任务。

2. 作为领导者，必须掌握一些基本的领导方式，在严肃工作的同时懂得变通，懂得关心员工，从而达到理想的效果。

3. 赞成。该老总的做法既不耽误公司业务，也不影响下属困难的解决。该老总的处事方法既抓住了大事，把握了全局，同时也着手于现实矛盾，帮助员工解决困难。不足之处在于该老总没有考虑到，在副总家中失火的情况下要求他去出差，副总的工作状态能否保持好？家中亲人在失火的情况下最需要副总，调他去出差是否不妥？更好的方法是再择优秀之人代替副总出差，或者另择时机安排副总出差。

技能训练 6-4

木桶理论

组成木桶的木板如果长短不齐，那么木桶的盛水量不是取决于最长的那一块木板，而是取决于最短的那一块木板。

问题：
写一篇小论文，阐述现代组织中是短板重要还是长板重要？

答案：
在工业化时代，木桶理论的确非常正确，短板比长板更重要。但在互联网时代的组织中,长板比短板更重要。伟大的公司也不必每块板都强,今天的公司实在没有必要精通一切。财务不够专业,可以聘请会计师事务所;人力资源有欠缺,可以聘请猎头或者人力资源咨询机构;市场、公关如果是短板,有大量的优秀广告和宣传公司为你度身定做;还有法律服务、战略咨询、员工心理服务……当代企业只需要有一块足够长的长板,以及一个有"完整的桶"的意识的管理者,就可以通过合作方式补齐自己的短板。

每个人,也不可能样样精通。如果把一个组织比作木桶,那么木桶的容量应该取决于最长的那块"木板",应该叫"长板理论"。好的团队应该是发挥每个人的"长板",而不是强调每个人都去弥补自己的"短板"。有的人几十年里性格内向,是沉迷于技术的员工,你让他锻炼自己,多去跟外界交流,可能取得的成效不大;而有的人则恰恰相反,善于交际,客户关系融洽,你让他沉下心来做复杂的技术攻关,也很难有什么收获。与其花精力让"短板员工"提升绩效,不如多鼓励"长板员工"创造更好的绩效。"短板员工"的绩效提升了100%,可能还不如"长板员工"绩效提升的1%。所以,团队管理者要识别每一个成员的"长板",并使其尽可能地发挥"长板",这比揪住每一个成员的"短板",让其花大精力弥补"短板",能创造出更多的价值。如果团队中没有一两个"大牛",就算每个成员都看似"整齐",那也只是一个资质平庸的团队而已。

综上所述,"短板理论"更适用于资源整合和流程分析优化,而"长板理论"更适用于团队和人才管理。

技能训练 6-5

姚成的领导方式

总经理提议姚成任公司副总工程师,主抓公司的节能降耗工作。

姚成,男,48岁,中共党员,高级工程师。从南方某冶金学院毕业后,他被分配到炼钢厂工作,一直搞设备管理和节能技术工作,勤于钻研,曾参与主持了几项较大的节能技术改造,成绩卓著。先后任厂副总工程师、生产副厂长、厂长、高级工程师。他工作勤勤恳恳,炼钢转炉的每次大修理他都亲临督阵,每天花很多时间到生产现场巡视,看到有工人在工作时间闲聊或乱扔烟头总是当面提出批评,事后通知违纪人所在单位按规定扣发奖金。但工人们普遍反映,姚厂长一贯不苟言笑,没听姚厂长和他们谈过工作以外的任何事情,更不用说和员工开玩笑了。他到哪个科室谈工作,一进办公室大家的神情便都严肃起来,大家都不愿和他接近。对自己特别在行的业务,他有时甚至不事先征求该厂总工程师的意见,直接找员工布置工作,总工程师对此已习以为常。姚厂长手下几位很能干的"大将"却都没有发挥多大的作用。据他们私下说,在姚厂长手下工作,从来没受过什么激励,特别是当他们个人生活有困难需要厂里帮助时,姚厂长一般不予过问。用工人的话说是"缺少人情味"。久而久之,姚厂长手下的骨干都没有什么工作积极性了,只是推一推才动一动,维持现有局面而已。

问题:
1. 姚成是成功的领导吗?为什么?
2. 姚成的领导方式有什么缺点?

答案:

1. 姚成不是成功的领导。也许,姚成在专业知识方面是佼佼者,在工作方面也是勤勤恳恳,任劳任怨,负有责任心。但是,在领导方面,姚成没有认识到管理和领导的差异,只是一味地去管理工人,对待工人过于苛刻、严肃;只关心工人的工作质量,而不关心他们的生活,让大家都觉得他缺乏"人情味"。久而久之,他失去了民心,工人的工作积极性减弱,大家都不支持他。

一个成功的领导者,应该懂得用人、用权和授权的艺术,在决策中注意民主。同时,要学会使用基本领导方法:一切从实际出发,领导和群众相结合,一般号召和个别指导相结合,全局与局部相结合,抓中心环节,抓两头、带中间,典型实验。然而,这些领导方法姚成几乎都没有践行。

一个成功的领导者,应该能让自己的下属活跃起来,对工作产生激情与热情。只有充分调动了员工的积极性,才能使企业充满生机与活力,使员工发挥出最大潜力,推动整个企业发展,增强企业在市场竞争中的独特优势。

2. 姚成的领导方式存在以下缺点。

(1) 没有做到尽责。所谓尽责,就是要把"贯上"和"维下"结合起来,把对上级领导负责和对下属群众负责统一起来。姚成没有维护下属的合法利益,当员工遇到困难与失败时,没有挺身而出,帮助解决困难,鼓舞员工信心,缺少"人情味"。

(2) 没有兼顾好管理和领导的辩证关系。只做到了管理员工,严格要求他们的工作质量,而没有学会如何领导他们,使他们都愿意听从安排,调动员工的积极性。

(3) 没有为员工创造良好的工作环境。没有运用适宜的激励措施和方法,只对违纪员工进行惩罚,而不激励优秀员工,鼓舞士气。

(4) 决策中没有注意民主。对自己特别在行的业务,有时甚至不事先征求该厂总工程师的意见,而是直接找下属布置工作,做事一意孤行,没有认识到民主的重要性。

(5) 不讲究用人艺术。不善于用人所长,使自己手下的几位很能干的"大将"没能发挥出应有的作用。

(6) 不注重人际沟通,与员工们不亲近,缺乏交流,给员工一种不可亲近的距离感。

技能训练 6-6

广告业的"拿破仑"

"金融工程师"索莱尔领导的 WWP 集团,从伦敦一家"钢丝蓝生产商"起步,通过成功的资本运作,完成了一起起跨国大购并行动,再度成为全球广告公关业之王。

1. 庞大的帝国,寒碜的总部

要说谁是当今全球最大的广告公关集团,应推英国的 WPP。这家控股公司旗下的著名广告公司有大名鼎鼎的奥美、智威汤逊,之后又有 Y&R 的加盟;公关类的公司有伟达、博雅。它的客户名单更是让人印象深刻:IBM、福特、AT&T、联合利华和高露洁等。

WPP 总部设在伦敦 Mayfair 区僻静的"农业街"。到了这条街的 27 号,门上有指示:"请使用边门。"这里的边门实际是一条死胡同里左手的第四个门,绿色的门旁边有一块标志牌：WPP GROUP PLC(WPP 集团有限公司)。进入此门，是一幢古朴典雅的英国城市楼房。这里是 WPP 帝国的心脏，WPP 的 25 名工作人员掌控着公司分布在全球 92 个国家和地区的 3.9 万名雇员。走上一个旋转楼梯，在二楼一个普通的拐角办公室里坐着 WPP 公司的灵魂人物、老板——马丁·索莱尔。在这个甚至有些寒碜的办公楼里，55 岁的索莱尔 10 多年里导演了全球广告界风云变幻的一幕幕悲喜剧。我们可以用"伟大""第一"等字眼来形容这家公司和它的领袖人物，只是索莱尔短小精悍的身材除外。

自 1991 年以来，索莱尔带领下的 WPP 股票上涨了 40 倍，羽翼丰满，2000 年正式以 55 亿美元收购了 Y&R 广告公司(创下了全球广告公关业购并额之最)，力量骤然壮大，重新成为全球广告公关业的老大。英国女王伊丽莎白向这位身材矮小的广告帝国国王授予了"爵士"称号。

2. 天才的收购艺术

索莱尔很早就看出广告公关业的未来所在：媒体在逐渐细化，广告商们逐渐在寻找更多的途径——直销、公关、一揽子(平面、立体和三维动画等)设计和品牌形象咨询等——以推销他们客户的产品。整合和合并所有这些业务，成为索莱尔孜孜以求的目标。他要将他的控股公司越造越大，能提供全方位服务，使客户手中的每一块美元都不会轻易流到 WPP 集团以外的公司去。

对收购对象，索莱尔既不会将公司解散，也不会大规模裁员。在高层，他一般都采取分化瓦解的战术各个击破，或者示之以诱惑，然后"杯酒释兵权"，将他们先后驱逐出去。但同时，又大量越级破格提拔干才，稳住公司骨干队伍。

1987 年，"金融工程师"索莱尔以令人难以置信的资本运营技巧，一举收购了比 WPP 大 16 倍的智威汤逊。索莱尔推翻了这家公司原先松散的财务制度，代之以详尽的财务和战略目标，以及严格细致的汇报制度。然后，索莱尔与越级提拔的新任 CEO 曼宁挨个走访客户。曼宁事后回忆说："在接收的第一年，公司的财务最糟糕，但到了第二年，却争得了大量新的业务，创下了最好的盈利纪录。"

在收购奥美的过程中，索莱尔作为一位公关行业专家，更是表现出了在收服人心方面的上佳技巧。

据奥美 CEO 雪丽·拉扎鲁斯回忆，1989 年，当 WPP 完成对奥美的收购后，索莱尔在纽约面对奥美总部的数百人发表激情洋溢的演说，台下气氛活跃，索莱尔几乎是有问必答。随后，索莱尔将奥美的头头脑脑挨个叫到他的酒店套房谈心，从中挖掘可以留用之才。雪丽当时是奥美纽约地区的总经理，她甚至收到索莱尔写的一张纸条。上面有索莱尔的办公室及住宅的电话，并告诉她任何时候，不管白天黑夜，都可以给他打电话。雪丽说，作为一个刚刚完成对另一家公司收购的公司领导，索莱尔的做法是她当时没有预料到的。

对曾经骂自己为"可恶的小臭蛋"的奥格尔威，索莱尔也表现得相当宽容。奥格尔威曾严词拒绝与索莱尔直接接触，但当两人最终坐到一起时，索莱尔闲谈间自然而然引用了奥格尔威广告论著中大段大段的话，让对方一下解除了心理戒备。索莱尔至今还保留着奥格尔威写给他的一封信："大卫·奥格尔威——这是他平生第一次——表示歉意。使我感到惊奇的是，我喜欢上您了……很抱歉，我曾经冒犯过您。"

同样是这位善于捧场的索莱尔,有时却严厉得不近人情。WPP 与 Y&R 开始洽谈合并时,Y&R 的 CEO 汤姆·贝尔在与索莱尔交手的过程中,充分领教了索莱尔的厉害。

刚开始,索莱尔向贝尔递交了令人信服的合并方案,并同样允诺准备将未来 WPP 董事长的宝座让给贝尔,双方皆大欢喜,言谈甚欢。但是在分别谈到 Y&R 高层人士安排及 Y&R 自治问题时,索莱尔居然"咆哮"起来。贝尔转而与其他公司谈判,索莱尔岂会善罢甘休?他绕到贝尔的后方,与 Y&R 公司的几位董事开展起公关。从背后给贝尔施加压力。贝尔事后回忆说:"与索莱尔谈判,你必须万分谨慎。他是个从不放弃什么的人。"合并成功后,跟以往一样,索莱尔开始"清洗"Y&R 高层。贝尔不仅没当成董事长,还被迫离开了公司。

但对 Y&R 公司的中下层,索莱尔却深谙争取人心之道。他在大会小会上语重心长地说,他是如何"迷恋"Y&R 公司,他为何需要这个公司,他对 YSLR 品牌崇拜得五体投地,他尊重每一位员工。

3. 永无休止的进取心

在索莱尔的性格中,有一种天生的紧迫感时时在驱使他不断地进取、壮大。这是源自他对自己短小身材的自卑心理?还是从其父(犹太人,曾经营一家有 750 间电子产品连锁店的公司)身上秉承下来的?抑或是在哈佛学院培养揣摩出来的?谁也说不准。

1991 年,由于接连两起购并案,又恰逢全球经济萧条期导致全球广告业陷入低潮,债台高筑的 WPP 几近破产边缘。索莱尔成功说服银行,以"债转股"方式,让银行间接管理 WPP。近 10 年间,索莱尔因此韬光养晦,静观其变。这期间,他眼睁睁地看见原先落在 WPP 后面的美国两大对手 Iterpublic Group 和 Omnicom 超过了自己。

索莱尔逐步恢复了自己对公司的控制权,他将 WPP 演变成一种"直接插手"的控股公司,WPP 对于控股公司的全面插手简直要把自己逼疯了。奥美负责欧洲、非洲和中东地区的 CEO 麦克·沃尔什称:"我们现在的业务忙不过来;有 30 个意向性收购、15 个正在进行的收购,所有这些都在忙乎。马丁(指索莱尔)对什么事情都有最终决定权。有时我们感到烦不胜烦。但当我们陷入死胡同时,马丁总能提出一些创造性的解决办法。"

目前,Y&R 公司感到担忧的是,由于并购,自己的客户花旗银行的业务可能要部分丧失,另一客户高露洁由于与联合利华是全球竞争对手,而后者是智威汤逊的客户,Y&R 和智威汤逊两家公司能作为对手并存在一个控股公司之下吗?索莱尔教导 Y&R 公司员工:"我要求你们一边狠揍对手,一边亲吻他们;一边竞争,一边合作。"实际上,WPP 已经在集团内部较好地避免和处理了这些利益纠纷与矛盾。

作为再次登上全球广告公关业霸主地位的索莱尔,眼下似乎应该宽心地歇歇了,可他似乎并不满足。他除了星期日去打打板球外,其余时间全扑在工作上。虽然最近取得了辉煌战果,但一种处于弱势的不服心理还时时在啃噬着他的心。他看到,Omnicom 公司目前的盈利状况胜过 WPP,而且其广告创意甚佳。索莱尔身边的人最懂他的心事:如果哪个竞争对手正在做的事是大家没有做的,他会欣羡不已;如果对手做的事特别前卫,他的妒忌心会加重一倍,然后自己也要全力以赴去做。

《财富》杂志的文章认为,对索莱尔来说,最危险的不是因为他动作太慢,而是太快了。索莱尔口口声声称他的难以抗拒的冲动是有节制的,"我们并不一定想成为最大,我们只想成为最好的。"索莱尔的话千万别信,他想两者兼得。

问题:
1. 根据文中给的资料分析索莱尔属于哪一类型的领导?依据是什么?
2. 写一份报告,谈谈作为领导者,你认为他是成功的吗?

答案:
1. 索莱尔是一个有合作精神、决策能力、组织能力、尊重他人的领导。从他愿意和大卫·奥格尔威一起合作,可以看出他的合作精神;在他的员工陷入思想的死胡同时,他也总是有一些创造性的解决办法;从他收购Y&R等公司的过程,可以看出他的决策能力;从他争取到Y&R公司中下层人员的人心,可以看出他的组织能力,也可以看出他尊重每一名员工。索莱尔还是一个参与型领导,一周有六天在工作。员工决策出现问题时,他也会给出合理的建设性意见。

2. 索莱尔是成功的领导者。他在收购Y&R、智威汤逊等公司时,所做出的决策都非常果断。这也使WPPO集团从1991年以来,股票上涨了40倍,重新成为全球广告公关业的老大。

索莱尔的想法很有远见且具有创意。他很早就看出广告公关业的未来所在,看到了媒体在逐渐细化,看到了广告商们逐渐在寻找更多的途径来推销他们的产品,索莱尔将整合和合并这些业务作为目标,这使他走在了大多数人的前面,可以很早地在广告公关业占据一席之地。

作为领导,索莱尔对员工也是慧眼识珠。他在收购一些公司之后,破格提拔员工,让他们身居高位,因此这些员工会更加努力地工作。索莱尔对员工十分尊重,这也使员工工作更加认真,更愿意留在公司工作。同时,索莱尔对那些毫不实干的高层也绝不手软。从贝尔事件可以看出,索莱尔还是一个精明的领导者。

索莱尔不只会做决策,他还是一个参与型领导者。在收购智威汤逊的初期,他与新任CEO曼宁一起走访客户,让公司在第二年就创下了最好的盈利纪录。

索莱尔在逆境中处理问题也很果断。在WPP集团几近破产时,索莱尔成功说服银行,以债转股,让银行接管WPP,使WPP得以存活下来。之后,索莱尔努力恢复自己对WPP的控制,进而通过收购Y&R使WPP重新成为广告公关业老大。

索莱尔的决策往往可以让员工从梦中惊醒。他的进取心更是永无休止,正如他身边的人说的那样:"索莱尔看到哪个竞争对手正在做的事是别人没有做的,他会欣羡不已,但如果对手做的事特别前卫,他的妒忌心会加倍,然后全力以赴地去做。"

索莱尔是一个既想做到做大,更要做到最好的人。而且,他有能力做到。总之,作为一个领导者,索莱尔是非常成功的。

课后作业——研讨与思考

课后作业 6-1

黄帝问路

上古时代,黄帝带领六名随从到贝茨山见大傀,半途迷路了。正巧,他们遇到一位放牛的牧童。

黄帝上前问道:"小孩,贝茨山往哪个方向走,你知道吗?"

牧童说:"知道呀!"于是,便指点他们方向。

黄帝又问:"你知道大傀住哪里吗?"

他说:"知道啊!"

黄帝吃了一惊,便借口问道:"看你小小年纪,好像什么事你都知道啊!"接着又问道:"你知道如何治国平天下吗?"

那牧童说:"知道,就像我放牧的方法一样,只要把牛的劣性去除了,那一切就平定了呀!治天下不也是一样吗?"

黄帝听后,非常佩服:真是后生可畏!原以为这个小孩什么都不懂,没想到他从日常生活中得来的道理,就能理解治国平天下的方法。

问题:

上述案例对你有什么启示?

课后作业 6-2

松下为何不说"不"

日本松下电器总裁松下幸之助的领导风格以骂人出名,但也以最会栽培人才而出名。

有一次,松下幸之助对他公司的一位部门经理说:"我每天要做很多决定,并要批准他人的很多决定。实际上只有40%的决策是我真正认同的,余下的60%是我有所保留的,或者是我觉得过得去的。"

经理觉得很惊讶,他认为如果是松下不同意的事,松下大可一口否决。

松下随后解释道:"你不可以对任何事都说不,对于那些你认为算是过得去的计划,你大可在实行过程中指导他们,使他们重新回到你所预期的轨迹。我想一个领导人有时应该接受他不喜欢的事,因为任何人都不喜欢被否定。"

问题:

上述案例对你有什么启示?

课后作业 6-3

面包与记者

假设你是可口可乐公司的业务员,现在公司派你去偏远地区销毁一卡车的过期面包(不会致命的,也无损于身体健康)。在行进的途中,刚好遇到一群饥饿的难民堵住了去路,因为他们坚信你所坐的卡车里有能吃的东西。

这时,报道难民动向的记者也刚好赶来。对于难民来说,他们肯定要解决饥饿问题;对于记者来说,他要报道事实;对于你来说,是要销毁面包。

现在要求你既要解决难民的饥饿问题,让他们吃这些过期的面包(不会致命,也无损于身体健康),以便处理这些面包,又要不让记者报道面包过期的这一事实,你将如何处理?

问题:

请提出你的处理方法。

课后作业 6-4

会让员工高兴的领导

某企业因各种原因经营不好,经理人经反复计算,年终奖金只能多发一个月,和往年的三个月差距较大。

经过反复思考,为了不使大家意见太大,他采取了这样的做法。

快接近年底时,办公室传出这样的消息:由于各种因素的影响,我们单位今年效益不好,需要裁员 20%。于是大家纷纷猜测谁在被裁之列,比如某人表现不好,某人今年有重要失误等。

一时间,人心惶惶,人人心理压力都挺大。于是,有人提出最好不要裁员,我们愿意在原来的基础上少拿一点工资,大家共同渡过难关。

在议论纷纷的情况下,经理出面讲话:虽然我们今年效益不好,但公司考虑再三,认为裁员 20% 不利于未来经营和发展,董事会经过研究,先保住大家的岗位,尽量不裁员。于是,全场欢呼,大家似乎忘记少发奖金的问题了。年关时节,能有个稳定的工作岗位,踏踏实实地过年已经让人非常满意了!谁还在乎奖金的多少呢!

大家精打细算,人人都做好了过年节省开支的准备。在临近放假下班前一小时,公司广播通知各部门领导人立即到经理办公室开会。会后,公司宣布年终为每个员工发一个月奖金。于是,整个公司沸腾了,大家异常高兴,这一年又能够过个富裕的年了。

问题:

上述案例对你有什么启示?

课后作业 6-5

员 工 辞 职

请阅读下面的一段对话。

美国老板：完成这份报告要花费多少时间？

希腊员工：我不知道完成这份报告需要多少时间。

美国老板：你是最有资格提出时间期限的人。

希腊员工：10 天吧！

美国老板：你同意在 15 天内完成这份报告吗？

希腊员工：没有作声。（他认为这是命令）

15 天过后。

美国老板：你的报告呢？

希腊员工：明天完成。（实际上需要 30 天才能完成。）

美国老板：你可是同意今天完成报告的。

第二天，希腊员工递交了辞职书。

问题：

从沟通的角度分析美国老板和希腊员工的对话，说明希腊员工辞职的原因并提出建议。

课后作业 6-6

对话褚时健：坚持做好一件事　见证时间"橙"色

2017 年 10 月 2 日，国庆、中秋双节之际，新浪财经和部分媒体一行，前往哀牢山拜访褚老。

褚老——被外界称为"持续创业者"的 90 岁老人，在一个多小时的访谈中，兴致高昂，妙语连珠。他笑眯眯地说：轻轻松松活过 100 岁。

他精神矍铄，一如他的褚橙事业已花开数朵；他信心满怀，相信后代们能把褚橙传承下去。

1. 道法自然

10 月 2 日清晨，如果没有媒体朋友到访褚橙山庄，他应该正在玉溪大营街菜市场转悠。

"我俩的生活，我负责伙食。"虽然老伴马静芬并不认可他的厨艺，但褚老很享受逛菜市场的过程，"就像种橙子，我如果不去果园转悠，就不知道果子的长势。逛菜市场，就是对生活的最真切了解。"

和逛菜市场一样，看《新闻联播》，几乎是他雷打不动的日常。当被问及中共中央近期出台的企业家精神新政有何看法时，他说，实际上有很多人，他们没有搞懂所谓的企业家究竟要对社会负怎样的责任。一个只关心资本升值的企业家是失败的，他还必须意识到自己肩负的义务,以及对国家、对社会、对员工的担当和责任。

面对记者有关2017年橙子何时采摘的提问,褚老亲手掰断一根嫩枝条:"还要修剪一轮新发的枝条,果子变黄就可以摘了。"

在褚老看来,采摘时间不是人为定的,是根据气候等各种因素决定的:"不是每年的采摘时间都固定,熟了就可以摘了。"

他崇尚道法自然,顺势而为。

2. 统一管理

2017年的云南,天气异常。年初无雨,所有的雨都集中在7月和8月下了,"这一年台风多,云南雨水也跟着多了"。他甚至记得这一年所有台风的编号。

正如马老太太所说,生活就是经历一次次磨难。这一年的雨水,就是对褚橙的磨难。好在从9月中旬开始,雨水停了。

"我们克服了雨水的冲击,现在的数据显示,褚橙的糖度指标正常,甚至还优于往年。"褚老关于"雨水多,可能导致褚橙不甜"的担忧解除了,因为他在雨水多的时候做了一个决定:把基地的沟渠扩宽挖深,不让雨水留在土壤里,从而避免被过多地吸到果实里稀释糖分累积。

他甚至具体管到了每户农户的灌溉水管上。他给他们安了统一的开关。"快到采摘时,往年会有极个别的农户多浇水,给果子加重。"基地有技术人员说,为避免后期出现突击的添重现象,褚老给管道加了"锁",由技术团队统一开关闸灌溉。

他统一管理,为品质把关。

3. 自揭家丑

"有人给我写信说,褚橙变味了。"面对记者们的长枪短炮,褚老自揭家丑,毫不避讳,主动提及2015年的褚橙品质问题。

虽然种植是靠天吃饭的活儿,但他没有把责任推给老天。"之前种得太密了!"褚老反思道,褚橙庄园最先种了34万棵橙树,经过这些年的砍伐,最终只剩下19万棵左右。仅2015年年底至2016年年初,砍树就达3万多棵。

"一边砍树,一边增产。"褚老说他边砍树,边和技术工人们研究如何抵御黄龙病、溃疡病,这两种病都算得上是橙树的癌症。特别是抵御黄龙病的成功,连到访的外国专家都为他点赞。

"好在2015年解决了,褚橙的味道又回来了。"谈及2015年的好评,褚老无比自豪。他配得上这种自豪,因为这都源于他的潜心研究——像研究烟草一样研究橙子。一个人有这种匠心加持,想不成功都难。

他自揭家丑,只为做好一件事。

4. 雄心壮志

有记者问:"褚橙都这么成功了,褚老是否会考虑闲下来休息一下?""我还是闲不住!"90岁的老人用这句话表达了自己的雄心壮志。

"褚橙赚的钱都投到其他基地上了。"这些年,褚老及褚橙团队并没有躺在胜利的蛋糕上,而是在云南建设了多个橙柑类的基地,将来总产量预计将达6万吨以上。

"投资了2亿多元,原本以为拿不回来,现在看来,可能一两年就收回来了。"在褚老的讲述下，一幅褚橙体系的雄伟版图清晰可见：褚橙庄园的橙子用"褚橙"商标，新平沃柑基地用"褚柑"商标，新平漠沙基地早橙用"实建"商标……

可以预见，褚橙及系列产品将无处不在。

在一个多小时的访谈中，褚老至少10次提到"质量第一"。

这种提及的密度，不像一个种植橙子的农人，更像一个工业企业的匠人。是的，他曾经是制烟的匠人，如今成了种橙的匠人。

90岁的褚时健，用他的实践告诉我们：坚持做好一件事，相信时间的力量。

问题：
1. 查阅相关材料，了解褚时健的人生经历。
2. 褚时健的经营理念表现在哪些方面？你是如何评价的？
3. 民营企业应如何进行管理创新？

推荐阅读书目

[1] 布伦特·施兰德，里克·特策利. 成为乔布斯[M]. 陶亮，译. 北京：中信出版社，2016.

[2] 乔治·达伊. 市场驱动战略[M]. 牛海鹏，等译. 北京：华夏出版社，2000.

[3] 詹姆斯·麦格雷戈·伯恩斯. 领袖论[M]. 刘李胜，等译. 北京：中国社会科学出版社，1996.

[4] 沃伦·本尼斯. 成为领导者[M]. 姜文波，译. 北京：中国人民大学出版社，2008.

第七讲

 教学目的与要求

1. 了解团队文化的理念
2. 熟悉中外企业文化融合的关键点
3. 掌握激励员工的技巧
4. 课外查找并总结中、美、日企业文化的异同点

 教学重点与难点

教学重点：外国企业的团队文化
教学难点：中外企业文化比较

主干案例

案例 摩托罗拉韩国总经理的故事

20世纪90年代初,作为摩托罗拉遍布世界的半导体和集成电路的大生产商之一的摩托罗拉韩国公司经营不善,摩托罗拉总部认为该公司已经不再具有摩托罗拉公司所能接受的运作能力了,并且提出了几个处理方案：①不增加投资,持续损耗劳动力,最终关闭公司；②把这家公司卖给一个韩国投资者,这个投资者将作为摩托罗拉公司的供应商；③尽可能迅速地关闭这家公司。但是,摩托罗拉经过认真分析,采纳了另一个建议：改变摩托罗拉韩国公司的文化,建立新的领导行为。

唐纳德·杰罗姆,这位来自美国得克萨斯,曾经参与了在墨西哥的一家公司的成功转型的国际经理人,成为摩托罗拉韩国公司的新总裁和总经理。他确信摩托罗拉韩国公司通过改变其管理文化会生成新生命。他和人力资源经理开始把焦点集中于重塑摩托罗拉韩国公司的企业文化和领导行为,并制订长期实施计划。

杰罗姆相信,在一个特定国家或是商业文化中,创造一种新的领导方式/管理文化,如果这种新的领导方式/管理文化仅局限在一个组织里,那么新建立的领导方式/管理文化可能和当地文化发生冲突。换句话说,这个公司并不改变公司之外的人们日常生活中的价值观或行为,而只是要求本地员工在组织里服从新的领导方式/管理文化。在这一思想指导下,杰罗姆和管理团队组成了一个完整的高层团队,并开发了一种模式。这种模式尊重韩国文化的方方面面,并且把韩国文化和美国文化的特点相融合,从而形成一种独一无二的摩托罗拉韩国公司的企业文化,其目标主要通过企业文化建立高效的团队,来提高企业的效率。

然而,在两个民族文化之间存在许多差异,这些差异导致公司经营上出现了一些困难。例如,在韩国加薪和提拔是基于资历,在美国则是基于业绩;韩国人对于命令言听计从,美国人则会请求更清楚地说明。但是,转型团队不能过于关注这些差异,而应强调共性。比如,大多数人都希望自己做好工作,他们希望自己因为做出了预期的贡献而被认可,他们渴望获得信任,渴望当他们被给予机会时能做得出色,他们不喜欢在其他人面前被批评,希望受到公平对待。

基于共性,摩托罗拉韩国公司团队提出了十条领导原则。

(1) 视雇员为一个有平等权利的人,明确地并且始终如一地给予信任和相互的尊重;

(2) 耐心和完整地倾听雇员的想法,鼓励人们抛开职位等级,进行开放性交流沟通;

(3) 有机会就积极地阐述观点和想法;

(4) 承认雇员的潜能,提供一个能让雇员展示潜能的环境,如果有必要,为雇员提供额外的学习机会;

(5) 设计一个在雇员、顾客和韩国社会中有积极效果的标识;

(6) 体谅雇员的想法,寻找机会提高他们的精神和态度的积极性,从而提供一个安全的和专业的工作氛围;

(7) 提供和保持一个参与性、创造性和协作的氛围;

(8) 拓展自我的现代管理技术知识,并且学以致用,鼓励他人也如此;

(9) 鼓励下级构建良好的领导原则并且积极地支持他们;

(10) 合理地训练人性中的四个方面:身体、心理、情绪和精神。

杰罗姆设计和开发了培训项目来推行新的文化和领导行为模式,使这种独特的企业文化深入人心。很快,摩托罗拉韩国公司又成为一个模范生产厂商。摩托罗拉总部随后推动其进一步发展,并且在韩国又建立了一个新基地。

知识点精要

一、领导角色转换

领导角色:巡警、裁判;啦啦队队长;冠军培养者;企业教练。

角色的转换是痛苦的。

二、企业文化融合

一个企业跨出国界经营,要实现商业目标必须融合三种文化——自己国家的文化、目标市场国家的文化、企业的文化,执行这项任务的当然是企业的国际经理人。

国际经理人必须建立更大的文化核心,这个文化核心要像一个工具箱,把更多的文化"工具"放进去,需要用的时候马上能调用。

建立工具箱的方法是了解自己国家的文化、目标市场的文化和自己企业的文化,能自如地使用这些"工具",就是国际经理人的跨文化管理能力。

作为国际经理人,既要掌握公司的原则性文化,又要根据不同的情景做出判断,适应本土具体情况,最难的就是有机地平衡普遍性和灵活性。要做到这样,不是一件容易的事,这需要经历一个不断提高的过程。

中国企业要成功跨国经营,就要不断打造经理人的文化工具箱。

三、激励员工的 21 个技巧

(1) 让每个人都了解自己的地位,不要忘记定期和员工讨论他们的工作表现;

(2) 给予奖赏,但奖赏要与成就匹配;

(3) 如果要做出某种改变,应事先通知;员工如能先接到通知,其工作效率一定比较高;

(4) 让员工参与制订同他们自身有关的计划和决策;

(5) 给予员工充分的信任,会赢得他们的忠诚和依赖;

(6) 实地接触员工,了解他们的兴趣、习惯和敏感事物,对他们的认识就是你的资本;

(7) 注意经常聆听员工的建议;

(8) 如果发现有人举止反常,应该留心并追查;

(9) 尽可能委婉地让大家清楚你的想法,因为没有人会喜欢被蒙在鼓里;

(10) 向员工解释要做某事的目的,他们会把事情做得更好;

(11) 万一犯下错误,要立刻承认,并表示歉意;如果你推卸责任、责怪旁人,员工一定会看不起你;

(12) 告知员工他所担负职务的重要性,让他们有责任感;

(13) 提出建议性的批评,批评要有理由,并帮助其找出改进的方法;

(14) 在责备某人之前要先指出他的优点,表示你只是希望能够帮助他;

(15) 以身作则,树立榜样;

(16) 言行一致,不要让员工弄不清到底该做什么;

(17) 把握好每一个机会,向员工表明你为他们骄傲,这样能够使他们发挥最大的潜力;

(18) 假如有人发牢骚,要尽快找出他的不满之处;

(19) 尽最大可能安抚员工的不满情绪,否则所有人都会受到影响;

(20) 制定长期、短期目标,以便让员工据此衡量自己的进步;

(21) 维护员工应有的权利和责任。

管理实例——悟性与启示

管理实例 7-1

秀才赶考

有一位秀才进京赶考,住在一个经常住的店里。考试前两天他做了三个梦,第一个梦是梦到自己在墙上种白菜;第二个梦是下雨天,他戴了斗笠还打伞;第三个梦是梦到跟心爱的表妹脱光了衣服躺在一起,但是背靠着背。

这三个梦似乎有些深意,秀才第二天赶紧去找算命先生解梦。算命先生一听,连拍大腿说:"你还是回家吧!你想想,高墙上种菜不是白费劲吗?戴斗笠打雨伞不是多此一举吗?跟表妹都脱光了躺在一张床上了,却背靠背,不是没戏吗?"

秀才一听,心灰意冷,回店收拾包袱准备回家。

店老板非常奇怪,问:"不是明天才考试吗,今天你怎么就回乡了?"秀才如此这般地说了一番,店老板笑了:"哟,我也会解梦的。我倒觉得,你这次一定要留下来。你想想,墙上种菜不是'高中'吗?戴斗笠打伞不是说明你这次有备无患吗?跟表妹脱光了背靠背躺在床上,不是说明你翻身的时候就要到了吗?"秀才一听,觉得店老板的话更有道理,于是精神振奋地参加考试,居然中了探花。

启示:

这个秀才听了算命先生的解梦,认为自己不会成功,准备收拾东西回家;店老板告诉他自己也会解梦,听了老板的解梦,秀才认为自己还有机会,于是精神振奋地参加考试,最后中了探花。从中可以看出激励的重要性,老板激励了秀才,才使秀才没有放弃考试。当他人遇到困难时,我们应该给予适当的激励,让他人有克服困难的勇气和信心,而不是劝他人放弃。我们的激励或许会让他人觉得还有希望,因而更加努力地去实现目标。同样,在组织中也需要适当的激励。激励可以让员工积极向上,有更加旺盛的精力,从而达到组织目标和员工个人目标在客观上的统一。

管理实例 7-2

鸭子只有一条腿

某王府有个著名的厨师,他做的拿手菜烤鸭深受王府里的人喜爱。不过,这个王爷却从来没有给过厨师任何鼓励,厨师为此整天闷闷不乐。

有一天,王爷在家设宴招待贵宾,点了数道菜,其中一道菜便是王爷最喜爱吃的烤鸭。

厨师奉命行事。然而,当王爷夹了一条鸭腿给客人后,却找不到另一条鸭腿。他问身后的厨师说:"另一条鸭腿到哪里去了?"

厨师说:"禀王爷,我们府里养的鸭子都只有一条腿!"王爷感到诧异,但碍于客人在场,不便问个究竟。

饭后,王爷便跟着厨师到鸭笼去查个究竟。时值夜晚,鸭子正在睡觉。每只鸭子都只露出一条腿。

厨师指着鸭子说:"王爷你看,我们府里的鸭子不都是只有一条腿吗?"

王爷听后,便大声拍掌,鸭子当场被惊醒,都站了起来。

王爷说:"鸭子不全是两条腿吗?"

厨师说:"对!对!不过,只有鼓掌,鸭子才会有两条腿呀!"

启示:

管理者只有给予员工适当的激励,才能让他们创造更好的工作绩效。因为工作绩效不仅取决于个体的能力,还取决于个体是否被激励。而激励不仅会影响员工选择反映的方式,而且会影响员工反映的程度。厨师的言下之意是,王爷应该给他适当的鼓励,否则他就不能完全发挥自己的实力。同理,管理者也要给予员工一定的鼓励,才能让他们以最佳的状态进行工作,从而使组织获得最大利益。激励是领导的重要职能,也是管理工作的重要内容。

管理实例 7-3

日立公司内的"婚姻介绍所"

在把公司看作大家庭的日本,老板很重视员工的婚姻大事。例如,日立公司内就设立了一个专门为员工架设"鹊桥"的"婚姻介绍所"。一位新员工进入公司后,可以把自己的学历、爱好、家庭背景、身高、体重等资料输入"鹊桥"计算机网络。当某位员工递上求偶申请书,他(或她)便有权调阅计算机档案。申请者往往利用休息日坐在沙发上慢慢地、仔细地翻阅这些档案,直到找到满意的对象为止。一旦他被选中,联系人会将挑选方的一切资料寄给被选方;被选方如果同意见面,公司就安排双方约会。约会后双方必须向联系人报告对对方的看法。日立公司人力资源部门的管理人员说:"由于日本人工作紧张,职员很少有时间寻找合适的生活伴侣。我们很乐意为他们帮这个忙。另一方面,这样做还能起到稳定员工、增强企业凝聚力的作用。"

启示:

在管理实践中,激励很重要。管理者需要对员工进行激励,不仅是在物质方面,在精神方面也要予以重视。日立公司内的"婚姻介绍所"恰恰就是在精神方面激励员工。老板关心员工的婚姻大事,营造了一种和谐、温馨的工作环境,让员工觉得公司就像家一样,使公司有了很强的凝聚力。同时,员工会以积极的态度来对待工作,从而提高了工作效率,提高了公司效益,使公司能够更好地发展。

从这个案例我们可以更好地了解到激励的重要性,以及管理者不仅要在物质方面对员工进行激励,也要在精神方面激励他们,这样才能起到最佳效果。

管理实例 7-4

西游团队的各自需要

八戒的需要是生理,激励八戒向前的因素主要有:食物、美色。

沙僧的需要是安全,激励沙僧向前的因素主要有:安全、秩序、自由。

白龙马的需要是归属,激励白龙马向前的因素主要有:友情、归属。

唐僧的需要是荣誉,激励唐僧向前的因素主要有:成就、尊重、欣赏(当然也包括自我欣赏)。

悟空的需要是自我实现,激励悟空向前的因素主要有:实现自我价值,包括学习、发展、创造力和自觉性。

启示:

人类主要有五个层次的需要,从低到高依次为:生理需要、安全需要、社会需要、尊重需要和自我实现需要。在一个团队中,处于不同层次的人有不同层次的需要。找准了每个人的需要,就可以确定合理的激励方法,使他们得到满足,为团队发挥最大的作用。管理者需要对团队成员先进行层次定位,然后了解其需要,再对其需要进行满足,从而使所有团队成员都得到激励。

管理实例 7-5

被误解的老板

某民营企业的老板在学习激励理论时受到很大启发,于是,决定付诸实践。他赋予员工更多的工作和责任,并通过赞扬和赏识来激励员工。结果事与愿违,员工的积极性非但没有提高,还对老板的做法强烈不满,认为他是在利用诡计来剥削员工。

启示:

激励通常是和动机连在一起的,主要是指人类活动的一种内心状态,是激发人的行为的心理过程。案例中的老板正是想通过激励来鼓励员工工作。

激励的原则:①目标结合原则。在激励机制中,设置目标是一个关键环节。目标设置必须同时体现组织目标和员工需要的要求。②时效原则。奖励必须及时,不能拖延。一旦时过境迁,激励就会失去作用。把握好激励的时效是一门艺术。③合理性原则。这包括两层含义:一是激励的措施要适度;二是奖励要公平。④以奖为主,以罚为辅。奖励和惩罚都是激励,最终目的都是调动人的积极性,消除组织中存在的消极因素。⑤物质激励和精神激励相结合的原则。物质激励是基础,精神激励是根本。

案例中的老板在利用激励理论的过程中,没有遵循目标结合原则,他只是按照自己所想的去做,而没有认真了解员工是怎么想的,以致造成员工和自己意见不一致。当我们决定采取某项措施去激励员工时,要看自己想给予员工的是不是员工迫切需要的。只有当员工所得能满足他们的需要时,激励效果才是最佳的。所以,利用激励理论要考虑激励的原则,将激励做到实处。

管理实例 7-6

管仲鼓舞士气

春秋时期,有一个少数民族国家叫山戎,地险兵强,屡屡侵犯齐国。

齐桓公决定以管仲为军师,亲自率兵攻打山戎国。

在一次行军中,齐国大军必须经过一段山路,只见顽山连路,怪石嵯峨,草木蒙茸,竹箐塞路。由于道路十分崎岖,不但辎重车辆十分难行,兵士也疲惫不堪。

正当大军行进得十分艰难的时候,管仲制作了《上山歌》和《下山歌》,并教士兵反复吟唱。一时间,军歌嘹亮,你唱我和,辎重车轮运转如飞,军队士气如虹。

齐桓公与管仲等登上备耳山顶观看。

齐桓公叹道:"寡人今日才知道军歌原来可以鼓舞士气啊,这是什么原因呢?"

管仲回答说:"但凡人疲劳过度就会伤神,而人一高兴就会忘记疲劳。"

齐桓公说:"想不到仲父人情练达到如此地步啊!"

后来,齐桓公催促军队加速前进,结果打了一个大胜仗。

启示:

引起人们工作动机的因素主要有两个:一是保健因素;二是激励因素。保健因素是指造成员工不满的因素。保健因素不能得到满足,易使员工产生不满情绪,消极怠工,甚至引起罢工等对抗行为。激励因素是指造成员工感到满意的因素。激励因素的改善能使员工感到满意,能够极大地激发员工的工作热情,提高劳动生产率。管仲通过制作歌曲,并教士兵吟唱,大大鼓舞了军队士气。士兵们士气高涨,最终才得以取得战斗的胜利。

管理实例 7-7

马云的成就动机

马云创业初曾对自己说过这么一句话:"假如我马云能够成功,中国百分之八十的人都能成功。"马云没有上过一流的大学,初中考高中考了两次。高考时数学 21 分,他的理想是上北京大学,但最后只上了杭州师范学院,而且是考了 3 年才考中。可以看出,马云此时已经具有极强的毅力、不放弃的精神。

马云在而立之年放弃高校教师的铁饭碗,选择"下海";他不顾众人反对,投身当时还不为大多数人所知的互联网行业;他到处宣传互联网,却被人们当成"骗子";当他一手创办的中国黄页终于赢来认可的时候,他却被迫离开黄页,北上进京;当他在北京成功地推出了网上中国商品交易市场、网上中国技术出口交易会、中国招商等一系列站点后,却选择离开北京,回杭州二次创业。如今,他创办的阿里巴巴已成为全球最大 B2B 电子商务平台,且连续多年被美国权威财经杂志《福布斯》选为全球最佳 B2B 站点之一。

我们看到了马云的自信、超凡的眼光、果敢的决断力。他知道自己要做什么而且想尽一切办法去做。他知道自己是谁,量力而行,绝不好高骛远。

至于为什么能获得如此巨大的成功,马云说道:"一个重要的原因是我们坚持下来了。"当然,马云和他的阿里巴巴团队不仅仅是为了上市、股份而创业,否则阿里巴巴很可能走不到现在。他们是为了"做一家中国人创办的世界上最伟大的公司"的理想而努力。今天,马云和他的团队又提出了新的目标:要将阿里巴巴做成世界第一,做成一个能活102年的企业。马云不仅有强烈的自尊心、自信心,还有一颗不断力争上游、锐意开拓创新、永不满足现状的进取之心。

启示:

马云的成就动机源于他有着坚定的毅力和不放弃的精神,加上他的自信、超凡的眼光、果敢的决断力等。成就动机是个体追求价值最大化的动机。它是一种内在驱动力的体现,同时也能够直接影响人的行为活动、思考方式,并且是一种长期的状态。马云满足了麦克利兰三类基本的激励需要,在拼搏中不断朝自己规划好的方向努力,进而实现了他的目标。

管理实例 7-8

工资全额浮动制度为何失灵

WH建筑装饰工程总公司是建筑装饰施工一级企业,实力雄厚,经济效益可观。

铝门窗及幕墙分厂是总公司下属最大的分厂,曾经在一线工人和经营人员中率先实行工资全额浮动制度,收到了不错的效果。为了进一步激发二线工人、技术人员及分厂管理干部的积极性,该分厂宣布全面实行工资全额浮动制度。这一决定宣布后的连续两天里,技术组几乎无人画图,大家议论纷纷,抵触情绪很强。经过分厂领导多次做思想工作,技术组最终被迫接受了现实。

实行工资全额浮动制度后,技术人员的月收入是在基本生活补贴的基础上,按当月完成设计任务的工程产值提取设计费。如玻璃幕墙设计费,基本上按工程产值的0.27%提成,即设计的工程产值达100万元,可提成设计费2700元。当然,技术人员除了画工程设计方案图和施工图,还必须作为技术代表参加投标,负责计算材料用量以及加工、安装现场的技术指导和协调工作。分配政策的改变使小组每日完成的工作量有较大幅度增加。组员主动加班加点,过去个别人"磨洋工"的现象不见了。然而,随之而来的是,小组里出现了争抢任务的现象,大家都想搞产值高、难度小的工程项目设计,而难度大或短期内难见效益的技术开发项目备受冷落。

彭工原来主动要求开发与自动消防系统配套的排烟窗项目,有心填补国内空白,但实行工资全额浮动制度三个月后,他向组长表示,自己能力有限,希望放弃这个项目,要求组长重新给他布置设计任务。

李工年满58岁,是多年从事技术工作的高级工程师。实行工资全额浮动制度后,他感到了沉重的工作压力。9月,他作为呼和浩特某装饰工程的技术代表赴呼市投标,因种种复杂的原因,该工程未能中标。他出差了20多天,刚接手的另一项工程设计尚处于准备阶段,故当月无设计产值,仅得到基本生活补贴78元。虽然在随后的10月,他因较高的设计产值而得到 1580 元的工资，但他依然难以摆脱强烈的失落感，他向同事们表示他打算提前申请退休。

尽管技术组组长总是尽可能公平地安排设计任务，平衡大家的利益，但是众人的意见还是一大堆。小组内人心浮动，好几个人有跳槽的意向，新分配来的大学生小王不辞而别。组长感到自己越来越难开展工作了。

启示：

工资全额浮动制度失灵，与没有采取正确的激励方法有密切关系。分厂全面实行工资全额浮动制度，本来是为了提高员工的积极性，但却取到了相反的效果，严重挫伤了技术工人的积极性。工资全额浮动制度的做法，增加了技术组的每日工作量，改善了过去个别人"磨洋工"的现象，但也加大了组内对提成高、难度小的工程项目设计的争抢，打击了员工研究高难度工程的积极性。

激励就是组织通过设计适当的外部奖酬形式和工作环境，以一定的行为规范和惩罚性措施，借助信息沟通，来激发、引导、保持和规划组织成员的行为，以有效实现组织及其成员个人目标的系统活动。因此，激励要遵循合理性原则。首先，激励的措施要适度，要根据所实现目标本身的价值大小确定适当的激励量。其次，奖惩要公平。分厂应该根据技术部门的实际情况制定分配制度，让员工付出的努力得到相应回报，满足部分员工的自我实现需要，让他们充分发挥自己的才能，为公司作贡献。

激励理论除了用到企业中，还可以应用到生活中。对自己的生活做好目标规划，采取相应的奖励和惩罚措施，可以让自己更好地达到目标。

管理实例 7-9

MTW 公司和员工制定"期望协议"

MTW 公司的销售额从 1996 年的 700 万美元跃升到 2000 年的近 4000 万美元，并建立了以人为本的文化，使公司从当初的 50 人发展到 215 人，人员流动率约为行业标准的 20%。

公司总裁兼首席执行官爱德·奥西认为，MTW 成功的基石在于公司和每位员工签订的"期望协议"。奥西解释，"期望协议"的价值在于"换位思考"。在此过程中，每一方都说出自己的目标，然后由他人再次重复目标。加入 MTW 公司的每一位员工都要签订一份"期望协议"，MTW 公司鼓励新员工提出所有的期望。奥西认为，这个过程中让员工说出他们心目中最重要的东西。比如，有时，人们希望有时间能够灵活地处理家庭事务，照顾上年纪的父母或者需要特殊照顾的孩子。

在 MTW 公司，"期望协议"是一个双向的、随员工的职业发展不断改进的文案，大约每六个月就要对它进行一次回顾，并进行修改。这使人们有较清晰的使命感，"公司知道你想去的地方，你也知道公司发展的方向"。在市场部工作的约翰说，与大多数 MTW 公司的员工一样，他的"期望协议"既包括共同的目标，也包括个人的目标。比如，他想获得公司支持，丰富软件市场的经历；他想找到一位导师帮助他变得更加专业；他想参加多个专业贸易协会,丰富行业知识;他想接触更多的经营活动,学习更多的业务知识,而不仅仅是营销。MTW公司赞同这些想法并在"期望协议"中以同样具体的条件要求他。公司让他及其团队在限定时间内重新设计和部署公司的网站。让他写三篇关于MTW公司的文章,然后在6个月的期限内发表。公司同时想让他参加某些行业会议开拓新的市场。之所以把协议写得如此详细,是为了提醒约翰。他说:"它有助于我制订计划,并在未来的一年内专注于这一计划。它可以让你反思你正在做的事情,同时也预期你应该做的事情。"

启示:

MTW公司和员工签订"期望协议",使员工有了清晰的使命感,"把自己的目标作为公司的目标,把公司的目标看作自己的目标"。在弗洛姆的期望理论中,激励力的大小取决于该行动所能达成的目标并能导致某种结果的全部预期价值,乘以他认为达成该目标并得到某种结果的期望概率。当人们对某一行动成果的效价和期望值同时处于较高水平时,才有可能产生强大的激励力。MTW公司的领导者巧妙地运用了这一激励理论,让员工签订"期望协议",定下自己的目标,让员工在追求自己理想的同时也实现公司的迅速发展。

管理实例 7-10

授奖会上的风波

某校在年终时,召开了一次授奖大会。当校长宣布本学期先进工作者名单,并请这些教师上台领取奖金时,却有一位中年男教师拒绝领奖。理由是:他不愿要这份奖金。

是不是这位教师自愧无功受禄?或是认为奖金太少,远没体现"按劳取酬"的原则?

该教师的工作热情、教学效果均列学校前茅,完全够得上先进资格,这一点全校教师有目共睹。他本人也并不认为近百元的奖金少。事实上,这一年先进工作者的奖金额度大大超过了往年。

事后,校领导特地将这份奖金送到了他家,但他就是坚持不收。

言语间,终于流露了他的本意:"我就是弄不清为什么张×(这位张×其他工作都一般,唯独人际关系特别好)也能得这份奖!"

校领导恍然大悟……

启示:

本案例体现了激励公平的重要性。该教师有事业心,比较看重名誉和地位,不能接受张某工作一般也能得奖的事实。对此,该教师感到不公平。激励的时候应该力求公平,多进行精神上的激励,比如给该员工再颁发一些奖项,改变奖励不公平的问题。

学校不是养鸡场,学校是创造、培养、教书育人的地方。学校不能唯绩效论,那样会形成教书育人和科研围着钱转。安定团结、宽松自由的学术环境才是学校最需要提供的。学校不能本末倒置,浪费人才,浪费金钱。在学校教育中应该深入现实,让激励更人性化,落实到为教师和学生服务的本质上。

综合技能——训练与提升

技能训练 7-1

童友玩具厂

童友玩具厂是生产木质的娃娃、小动物等牵引玩具的企业,历史较长,规模不大。产品质量不错,最近开始出口,而且订货有快速增多的趋势。

童友玩具厂里有个喷漆车间,全部用的是女工。玩具先在一道木工车间下料、砂光,然后进行部分组装,再经过浸泡假漆一道工序,就送到喷漆车间上漆。这些玩具多数只用两种颜色,当然也有多彩的。总之,每多上一道彩,就要在这车间多一道工序。

多年以来,该厂的产品是全部手工操作的。但近来需求增大,质量要求也高了。厂领导向银行贷了一笔款,请了设计院来改进本厂生产工艺和流程布局。喷漆车间也改装了。如今全部女工沿着一条直线坐着,头上装有一根环轨,上面悬挂着吊钩,不停地从女工们侧上方向前移动,慢慢进入一座隧道式远红外烘干炉。每位女工坐在自己的一个有挡板隔开的小工作间里,待漆的玩具放在每位女工右手边的托盘里,她们取来,放在模板下,把彩漆按照设计的图案,喷到玩具上没被模板挡住的部位上。喷完后,取出来挂到前方经过的吊钩上,自动进炉烘干。吊钩的移动速度是设计工程师做过时间动作研究,并经过计算后设计的;据说女工们只要经过恰当的训练,就能在经过她们头上边的吊钩还在她们够得着的范围时,把一只漆好的玩具挂上去,使每一吊钩都能有负荷,不会有空着的,因为运动速度就是按这个要求设计的。女工们的奖金是用小组集体计奖制。由于对新工艺还不熟练,在半年实习期内,她们还达不到新定额,所以发一笔"学习津贴",但逐月减少 1/6,半年后全部取消。那时就只能靠全组超过定额,才能得一笔集体奖金了。当然超额越多,奖金越多。

问题:

1. 预计改装后产量会上升、下降还是维持原有水平?
2. 该案例可采用哪几个激励理论来分析?

答案:

1. 预计改装后产量会上升。

该厂之前的产品全是手工操作,后来改进了生产工艺和流程布局,改装了喷漆车间。这些改变简化了女工们的工作程序,使她们的工作没有之前那么复杂。女工们的工作将变得轻松一些,这样就会有更多的时间和精力投入自己负责的那部分工作,工作效率就会有所提高。

女工们的奖金是采用小组集体计奖制。在半年实习期内,她们会有一笔"学习津贴",但逐月减少 1/6,半年后全部取消,她们就只能靠全组超过定额,才可以得到一笔集体奖学金。而且超额越多,她们获得的奖金就越多。这种奖励制度会激发女工们的工作热情,让她们努力达到新定额,或者尽可能多地超过定额,这样就会使该厂的产量有所提高。

2. 需要层次理论和双因素理论。

需要层次理论认为,人的需要由低到高依次是生理需要、安全需要、社会需要、尊重需要、自我实现需要。该厂首先改造了车间,满足了工人们的需要,然后制定奖励措施,让她们有足够的动力去实现自己的价值,尽可能多地去生产产品。

双因素理论认为,影响人们工作动机的因素有保健因素和激励因素。只有激励因素才能够给人们带来满意感,而保健因素只能消除人们的不满。车间改造和奖励措施都符合双因素理论,可以大大提高女工们的工作热情,进而提高产量。

技能训练 7-2

阳贡公司员工为何对工作不满意

阳贡公司是一家中外合资的集开发、生产、销售于一体的高科技企业,其技术在国内同行业中居领先水平。公司拥有员工 100 人左右,其中的技术、业务人员绝大部分为近几年毕业的大学生,其余为高中学历的操作人员。目前,公司员工普遍存在对公司的不满情绪,辞职率相当高。

员工对公司的不满始于公司筹建初期,当时公司曾派遣一批技术人员出国培训,这批技术人员在培训期间合法获得了出国工作人员的学习补助金,但在回国后公司领导要求他们将补助金交给公司。技术人员据理不交,双方僵持不下,公司领导便找些人逐个反复谈话,言辞激烈,并采取一些行政制裁措施给他们施加压力,但这批人员没有一个人按领导的意图行事,这导致双方矛盾日趋激化。最后,公司领导不得不承认这些人已形成一个非正式组织团体,他们由于共同的利益而在内部达成一致的意见:任何人都不得擅自单独将钱交回。他们中的每个人都严格遵守这一规定,再加上没有法律依据要求出国人员必须交回补助金,公司只好作罢。因为这件事造成的公司内耗相当大,公司领导因为这批技术人员"不服从上级"而非常气恼,对他们有了一些成见。而这些技术人员也知道领导对他们的看法,估计将来还会受到上级的刁难,因此也都不打算一心一意在公司长期工作。于是,陆续有人开始寻找机会跳槽。一次,公司领导得知一家同行业的公司来挖人,公司内部有不少技术人员前去应聘。为了准确地知道公司内部有哪些人去应聘,公司领导特意安排两个心腹装作应聘人员前去打探,并得到了应聘人员的名单。谁知这个秘密不胫而走,应聘人员都知道自己已经上了"黑名单",估计如果继续留在公司也不会有好结果,于是相继辞职而去。

由于人员频繁离职,公司不得不从外面招聘以补足空缺。为了能吸引招聘人员,公司向求职人员许诺住房、高薪等一系列优惠条件,但被招人员进入公司后,却发现当初的许诺难以条条兑现,非常不满,这些人工作了不久也要"另谋高就"了。为了留住人才,公司购买了两栋商品房分给部分骨干员工,同时规定,生产用房不出售,员工离开公司时,需将住房退给公司。这一规定的本意是想借住房留住人才,但却使大家觉得没有安全感,有可能即使在公司工作了很多年,但若将来有一天被公司解雇时,还是"一无所有"。因此,这一制度并没有达到预期效果,依然不断有人提出辞职。另外,公司强调住房只分给骨干人员,剩下将近一半的房子宁肯空着也不给那些急需住房的员工住,这极大打击了其他员工的积极性,使他们感到在公司没有希望。既然没有更好的出路,因此员工们工作起来情绪低落,甚至有消极怠工的现象。

在工资奖金制度方面,公司也一再进行调整,工资和奖金的结构变得越来越复杂,但大多数员工的总体收入水平并没有多大变化。公司本想通过调整,使员工的工作绩效与收入挂起钩来,从而调动员工的积极性;但频繁的工资调整使员工越来越注重工资奖金收入,而每次的调整后员工的收入水平又没有明显的改善,于是员工感到非常失望。此外,员工们发现在几次调整过程中,真正受益的只有领导和个别职能部门的人员,如人事部门。这样一来,原本希望公平的措施却产生了更不公平的效果,员工们怨气颇多,认为公司调整工资奖金,不过是为了使一些人得到好处,完全没有起到调动员工积极性的作用。

公司的技术、业务人员虽然素质较高,但关键职能部门,如人事部门的人员却普遍素质较低,其主管缺少人力资源管理知识的系统学习,却靠逢迎上级稳居这一职位。人事部门主管所制定的考勤制度只是针对一般员工,却给了与他同级或比他级别高的人员以很大的自由度,例如,规定一般员工每天上下班必须打卡,迟到1分钟就要扣除全月奖金的30%,这样,就在公司内部造成一种极不公平的状况,普通员工对此十分不满。于是,员工们也想出了一些办法来对付这种严格的考勤制度,如不请假,找人代替打卡或有意制造加班机会等方法弥补损失。公司人员岗位的安排也存在一定的问题。这位人事主管虽然自己没有很高的学历,但却盲目推崇高学历,本可以由本、专科毕业生做的工作由硕士、博士来干,而有些本、专科生只能做高中学历就能胜任的工作,这样,大家普遍觉得自己是大材小用,工作缺乏挑战性和成就感。员工们非常关心企业的经营与发展情况,特别是近来整个行业不景气,受经济形势的影响,企业连年亏损,大家更是关心企业的下一步发展和对策。但公司领导很少在这方面与员工沟通,更没有做鼓动人心的动员工作,这使员工看不到公司的希望,结果导致士气低下,人心涣散。

问题:

1. 阳贡公司员工不满意是因为公司不能满足他们的需要,从本案例中,员工最大的不满足在于(　　)。
    A. 生理需要,安全需要,社交需要
    B. 安全需要,社交需要,尊重需要
    C. 社交需要,尊重需要,自我实现需要
    D. 生理需要,安全需要,社交需要,尊重需要,自我实现需要
2. 阳贡公司内部非正式群体形成的原因是(　　)。
    A. 上级领导的高压政策形成的逆反心理
    B. 有人发起组织,一哄而起
    C. 共同的利益与感情
    D. 共同的兴趣与爱好
3. 阳贡公司最缺乏的激励方法是(　　)。
    A. 目标激励和强化激励　　　　B. 强化激励和支持性激励

  C. 支持性激励和领导行为激励 D. 领导行为激励和强化激励

4. 根据管理方格图理论，阳贡公司领导属于（ ）。
  A. 简单式   B. 任务式
  C. 中间式   D. 俱乐部式

5. 按照领导生命周期理论，阳贡公司领导对待职工应采取（ ）策略。
  A. 高工作，低关系   B. 高工作，高关系
  C. 高关系，低工作   D. 低工作，低关系

答案：

  1. D 解析：员工出国学习的补助金被要求强制收回、住房分配也没有得到实质性的解决，奖金制度经过多次调整也变得越来越复杂，大多数员工的收入水平并没有多大变化，这都说明员工最基本的生理需要得不到满足，而且这样做还让员工没有安全感，从而安全需要也无法得到满足。当一批员工在国外学习得到补助金后，公司领导要求他们将补助金交给公司，这引起了员工的强烈反抗，甚至形成了非正式组织来与公司领导抗衡。公司的管理者并没有好好与员工沟通，还使矛盾深化，损害了公司利益。公司在人员安排上也很不合理，很多员工觉得自己是大材小用，没有得到很好的尊重，在工作中无法实现自我价值。由此可见，尊重需要和自我实现需要也都没有得到满足。

  2. C 解析：员工外出学习得到的补助金被公司领导人要求强制收回，管理者的这一做法使员工产生了极大的抗拒，随后公司又对他们实行强压政策，使他们产生逆反心理。这些得到补助金的员工因为都不想把钱交给公司，为了维护共同的利益，他们形成了非正式群体。对于这笔补助金，公司其实可以将其作为奖励，这样就能充分调动员工的积极性，使他们为公司创造更多的效益。如果一定要收回，身为管理者应该从员工角度出发，理解他们，了解他们的需求，从而更好地与他们进行沟通，而不是采用强制手段。

  3. C 解析：首先，外出学习的员工得到的补助金并没有得到公司领导的支持，而是被强制要求收回。其次，员工的住房问题与奖金问题也没有得到很好的解决，大大降低了员工的积极性，损害了公司利益。近年来整个行业不景气，员工们非常关心企业的经营与发展情况，而领导者并没有针对公司或者行业问题对员工进行有效领导，甚至在人事安排上存在不合理性，结果导致士气低下，人心涣散。

  4. B 解析：阳贡公司领导者对公司的生产、开发极为关心，而忽略了对员工的关心，从他们强制要求员工上交学习补助金、不合理的工资奖金制度、不公平的人事安排等可以看出，公司领导是在用强制性的权力来控制员工，所以属于任务式。

  5. C 解析：阳贡公司员工趋于成熟，领导者应采取参与式的管理方式，要多与员工进行沟通。目前该公司员工对领导存在不信任感，所以领导应多与员工沟通，听取员工诉求和建议，改善上下级关系，增强相互之间的信任，提升公司内部的凝聚力。

技能训练 7-3

一碗牛肉面的故事

  我和朋友在路边一个不起眼的小店里吃面，由于客人不多，我们就顺便和小老板聊了

会儿。谈及如今的生意,老板感慨颇多:他曾经辉煌过,于兰州拉面最红的时候在闹市口开了家拉面馆,日进斗金,后来却不做了。

朋友困惑地问他为什么。

"现在的人'贼'着呢!"老板说,"我当时雇了个会做拉面的师傅,但在工资上总也谈不拢。""开始的时候为了调动他的积极性,我们是按销售量分成的,一碗面给他5毛的提成。经过一段时间,他发现客人越多,他的收入也越多,于是,他就在每碗里放超量的牛肉来吸引回头客。""一碗面才四元,本来就靠薄利多销,他每碗多放几片牛肉,那我还赚哪门子钱啊!""后来看这样不行,钱全被他赚去了!就换了种分配方式,给他每月发固定工资,工资给高点也无所谓,这样他不至于多加牛肉了吧?因为客多客少和他的收入没关系。""但你猜怎么着?"老板有点激动了,"他在每碗里都少放牛肉,把客人都赶走了!""这是为什么?"现在开始轮到我们激动了。"牛肉的分量少,顾客就不满意,回头客就少,生意肯定就清淡;他(大师傅)才不管你赚不赚钱呢!他拿固定的工钱,巴不得你天天没客人,自己才清闲呢!"

就这样,一个很好的项目,因为管理不善而黯然退出市场,尽管被管理者只有一个。

问题:

1. 一碗牛肉面的故事反映出了小企业管理中的哪些问题?
2. 应如何对大师傅进行激励?饭店工作程序、定额消耗以及制度应如何规范?

答案:

1. 这个故事反映了小企业管理中的常见问题:①激励问题,面馆老板应根据每碗面的顾客可接受效用来制定材料定额,然后按照销售量给大师傅进行提成,但前提是月度材料消耗不得偏离定额太多。②规范管理问题,面馆必须制定工作程序、定额消耗以及制度规范,进行规范化管理。例如,确定标准作业程序,就是将某一项工作的标准操作步骤和要求以统一的格式描述出来,包括面条的量、水的量、肉的量等,同时制作方法和工艺也要标准化;确定定额消耗,与对大师傅的激励密切关联;确定薪酬水平,参考社会上的平均工资和本店的盈利水平,结合师傅的劳动量、劳动结果进行综合评定。老板只有掌握了面馆的所有权,才可能有大师傅为他打工;掌握了牛肉的分发权,才有可能防止材料浪费和滥用。有效的经营监督就是这样。③沟通问题,任何工作除了要有监督、控制,还需要有效的沟通。在这种作坊式的小企业里,老板与员工每天都有大量时间接触,关系是否和谐非常重要。唯有靠小老板良好的个人魅力并善待员工,才会让员工内心产生归属感和满足感,积极工作,努力创造更多的利润。

2. 通过以上的分析,拉面馆老板应借鉴以下方法来进行管理。

(1) 底薪加提成,提高积极性。

(2) 不能把全线流程的权力都下放给大师傅,比如加牛肉的量。

(3) 建立有效的制度,包括奖赏和惩罚,根据顾客的满意程度和利润来建立制度。

(4) 大师傅的工资提成不能只和销量挂钩,还应该和利润挂钩,例如可以约定"一碗面利润的30%归大师傅"。

(5) 要和员工进行有效的沟通、激励,平时要给大师傅精神上的奖励,让大师傅认为自己也是面馆的主人。

技能训练 7-4

防止小道消息传播的圆桌会议

Y公司是国内大型民营企业,这几年的发展可谓如日中天,每年业绩以100%的增速成长,主导产品的市场占有率也在50%以上。在公司经营情况总体向好的情形下,公司总裁却时常觉得有点烦。原因在于公司内小道消息满天飞,一些企业内的非正式组织津津乐道于捕风捉影的事情。比如,公司在外面欠了许多钱,某某市场部的经理拿了公司货款跑了等,这些小道消息极大地影响了员工士气与团队精神,更可怕的是员工对企业的信心与向心力也因小道消息的传播而减弱。

为防止小道消息传播,公司专门召开了一次圆桌会议,参加会议的人员名单如下。

诸××:某食品公司常务副总经理。

韩××:某品牌管理咨询公司副总经理。

王××:某猎头公司总经理。

高××:某管理咨询公司总经理。

1. 都是信息渠道惹的祸

诸××:小道消息几乎每个企业都存在,很让人头痛。小道消息为什么能大行其道?其中一个重要因素在于:企业方面的信息缺乏正常传播渠道,企业领导没有意识到,在企业内建立规范信息传播渠道的必要性与重要性。企业没有给员工建立正常的信息沟通渠道,员工自然只能通过非正式组织及企业内部所谓"消息灵通人士"去获悉有关信息。

王××:我觉得企业内部小道消息之所以有市场,源于人类爱好闲聊、喜欢传递一些好奇或者隐私信息的特性。

韩××:一是每个员工在所掌握的信息上存在不对称现象;二是一个企业中非正式组织有存在是在所难免的。每个人都可能因为未掌握事情的真实情况而产生猜疑,同时在自己的非正式组织中加以传播,于是就产生了"小道消息"。

2. 建立"官方"传播渠道

诸××:疏、堵结合很重要。一是"疏",创办一份企业内刊,将相关信息传递给员工;二是建立管理层与员工定期沟通交流机制,及时消除员工的疑虑、误会;另外,针对企业内部有中央音响系统的状况,开办内部电台,使信息能在第一时间传达给员工。建立多层次、立体化的正常"官方"信息传播渠道,让员工有多种途径了解企业,这样小道消息自然大幅减少。"疏"的同时,"堵"的工作还是要做,要制定出一些禁止小道消息传播的制度。

要培养员工积极的心态。企业首先做的是有关理念、态度方面的培训工作,同时趁热打铁,针对培训内容与"小道消息对企业与个人的危害"展开大讨论。

王××:不过,针对Y公司的情况,首先应该解决的是已经产生的谣言,对此要善于利用事实。比如某某市场部的经理拿公司货款跑了,可以请那个经理在公司的公开会议上做工作报告,协助传递和澄清某些事实。至于一些不易澄清的事情,可以使用相反的结论来推翻谣言产生的前提。只要公司处理事情的态度客观公正,谣言一般会不攻自破。

不过,防止有害消息的产生是最根本的问题。一般主要采取诸××讲的疏导方法;另外在企业文化建设上，提倡诚信为本，公司领导言出必行，承诺一定兑现。

3. 让工作内容丰富化

韩××：第一，实现"透明化"管理，对员工关心的一些问题，如人事变动、薪资调整、公司转型、财务状况等进行定期发布，可借助企业内刊，也可借助内部网络。第二，强化内部沟通，提高各级例会质量，及时发现问题、解决问题。在小道消息刚出炉时，就对其进行修正或阻截，影响自然就会小一些。第三，引导非正式组织的舆论导向，使员工自觉地从意识上杜绝小道消息的传播。第四，从小道消息中查找企业工作的缺陷。

高××：俗话说"无风不起浪"。首先，信息源的管理非常重要。公司的中高层管理干部是信息源的关键掌握者，所以首先要使中高层管理干部具备良好的沟通素质。培训是有效的途径。在一个组织中，沟通的渠道包括会议、文件、口头、座谈会、内刊、指令等。公司必须根据信息的性质和重要性，选择合适的沟通渠道和方式。而对于那些喜欢搬弄是非一小部分人，则要给予教育。

其次，让工作丰富化。就像王××说的，这需要适宜的制度创新和工作流程优化。

最后，要形成富有责任感的沟通文化，要让公司每一位员工形成"说出的话不仅要对自己负责，还要对同事和公司负责"的认识。

问题：

1. 结合该案例谈谈沟通在企业管理中的作用。
2. "小道消息"与非正式沟通是一个概念吗？如果不是同一概念，它们有什么区别？
3. 企业应该如何对待"小道消息"？

答案：

1. 在企业管理中，沟通的作用主要有四种：控制、激励、情感表达和信息流通。沟通可以控制员工的行为。主管和团体领导通过沟通把规定、指令传达下去，员工的工作情况和意见、建议通过沟通反馈给管理高层，且员工们必须遵守组织中的权力等级和正式指导方针。比如他们首先要与上级交流工作方面的困难，要按照工作程序工作，要遵守公司的政策法规等，通过沟通可以实现这种控制功能。此外，沟通可以起到激励作用，管理者可以通过各种宣传、鼓动和表扬来激励员工，说明工作的具体内容和进展情况，这会有助于推进工作。至于情感表达和信息流通，更是沟通的基本职能。

2. 小道消息与非正式沟通不是同一个概念。小道消息的传播是一个非正式的沟通系统，它与组织中的正式沟通系统并存。小道消息包括所有的非正式信息，包括员工与社区中的其他人非正式传播的组织信息。由于小道消息的传播由社会交往而产生，因而是多变的、动态的、多样化的。它是人们本能的沟通动机的流露，组织不可能"解雇"它，因为它并不是组织雇佣的。研究表明，小道消息通常出现在以下三种情况下：一是情况对人们具有重要性；二是现实情况令人有模糊感；三是现实情形令人焦虑。这三种情形在组织中会经常发生，再加上组织中有各种秘密和竞争，小道消息就特别有市场。促使小道消息传播的典型情境包括公司裁员或兼并、解雇或晋升、工资调整或是引入新技术等。

3. 小道消息对企业有有利的一面，但大多数情况下它对企业是有害的，所以我们应该掌握应对小道消息的方法。由于小道消息通常是不完整的，而且这种不充分性会在传播中不断积累，所以人们经常会产生极大的误解。但是，小道消息很难杜绝，为了减少小

道消息所带来的负面影响,管理者需要倾听并研究小道消息,并以不同的方式影响它。可以采取的方法包括:

(1) 明确公开进行重要决策的时间表,这样可以减少人们的焦虑和猜测;

(2) 解释说明那些可能显得不协调或具有神秘色彩的决定或行为;

(3) 强调目前的决策与未来的计划有保密的必要性,而不是躲藏、遮掩;

(4) 公开讨论最坏的情况,这比听凭人们胡思乱想要好一些;

(5) 有意地向非正式沟通渠道透露一些消息,使小道消息中有更准确的信息,为组织服务。

技能训练 7-5

迪特公司的员工意见沟通制度

迪特公司是一家拥有 12000 余名员工的大公司,早在很多年前该公司就认识到员工意见沟通的重要性,并且不断地加以实践。现在,公司员工的意见沟通系统已经相当成熟和完善。特别是在面临全球性的经济不景气时,这一系统对提高公司劳动生产率发挥了巨大的作用。

迪特公司的员工意见沟通系统建立在这样一个基本原则之上:个人或机构一旦购买了迪特公司的股票,他就有权知道公司的完整财务资料和一些更详尽的管理资料。迪特公司的员工意见沟通系统主要分为两个部分:一是每月举行的员工协调会议;二是每年举办的主管汇报和员工大会。

1. 员工协调会议

早在 20 年前,迪特公司就开始试行员工协调会议,即每月举行一次公开讨论会。在会议上,管理人员和普通员工共聚一堂,商讨彼此关心的问题。在公司的总部、各部门及各基层组织都要举行协调会议。这种会议是标准的双向意见沟通系统。

在开会之前,员工可事先将建议或怨言反映给参加会议的员工代表,代表们将在协调会议上把意见转达给管理人员,管理人员则可以利用这个机会,同时将公司政策和计划讲解给代表们听,互相之间进行广泛的讨论。

公司内共有 90 多个类型组织。如果有问题在基层协调会议上不能解决,则应逐级反映上去,直到得到满意的答复为止。事关公司的总政策,一定要在首席代表会议上才能决定。如果总部高级管理人员认为意见可行,就立即采取行动;如果认为意见不可行,也要向大家解释。员工协调会议的开会时间没有硬性规定,一般都是一周前在布告上通知。为保证员工意见能迅速逐级反映上去,基层员工协调会议通常先行召开。

同时,迪特公司也鼓励员工参与另一种形式的意见沟通。公司安装了许多意见箱,员工可以随时将自己的意见或问题投到意见箱里。为了配合这一计划实施,公司还特别制定了一项奖励规定,凡是员工意见被采纳后产生了显著效果的,公司将给予优厚的奖励。如果员工对这些间接的意见沟通方式不满意,还可以用更直接的方式来面对面和管理人员交换意见。

2. 主管汇报和员工大会

对员工来说,迪特公司主管汇报和员工大会的性质,和每年的股东大会类似。公司员工每人都可以接到一份详细的公司年终报告。

这份主管汇报有20多页,包括公司发展情况、财务报表分析、员工福利改善情况、公司面临的挑战以及对员工协调会议所提主要问题的解答等。公司各部门接到主管汇报后,就开始召开员工大会。

员工大会都是利用上班时间召开的,每次人数不超过250人,时间大约3小时,大多在规模比较大的部门里召开,由总公司委派代表主持会议,各部门负责人参加。会议先由主席报告公司的财务状况和员工的薪金、福利、分红等与员工有切身关系的问题,然后便开始问答式的讨论。

在员工大会上禁止提出有关个人问题。员工大会不同于员工协调会议,提出来的问题一定要具有一般性和客观性,只要不是个人问题,总公司代表一律尽可能予以迅速解答。员工大会比较欢迎"预先提出问题"这种方式,因为这样可以事先做好充分准备,不过大会也接受临时性的提议。

问题:
1. 迪特公司是怎样具体实施员工沟通制度的?
2. 试分析迪特公司的总体指导原则是什么?依据是什么?

答案:

1. 迪特公司的员工沟通系统主要分为两个部分:一是每月一次的员工协调大会;二是每年一次的主管汇报和员工大会。首先,公司每个部门内部每月都会召开一次大会,在会议上,管理人员与普通员工共聚一堂,商讨彼此关心的问题。这种会议是标准的双向意见沟通系统。具体步骤是:部门基层员工申述工作问题或困难,递交给部门员工代表,员工代表收集意见,然后代表在协调大会上与部门主管问答式解决问题。如果有问题在员工协调会议上不能解决,就将问题递交上一级,以此类推,直到得到满意的答复为止。其次,公司每年都会召开一次大型员工大会,由总公司主办,会议之前向全体员工发放人手一份的主管报告,内容涉及公司财务、发展趋势、福利薪酬制度等关系到员工利益的问题。总公司代表一律尽可能予以迅速解答。公司还安装了许多意见箱,员工可以随时将自己的意见或问题投到意见箱里。迪特公司为此特别制定了一项奖励规定,凡是员工意见被采纳后产生了显著效果的,公司将予以优厚的奖励。

2. 迪特公司的总体指导原则是以人为本,以员工为中心。公司的员工意见沟通系统是建立在这样一个基本原则之上:个人或机构一旦购买了迪特公司的股票,他就有权知道公司的完整财务资料和一些更详尽的管理资料。

每月一次的员工协调会议让员工有了一个反映问题,维护自己权益的机会。在会议上,管理人员和普通员工商讨彼此关心的问题。而在会议上不能解决的问题会被逐级反映上去,直到满意为止。

每年一次的主管汇报和员工大会,公司的员工每人都可以接到一份详细的公司年终报告。在会议上,主席会报告公司的财务状况和员工的薪金、福利、分红等关系到员工利益的问题,然后开始问答式的讨论。员工们提出来的问题,只要不是个人问题,总公司代

表一律尽可能予以迅速解答。这些措施让员工们能够感觉到：自己的任何诉求和问题都有倾诉和寻求帮助的渠道。这种归属感对于工作压力大特别是漂泊在外的打工人群是尤为需要的，让员工感觉到"公司是自己的坚强后盾"，无疑更能提高劳动生产率。这种"以人为本、以员工为中心"的做法能够大大提高员工的积极性。

技能训练 7-6

上海施乐公司的培训、考核与激励

上海施乐复印机有限公司是一家中美合资企业，公司在人力资源管理方面形成了一种以激励为主导，以员工职位称职能力评估为中心的人事管理模式。

施乐公司在业务发展过程中，员工队伍始终在优胜劣汰的竞争与发展中。公司每年的人员流动率在6%～8%，其中，有个人原因申请离职的，有经考核低于岗位要求、被公司辞退的，以及机构调整被精简的。但在控制员工人数的同时，公司也非常注重引进企业业务发展急需的高层次人才和现有员工队伍的培训提高。

上海施乐公司把员工个人技能培训和个人发展作为一种激励，贯穿在对员工的"培训——考核——评估——再培训"的循环之中。公司为员工提供内部提高技能的发展晋级机会，并制定了空缺岗位内部应聘程序，鼓励员工向更高一级岗位发展；而员工培训计划则为每个员工个人发展提供了在岗位技能、管理知识等方面得到提升的支持。

为了给个人成长发展提供条件与机遇，公司每年选派人员赴美国施乐公司培训，把新产品开发和项目管理的重任委以年轻的工程技术人员，充分调动和发挥个人的才能，这也是对员工个人价值的认可和最好的激励，同时也是对他们的创新能力的激发。例如，2002年4—5月，施乐复印机中有些控制芯片的元器件未能在国内外采购到。这不仅会影响现行产品的生产和出口订单的交货，也会对新产品开发和施乐其他海外工厂经营带来影响。上海施乐公司的两名工程师凭着丰富的技能和对公司负责的精神，进行创新设计，采取用其他元器件代替的方法，经日夜工作研制成功。他们为施乐公司在世界的其他工厂解决了难题，因此得到了总公司的特殊奖励和通报表彰。

上海施乐公司建立了一套较为理想的绩效评估系统，以称职能力为中心的绩效评估体系，这使公司的目标管理和考核员工工作绩效，以及如何评估员工岗位称职能力，改进员工技能，合理实施奖励等都有了一套科学的方法。上海施乐公司在多年的实践中体会到，员工的绩效评估体系应建立在以下几点基础上。

（1）必须建立一个岗位描述和目标管理体系，使每个员工明白自己的职位应承担的职责、工作目标和应达到的工作要求和标准。

（2）公司对不同岗位的工作人员实施不同的考核评估方法。例如，对销售人员、售后服务维修人员采用每月目标考核办法；对装配厂的操作人员实行每季度的质量标准考核办法；对管理人员按年度目标考核办法。

（3）对工作目标和员工绩效评估的同时，还要对员工个人技能和管理、工作能力作一个详细的评估，并指出他影响绩效的主要障碍和改进的方向。

（4）每次绩效考核评估结束后，应有一个员工和他的直接主管或经理的谈话程序。

这是一个很重要的沟通交流,真实地告知评估结果,肯定被考核者的工作业绩,指出在工作中的障碍与差距,这对员工发展和公司目标的完成至关重要。

(5)正确公正地评估员工的工作业绩,是对员工的认可,对其工作成绩的肯定,这是对个人最好的激励。

(6)尽量利用好绩效评估的结果,如作为年终奖金分配、薪资调整的依据;作为公司内部岗位提升晋级的参考;对于考评结果低于岗位目标要求者,也作为劳动合同按期终止或解除的依据。

上海施乐公司每年度举行一次员工满意度调查(公司内称为EMSS,即雇员激励及满意度问卷调查)。这是上海施乐在管理上的一个特点。员工满意度调查的问卷内容设计、调查方式选择和调查实施的过程,实质上是全体员工对公司管理层的考核评估,也是员工参与管理的过程。对公司改进管理,加强沟通,提高员工的积极性,会发挥很大的正面作用。

员工满意度调查问卷的内容,可以包括:对管理层的决策、执行、沟通;管理层对下属的交流与反馈、尊重与信任、公平与合作;以及对员工激励、培训、发展、薪酬、团队合作等方面。通过70多个问题,进行不记名的个人满意度倾向的调查。调查结果通过第三方进行统计分析,所以,这也是一个公平、公开和公正的对管理层工作与能力的评估。

每年度员工满意度调查工作主要有以下几个过程:年初公开年度EMSS的目标,每年11月实施调查,随后公布调查结果,进行根源分析,提出改进计划,实施改进,并向员工反馈改进的结果情况。施乐在实践中感到,员工满意度调查结果出来后采取的这一系列活动是体现调查效果的关键,是达到调查的目的、找出根源、提出措施、实施改进、提高员工参与积极性的重要环节。

例如,在一年调查结果中员工对"交流、信息"的项目满意度不高,工作小组(公司内跨部门人员组成)进行了根源分析,认为主要有三方面原因:高级经理对交流不重视;上下级的交流没有制度化、经常化;交流工具少、方式单一化等。针对管理上的问题和根源,他们制订了行动计划,其内容包括:高级经理、部门经理定期与员工代表召开"圆桌会议"交流意见、分享信息;公司每年召开两次员工大会,会上除了总经理向员工报告公司经营状况,还安排了员工向总经理提问、相互对话的时间;各部门每月一次员工会议;人力资源部和工会走访职工家庭,特别是长期出差或出国人员家庭,并加强与分公司职员的交流,等等。对于这一系列的行动和实施后的情况,都要向员工反馈,公布上述项目的完成情况,以改进管理,增强员工参与的积极性。

问题:

1. 你认为上海施乐公司将为员工个人成长发展提供条件与机遇作为激励手段,起到了什么作用?
2. 为什么上海施乐公司每年要进行一次员工满意度调查?
3. 写一份报告,对上海施乐公司的激励机制进行评述。

答案:

1. 激励的目的在于激发人们的正确动机,调动人们的积极性和创造性,充分发挥人们的才智,从而保证其所在组织单位能有效地存在和发展。激励的手段有很多种,将为员工个人成长发展提供条件与机遇作为激励手段。其对公司的作用有以下几个方面:①能够促进人们产生工作满意感,属于激励因素。它是工作本身给予的激励,属于内在激励,可以极大地调动员工的积极性,提高员工的工作绩效。②公司将培训作为一种激励,不仅可以提高员工的岗位技能水平,还有助于公司形成良好的学习氛围。在组织文化中加入学习、上进等元素,这对公司的未来发展十分有益。③公司制定了空缺岗位内部应聘程序,鼓励员工向更高一级岗位发展,提升了员工对公司的忠诚度及归属感,增强了员工对公司的满意度,同时也有利于公司招聘到优秀的人才,减少员工的流动率,保持人员稳定。

2. 上海施乐公司每年进行一次员工满意度调查,其原因如下:①员工满意是企业最终用户满意的保证,对公司的意义重大。只有具备一支高素质并且高满意度的员工队伍,才能使公司生产出高质量的产品和提供优质的服务,从而获得用户满意,使公司各项目标得以实现。②对员工进行满意度调查可以让员工参与公司管理,提高员工的工作积极性,对公司发展有促进作用。③对员工进行满意度调查有助于集思广益,这种集体决策质量高、可行性高、民主性高、稳定性高,有助于公司做出正确的决策。④对员工进行满意度调查有助于加强管理者与员工的沟通。这种沟通有利于管理者了解员工,并进行必要的指导,以便最大限度地发挥员工的积极性和创造性。同时,这种沟通有利于员工与公司保持同步,以提高组织效率。⑤对员工进行满意度调查有助于组织中形成和谐的组织文化,使员工更主动地工作并且积极表达自己的想法,使员工的智慧和能力在公司得到更充分的施展,这对员工和公司都十分有利。

3. 施乐公司的激励机制有以下几种:①培训。培训可以使员工素质得到极大提高,使员工具备向更高一级岗位发展的条件,这对员工是个很大的激励,能够调动员工的积极性。同时,经培训后,员工素质提高对公司的发展也有很大帮助。②个人发展。公司制定了空缺岗位内部应聘程序,为员工提供内部晋级机会,有助于保持人员稳定,提高员工的忠诚度。③绩效评估。公司为每个员工建立明确的目标,让每个员工明白自己的职位应承担的职责、工作目标和应达到的工作要求和标准,这不仅可以提高员工的士气,还有助于让员工更主动地工作并实行自我管理。④绩效评估结果的利用。员工的绩效评估结果与年终奖金分配及薪金调整、公司内部岗位提升晋级、员工淘汰都有直接关系,有助于员工绩效的提高。⑤每年进行一次员工满意度调查,并根据调查结果进行改进,这种让员工参与管理的形式有助于改进组织管理水平,构造和谐的组织文化。

施乐公司在激励机制方面做得相当好,不仅增强了员工对组织的忠诚度与自豪感,还使公司拥有了一支高素质并且高满意度的员工队伍,增强了公司的竞争实力,增加了公司效益。

课后作业——研讨与思考

课后作业 7-1

鞋 带 松 了

有一位表演大师上场前,他的弟子告诉他鞋带松了。大师点头致谢,蹲下来仔细系好。等到弟子转身后，大师又蹲下来将鞋带解松。有一位旁观者看到了这一切，不解地问："大师，您为什么又要将鞋带解松呢？"大师回答道："因为我饰演的是一位劳累的旅者，长途跋涉让他的鞋带松开，通过这个细节可以表现出他的劳累和憔悴。""那你为什么不直接告诉你的弟子呢？""他能细心地发现我的鞋带松了，并且热心地告诉我，我一定要保护他的积极性，及时地给他鼓励。至于为什么要将鞋带解开，将来会有更多的机会教他表演，可以在下一次再和他说明。"

问题：

上述案例对你有什么启示？

课后作业 7-2

小 道 消 息

斯塔福德航空公司是美国北部的一个发展迅速的航空公司。然而，有一段时间，在其总部发生了一系列的传闻：公司总经理波利想卖出自己的股票，但又想保住自己总经理的职务。这是公司内部一个公开的秘密。他为公司制定了两个战略方案：一个是把航空公司的附属单位卖掉；另一个是利用现有的基础来重新振兴公司。他自己曾对这两个方案的利弊进行了认真的分析，并委托副总经理本查明提出一个参考意见。

本查明曾为此起草了一份备忘录，随后叫秘书比利打印。比利打印完毕后，即到职工咖啡厅去。在喝咖啡时比利碰到了另一位副总经理肯尼特，并把这一秘密告诉了他。比利对肯尼特悄悄地说："我得到了一个极为轰动的最新消息。他们正在准备成立另外一个航空公司。他们虽说不会裁减职工，但是，我们应联合起来，有所准备啊！"这话又被通讯员听到了，他立即把这个消息告诉他的上司巴巴拉。巴巴拉又为此事写了一个备忘录给负责人事工作的副总经理马丁，马丁也加入了他们的联合阵线，并认为公司应保证兑现其不裁减职工的诺言。

第二天，比利正在打印两份备忘录，备忘录又被某办公室探听消息的人摩罗看见了。摩罗随即跑回自己的办公室说："我真不敢相信公司会做出这样的事来。我们要被卖给联合航空公司了，而且要大量削减职工呢！"这消息传来传去，三天后又传回到总经理波利的耳朵里。波利也接到了许多极不友好甚至敌意的电话和信件。人们纷纷指责他企图违背诺言而大批解雇工人，有的人也表示为与别的公司联合而感到高兴。而波利则被弄得迷惑不解。

问题：

上述案例对你有什么启示？

课后作业 7-3

经理与下属

小刘刚办完一个业务回到公司，就被主管马林叫到了他的办公室。

"小刘，今天业务办得顺利吗？"

"非常顺利,马主管",小刘兴奋地说,"我花了很多时间向客户解释我们公司产品的性能,让他们了解到我们的产品是最合适他们使用的,并且在别家再也拿不到这么合理的价钱了,因此很顺利地把公司的机器推销出去 100 台。"

"不错,"马林赞许地说,"但是,你完全了解客户的情况了吗?会不会出现反复的情况呢?你知道我们部的业绩和推销出的产品数量密切相关,如果他们再把货退回来,对于我们的士气打击会很大,你对于那家公司的情况真的完全调查清楚了吗?"

"调查清楚了呀,"小刘兴奋的表情消失了,取而代之的是失望的表情,"我是先在网上了解到他们需要供货的消息,又向朋友了解了他们公司的情况,然后才打电话到他们公司去联系的,而且我是通过你批准才出去的呀!"

"别激动嘛,小刘,"马林讪讪地说,"我只是出于对你的关心才多问几句的。"

"关心?"小刘不满道,"你是对我不放心吧!"

问题:

上述案例对你有什么启示?

课后作业 7-4

沟通方式选择

如果你要请客人吃饭,你会使用以下三种沟通方式中的哪一种或几种:电子邮件;电话;当面邀请。

主人是为了和客人沟通情感才请客人吃饭的,而沟通情感的沟通方式以面谈为佳,其次是电话。

选择不同的沟通方式效力是不一样的。如你不方便面请,一定要进行电话沟通,视频沟通的效果更佳。因为视频沟通时可以配合肢体语言,肢体语言占沟通效果的 55%,语音语调占 38%,内容占 7%。所以,在沟通效果上,怎么说比说什么更重要。

问题:

上述案例对你有什么启示?

课后作业 7-5

美国空军的考评制度

美国空军所采用的考评制度是美国许多公共事务机构绩效评价的典型代表。这套考评制度要求,每位官衔在将军以下的军官的直接上级,每年为各位军官作一次书面报告。评估报告的格式设计是统一的,适用于不同的军种和级别。表格留出的空白处较小,评估人员只能用精练的语言总结各个军官的业绩。20 世纪 70 年代中期,这套评估制度受到了广泛的批评,因为它对军官的工作指派缺乏专业化的定义,导致了评估的主观性和不合理性,如对参谋人员领导才能的评估,这种评估的作用就不大。

评估反馈促使人们对评估制度做出修改。在每个单位内部,他们对业绩高低的评价比例进行了硬性规定,而且对评估程序也作了修改——每位军官要接受其主要上司、一位附加评估人和一位审核人的共同评估。

问题：
1. 本案例中的考评制度有什么问题？
2. 你能提出更好的评估方法吗？

课后作业 7-6

培训是先导

某国有大型企业为了适应来自国内外的竞争，以及企业长期健康发展，决定转变观念，加快建立现代企业制度的步伐，同时苦练内功提高自身管理水平，而培训将成为这些改变的先导。过去，该企业开展过不少培训，但基本上是临时聘请几位知名专家，采用所有员工参加、上大课的培训方式，而在培训过程中又疏于控制。培训过后，有人认为培训内容在工作中很有用，有的人认为没有什么用，想学的没有学到；也有人反映培训方式太单一，没有结合工作实际等。

问题：
如果你是公司负责人力资源管理工作的副总经理，你会如何管理公司的培训工作？

课后作业 7-7

华润啤酒内忧外患，不容乐观，布局海外意摆脱业绩瓶颈

2016年11月，包括华润在内的五家竞购者进入了南非米勒旗下中欧啤酒品牌的第二轮竞标，这些被售品牌是百威英博10月合并南非米勒后不得不剥离的部分资产。华润啤酒在中国市场占有率排名第一，拥有雪花啤酒品牌。然而不少分析人士认为，随着中国啤酒市场的高端化发展和大宗商品价格的走低，华润啤酒将继续在中国市场保持优势，不过其短板在于缺乏强势的全球品牌，此举将弥补全球化品牌不足的劣势，而华润集团此次有意收购海外品牌正是其布局全球化市场的一步。

欲收购南非米勒子公司

11月10日，有消息称，在买下南非米勒后，百威英博开始计划出售南非米勒旗下一批啤酒品牌，这些品牌包括捷克的 Pilsner Urquell 以及波兰的 Tyskie 和 Lech 三个欧洲啤酒品牌。据报道，在南非米勒旗下中欧啤酒品牌的第二轮竞标中，包括华润集团在内的五家竞购者参与了竞标，共出价超过50亿欧元。

据知情人士透露，此次进入第二轮的竞标者包括日本朝日啤酒集团公司、私募股权投资公司贝恩资本与 Advent International（为联合竞标）、创建于捷克但目前位于荷兰的金融投资集团 PPF Group、华润集团以及由加拿大退休基金 PSP Investments 支持的位于苏黎世的 Jacobs Holding AG。

实际上，百威英博合并南非米勒之后，为通过政府的反垄断审批，不得不剥离部分资产。出售南非米勒所持有的雪花啤酒49%股权便是其反垄断举措之一。

2016年3月，华润啤酒以16亿美元收购萨博米勒持有的49%华润雪花啤酒股权，从

而全资拥有了雪花这一国内销量最高的单一啤酒品牌。

中国品牌研究院食品饮料行业研究员朱丹蓬表示,华润集团想要并购国外的啤酒品牌有两方面考虑,除了经济因素之外,不乏政治因素的考量。像东欧这种相对发达国家稍落后的地区,对于央企出海并购,从经济层面考虑显然是比较合适的,此外这些国家也拥有较大的啤酒市场。

布局海外意摆脱业绩瓶颈

业内人士表示,当前国内啤酒市场下行,众多国内啤酒企业业绩均出现下滑,而行业"天花板"也让啤酒企业开始谋求海外布局。

据国家统计局此前发布的数据显示,截至2016年8月,中国啤酒产量已连续25个月实现负增长。同时,中国年人均啤酒消费量已接近日韩水平,行业销量见顶。2015年国内啤酒产销量4715.72万千升,同比下降5.06%。

国内啤酒行业增长停滞,也反映在国内啤酒企业的业绩上。据青岛啤酒以及燕京啤酒2016年半年报显示,营业收入和净利润分别出现了下滑。而像西北地区龙头啤酒企业兰州黄河,2016年上半年净利润下降119.12%,亏损3000多万元人民币。

朱丹蓬表示,由于中国人均啤酒的销量已经接近世界人均啤酒的销量,中国啤酒市场可谓遇到了"天花板"。作为国内销量第一的啤酒企业,想要突破"天花板"肯定要寻找海外出口,而选择东欧不失为"一石二鸟"的考虑。

据国家统计局公布的相关数据显示,2016年华润雪花啤酒国内市场占比约为24.77%,在中国市场占有率排名第一。

此外,华润啤酒完成对亏损的非啤酒业务的剥离之后,专注啤酒板块,力图将啤酒板块做强。

据华润啤酒公布的2015年业绩报告显示,华润啤酒报告期内录得亏损扩大至39.95亿港元,营业额达1331.03亿港元,按年下跌21.18%。截至2015年8月31日,仅零售业务便亏损33.31亿港元;而啤酒板块业务则表现良好,期内实现净利润8.31亿港元,同比增长13.84%。此后,华润啤酒将非啤酒业务进行剥离,之后虽然净利有所增加,但营业额却因为业务减少而大幅下降。据华润啤酒2016年半年报显示,营业收入已降至152.13亿元人民币。

朱丹蓬认为,华润啤酒剥离非主营业务,目的是整合啤酒业务,意图和百威等啤酒巨头进行抗争。

内忧外患市场不容乐观

虽然华润啤酒看似要宏图大展,然而想要借机抢夺海外市场也并非易事。因为,一方面国际啤酒市场不景气,另一方面国内啤酒巨头在不断创新,力图抢夺内地市场份额。

在2016年10月刚刚结束的世界啤酒收购案中,百威英博收购了南非米勒公司,两者合力将占据全球份额的1/3。然而,在最新公布的百威英博2016年三季报中,业绩的表现似乎并不尽如人意,百威英博全球总销量为1210.27万千升,同比减少0.9%;归属上市公司股东净利润为5.57亿美元,同比减少59.49%。此外,另一外资啤酒巨头嘉士伯在中国市场上不断关闭旗下重庆啤酒业务,试图断腕止损。从2015年起,重庆啤酒在华关闭至少8家工厂。

业内人士认为,由于国内啤酒正在向高端化以及年轻化方向布局,以试图获得更多的市场份额。据悉,青岛啤酒便在"双十一"前针对年轻人群推出了高端啤酒"皮尔森",以应对当前消费升级的需求。珠江啤酒此前还推出了雪堡精酿系列啤酒,并受到了市场的好评。而国内啤酒企业的不断创新也反映在业绩上。

据珠江啤酒 2016 年三季报显示,营业收入为 29.11 亿元人民币,同比增加 1.32%;净利润为 1.09 亿元人民币,同比增加 46.19%。

业内人士分析指出,在国内外市场啤酒行业竞争加剧的背景下,华润啤酒未来想要保持市场竞争优势,必将拓展海外品牌,进行全球化市场布局;但"前有堵截,后有追兵"的状况,也给华润啤酒海外布局增加了诸多难度。

此外,日本啤酒企业朝日被曝出欲参与南非米勒旗下东欧啤酒业务的竞标,也让华润啤酒国际市场的并购风云再起,华润啤酒能否开启全球化策略模式仍存变数。

问题:
1. 查阅相关材料,了解华润啤酒的发展历史。
2. 你认为华润啤酒布局海外的策略能成功吗?为什么?

推荐阅读书目

[1] 沃伦·本尼斯,帕特里夏·沃德·比德曼.七个天才团队的故事[M].张慧倩,译.杭州:浙江人民出版社,2016.

[2] 拉姆·查兰,等.领导梯队[M].徐中,等译.2 版.北京:机械工业出版社,2016.

[3] 拉姆·查兰.成功领导者的八项核心能力[M].徐中,译.北京:机械工业出版社,2014.

[4] 胡象明.公共部门决策的理论与方法[M].北京:高等教育出版社,2003.

[5] 赫伯特·A.西蒙.管理决策新科学[M].李柱流,等译.北京:中国社会科学出版社,1982.

[6] 陈惠湘.联想为什么[M].北京:北京大学出版社,1997.

第八讲

教学目的与要求

1. 了解马云的创业经历
2. 掌握马云的成功经验
3. 掌握如何把握创业成功机会
4. 课外查找并总结互联网时代的成功企业案例

教学重点与难点

教学重点：创业成功的因素
教学难点：如何把握创业成功机会

主 干 案 例

案例 马云的创业经历及其启示

马云,1964年9月10日生于浙江省杭州市,阿里巴巴集团主要创始人。

1984年,20岁的马云在第三次高考中艰难过关。他的成绩达到专科分数线,离本科线还差5分,后因马云同专业招生未满额,于是被调配到外语本科专业。就这样他跌跌撞撞地进入杭州师范学院本科。

1988年,24岁的马云大学毕业,进入杭州电子科技大学当英语老师。

1. 马云的创业经历

1988年,马云到杭州电子科技大学教外语,这是他的第一份工作。

1992年,马云和兄弟姐妹一起成立了杭州最早的专业翻译社——海博翻译社,在课余时间四处承接翻译业务。

当时,翻译社经营艰难,一个月的营业额是 200 多元人民币,仅房租就要支付 700 元。第一年经营不下去时,马云就背着口袋到义乌、广州去进货,卖礼品、包鲜花,用这些钱养了翻译社 3 年,才开始实现收支平衡。

1995 年 4 月,马云借了 2000 美元开办了"中国黄页",这是中国第一批网络公司之一。

1997 年年底,马云和他的团队在北京开发了外经贸部官方站点、网上中国商品交易市场等一系列政府站点。

1999 年 7 月,马云回到杭州,创办了一个能为全世界中小企业服务的电子商务站点,并从别人手里买下了阿里巴巴这个域名。阿里巴巴的成立大会被安排在马云家里。18 位"创业罗汉"在"不向亲戚兄弟姐妹借钱"的前提下,筹了 50 万元本钱。这其中包括马云的妻子、当教师时的同事和学生、患难兄弟姐妹。

阿里巴巴创办后,中国从此迎来电商元年。在新浪、搜狐、网易这样的大型门户网崛起之时,壮志未酬的马云呐喊道:"我们要建成世界上最大的电子商务公司,要进入全球网站排名前十位。"

1999 年之后的 6 年,阿里巴巴的故事尽人皆知。

马云用 6 分钟说服了投资基金软银,拿到第一笔风险投资。其后,各路投资纷纷进入。高盛、富达、软银、前 WTO 组织主席彼德·苏德兰也位列董事会成员中。还有数以百万计的全球商人在阿里巴巴上交换信息。

2005 年 8 月 11 日,阿里巴巴和雅虎在这个中国情人节里甜蜜联姻,马云春风满面地亮相联姻派对。在五彩缤纷的世界里,马云不无自豪地对雅虎方说:"如果你拒绝,你就是太傻了。"

美国时间 2014 年 9 月 19 日,阿里巴巴 LOGO 贴满美国纽交所,在一片橙色世界里,美国迎来了史上融资规模最大的 IPO。阿里巴巴 IPO 开盘价报 92.7 美元,收盘上涨至 93.89 美元,收盘价较发行价 68 美元上涨 38.07%。按照收盘价计算,阿里巴巴市值为 2314 亿美元,仅次于苹果、谷歌和微软,成为全球第四大科技公司和全球第二大互联网公司。

历经 15 年高速发展,阿里巴巴的员工数接近 2 万人。

遥想当年创业之初,阿里巴巴只有 18 个员工,员工的工资只有 500 元,马云和员工出门办事,很少打车,基本靠走路。如今,它的员工也随着这次赴美上市收获巨额财富。据报道,阿里巴巴此次 IPO,可为员工带来大约 413.85 亿美元财富,人均增长财富达 206.9 万美元。

2. 马云语录

当你成功的时候,你说的所有话都是真理。

我永远相信只要永不放弃,我们还是有机会的。最后,我们还是坚信一点,这世界上只要有梦想,只要不断努力,只要不断学习,不管你长得如何,不管你是不是有钱,不管是这样还是那样,你都是有机会的。今天很残酷,明天更残酷,后天很美好,但绝对大部分是死在明天晚上,所以每个人不要放弃今天。

其实，有的时候人的最大问题就在于他说的都是对的。

那些私下忠告我们，指出我们错误的人，才是真正的朋友。

我生平最高兴的，就是我答应帮助人家去做的事，自己不仅是完成了，而且比他们要求的做得更好，当完成这些信诺时，那种兴奋的感觉是难以形容的……

注重自己的名声，努力工作，与人为善，遵守诺言，这样对你们的事业非常有帮助。

商业合作必须有三大前提：一是双方必须有可以合作的利益；二是必须有可以合作的意愿；三是双方必须有共享共荣的打算。此三者缺一不可。

服务是全世界最贵的产品，所以最佳的服务就是不要服务，最好的服务就是不需要服务。

永远不要跟别人比幸运，我从来没想过我比别人幸运；我也许比他们更有毅力，在最困难的时候，他们熬不住了，我可以多熬一秒钟、两秒钟。

看见10只兔子，你到底抓哪一只？有些人一会儿抓这只兔子，一会儿抓那只兔子，最后可能一只也抓不住。CEO的主要任务不是寻找机会，而是对机会说不。机会太多，只能抓一个。我只能抓一只兔子，抓多了，什么都会丢掉。

我们公司是每半年评估一次，评下来，虽然你的工作很努力，也很出色，但你就是最后一个，那么非常对不起，你就得离开。

我们与竞争对手最大的区别就是我们知道他们要做什么，而他们不知道我们想做什么。我们想做什么，没有必要让所有人知道。

网络上面就一句话，光脚的永远不怕穿鞋的。

中国电子商务的人必须要站起来走路，而不是老是手拉手，老是手拉着手要完蛋。我是说阿里巴巴发现了金矿，那我们绝对不自己去挖，我们希望别人去挖，他挖了金矿给我一块就可以了。

我深信不疑我们的模式会赚钱的，亚马逊是世界上最长的河，珠穆朗玛峰8848米，是世界上最高的山，阿里巴巴是世界上最富有的宝藏。一个好的企业靠输血是活不久的，关键是自己造血。

我为什么能活下来？一是由于我没有钱，二是我对互联网一点不懂，三是我想得像傻瓜一样。

发令枪一响，你是没时间看你的对手怎么跑的。只有明天是我们的竞争对手。

听说过捕龙虾富的，没听说过捕鲸富的。

好的东西往往都是很难描述的。

在我看来有三种人：生意人——创造钱；商人——有所为，有所不为；企业家——为社会承担责任。企业家应该为社会创造环境。企业家必须要有创新精神。

一个公司在两种情况下最容易犯错误：一是有太多的钱的时候；二是面对太多的机会的时候。一个CEO看到的不应该是机会，因为机会无处不在；一个CEO更应该看到灾难，并把灾难扼杀在摇篮里。

知识点精要

从 1995 年接触网络到 1999 年阿里巴巴问世,马云用了 5 年的时间,经历了两次失败,才获得了第一阶段的成功。

马云的成功绝非单单因为他比我们早创业 20 年。也许你认为马云恰逢时运,你生不逢时;也许你认为马云资金雄厚,你身无分文;也许你认为马云运气高照,你霉字当头。但你不要忘了马云两次高考落榜,做过搬运工,蹬过三轮,当过小贩;你不要忘了阿里巴巴创业之始 35 个人挤在一个房间,大家要集资才能创业,马云要靠借贷才能发工资;你不要忘了马云身高 1.62 米,体重仅 100 斤出头,中国黄页推出之初很多人说他是骗子。马云的创业成功绝非偶然,那是智慧和勇气的结晶,那是信心与实干的结果,那是领袖与团队无间结合的结果。

马云给我们的意义更在于马云说过"如果马云能够成功,我相信中国 80% 的人都能成功"。如果你能像马云一样敢思、敢想、敢说、敢做、敢为天下先,那么你也可能实现自己的阿里巴巴帝国。

从马云的创业历程,我们可以看出马云具有这样几大品格。

1. 不甘落后,永不放弃

三次高考,两次失败,只是更加激励马云坚持不懈,坚定必须成功的信念。

2. 反应敏锐,思路清晰,善于发现和把握网络发展规律

从中国黄页、阿里巴巴、淘宝到支付宝到阿里妈妈,都验证了这一点。

3. 胆大心细,一往无前

先是作为杭州十佳教师辞职下海,然后离开和杭州电信合作的中国黄页,离开和外经贸部合作的中国国际电子商务中心(EDI),这种种做法一是因其大胆,一往无前,不留退路;二是因其心细,虽然选择离开,但其心中已经酝酿了一盘更大的棋局。

4. 激情四射,魅力服人

马云先后离开与杭州电信和外经贸部合作的公司,手下员工都愿意放弃更好的条件,甘愿吃苦受累,追随马云重新创业,当年创业的 18 人至今仍然追随马云。

通过个人魅力和激情,他吸引了某国际风险投资公司的亚洲代表蔡崇信放弃工作追随于他,六分钟让软银孙正义投入 2000 万美元。

5. 相信自己,理智分析

马云对自己有超级的自信,在阿里巴巴创业的第一次会议上,马云就预告了未来,并要求全程摄影,以此作为历史见证。

很多人说马云狂妄,但马云说过自己创立海博网络的时候靠的是勇气和眼光。

阿里巴巴创业初期,马云要求合作伙伴"用闲钱投资,不允许借钱,因为失败的可能性极大"。

马云很狂、很自信,但相信这是他基于理智分析的结果。

一个人成功一次是偶然,但马云自 1999 年阿里巴巴创业成功至今日的不断发展都说明,马云不只有大胆和自信,这里面还包含了智慧和理智。

管理实例——悟性与启示

管理实例 8-1

大发雷霆不管用

安先生是一家上市公司的部门主管,本职工作压力很大。更让他烦恼的是,自己部门的下属工作能力不足,部门工作业绩一直不理想。为此,他多次大发雷霆,但效果总是不佳。由于团队业绩有限,他面临着越来越大的压力。

启示:

管理者在组织中处于领导地位,要想管理好一个组织,求得组织的生存和发展,应当明确组织责任,以谋取最大利益。要想完成组织目标,必须认识到:人人有责,每个人既是管理者,又都是被管理者。若领导者急功近利,不能以身作则,以德服人,那么就与暴君无异。在暴君的统治下,人心涣散,引起百姓起义和反抗,最终导致国破家亡。没有人不想得到赞赏,人们自孩童时代便有渴望得到最多小红花的心态,家长若一味批评训斥孩子,结果可能会激起孩子的逆反心理。在教育上,要重在鼓励和引导。在管理中也是如此,当管理者在员工取得进步时加以庆祝,鼓舞士气;在员工出现失误时一起分析问题,商量解决方案;要让集体有共同的目标,培养良好的集体合作精神,这样做的效果要比高压打击更能催人上进。

管理实例 8-2

管理者角色

玛丽是一家造纸厂的厂长,这家工厂面临着一项指控:厂里排泄出来的废水污染了邻近的河流,玛丽必须到当地的治水管理局去为本厂申辩。奥利弗是该厂的技术工程部经理,他负责技术工程部与销售部门的协调。拉尔夫负责厂里的生产管理,他刚接到通知:每天向本厂提供包装纸板箱的那家供应商发生了火灾,至少一个月之内无法供货,而本厂的包装车间想知道他们现在该干什么。拉尔夫说,他会解决这个问题的。最后一个遇到问题的人是罗丝,她负责办公室的工作,办公室里的员工之间为争一张办公桌刚发生了一场纠纷,因为这张办公桌离打印机最远,环境最安静。

启示:

角色这一概念是行为科学从舞台术语中借用过来的。从本案提供的材料看,玛丽、奥利弗、拉尔夫和罗丝在要处理的工作上扮演着不同的角色:玛丽是厂长,她要以企业的挂名首脑身份到治水管理局为本厂申辩;奥利弗作为技术工程部经理,主要是以联系者、传播者的角色与销售部门进行协调;拉尔夫在本案例中以资源分配者、传播者、监听者的角色处理问题；而罗丝则主要是以混乱驾驭者的角色，来解决内部纠纷问题。各种不同角色之间相互关联，需要各司其职，各尽其职。

管理实例 8-3

留个缺口给别人

一位著名企业家在做报告，有听众问："你在事业上取得了巨大的成功，请问，对你来说最重要的是什么？"

企业家没有直接回答，他拿起粉笔在黑板上画了一个圈，只是并没有画圆满，留下了一个缺口。他反问道："这是什么？""零。""圈。""未完成的事业。""成功。"台下的听众七嘴八舌地答道。

他对这些回答未置可否："其实，这只是一个未画完整的句号。你们问我为什么会取得辉煌的业绩，道理很简单：我不会把事情做得很圆满，一定要留个缺口，让我的下属去填满它。"

启示：

留个缺口，不只是给别人，也是给自己。无论是谁，都无法把每一件事情都做到完美。经营企业也不能仅仅依靠企业家自己来完成。留下一个缺口交给下属来填满，可以达到集思广益的效果。数量足够多的下属可以给企业家带来灵感，而这些灵感可以为企业注入生机。企业是一个团队，每个人都可以给企业带来辉煌。留一个缺口的同时也可以给别人一个帮助自己变得更好的机会。很多时候，人不应该孤军奋战，遇到困难时应当想到一起合作的团队。

管理实例 8-4

关键时刻再给下属帮忙

任何人都有遇到困难或犯错误的时候。当下属遇到困难或犯了错误时，上司要帮助下属渡过难关，而不要落井下石，要伸出援助之手拉下属一把。

李先生因为工作业绩突出，被总公司派到下属一家汽车公司任总经理。当时，这家公司的派系之争严重，几个较大的派系间明争暗斗，公司业绩直线下滑。李经理刚刚到任，就被下属们"划归"了某一派系。而对立派经常在工作上给李经理设置障碍，以此削弱李经理的威信。

对立派中的首要人物是生产部的马主管，这个人工作十分卖力，属于吃苦耐劳、对公司忠心耿耿的那类人。但他有一个缺点，就是喜欢拉帮结派，对自己不喜欢的人，就下狠心整，有种置人于死地而后快的邪恶心态。所以，公司上下的人都很怕他，平时人人都不敢得罪他。

有一次，马主管犯了一个大错误。当时，公司的几位副经理都倾向将其开除，马主管自己也认识到了问题的严重性，做了被开除的准备。

开会时，大家像是事先有了约定似的，一致认为马主管不可留。他们列举了许多马主管不可饶恕的"罪状"。见大家都这么说,马主管也不好作过多的自我辩护。大家的目光都集中在李经理身上,只听李经理说:"我认为看一个人,不能老将目光盯着人家的缺点,要更多地看看人家的优点。人总是有过错的,在座的这么多人,谁能告诉我,你没有犯过错误?我们要公正地对待,只要功大于过,就是一个好人才。我承认,马主管身上有许多缺点,但是大家也应该看到他的许多优点。对于他的优点,大家为何视而不见?马主管的工作可以说很出色,他干工作的那股劲头,恐怕是在座的各位所不具备的。他对待工作的认真负责的精神,在一个团队中能起到很好的示范作用。仅此一点,我们就没有必要炒掉他。他并不是主观上犯错误的,而是无意犯下的。有人说,他的这种过错非同小可,给公司带来了不小的损失。是的,他这次是给公司造成了一定损失。但我相信,给他一次机会,他会在以后的工作中加倍努力,把这次的损失补回来。"

李经理的话音一落,整个会场鸦雀无声。马主管做梦也没有想到李经理会替他说好话,竟感动得热泪盈眶。由于李经理的坚持,马主管被公司留了下来。

李经理在关键时刻拉了马主管一把,不仅获得了良好的声誉,还赢得了马主管的忠心。在以后的工作中,马主管积极配合李经理,成了李经理的得力干将。

启示:

明茨伯格在《管理工作的本质》中说过:角色就是属于一定职责或者地位的一套有条理的行为。每个管理者都有自己的一套做事方式。正如上面例子中的李经理一样,只要马主管能做好本职工作,无论马主管私底下如何拉帮结派,他都没有追究。但是,在马主管做错事时,他站出来为他说话。这不仅体现了李经理身为管理者的宽大胸怀,也体现了李经理的管理智慧。试想,如果李经理一开始就因为马主管拉帮结派开除他,公司会损失一名人才,或者引起其他人的不满。作为管理者,不仅要管理好自己,还要管理好下级,管理好公司的人际关系。

在管理实践中,关键时刻给下级帮忙,可以充分体现管理者的管理能力。一个优秀的管理者,会找到适当的机会帮助下级,获得下级全心全意的支持。如果在一开始就出手相助,那么他的下级很可能就会工作懈怠,心存侥幸,认为做错事也会有人帮忙。而在关键时刻拉下级一把,也许就能赢得下级的心,让他全心全意为你工作,这就是管理的智慧所在。

管理实例 8-5

培养他人的能力

优秀的中层管理者更多关注下级的潜能开发,鼓励和帮助下级取得成功,安排各种历练的机会以提高下级的能力,帮助下级成长。

松下公司的领导者认为,如果指示太过详尽,就可能使下级养成不动脑筋的依赖心理。领导一个命令、下级一个动作地机械工作,这种工作模式谈不上提升效率,更谈不上培养人才。在训练人才方面,最重要的是引导被训练者反复思考,亲自制订计划和策略,并付诸行动。只有独立自主,才能独当一面。

对中层管理者而言,最重要的工作就是启发下级的自主能力,使每个人都能独立作业,而不是唯命是从。

启示:

管理者分不同的等级,中层管理者在企业里主要起承上启下的作用,既要贯彻上级的指示,又要落实下级的工作情况,因而所承担的压力会大一些。一般在做错事时,领导直接追究的不是那些负责操作的人的责任,而是他们的管理者。在下达任务时,中层管理者也不能下达得十分详细,而是需要培养下级的做事和思考能力。

作为中层管理者,需要维持良好的上下级关系。如果对下级过于苛刻,下级一定不会心服口服,正确的做法是恩威并施。对上级领导也不能阿谀奉承,要小聪明,正确的做法是在上级面前实事求是。当然,适当的奉承也会让上级更加重视你。管理者之间的关系很复杂,必须小心翼翼,对不同的人采取不同的方式。懂得审时度势和实事求是的人更容易在激烈的竞争中生存下来。

管理实例 8-6

部门主管的良好工作习惯

一个优秀的主管,必须养成良好的工作习惯。

1. 时常清理文案

每天上班后,除了打扫卫生外,第一件事情应该是打开抽屉或文件柜,看一看有没有当天要处理的公文。每天下班前,看一看办公桌上还有没有没处理完的公文。每周清理一次办公桌、公文柜,不仅可以使物品摆放有序,也可以检查出拖压在办公桌、抽屉内的文件,避免发生公文拖压现象。

2. 经常提醒自己

一是文字提醒。可以将几天内或过一段时间要办的事情写在本子上,也可以写在纸上压在玻璃板下,还可以记在台历上,到时间一看就不会忘记。二是实物提醒。把一个与要办的事情相关联的物体摆在最显眼的地方,以便一看见就会马上提醒自己。三是关联提醒。有时在办一件事情时突然想起另一件要办的事情,这时要么赶紧把它记下来,要么马上去办。四是委托提醒。将办理某件事的时间、地点告诉给同事,请别人到时提醒自己。

3. 随时记录备忘

人的精力是有限的,单凭脑子是不行的,必须借助工具,最便捷和方便的就是随身携带一个小本子,把事情记录下来,一事一记;需要办的事办完后就马上划掉。

4. 工作程序严谨

按程序办事,一般是不会把其中某个环节落下的,即使落下也会马上发现,及时纠正。而这个程序,有的是统一模式,有的是主管自己编制的程序。程序管理的对象包括"硬件"和"软件"。所谓"硬件",就是负责经手的东西、物品等。对这些硬件,应该有次序地存放,需要时一取即出,不至于因为忘了存放地方而到处找不着。所谓"软件",就是负责办理的事情、呈送和传阅的文件等,为之设计一个程序后,按路线进行,就不会落下某一项事。

启示：

从个人因素来讲，管理者的价值观、思想品德、工作作风、习惯思维，以及潜意识都会影响管理者的角色呈现。时常清理文案、随时记录备忘等手段都是保证管理工作能够顺利进行的重要方式。管理者的严谨态度，对其所管理的下属来说，也是良好的示范。

从所借助的工具来讲，实例中推荐的是自我提醒、他人提醒、编制工作程序。在管理者的时间分布中，领导职能所占的比重最大。能够使用多样化的工具，正是管理者心思缜密、思维开阔的表现之一。

从人际关系来讲，偶尔让下属提醒管理者注意事项，可以借机加强与基层工作人员的沟通，不断改善管理体制，提高办事效率。

管理实例 8-7

管理者如何排除时间干扰

1. 上级的干扰

对于上级布置的工作，包括临时性的任务，下级必须完成。为了不使上级经常干扰自己的工作，可以采取如下措施：一是定期向上级汇报请示工作，使自己的工作与上级的意图或工作计划一致，这样上级就不会经常干扰你的工作了。二是尽量使自己的预定工作日程安排与上级机关的日程表同步，二者互相协调起来，就会减少对你的干扰。

2. 下级的干扰

下级的请示，作为上级领导必须予以解决。为了排除时间上的干扰，可以采取以下方法：一是规定一定的时间，作为检查下级工作、解决下级主要问题的时间，这样可以避免干扰。二是向下级授权，制定岗位责任制，上级管理者只管方针政策，管宏观控制与协调，最后检查与监督，至于每件事如何做，由谁去做，都由下级去解决。这样下级才不会大事小事都来请示，就会减少对你的干扰你。

3. 来访者的干扰

可以采取以下办法：一是设一道秘书或办公室防线，凡来访者先由秘书或办公室工作人员接谈，只有他们认为必须找领导时才亲自接洽；凡他们能处理或解决的事，均授权他们处理，这样可以减少洽谈的人数。二是对必须见面洽谈者，要先预约好见面的接洽时间，这在某种程度上控制了来访者的时间干扰。三是接洽时要说明接洽的时间，或事先告诉秘书，到规定的时间进来通知你，这样双方都有时间感，不会东扯西拉。四是接洽要开门见山，紧扣主题，不要让来访者把话题扯到无关的问题上。五是已经谈完了，来访者因为没有达到目的或不完全满意，而仍磨磨蹭蹭不肯走，管理者可以采取如下方法：明确告诉来访者，谈话已经结束，自己还有工作要处理；或者站起来把来访者引向门口；或者看手表或挂钟，示意时间已到；或者取出文件来批阅，等等。

启示：

工作效率是管理工作优化的重要条件之一。

管理者合理地分析内外环境，确定组织目标，制定组织发展战略，提出既定目标，这些做法都能大幅提高工作效率。在此基础上，贴合领导时间表，并定期汇报，可以有效减少上级对自身的干扰与不满。

合格的管理者要学会从不同的管理思维出发，学会放手让下级做事，提高下级的工作准确率和处事应变能力，培养可靠的左右手，这样在紧急情况下才不致慌乱。

每天面对形形色色的来访者，利用有限的时间创造最大的效益，这是每个管理者的必修课。秘书等职位是为了协助管理者出现的职业，秘书及相关工作人员应学会有效筛选来访者，确定合适的会面顺序，阻挡不必要的来访者。当利益无法统一，对方试图说服管理者勉强赞同这种利益不对等现象时，管理者应明确拒绝并送客，必要时可以动用公司安保系统。

管理实例 8-8

人　心

在决定政权存亡的诸多因素中，最重要的就是人心。中国共产党由革命党发展成为执政党的根本成功之处，就是取得了亿万民众的理解和支持，赢得了人心。人民通过大量活脱脱的事实了解并认识了共产党。概括起来讲，在以下的历史进程中，中国共产党赢得了民心：共产党人的牺牲和奉献精神赢得了民心，1921—1937年，牺牲和失踪的共产党员约40万左右；中华人民共和国成立前夕，仅有名可查的共产党员烈士达370万人；进入社会主义建设时期，劳动模范中75%是共产党员，先进工作者中85%是共产党员。

中华人民共和国成立初期，毛泽东明确指出：凡是一切权力机构名称前都要冠以"人民"两字。这样，除人民共和国外，还有人民代表大会、人民政府、人民政协、人民军队、人民检察院、人民法院、人民警察及人民银行、人民保险等，中国共产党把人民的意志、人民的利益渗透到社会各个领域。纠正自身的失误和错误赢得了民心，面对失误和错误，中国共产党历来是实事求是，有错必改，有错必纠。中国共产党在为人民谋利的过程中赢得了民心，人民从党领导的事业中，从政治、经济、文化建设中获得看得见、摸得着的利益。

启示：

这是个关于人心的例子，主要讲述的是中国共产党的发展壮大离不开人民的理解和支持。决定政权存亡的因素中，最重要的就是人心，这也是伟大领袖毛主席在中华人民共和国成立初期指出凡是一切权力机构名称前都要冠以"人民"二字的原因。

要做好领导工作，需要畅通组织内外沟通联络的渠道，做到上通下达，了解人心；需要运用适宜的措施和方法，让每个成员的需要得到最大限度的满足，收拢人心；需要不断改进和完善领导作风与领导方法，做到让多数人满意，力争让所有人满意。

管理实例 8-9

孔子的特质观

（1）恭。恭则不侮——神情庄重者就不会受人侮辱。
（2）宽。宽则得众——宽厚者能够受人拥戴和追随而得人心。
（3）信。信则人任焉——诚信就能够受人倚仗和被人信任、信赖。
（4）敏。敏则有功——勤敏就能够建立功业，有成绩和成就。
（5）惠。惠则足以使人——慈惠者就可以役使和指挥他人。
（6）公。公则下属高兴，愿意追随。

启示：

纵使孔子生活的时代已经离我们远去，但他的观点仍然适用于当今社会。恭、宽、信、敏、惠、公，每个字都包含着大智慧。孔子的特质观教会我们做人要谦恭、宽厚。做一个外圆内方的人，可以帮助我们更好地融入社会。待人宽厚，更容易得到别人尊敬。做事诚信是为人处世的原则之一。人无信而不立，诚信之道不可失。勤敏能使人有成就和成绩。慈惠、宽厚的人容易受人尊重。对人对事皆公平，能让社会的天平不倾斜。

无论是领导者还是普通员工，待人接物时都应该保持恭敬、宽厚、勤敏、慈惠，办事时要注意讲诚信、讲公平。孔子的这六个字应该成为个人特质的标准，每个人都应该以此作为约束，成为身体和心灵都健康发展的完整的人。对领导者来说，做到这六个字，更能赢得人心，得到支持和尊重，引领他人共同进步。

管理实例 8-10

正人先正己，做事先做人

春秋时期，晋国有一名叫李离的狱官，他在审理一件案子时，由于听从了下属的一面之词，致使一个人冤死。真相大白后，李离准备以死赎罪。晋文公说："官有贵贱，罚有轻重，况且这件案子主要错在下面的办事人员，又不是你的罪过。"李离说："我平常没有跟下面的人说我们一起来当这个官，拿的俸禄也没有与下面的人一起分享。现在犯了错误，如果将责任推到下面的办事人员身上，我又怎么做得出来。"他拒绝听从晋文公的劝说，伏剑而死。

启示：

领导者具有维护和完善现有生产关系的特殊职权，一方面需要贯彻上级的政策、法令、指示、决定；另一方面要维护下级、群众的合法利益。李离作为领导者，由于听从了下级的一面之词，将一个无罪的人冤死。虽然过错不是他直接导致的，但作为领导者，他必须承担责任。如果李离没有认识到自己的错误，而是一味责怪下级，那么他会失去下级的信任和依赖。

团队内若有人失职、病缺、事假等，领导者有责任去补缺。遇到困难时，领导者应该挺身而出，帮助解决困难，鼓舞团队信心。而且，领导者不能存在官有贵贱、罚有轻重的错误想法。这个例子中,李离以死赎罪,获得了下级的认可,维护了下级和领导的关系。

综合技能——训练与提升

技能训练 8-1

管理理论真能解决实际问题吗

海伦、汉克、乔、萨利四人都是美国西南金属制品公司的管理人员。海伦和乔负责产品销售,汉克和萨利负责生产。他们曾参加过在大学举办的为期两天的管理培训班学习。他们在培训班里主要学习了权变理论、社会系统理论和一些有关职工激励方面的内容。他们对所学的理论各有不同的看法,展开了激烈的争论。

乔首先说:"我认为系统管理理论对于我们这样的公司很有用。例如,生产工人偷工减料或做手脚、原材料价格上涨等,都会影响我们的产品销售。系统理论中讲的环境影响与我们的情况很相似。我的意思是,在目前这种经济环境下,一个公司会受到环境的极大影响。在油价暴涨期间我们还能控制自己的公司,现在呢?我们在销售方面前进一步,都要经过艰苦的战斗。大家对此都深有感触吧?"

萨利插话说:"你的意思我已经了解了。我们的确有过艰苦的时期,但是我不认为这与系统管理理论之间有什么必然的联系,我们曾在这种经济系统中受到过伤害。当然,你可以认为这与系统理论是一致的。但是我并不认为我们有必要采用系统管理理论。如果每个东西都是一个系统,而所有系统都能对某一个系统产生影响,我们又怎么能预见这些影响所带来的后果呢?所以,我认为权变理论更适用于我们。如果说事物都是相互依存,系统理论又能帮我们什么忙呢?"

海伦表示了不同的看法。她说:"对系统管理理论我还没有很好地考虑。但是,我认为权变理论对我们很有用。虽然我们以前也经常采用权变理论,但是我没有意识到。例如,我经常听到一些家庭主妇顾客讨论关于孩子如何度过周末之类的问题,从他们的谈话中我就知道她们采购什么东西了。顾客不希望'逼'他们去买他们不需要的东西。我认为,如果我们花上一两个小时与他们自由交谈,肯定会扩大我们的销售量。但是,我也碰到过一些截然不同的顾客,他们一定要我向他们推销产品,要我替他们在购货中做主。这些人也经常到我这里来走走,但是不是闲谈,而是做生意。因此,你们可以看到,我每天都在运用权变理论来对付不同的顾客。为了适应形势,我经常都在改变销售方式和风格,而许多销售人员也都是这样做的。"

汉克有些激动地插话说:"我不懂这些被大肆宣传的理论是什么东西。但是,关于系统管理理论和权变理论,我同意萨利的观点。教授们都把自己的理论吹得天花乱坠,他们的理论听起来很好,但却无助于我们的管理实践。对于培训班上讲的激励要素问题,我也不赞同。我认为泰罗在很久以前就对激励问题有了正确的论述。要激励工人,就是要根据他们所做的工作付给他们报酬。如果工人什么也没做,就用不着付任何报酬。你们和我一样清楚,人们只是为钱工作,钱就是最好的激励。"

问题:

上述案例对你有什么启示?

答案:

海伦、汉克、乔、萨利对自己所学的理论各有不同的看法,展开了激烈的争论。他们争论的主要是系统管理理论和权变理论,分别阐述了各自支持理论的优点并举例说明。从他们的争论中得到的启示主要有:

(1) 各个管理理论都有其优点和适用范围,不一定在任何条件下都适用;

(2) 应根据自身情况采用不同的管理理论;

(3) 要灵活运用管理理论,不要照搬照抄;

(4) 人们站在不同的立场,对管理理论的看法自然不同。

技能训练8-2

克莱斯勒面临的问题

20世纪80年代,李·艾柯卡因拯救濒临破产的美国汽车巨头之一克莱斯勒公司而声名鹊起。今天,克莱斯勒公司又面临另外一项挑战:在过热的竞争和预测到的世界汽车产业生产能力过剩的环境中求生存。为了度过这场危机并再次成功地进行竞争,克莱斯勒不得不先解决以下问题。

首先,世界汽车产业的生产能力过剩,意味着所有汽车制造商都将竭尽全力保持或增加它们的市场份额。美国的汽车公司要靠增加投资来提高效率,日本的汽车制造商也不断在美国建厂,欧洲和韩国的厂商也想增加他们在美国的市场份额。艾柯卡承认,需要降低某些车型的售价,为此,他运用打折扣和其他激励手段来吸引消费者进入克莱斯勒的汽车陈列室。可是,艾柯卡和克莱斯勒也认为,价格是唯一得到更多买主的方法。但长期来看,这不是最好的方法。

克莱斯勒必须解决的第二个问题是改进它所生产汽车的质量和性能。艾柯卡承认,把注意力过分集中在市场营销和财务方面,而把产品开发拱手让给其他厂家是一种不好的做法。他还认识到,必须重视向消费者提供高质量的售后服务。

艾柯卡的第三个问题是把美国汽车公司(AMC)和克莱斯勒的动作结合起来。兼并美国汽车公司意味着克莱斯勒要解雇许多员工,这包括蓝领工人和白领阶层。剩余的员工对这种解雇的态度是从愤怒到担心,这给克莱斯勒的管理造成了巨大的压力:难以和劳工方面密切合作、回避骚乱,确保汽车质量和劳动生产率。

为了生存,克莱斯勒承认,公司各级管理人员和设计、营销、工程和生产方面的员工应通力协作,以团队形式开发和制造与消费者需要相匹配的产品。克莱斯勒的未来还要以提高效率为基础。今天,克莱斯勒一直注重降低成本、提高质量并靠团队合作的方式提高产品开发的速度,并发展与供应商、消费者的更好的关系。在其他方面,艾柯卡要求供应商提供降低成本的建议——他已收到上千条这样的提议。艾柯卡说,降低成本的关键是"让全部员工都谈降低成本"。

艾柯卡现已从克莱斯勒公司总裁的职位退休。有些分析家开始预测克莱斯勒必然要度过一段艰难时光。但一位现任主管却说,克莱斯勒有一项大优势:它从前有过一次危机,但度过了危机并生存下来,所以克莱斯勒能够向过去学到宝贵的东西。

问题:
1. 如何运用当代管理学方法解决克莱斯勒面临的问题?
2. 如何运用权变管理的思想解决克莱斯勒面临的问题?

答案:
1. 针对克莱斯勒面临的生产力过剩和质量性能的问题,企业可以采取全面质量管理,在不同的时间内,制订不同的工作计划,进而防止生产力过剩。"全面质量管理是为了能够在最经济的水平上,并考虑到充分满足客户要求的条件下进行生产和提供服务,把企业各部门在研制质量、维持质量和提高质量的活动中构成为一体的一种有效体系。"解决和改进质量问题,可运用PDCA循环。同时进行企业再造,对工作流程进行根本的重新思考与重组或优化。组建战略联盟也是一个办法,其关键在于:①核心优势互补;②实力大体相当;③市场交叉程度低;④企业文化兼容。通过兼并其他企业,可以扩大市场占有份额,同时降低售价,打开市场。通过在整个组织里打造学习氛围,充分发挥员工的创造性思维能力,建立一种有机的、高度柔性的、扁平的、符合人性的、能持续发展的组织,对员工进行培养。

2. 权变管理是领导者、被领导者和情境条件三者的配合,是根据组织的内外部因素灵活应用各种管理方法来解决管理问题的过程。克莱斯勒内部面临着生产力过剩、质量性能有待提高、劳资矛盾尖锐等问题,外部面临着市场份额降低、盈利能力下降等问题。在此种情况下,领导者应沉着分析当前处境,重新制订或规划生产计划,并安抚手下职工,做到安内稳外。

技能训练 8-3

谁拥有权力

王华明近来感到十分沮丧。一年半前,他获得某名牌大学工商管理硕士学位后,在毕业生人才交流会上,凭着他满腹经纶和出众的口才,力挫群芳,成为某大公司的高级管理职员。由于管理才能卓越,一年后,他又被公司委以重任,出任该公司下属的一家面临困境的企业的厂长。当时,公司总经理及董事会希望王华明能重新整顿企业,使其扭亏为盈,并保证王华明拥有完成这些工作所需的权力。考虑到王华明年轻,且肩负重任,公司还为他配备了一名高级顾问严高工(原厂主管生产的副厂长),为其出谋划策。

然而,在担任厂长半年后,王华明开始怀疑自己能否控制住局势。他向办公室高主任抱怨道:"在我执行厂管理改革方案时,我要各部门制定明确的工作职责、目标和工作程序,而严高工却认为,管理固然重要,但眼下首要工作还是抓生产、开拓市场。更糟糕的是他原来手下的主管人员居然也持有类似的想法。结果,这些经集体讨论的管理措施执行受阻。倒是那些生产方面的事情推行起来十分顺利。有时我感到在厂里发布的一些指令,就像石头扔进了水里,我只看见了波纹,过不了多久,所有的事情又回到了发布指令前的状态,什么都没改变。"

问题：

1. 王华明和严高工的权力各来源于何处?

2. 严高工在实际工作中行使的是什么权力? 你认为,严高工作为顾问应该行使什么样的职权?

3. 这家下属企业在管理中存在什么问题? 如果你是公司总经理助理,请就案例中该企业存在的问题向总经理提出你的建议,以改善现状。

答案：

1. 王华明的权力来源于他所担任的厂长这一直线职位,他拥有发布指令、执行决策等的权力。

严高工的权力来源于高级顾问这一参谋职位,他拥有提供咨询、建议等辅助性权力。

2. 严高工在实际工作中行使的是职能职权。在执行厂管理改革方案时,王华明与严高工意见出现分歧后,王华明原来手下的主管人员也持与严高工相类似的想法,导致生产方面的事情推行起来十分顺利,而平时王华明在厂里发布的一些指令基本得不到执行。从理论上讲,作为高级顾问的严高工应该行使参谋职权,他应该对王华明提出的方案提供建议。

3. 这家下属企业在管理中存在的主要问题有：直线管理人员与参谋人员的关系未处理好；参谋人员篡权。

相关建议：明确参谋人员的参谋职权和参谋作用；理顺参谋人员和直线管理人员的关系；明确直线管理人员的直线职权并落实到位。

任何一个企业,都必须处理好直线管理人员、参谋人员和职能人员的相互关系。直线管理人员与参谋人员本质上是一种职权关系,职能职权则介于直线职权和参谋职权之间。在管理工作中,处理好这三者的关系,是组织高效率运行的有力保证。而参谋职权无限扩大,容易削弱直线管理人员的职权和威信；职能职权无限扩大,则容易产生多头领导,导致管理混乱、效率低下。

(1) 注意发挥参谋职权的作用。从直线管理人员与参谋人员的关系来看,直线管理人员掌握的是命令、决策和指挥的权力,而参谋人员拥有的则是建议、协助和顾问的职权。参谋的职责是建议而不是指挥,他只是为直线主管提供信息,出谋划策,辅助和配合直线管理人员的工作。由此可知,二者之间的关系是"参谋建议,直线命令"的关系。因此,该公司在发挥参谋的作用时,应注意：参谋人员严高工应独立提出建议,作为直线管理人员的王华明不应该为参谋所左右。

(2) 适当限制职能职权的使用。限制使用范围,即限于解决如何做、何时做等方面的问题；限制使用级别,即下一级职能职权不应越过上一级直线职权。

技能训练 8-4

苏珊到哪儿去找一位能干的顶替者

苏珊是美国西部一连锁店企业——冯氏超级市场的南方地区分部经理。苏珊手下有

5位片区主管人员向她汇报工作,而每个片区主管人员分别监管8～12家商店的营业事宜。

一个春季的早上,苏珊正在查看送来的早晨工作报告,内部通信联络系统传来了她秘书的声音:"苏珊女士,你看过今天晨报的商务版了吗?"苏珊应答:"没有,什么事啊?""报上说查克已经接受了安途公司亚利桑那地区经理的职位。"苏珊马上站起来去看与她有关的这篇文章。

苏珊的关心并不是没有根据的。查克是她属下的一位片区主管,他已为冯氏公司在目前的职务上干了4年。冯氏是从阿尔法·贝塔商业中心将他聘过来的,他那时是个商店经理。苏珊从报纸上得知查克离职的消息,觉得内心受到了伤害,但她知道自己需要尽快恢复过来。更重要的是,查克是一位工作上很有成效的监管人员,他管辖的片区一直超过其他4个片区的绩效。苏珊到哪儿去找这样一位能干的替代者?

几天过去了。苏珊同查克谈了一次话,诚恳地祝愿他在新工作岗位上顺利。她也同他谈到了替代者的问题。最后,苏珊决定将她属下的一个小片区的主管人员调换到查克分管的片区,同时她也立即着手寻找合适的人选填补该小片区主管的空缺。

苏珊翻阅了她的案卷,找出片区主管人员职位的职务说明书(没有职务规范)。该项职务的职责包括:确保达到公司订立的整洁、服务和产品质量的标准;监管商店经理的工作并评价其绩效;提供片区的月度、季度和年度收入及成本预估;为总部或下属商店经理提出节约开支建议;协调进货;与供应商协商广告宣传合作方案;以及参与同工会的谈判。

问题:
1. 你建议苏珊采用哪一种招聘渠道?为什么?
2. 你建议苏珊使用何种人员甄选手段甄别应聘者?为什么?

答案:
1. 建议苏珊采用内部提升的招聘渠道。苏珊手下最得力的片区经理查克转投了其他公司,急需一位有能力、有经验的人来接任,以稳定当前的局面,避免因查克的离开引起混乱。在查克离开后的这一段时间里,苏珊需要做的是尽快稳定人心。而采用内部提升的方式有几个优点:一是公司对候选人的情况较为了解;二是候选人了解公司的情况,能够尽快投入工作,维持公司正常运转,保障公司利益不受损害;三是为公司员工晋升提供机会,有助于激励员工的进取心;四是公司对员工的培训投资得到回报。选用内部提升的方式对公司和员工来说是双赢的,员工在公司的培训下业务能力得到增强,但表现机会不多。此时出现这样的机会,将大大提高员工的进取心和积极性,也让员工对公司形成归属感。公司对员工进行培训投资,必然也希望员工能发挥自己的才能,为公司贡献力量,在岗位上发光发热。所以,苏珊当前应选用内部提升的方式。

2. 建议苏珊使用群众考评的方法甄别候选人。采用内部提升的方法,需要从当前片区选出优秀人才担任片区经理的职务,群众的意见有一定的可信度。因为在选取候选人时,候选人和广大员工一起工作,员工们对候选人的业务能力、道德品质等有目共睹。如果候选人存在不足,也能在员工中反映出来,这有助于恰当地选拔人员。当然要做到民主化,就要收集广大员工的意见,而且不能只收集对候选人有好感的员工的意见,还要收集那些有反对声音的员工的意见。这样才能反映出问题,才能做出合理、明智的选择,才不会让公司陷入混乱,不会损害公司利益,从而也能保障员工的利益。所以,苏珊在当前情况下选择群众考评是较为合理的。苏珊要在短时间里选出一位片区经理绝非易事,她需要在片区内针对候选人的工作能力向所有员工进行咨询,从而得到一个真实的评价。如果候选人的工作能力被众人认可,他必然有一定的威信,这也有利于其开展工作,尽快让公司走上正轨。像苏珊这样的主管人员,必须保持理智的判断,对候选人进行认真考察,绝不能马虎,更不能随便选一个人出任片区经理。身为主管人员,要对自己的权力负责,对公司负责,对员工负责。

技能训练 8-5

安全事故发生以后

某机务段是隶属于铁道部柳州铁路局的一个基层单位,拥有职工 1300 人,担负着柳州—永州区段的列车牵引任务。该机务段有两大主要车间:运用车间和检修车间。运用车间负责 76 台内燃机车的牵引任务,共有正副司机 700 多人;检修车间负责全段机车的检修任务,共有职工 200 多人。

段长张广明毕业于上海交通大学,在该段工作近 30 年。2004 年 11 月 3 日,全段实现了安全运输生产 8 周年,其成绩在全局名列前茅,因此段长召开了全段庆功大会,并请来了局里的主要领导。可是大会刚开到一半,机务处打电话给局长:桂林机务段司机由于违反运输规章,造成冒进信号的险性事故。庆功会被迫停开,局长也阴沉着脸离开会场。

其实,段长早感觉到存在许多安全隐患,只是由于该段安全天数较高,因此存在着侥幸心理。事故发生后,他连夜打电话通知各部门主任,查找本部门的安全隐患,第二天召开全段中层干部会议,要求各主任会上发言。

第二天,会议在严肃的气氛中召开。

段长首先发言:"这次发生险性事故主要责任在我,本人要求免去当月的工资和奖金,其他段级领导每人扣 400 元,中层干部每人扣 200 元。另外,我宣布原主管安全的副段长现分管后勤,他的职务暂时由我担任。"

随后,各段长进行发言。

运用车间主任说:"这次事故主要是由于司机严重违反规章操纵所致。其实,车间一直在努力制止这种有章不循的现象,不过效果不明显。目前,主要问题表现为:①司机一旦出车,将会离开本单位,这样车间对司机的监控能力就会下降;司机能否完全按章操纵,基本上依靠其自觉程度,而司机的素质目前还没有达到这种要求。②车间共有管理干部和技术干部 20 多名,我们也经常要求干部到现场;但由于司机人数较多,并且机车的利用率很高,因此对司机的监控具有很大的随意性和盲目性。③干部中'老好人'现象严重。干部上车跟乘时,即使发现司机有违章操纵行为,也会替其隐瞒,使司机免于处罚。"

检修车间主任说:"这次事故虽然不是由于机车质量造成的,但是检修车间还是存在很多安全隐患。首先,职工队伍不稳定,业务骨干时有跳槽。因为铁路局是按照机修车间定员160人发工资,而检修车间现员230人左右,超员近70人,这样摊到每个人头上的工资就很少了,这也是职工队伍不稳定的主要原因。"

检修车间主任继续说:"其次,火车提速后,对机车的质量要求更高,而我段的机车检修水平目前还达不到这种要求。第一,机车的检修作业标准已经过时,缺乏合理性、实用性、可控性。工人按此标准工作,效率不高,漏检漏修现象时有发生。第二,车间的技术人员多是刚毕业的大学生,虽然有理论知识基础,但解决实际技术问题的能力不强。第三,对发生率较高的机车故障难题,一直没有解决好。"

教育主任说:"这次事故反映了我段职工素质不高。目前,我段的职工培训工作开展得不是很顺利,各车间都以生产任务繁重为由不肯放人脱产学习。因此,每年的职工脱产学习计划很难得以实现。另外,每年一次的职工业务考试,只是在考试结束后将成绩公布,没有起到真正督促职工学习的作用。"

人事主任说:"这次事故从某种意义上说是由于司机疲劳所致。由于有一部分司机经常请假,造成司机人手不够。而另一部分司机不得不连续工作,休息时间不能得到保证。而司机经常请假的原因是由于吃大锅饭造成的,干多干少一个样。"

段长说:"几位主任讲得都很好,将我段管理上存在的一些弊病都找出来了,会后各有关部门要针对这些弊病迅速制定整改措施。我相信,只要我们共同努力,工作上的被动局面会很快得到扭转的。"

问题:
1. 事故发生后段长的一系列做法说明了什么?
2. 写一份报告,针对会上几位主任的发言中所提到的难题,提出你的解决办法。

答案:

1. 事故发生后,段长连夜打电话通知各部门主任,查找本部门的安全隐患,第二天召开全段中层干部会议,并要求各主任在会上发言。这一系列做法都是反馈控制,又称事后控制。这类控制发生在行动以后,主要是将工作结果与控制标准相比较,对出现的偏差进行纠正,防止偏差的继续发展或者再度发生。反馈控制是最常用的控制类型。反馈控制的方法主要有财务分析、成本分析、质量分析以及职工绩效评定等。

2. 对于运用车间主任提到的问题,解决办法如下。

(1) 采购先进的监控器具,采取无线监控、360°无死角全天监控模式,而且不定期安排人员监控,被发现者一律按懈怠工作进行罚款。

(2) 加强规章制度的培训,定期进行规章制度测试,并采取排名制,名列前茅者有奖金。

(3) 发动干部匿名举报,举报者有奖。若有干部看到司机有违规操纵行为而未及时举报,则通报批评并罚款。创建规章制度守则,严格规范干部自身行为,并且干部与司机之间也应互相监督。

对于检修车间主任提到的问题,解决办法如下。

(1) 提高员工待遇,对员工工资采取差别制,提高员工积极性。

(2) 提高检修作业标准,提高合理性、实用性、可控性,严格控制并减少漏修漏检的行为。

(3) 加强培训新员工的实践能力。创建一个新的部门和基地，进行模拟实操训练，并不定期进行实操考核，采取淘汰制。

(4) 对于机车故障难题，应组建一个较为专业的研究小组，或聘请其他地区的专家，帮助解决机车故障难题。此外，还可以放开政策，吸引各个地区的人才。

对于教育主任提到的问题，解决办法如下。

(1) 合理安排各个车间任务，并让一部分职工轮流学习。学习时也应该给职工发工资，这样才能使职工们心无旁骛地加强训练，完成任务。另外，职工的工资按劳动时间长短和培训实操的成绩进行分割，这样能更好地鼓励职工加强实操，加强训练，努力提高各方面的能力。

(2) 对于职工业务考试结果，采取奖惩制，提高职工考试的积极性。

对于人事主任提到的问题，解决办法如下。

(1) 合理安排工作班次，保证职工基本休息时间，避免疲劳驾驶。

(2) 建立多劳多得制度，彻底改变"干多干少一个样、挫伤职工积极性"的情况。

课后作业——研讨与思考

课后作业 8-1

两 只 龟

两只龟在田头一动不动，专家问老农："两只龟在干嘛？"老农："它们在比耐力，谁先动谁就输。"专家指着龟壳上有甲骨文的龟说："据我多年研究，这只龟已死五千多年了。"另一只龟伸出头说："死了也不说一声，害老子在这儿干等！"刚说完话，带甲骨文的龟说话了："你输了吧！专家的话你也信！"

问题：

上述案例对你有什么启示？

课后作业 8-2

割草男孩的故事

一个替人割草打工的男孩打电话给一位陈太太说："您需不需要割草？"

陈太太回答说："不需要了，我已经有了割草工。"

男孩又说："我会帮您拔掉花丛中的杂草。"

陈太太回答："我的割草工也做了。"

男孩又说："我会帮您把草与走道的四周割齐。"

陈太太说："我请的那人已经做了，谢谢你，我不需要新的割草工人。"

男孩便挂了电话，此时男孩的室友问他说："你不是就在陈太太那里割草打工吗？为什么还要打这个电话?"

男孩说:"我只是想知道我做得好不好。"

问题:

上述案例对你有什么启示?

课后作业 8-3

田光慧眼识才,舍生取义励荆轲

隐居燕市、心怀庙堂的田光可谓识才的伯乐。荆轲初入燕国,凭借自己一贯的"养气"功夫,沉稳而理性地阻止了一场市井斗殴事件。田光对此十分赏识,于是热情地邀请荆轲到自己家中,兴致盎然地和他谈论时势。

田光不愧为资深招聘专家,这个过程表面看来是"礼节性"的招待,实则是一场全方位的面试。第一,考察知识水平和社会经验,通过与荆轲谈论诸国风物、当前局势,田光认为荆轲是有见识与谋略的;第二,考察心性和意志力,田光故意忽略荆轲一整天未进米食,听饥肠辘辘的他讲见闻、谈见解,直到午夜时分荆轲起身想告辞,田光才在一个仆从的耳语中恍然大悟般款待了他;这还不算,自那日的彻夜深谈后,田光将荆轲安置在馆邑里,便多日不再问津……这一切在常理看来,真是不可思议的失礼! 然而这也正是田光的面试测评技术,因为他知道"筹划大计"这个岗位需要有胆识、有见地、有韧性、有骨气之人,深夜不予招待饭食、数日不以礼回访,都是对荆轲个人素质的深入测试。好在荆轲是具备这个岗位素质的人选,并真正赢得了这场面试的胜利。当他决定离开燕市的时候,也正是田光决定录取他的时候。田光派高渐离快马加鞭尊请回来,开始对荆轲的进一步考察和培训。

在此后与荆轲朝夕相处的日子里,田光通过使用人才来实现人力资本的增值。荆轲更加仔细地观察和培训荆轲,并开始初步谋划强燕灭秦的战略与部署。田光向太子丹保荐荆轲后自刎,他用生命证明:我保荐的荆轲值得信任,可以委以重任! 这个举动对荆轲来说,却成为终其一生的激励。田光的一句"田光已死,不虞泄密"的临终遗言,使荆轲无论在后来官居燕国上卿的所作所为,还是在与燕国公主的爱情产生强烈的心理困惑时,都一直用田光之死来权衡取舍;甚至在他为使入秦都的策划出现漏洞后,他选择拼死一搏,其心底的念头都是:"一定不能辜负对自己有知遇之恩的田光!"直到他结束了刺秦的壮举。如果我们不以成败论英雄,那么我们可以说,田光的牺牲达到了最高的诠释与荣光。

问题:

上述案例对你有什么启示?

课后作业 8-4

跳　　槽

A 对 B 说:"我要离开这家公司。我恨这家公司!"

B 建议道:"我举双手赞成你报复! 一定要给这家公司点颜色看看。不过你现在离开,还不是最好的时机。"

A 问:"为什么?"

B 说:"如果你现在走,公司的损失并不大。你应该趁着在公司的机会,拼命去为自己拉一些客户,成为公司独当一面的人物,然后带着这些客户突然离开公司,这样公司才会受到重大损失,非常被动。"

A 觉得 B 说得非常在理。于是,他开始努力工作。事遂所愿,经过半年多的努力工作后,他有了许多的忠实客户。

再见面时,B 问 A:"现在是时机了,要跳槽就赶快行动!"

A 淡然笑道:"老总跟我长谈过,准备升我做总经理助理,我暂时没有离开的打算了。"

问题:

上述案例对你有什么启示?

课后作业 8-5

如何再申请 3 个名额

公司为了奖励市场部的员工,制订了一项海南旅游计划,名额限定为 10 人,可是 13 名员工都想去,部门经理需要再向上级领导申请 3 个名额。如果你是部门经理,你会如何与上级领导沟通呢?

部门经理:"朱总,大家今天听说去旅游,非常高兴,觉得公司越来越重视员工了。领导不忘员工,这让员工们非常感动。朱总,这件事是你们给大家的惊喜,不知道当时你们是如何想出此妙意的?"

朱总:"真的是,这一年公司效益不错,这是大家的功劳。考虑到大家辛苦一年,想给大家一个惊喜。年终了,一是大家该轻松轻松了;二是放松后,才能更好地工作;三是希望增加公司的凝聚力。只要大家高兴,我们的目的就达到了。"

部门经理:"也许是计划太好了,大家都在争这 10 个名额。"

朱总:"当时决定 10 个名额是因为觉得你们部门有几个人工作不够积极。你们评选一下,不够格的就不安排了,就算是对他们的一个提醒吧!"

部门经理:"其实我也同意领导的想法,有几个人的态度与其他人比起来是不够积极,不过他们可能有一些生活中的原因,这与我们部门经理对他们缺乏了解、没有及时调整也有关系。责任在我,如果不让他们去,对他们打击会不会太大?如果这种消极因素传播开来,影响也不好。公司花了这么多钱,要是因为这 3 个人去不了,降低了效果,那就太可惜了。我知道公司每一笔开支都要精打细算。如果公司能多给 3 个名额,让他们有所感悟,督促他们来年改进,那么他们多给公司带来的利益要远远大于这部分支出的费用。不知道我说的有没有道理?公司如果能让他们去,我会尽力与其他两位部门经理沟通好,在这次旅途中对这 3 个人进行一对一的教导,帮助他们放下包袱,树立起积极的工作态度,朱总,您能不能考虑一下我的建议?"

问题：
1. 对以上领导的谈话内容进行点评。
2. 如果你是部门经理，为了再争取3个名额，你会如何与上级领导沟通呢？

课后作业 8-6

管理道德缺失的后果

曾有过这样一家企业，业务遍布全国各地，为了便于管理，其不仅以省级为单位设立了分公司，还在一些地级市也设立了分公司。由于公司给予省级分公司经理的权力很大，导致一些山高皇帝远的分公司出现了"土皇帝说了算"的现象。有一个地区的分公司，在设立之初的业绩非常好；但随着管理者的不断轮换，分公司人心浮动，业绩每况愈下。究其根本原因，就在于分公司经理的管理道德缺失。

这家分公司地处偏远，刚刚设立时，第一任经理比较负责任，分公司的发展势头很好，业绩节节攀升。分公司经理上对企业负责，下对员工负责。

但好景不长，不到三年时间，从其他市场调过来一位经理。这位经理身上有很严重的"老爷作风"，身处其他分公司时还算收敛，可此时到偏远地区担任经理，便发展成了"老子天下第一"，肆意妄为。

这位分公司经理不仅好吃懒做，而且对于分公司运营几乎不闻不问，只是让几个骨干经销商来代管。他还说："没有天大的事，不要随便给我打电话！"下属慑于他掌管人事任免决定权、薪资权、员工晋职加薪权等，敢怒不敢言。分公司人员常常一两个月都见不到经理，遇事都由他的一位心腹员工和代管的经销商处理，经理却去干"自己的事"。同时，这位经理还在内部搞"办公室政治"，将矛盾试图转移到员工之间、经销商之间去，把责任推得一干二净。

纸终究包不住火，事情终于败露了。该经理在分公司横行了三年后，因为匿名信、匿名电话、骨干经销商的投诉，最终被罢免了。

问题：
1. 管理道德缺失会带来什么后果？
2. 如何建立职业道德规范体系？

推荐阅读书目

[1] 亚历山大·格罗斯. 360度领导力[M]. 贡晓丰, 孔婧倩, 译. 北京：电子工业出版社, 2011.

[2] 安迪·格鲁夫. 只有偏执狂才能生存[M]. 安然, 张万伟, 译. 北京：中信出版社, 2010.

[3] 帕特里克·兰西奥尼.团队协作的五大障碍[M].华颖,译.北京:中信出版社,2010.

[4] 彼得·德鲁克,约瑟夫·马恰列洛.德鲁克日志[M].蒋旭峰,等译.上海:上海译文出版社,2006.

[5] 彼得·德鲁克.管理的实践[M].齐若兰,译.北京:机械工业出版社,2009.

[6] 诺尔·M.蒂奇,等.掌握命运:通用电气的改革历程[M].吴郑重,译.上海:上海译文出版社,1996.

第九讲

教学目的与要求

1. 了解企业组织运行的灵魂——管理思想
2. 熟悉管理方法的前提——适用条件
3. 学会把制度、规范和机制落实到位——管理主题
4. 课外阅读有关企业规范化方面的案例

教学重点与难点

教学重点：我国企业存在的缺陷
教学难点：我国企业所存在缺陷的产生原因

主干案例

案例 神奇教练希丁克

胡斯·希丁克(Guus Hiddink)，1946年11月8日出生于荷兰格尔德兰省小镇瓦斯维尔德，是一名知名足球教练。

2001年，希丁克就任韩国国家队主教练。2002年，在日韩足球世界杯中，希丁克带领韩国队一路过关斩将，历史性地杀入世界杯四强，成为韩国的英雄。这为其辉煌的执教生涯添上了浓重的一笔，而其非凡的执教能力再次获得世人认同，并被韩国授予蓝龙奖章。

2018年9月10日，中国足协宣布希丁克成为中国U21男足主教练。72岁的希丁克被称为"神奇教练"，可他当年带韩国队创造神奇时，现在这批国奥队员只有四五岁，爷爷辈的希丁克正在用各种办法来铺平这相差50年的代沟。

1. 希丁克的管理之道

希丁克领导方式的精髓如下。

(1) 重用有实力的人才。

(2) 重视基础培养。

(3) 追求革新的思想和强调整体的力量。

希丁克坚持公正性的原则,在选拔队员时从不考虑该队员的学历及人际关系情况,只选拔那些在赛场上具有实力的球员。希丁克十分强调队员的体力,认为体力是比赛的基础和根本,所以他不顾韩国足球界的一些非难,坚持把提高体力作为第一要义,组织训练。每次进行训练或热身赛,他都按照场上位置选拔不同年龄段的2～3人参赛,通过不间断竞争来实现优胜劣汰。希丁克从来不过分强调个人的力量,而强调足球队全体的胜利才是真正的胜利。因此,在与葡萄牙队的对战中,希丁克大胆弃用了在韩美之战中有过失误的韩国足球名将崔龙洙。

希丁克曾经说过:"成功的团队没有失败的个人,失败的团队也没有成功的个人。"

希丁克带领韩国队打进世界杯四强,给予韩国工商界和金融界新的启示;但启示和借鉴都需要结合自己的实际情况来应用,谁敢于和善于在自己的经营实践中灵活地运用希丁克这一套,谁才会在经营管理中取胜。

2. 希丁克的理念

(1) 训练追求高效率

在每堂训练课开始前希丁克的话都不多,基本上是在讲训练要求,再没有其他别的东西,算上翻译成中文的时间也不会超过三分钟。希丁克愿意把自己想说的话留到球场上,而不是没完没了地开会,"他知道冗长的会议对于年轻人来讲起不到太大的帮助"。

(2) 魔鬼式训练

希丁克强调高强度的跑动和逼抢,对体能和身体素质要求极高。比如,他执教过的2002年世界杯上创造历史最佳战绩的韩国队,以及2008年欧锦赛上击溃"橙衣军团"的俄罗斯队,都有这种"跑不死"的特点。

(3) 快乐足球

希丁克在执教1998年世界杯上的荷兰队时,带领那批高水平的球员,踢出过激情四溢的攻势足球。他执教风格多样化,有着较强的适应和改造能力。

(4) 团队精神

"你的前面有三个防守队员,这个时候就应该把球传给其他队友,而不是再去想着突破,这是个愚蠢的行为,以后不要这样做了!"

(5) 强势的管理者

在希丁克的球队里,没有球星,只有球员。任何球员都不能在球队里耍大牌。希丁克敢于压制"球星"、打击"球霸"的硬朗作风。这一点如联系到职场上,想必会让很多职业经理人汗颜。

（6）离职和跳槽

顶着"神"的光环和对韩国人的喜爱，希丁克毅然决定离开那块成就他伟大功绩的土地，回到足球生涯的原点——荷兰埃因霍温。两年以后，他又加盟袋鼠军团，把袋鼠军团带到了世界杯十六强。可以说，不断的跳槽成就了今天的希丁克。

（7）成功与失败

希丁克在职场上的发展无疑是非常成功的，事业经营上也是辉煌的。但是，这所有的一切却不是一帆风顺的，这是神奇教练希丁克岁月积淀和经验积累的成果转化。希丁克在长期的执教生涯中，都坚持着自己的信念，并保持着非常积极、健康的心态。

3．希丁克的做法

（1）从第一堂训练课开始，就给队员灌输争胜理念。

（2）拒绝愚蠢犯规，也拒绝踢得过于温柔。

（3）魔鬼训练方式。训练量大，曾出现一堂训练课持续两个半小时的记录。

（4）用跟队员开玩笑的方式化解代沟问题。

知识点精要

一、中国企业缺什么

（1）企业组织运行的灵魂——管理思想。

管理是什么？一种思想；一种智慧；一种对管理者的思维起指导作用的方法论。每个企业都会碰到自己特有的问题，要找出规律，悟出真谛。

（2）管理方法的前提——适用条件。

如六西格玛管理方法，其前提至少有三：①质量水平已达到或超出三西格玛水平（99.73％的合格品率）；②高精度、集成化、自动控制的设备及优良的环境，巨额资金高投入；③高素质员工队伍及良好的团队精神。

我国企业的基本情况：企业总体质量水平在合格率75％左右。

质量管理三阶段：抽样检查；基于数据的过程控制；全面质量管理。

我们大部分企业并不适合搞六西格玛。

（3）把制度、规范和机制落实到位——管理主题。

（4）管理职业化的欠缺。

很多企业的管理者不知道管理和领导的区别。他们做了几年管理者后，一点管理感悟都没有，只是按部就班，而没有形成系统化思维。当让其管5个人时很容易，但一到十几个人以上规模时，他们就不知所措了，这是因为他们自己没有根，没有综合提升自己的能力。职业化是综合能力、知识、修养的集合体。企业需要职业化的经理人,这是企业适应市场发展的必然趋势。

二、关于管理者

1. 管理者在组织中的角色

人际关系方面:挂名首脑;领导者;联络者。

信息传递方面:监听者;传递者;发言人。

决策制定方面:企业家;混乱驾驭者;资源分配者;谈判者。

2. 对管理者的技能要求

技术技能:是指使用某一专业领域有关的工作程序、技术和知识完成组织任务的能力。

人际技能:是指管理者处理人与人之间的关系技能,即理解激励他人、与他人进行沟通的能力。

概念技能(思维技能):是指综观全局,对影响组织生存与发展的重大因素做出正确的判断,并在此基础上做出正确决策,引导组织发展方向的能力。

3. 成功管理者与有效管理者

成功管理者:以在组织中晋升的速度为标志。

有效管理者:以工作成绩的数量、质量以及下级对其满意和承诺的程度为标志。

(1) 传统管理:决策、计划、控制。

(2) 沟通:交流例行信息、处理文书。

(3) 人力资源管理:激励、惩罚、调解冲突、人员配备、培训。

(4) 网络联系:社交活动、政治活动、与外界交往。

三、企业经理常犯的八种错误

错误 1:拒绝承担个人责任

管理者如果想发挥管理效能,就得勇于承担责任。

杜鲁门在自己的办公室挂了一条醒目的条幅:扯皮到此为止。

假若你对所在单位的工作成绩和效益不满意,请严格检讨你采用的管理方式。

错误 2:只控制工作成果

经理如果只想控制工作成果,而不想试图去影响职员的思想,这也是管理上的一项错误。

经理只有了解人性因素,并且能够对职员的心理了如指掌,才能逐渐提高生产力。

错误 3:不会因人施管

凡是试图以同一种方法去管理每个职员的经理,很难取得成功。

优秀的经理擅长掌握职员的个性差异,认清每位职员的优缺点,因人而异,因材施教,对职员采取个别管理原则。

很多经理都想在同一时间里处理绝大多数人的问题，而尽量避免一对一的谈话，但由于这种谈话缺少针对性，所以这并不是一种有效的管理方法。

错误4：经理仅仅是职员的伙伴

只等同于管理，而不是领导。久而久之，职员会觉察到经理毫无工作业绩，却照拿薪水。

错误5：附和错误的一方

忠诚并不意味着你必须去附和上级的不正确意见或观点。

经理要想克服附和错误一方的方法就是，充分发挥管理阶层的作用及职责，促使自己和职员都能有正确的工作态度。

错误6：忘却利润的重要性

每一位经理都要竭力防止利润的下跌。

经理只有不断地提醒职员注意他的个人活动与公司的因果关系，才能确保利润不致下降。

错误7：专注业务问题

把90％的时间花在处理业务问题上，而这些问题只关乎10％的生产力，这同样是一种管理错误。

经理如果过于注重业务问题，会导致其完全失去工作目标。

因此，好的管理者在自己及他人遇到问题时，也绝不会忘记自己的主要目标。

错误8：未能培育人才

管理的主要目标是使企业经营的活动功能持续长久。

一位优秀的经理必须能做到：即使没有你，公司的业务仍能有效地进行。假如做不到这一点，那么你一定是忽略了自己的重大责任——培育人才。

对经理的最大考验不在于经理的工作成效，而在于经理不在时职工的工作成效。

管理实例——悟性与启示

管理实例 9-1

并不是你想象中那样

两个旅行中的天使到一个富有的家庭借宿。这家人对他们并不友好，并且拒绝让他们在舒适的客人卧室过夜，而是在冰冷的地下室给他们找了一个角落。当他们铺床时，较老的天使发现墙上有一个洞，就顺手把它修补好了。年轻的天使问为什么，老天使答道："有些事并不像看上去那样。"

第二晚，两个天使又到了一个非常贫穷的农家借宿。主人夫妇俩对他们非常热情，把仅有的一点点食物拿出来款待他们，然后又让出自己的床铺。第二天一早，两个天使发现农夫和他的妻子在哭泣，他们唯一的生活来源——一头奶牛死了。年轻的天使非常愤怒，他质问老天使：为什么会这样？第一个家庭里什么都有，老天使还帮助他们修补墙洞，第二个家庭尽管如此贫穷还是热情款待客人，而老天使却没有阻止奶牛的死亡。"有些事并不像看上去那样。"老天使答道，"当我们在地下室过夜时，我从墙洞看到墙里面堆满了金块。因为主人被贪欲所迷惑，不愿意分享财富，所以我把墙洞填上了，不让他看到里面的金块。昨天晚上，死亡之神来召唤农夫的妻子，我让奶牛代替了她。所以，有些事并不像看上去那样。"

启示：

有些事并不像看上去那样。任何事情都有多面性，管理者在解决问题时要多方位发散思维。凡事都不能只看表面，而要深入理解其含义，要多角度剖析内涵。客观事物中有许多是无法定量的。所以，管理者不能认为通过数学计算提供的"最优解"就是最好的决策方案，而必须把定性的、定量的多种目标进行综合权衡与分析判断，这样才能做出适宜的决策。任何管理者，都要选择、运用相应的管理方法。研究和学习管理学，必须坚持实事求是的态度，深入管理实践，进行调查研究，总结实践经验，运用判断和推理的方法；此外，还要认识到一切现象都是互相联系和互相制约的，一切事物都是不断发展变化的。因此，管理者必须运用全面的、历史的观点，去观察和分析问题。"老天使"见多识广，有丰富的经验，不容易被表象蒙蔽，故而做出了合理的决策。

管理实例 9-2

"9.9 型"教学模式

"9.9 型"教学模式来源于美国得克萨斯大学的行为科学家罗伯特·布莱克的管理方格理论。该理论是研究企业的领导方式及其有效性的理论，这种理论倡导用方格图表示和研究领导方式。他们就企业中的领导方式问题提出了管理方格法，使用自己设计的一张纵轴和横轴各 9 等分的方格图，纵轴和横轴分别表示企业领导者对人和对生产的关心程度。第 1 格表示关心程度最小，第 9 格表示关心程度最大。全图总共 81 个小方格，分别表示"对生产的关心"和"对人的关心"这两个基本因素以不同比例结合的领导方式。

在管理方格图中，"1.1"方格表示对人和工作都很少关心，这种领导必然失败。"9.1"方格表示重点放在工作上，而对人很少关心。领导人员的权力很大，指挥和控制下属的活动，而下属只能奉命行事，不能发挥积极性和创造性。"1.9"方格表示重点放在满足职工的需要上，而对指挥监督、规章制度却重视不够。"5.5"方格表示领导者对人的关心和对工作的关心保持中间状态，只求维持一般的工作效率与士气，不积极促使下属发扬创造革新的精神。只有"9.9"方格表示对人和工作都很关心，能使员工和生产两个方面最理想、最有效地结合起来。

教学及教学管理同企业生产的管理活动的要素是相同的。运用管理方格理论，可以建立一种"9.9 型"的教学及教学管理的模式和理论，以指导教学及教学管理工作的开展。"9.9 型"教学模式要求任课教师设计出最佳的教学目标，竭尽全力实施各种教学环节，并在各个环节中自始至终地全面关心学生的学习、生活、理想、抱负、身心健康等，使师生之间形成心灵相通、密切合作的教学心理环境。

1. "9.9型"教学模式的基本内容

（1）符合实际的教学目标。

（2）为实现目标而精心设计的教学方案。

（3）倾注大量心力的高质量教学讲稿。

（4）十分投入的富有吸引力的课堂教学。

（5）多种教学环节补充课堂教学的不足。

（6）深入学生之中，全面关心学生，做学生的良师益友。

（7）多渠道收集教学信息，不断改进教学。

2. "9.9型"教学模式对教师的基本要求

（1）忠诚党的教育事业，热爱教学工作，教书育人，把对学生的"爱心"倾注到各个教学环节之中。

（2）教师必须利用一切机会，采取一切手段，不断提高教学、科研水平，不仅要及时吸收和消化本学科的最新成果和前沿知识，还要尽量了解和掌握如教育学、心理学、行为科学、管理科学及相关学科的知识，及时运用在教学中。教师要努力使自己的学问博大精深，成为同行和学生们无比信赖、崇拜的学者。

（3）要认真钻研教材包括同类版本的其他教材，精选教学内容，精心备课，有一套解答重点、难点、疑点的教学经验，培养自己组织课堂教学环节的能力。

（4）要通过教学内容、教学方法的改革等，介绍最新学科成就，不断增加新知识，提高课堂教学的魅力。

（5）要按照教育学、心理学、行为科学的原则，掌握学生的个性心理特点，研究出一套符合学生接受知识的规律、能够提高学习效益和效果的教学方法。

（6）教师的教学既要面对全体学生，又要注意到个别学生的学习情况，力求让全体学生都达到教学目标要求。

（7）在辅导答疑、批改作业的过程中，对学生既严格要求又关心爱护；通过足够多的教学活动的机会，与学生建立起相互协调、尊师爱生的师生关系，这是教学成功的一个重要基础。

（8）要重视教学意见的收集，利用它随时诊断教学情况，发现不足，并研究解决方法。

启示：

从管理上看，教师与学生的关系好比是领导与被领导的关系，教师领导学生学习。如果教师的管理方式适当，那么学生就会变得积极主动。教师与学生之间需要沟通，因此在管理上不能采取强硬的措施，利克特的温和—命令式、商议式、集体参与式的领导方式比较适用于教师对学生的管理。当然，教师在管理的同时，也需要遵守教师的基本要求，提升自己的能力，不断积累经验，培养组织教学环节的能力。而且，教师不能只关注好学生，对成绩差的学生也要一视同仁。"9.9型"教学模式，对于学生和教师来说，是一种很好的管理方式。师生之间最有效的领导方式可以说是协作型，双方在相互依存、相互信任和尊敬的基础上，取得高产量和高质量的成果。

管理实例 9-3

Z 理论[①]在办公室和工厂中的应用

这个例子包括两个部分,即某个大公司的一个分厂和与之有关的办公室。公司是一级一级地、自上而下地开始实施 Z 理论管理法的,最后轮到这个工厂,而且这里描述的情况是在高层开始实施变革后的第三年发生的。

变革的动力

这个工厂是该公司表现最差的工厂之一,长期受到劳资冲突的困扰,旷工率和流动率居高不下,而且产品质量差,生产力低下。新任命的厂长来了,他曾经积极地参与总公司实施 Z 理论的工作。他到这个工厂来有明确的目标,即实施 Z 理论,希望工厂的状况有所改观。在他上任前,即将离职的厂长宣布把单班制改为两班制,这样现有的部分雇员和新雇用的雇员不久后就都需要汇报夜班的工作情况了。他宣布的这项措施引发了雇员的公开抗议,而且他们威胁要举行罢工。

行动

在有史以来第一次召开的全体雇员大会上,新上任的厂长首先清晰、全面地解释了他们面临的形势。他让雇员们看到了现实,指出竞争对手可能蚕食他们的企业。他提到了一份分析客户需求的研究报告,然后强调"工厂需要创造出利润,这样才能证明公司应该继续提供就业机会并在将来投入资金"。而雇员们一向对什么事情都一无所知,没有意识到他们面临的竞争现实。他们不了解公司的等级制度、评测他们绩效的会计系统或管理他们工作流程的信息系统。由于他们之前只负责完成任务,因此他们对自己的工作效率的评估和改进无能为力。他们没有认识到"在一个更大的系统中,他们是不可分割的一部分",他们不了解他们的工作生活的前因后果。

随后,新上任的厂长与他的管理团队静下心来反思,通过培训了解哲学观的基本要素,解释工厂与公司的其他机构的关系,并训练雇员们的人际沟通能力。他鼓励他们有问题就提,采取开诚布公的态度,而他们之间的信任关系由此开始形成。

启示:

Z 理论认为,企业生产率的基础是企业中人与人之间的信任、微妙性和亲密性,有效的管理就要从这三个基本点出发。新厂长在经过思考后,通过培训先让雇员们对公司及其机构进行了解,而不是一味地盯着自己负责的工作任务。训练雇员的人际沟通能力,加强上级对下级、下级对上级的沟通,鼓励雇员们有问题就提,采取开诚布公的态度,从人与人之间的信任、微妙性和亲密性这三个基本点出发,形成一个具有亲密关系、相互信任的组织,这非常有利于让雇员们增强集体意识,了解现实和所面临的严峻局势,继而提高企业生产率。

[①] Z 理论是 20 世纪 80 年代由日裔美国学者威廉·大内提出的一种管理理论。Z 理论认为,企业的成功离不开雇员之间的信任、微妙性与密切关系,因此主张以坦白、开放、沟通作为基本原则来实行参与式决策和民主化管理。

管理实例 9-4

新来的财务处长

市针织总公司财务处长刘仁退休后,其职务由该公司属下最大的一家针织厂的财务科长李刚继任。财务处在公司内部具有举足轻重的地位,原处长刘仁资深能干,待人随和,善解人意。他要求下属之间互相协作,在没有严格监督下也能做好各自的工作。一直以来,财务处的工作颇有效率。

李刚正值年富力强,既有学历,又有工作经验,被认为是接替前任的合适人选。李刚本人也满心希望领导好财务处。就职两个多月来,李刚觉得财务处的工作效率下降了,不顺心的事接二连三。一次,李刚急着要用最新的成本资料,两位女职员却屡屡拖延。李刚认为这是故意的。又有一次,一位老职员误报情况,致使李刚给总经理的一份报告出现差错。为此,李刚很恼火,当着其他同事的面批评了这位老职员。那天刚上班,处里一位年轻的女职员来请事假,说是要去火车站接人。李刚不准假,结果引发了一场激烈的争吵。如此等等,令李刚深感苦恼。

启示:

有效领导不仅是由领导者自身的个性和领导方式决定的,更重要的是取决于领导者所处的客观环境以及领导方式与客观环境是否相适应。而影响领导风格的环境因素主要是职位权力、任务结构和上下级关系这三方面。职位权力和任务结构可以由组织控制,但上下级关系是组织无法控制的。更具体地说,下属对一位领导者的信任爱戴和拥护程度,关键在于领导者的协调和控制。这三个条件缺一不可。唯有协调好这三个条件,才能提高领导的有效性。

管理实例 9-5

高总的领导方式

高明是空调销售公司的总经理。他刚接到有关公司销售状况的最新报告:销售额比上年同期下降了25%、利润下降了10%,还有几名销售分店的经理提出辞职。他立即召集各主管部门的负责人开会讨论解决该问题。会上,高总说:"我认为,公司的销售额之所以下滑,都是因为你们领导不得力。公司现在简直成了俱乐部。每次我从卖场走过时,我看到员工们都在各处站着、聊天的、煲电话粥的、无处不有,对顾客视而不见。他们关心的是多拿钱少干活。要知道,我们经营公司的目的是赚钱;如果赚不到钱,想多拿钱,门儿都没有。你们必须记住,现在我们迫切需要的是对员工进行严密监督与控制。我认为现在有必要安装监听装置,监听他们在电话里谈些什么,并将对话记录下来,交给我处理。当员工没有履行职责时,你们要警告他们一次;如果不听,就请他们走人……"

部门主管们对高总的指示都表示赞同,唯有销售部经理李燕提出反对意见。她认为问题的关键不在于控制不够,而在于公司没有提供良好的机会来让员工真正发挥潜力。她认为每个人都有一种希望展示自己的才干,为公司努力工作并做出贡献的愿望。所以,解决问题的方式应该从和员工沟通入手,真正了解他们的需求,使工作安排富有挑战性,促使员工们以从事这一工作而自豪。同时,在业务上给员工以指导,花大力气对员工进行专门培训。

然而,高总并没有采纳李燕的意见,而是责令所有部门主管在下星期的例会上汇报即将采取的具体措施。

启示:

高总的领导方式是存在错误的。高总希望通过监听员工的谈话内容来达到对员工的严密监督与控制,这是一种不道德的、窥探他人隐私的错误做法,这种做法会让员工更加没有工作积极性。领导的不信任会让员工感到自己不受重视,辞职率也会升高。该公司面临的问题是管理不到位,制度不到位,激励和职业规划不到位,因而导致员工工作积极性低。高总更应该做的是合理安排激励措施,完善工资结构,合理分配资源。在人事上,要大力进行改革,辞退害群之马,真正使人才发挥作用。要多和员工沟通,了解他们真正所需,使员工工作更富有挑战性,让员工为工作而自豪,并加强对员工的专业培训。通过人性化的管理,实现激励和职业规划并举,这才是管理的上策。

根据路径—目标理论可知,领导者的工作效率是以能激励员工达到组织目标并在工作中得到满足的能力来衡量的。领导者的基本职能在于控制合理的、员工期待的报酬,同时为员工实现目标创造条件。根据不同环境特点,领导者可以采取不同的领导方式。同时,员工的成熟度对领导者的领导方式也有重要影响,因此,面对不同成熟度的员工,领导者采取的领导方式也应有所不同,具体有命令式领导、说服式领导、参与式领导和授权式领导。这些方式的恰当运用,能大大提高领导效率和能力。

管理实例 9-6

为什么领导不好行政处

某局机关因工作需要,新成立了一个行政处,由局原办公室副主任李佳任处长,原办公室的8位后勤服务人员全部转到行政处。李佳上任后便到处物色人才,又从别的单位调进5位工作人员。这样,一个由14人组成的行政处便开始了正常工作。李佳38岁,年富力强,精力旺盛,在没有配备副手的情况下,他领导其他13人开展工作。一开始众人相安无事,但时间长了,问题就多了。因为处里不管是工作分配、组织协调还是指导监督、对外联络,都是由李佳拍板定案。尽管他工作认真负责,每日起早贪黑,但也适应不了如此繁杂的事务,任何地方照顾不到,都会出娄子,而且行政处内部开始闹矛盾,还与其他处室发生了不少冲突。

在这种情况下,局领导决定调出李佳,派局办公室另一位副主任王强接任行政处处长。王强上任后,首先,着手组建行政处内部组织机构,处下设置四个二级机构:办公室、行政一科、行政二科、行政三科。其次,选调得力干将,再从原来的局办公室选调两位主任科员任行政处副处长,在业务处选调3位副主任科员任行政一、二、三科的科长,其余科长、副科长在原13名工作人员中产生。王强采取这些做法,目的就是改变处里的沉闷气氛,调动大家的工作积极性,提高行政处的工作效率。

这样，一个19人的行政处在三位正副处长、8位正副科长的领导下，再次以新的面貌投入工作中。但是过了不久，行政处的工作效率不仅没有提高，反而更加糟糕了。有些下属认为王强经常越权乱指挥，他们的工作没法开展；有的下属则认为王强到处包办代替，没事找事干，和科长争权；还有的人认为行政处官多兵少，没有真正干活的人。不到半年，行政处又陷入重重矛盾之中，不但人际关系紧张复杂，而且大家都毫无干劲。王处长带来的几个人也要求调回原处室。在这种情况下，王强只好选择辞职。但他很困惑：自己的工作热情很高，为什么却领导不好行政处的工作？

启示：

李佳和王强的失败，皆是源自管理层次设计的失败。管理层次是在职权等级链上设置的管理职位的级数。当组织规模扩大，导致管理工作量超出一个人所能承担的范围时，就需要委托他人分担自己的一部分管理工作，管理层次也会随之增加。以此类推，就形成了组织的等级控制或层次性管理结构。组织中管理层次的多少，应根据组织任务量与组织规模的大小而定。一般而言，管理层次分为三级，每个层次都应有明确的分工。

李佳一个人领导13个工作人员，没有进行合理的层次安排，这是导致他失败的重要原因。在设计组织结构时，如果管理层次太少，没有分权管理，就会导致内部矛盾。王强上任后，着手内部组织结构的设计，并且选调得力干将，他将内部结构分为两个管理层，这有利于分工合作，调动了员工的积极性；但是，他却没有意识到自己设置的部门偏多，领导与被领导的比例失调，并且王强领导的范围过广且过于具体，这些都会导致内部矛盾的产生，员工积极性不高。

管理实例9-7

劳动生产率会议

为了扭转劳动生产率日益下降的趋势，美国比奇飞机公司从20世纪80年代中期以来建立了"劳动生产率会议"制度。公司从9000名职工中选出300名作为出席"劳动生产率会议"的代表。

当某一职工想提一项合理化建议时，他就可以去找任何一名代表，并与该代表共同填写建议表。当这个提议交到"劳动生产率会议"后，由领班、一名会议代表和一名劳动生产率会议的干部组成的小组负责对这项建议进行评价。如果这个小组中的两个人认为该建议能提高劳动生产率并切实可行，则提建议者可得到一笔初审合格奖金。接着，由"劳动生产率会议"对上述建议进行复审，待复审通过后，即按该建议产生效果的大小，给提议职工颁发奖金。这项制度的实行，给公司带来了巨大的效益。

启示：

为扭转劳动生产率日益下降的趋势，比奇飞机公司建立了"劳动生产率会议"制度，从所有员工中选出小部分人作为代表。员工想要提建议时，可以找某一代表并与其共同填写建议表，交到"劳动生产率会议"，然后由三人小组评价。若该建议通过初审，员工即可获得一笔奖金；若该建议通过复审，还可另外获得奖金。

比奇飞机公司合理设置了部门组织，将所有员工划分为两部分——普通员工和会议代表,符合最少部门原则,有利于公司领导者管理公司。该公司的部门职能设计得当,各个层次互不重叠且相互衔接,员工提出的建议经过层层传递审查,由下层提出建议,由上层审核实行,这非常有利于建议的汲取与分析。并且,当建议通过时,员工还可获得相应的奖金。这种政策鼓励在一定程度上调动了员工的积极性,是有利于组织运转的。

在组织设计时,不仅要考虑部门划分的问题,还应考虑部门职能设计的问题。二者都设计得当,才更有利于公司运行。

管理实例 9-8

田忌赛马

齐国使者到大梁来,孙膑以刑徒的身份秘密拜见,劝说齐国使者。齐国使者觉得此人是个奇人,就偷偷地把他载回齐国。齐国将军田忌非常赏识他,并且待他如上宾。田忌经常与齐国众公子赛马,设重金赌注。孙膑发现他们的马脚力都差不多,马分为上、中、下三等,于是对田忌说:"您只管下大赌注,我能让您取胜。"田忌相信并答应了他,与齐威王和各位公子用千金作为赌注。比赛即将开始,孙膑说:"现在用您的下等马对付他们的上等马,用您的上等马对付他们的中等马,用您的中等马对付他们的下等马。"如此进行了三场比赛,田忌一场败而两场胜,最终赢得齐威王的千金赌注。后来,田忌把孙膑推荐给齐威王,齐威王向孙膑请教兵法,把他当成老师。

启示:

田忌赛马的故事中,孙膑运用了自己的参谋职权,为齐国将军田忌提供了咨询和建议。参谋的作用就是协助管理人员有效工作。孙膑是为统治者出谋划策的智囊人物,在田忌赛马这件事上提出用上马对付中马、中马对付下马、下马对付上马的策略,最后三局两胜,赢得了赌金。孙膑在提议时,正确客观地分析了己方和对手的实力,运用统筹的方法进行了合理安排,在做好充分准备的情况下,实施了自己的计划。最终,孙膑获得了齐威王的赏识,齐威王拜他为师,请教兵法。这个故事告诉我们:管理者要善于挖掘人才,听取意见,员工也要积极用好参谋职权。

管理实例 9-9

马的命运

马,本来自由自在地在山间撒野,渴了喝点山泉,累了就睡在地上晒太阳,无忧无虑。可是自从有了伯乐,马的命运就改变了。人们给它的头戴上笼辔,在它的背上置放鞍具,拴着它,马的死亡率已经是十之二三了。然后,人们再逼着它运输东西,强迫它日行千里,在它的脚上钉上铁掌,马的死亡率就过半了。马本来就是毫无规矩、毫无用处的动物,如果让它吸取日月之精华,天地之灵气,无用无为,那么它还得以享尽天年;若教化它,让它懂得礼法,反而会害了它的生命。

启示:

马的天性是自由自在的,它们喜欢在山间撒野,人类将它们驯服,以服务人类,渐渐扼杀了马的天性,使马的死亡率加大。本来马是毫无规矩、自由自在的,人类教化它们反而害了它们。被驯化后,马适应外部环境的能力变差,对人产生依赖思想。当马回到山间,如果看到皮鞭,它们仍会遵循礼法。这个故事告诉我们:管理者需要采取一定的管理手段,将下属纳入正常轨道。因为,放任自流,会使管理目标无法实现;但管理者也不能过于集权,否则会扼杀下属的天性,也会对大家的利益造成威胁。

管理实例9-10

降低相权

一天早晨,文武大臣都在一个个地汇报自己的工作,接着退到殿外。

走到最后的是后周老宰相范质。当范质快要走出殿门时,宋太祖突然传话,说:"范老爱卿,请稍稍留步,朕有一事与你相商。"

听到传话,范质转过身走回到殿上,重新坐到自己的宰相之座。

原来,在中国古代宰相的地位是很高的,可以和皇帝坐着说话。人们常说宰相是一人之下、万民之上的官儿,是说皇帝对宰相很尊重,也得礼让三分。因此,在上朝君臣议事的时候,宰相可以坐着跟皇帝说话,而其他官员只能站着。

范质坐下来以后,宋太祖递给他一份大臣汇报的奏折,说:"范爱卿,你看这件事如何解决才好?"范质接过奏折,仔细地看起来。

这时,宋太祖从龙椅上站了起来,向后宫走去。

宰相范质看完奏折后,心里已经想好解决的方法,可是,左等右等也不见皇帝出来,范质就想起身去找皇帝。

此刻,宋太祖走了出来,范质意欲坐下,可是回头一看,椅子没有了。

原来,宋太祖身边的侍卫趁范质起身不注意时,悄悄把椅子拿走了。

范质不知道如何是好,只得站着和宋太祖说话。

此后再上朝时,宰相也和其他大臣一样只能站着和皇帝说话,这一制度后来被各朝所沿用。

而宋太祖之所以这样做,便是要降低相权,独揽大权。

启示:

宋太祖借弃相椅一事来打压宰相权力,稳固自己的地位和权力,加强中央集权,这给之后的各朝树立了一个集权的模范。权力互相制约是保证国家政治活动有序进行的基本前提。在中国古代封建社会君主专制体制下,皇权至高无上。虽然存在着自下而上制约皇权无限扩张的政治因素,例如,具有相对独立行政权力的政治实体或执政大臣,各种典章制度或不成文的约束,以及官僚士大夫集团的政治压力等相对的制约机制,但始终不存在与皇权平行或对等的制约机制。而且,中枢机构经常遭受皇权的干预和冲击,无法长期、稳定、有效地行使职权,而其权力的大小与效能又缺乏恒定性,影响国家政治活动的有序进行。

结合我国现实来看,以政府系统内部的监督为例,上、下级行政机关之间是一种相互监督的制约关系,即上级领导机关可以监督下级行政机关及其工作人员,下级行政机关也可以反过来监督上级领导机关和有关领导人。但从目前我国行政系统内部的监督来看，自上而下的监督比较容易实现，也较为有力，自下而上的监督则相对薄弱。所以，在授权与集权之间要把控好力度，既要将权力控制好，也要让授权充分、合理。

综合技能——训练与提升

技能训练 9-1

施贵宝公司内部控制制度

1. 内部控制制度的目标

第一，保护资产的安全。第二，准确反映企业财务状况，给决策提供可靠保证。第三，保证政策规章和法规被遵守。第四，提高管理效率。

2. 内部控制的基本原则

（1）不相容职务相分离的原则。所谓不相容职务，是指那些如果由一个人担任，既可能弄虚作假，又能够掩盖其错误行为的职务。不相容职务分离就是要求由不同的人担任不相容职务。该公司的内部控制制度通过对授权、签发、核准、执行、记录五个环节的合理分工，实现了不相容职务的分离，保证了内部控制作用的发挥。

（2）合理的授权制度。授权制度是指企业在处理经济业务时，经过授权批准进行控制，即规定每一类经济业务的审批程序，以便按程序办理审批，避免越级审批和违规审批的情况发生。

（3）适当的信息记录。记录企业内部控制的重要方面的信息。信息记录可分为管理文件和会计记录。

（4）可靠的资产安全。其主要内容有：限制接近、定购盘点、记录保护、财产保险、财产记录监控。

（5）健全的内部审计。

3. 内部控制流程设计

（1）收入循环。

订单处理。该公司在发展新客户时，采取了非常严格的考核制度，如要求新客户证照齐全，同时还需要对新客户进行其他全面的考察。此外，订单必须顺序编号，如有缺号，必须查明原因。

信用和退货控制。该公司根据自身实际经营状况、市场竞争的激烈程度与客户信誉情况等制定信用标准，并按规定向客户授予一定的信用额度。此外，该公司还严格控制质量，以减少退货损失。

开票与发货。开票与发货职务相分离。开票时，以有关票据为依据，如客户的购货定单、发货通知单等。发货通知单要编号，保证所有发出货物均可开发票。发票和发货单的开立，须经有关主管部门和人员审批。

应收账款管理。定期检查应收账款明细账余额,并进行账龄分析;定期与客户对账,及时催收、回笼资金;确保收到的款项按时入账,并按事件发生的时间顺序销账。

(2) 生产循环。

生产循环职责分离。生产计划的编制与复核、审批相分离;产成品的验收与产品制造相分离,存货的审批、发放、保管与记账相分离等。

存货保管责任与实物安全控制。该公司建立了严格的存货保管制度,以保证实物财产的安全。同时,对存货设定合理的储存定额,定期核查,积极处理超储积压的存货,加速资金周转。

定期对存货进行盘点,做到账实、账卡、账表、账账相符,并为存货购买足额的保险。

(3) 付款循环。

采购。原材料的请购、采购、验收、付款、记账必须由不同的人员担任。采购员只能根据批准的采购计划,就货物名称、规格、数量进行采购,不得擅自改变采购价格与内容。

验收。只有经过验货合格后,方可执行付款的审批手续(预付款业务除外),此举旨在保证货物的价格、质量、规格等符合标准。验收部门则严格按合同规定的品种、数量、质量进行验收。

付款。发票价格、运输费、税款等必须与合同复核无误,凭证齐全后方可办理结算、支付货款,且货款必须通过银行办理转账。此外,要定期核对应付账款明细账与总分类账。

(4) 信息管理。

凭证连续编号。凭证必须按编号次序依次使用。领用空白凭证时,必须经过登记备案。

建立定期复核制度,定期对凭证的填制,记账、过账和编制报表的工作进行复核。

建立对总分类账和明细分类账,总分类账和日记账的核对制度。

业务经办人员在处理有关业务后,必须签名、盖章,以备日后追溯责任。

建立完善的凭证传递程序。

执行定期的会计信息分析制度,以便及时发现信息失误。

在内部控制过程中,应该注意:一是要求成本效益分析;二是注意例外控制;三是防止内部控制执行人渎职;四是防止管理层滥予授权。

问题:

1. 施贵宝公司的内部控制制度反映了哪些控制原则?
2. 施贵宝公司的内部控制方法有哪些优点和不足,你有什么改进建议?

答案:

1. 施贵宝公司的内部控制制度反映了多种控制原则。

(1) 反映计划要求原则。施贵宝公司的内部控制流程设计非常系统:在收入循环中,对新客户制定了非常严格的考核制度,根据市场竞争的激烈程度和客户信誉情况制定了信用标准;在生产循环中,实行职责分离,在采购过程中由不同的人员担任请购、采购、验收、付款、记账之职;在内部控制基本原则和信息管理中,强调信息的记录和复核,以便及时分析和发现错误。施贵宝公司按计划的特殊要求和具体情况,确定了各个方面的标准,控制财务和管理效率这些关键点和重要参数,收集了财务信息,并对工作人员的职责做了划定,规定可由谁进行控制和采取纠正措施。

(2) 控制关键点原则。施贵宝公司将注意力集中在公司财务安全和管理效率的关键点上,以控制公司运行系统的全局。

(3) 控制趋势原则。在内部控制过程中,施贵宝公司对工作人员的职责做了划定,这体现了控制趋势原则。诸如:防止内部控制执行人渎职,防止管理层滥予授权,以及对财务信息的记录、复核、定期分析等控制方法,都是控制趋势原则的体现。

(4) 例外原则。在内部控制过程中,施贵宝公司注意例外控制,执行定期的会计信息分析制度,及时发现信息错误,关注财务关键点的例外情况,将例外原则与控制关键点原则相结合。

2. 施贵宝公司为达到内部控制的预期目标,在财务分析和质量分析中,做了十分详细的规定;在信用和退货控制中,根据自身实际经营状况制定了信用标准,不是只凭个人的主观经验或直觉进行判断,而是采取科学的方法,尊重客观事实,体现了控制的准确性和客观性。同时,执行定期的会计信息分析制度,及时发现信息错误,注重重点与例外相结合。

但是,施贵宝公司的内部控制方法也存在不足。在制定控制制度的过程中,该公司过于重视公司财务安全和管理效率,忽视了对员工的关心和对公司气氛的关注,而严格监视型的控制系统是不受欢迎的,也很难成功。因此,在关注公司财务安全和管理效率的同时,也要对工作人员进行适当的激励,增加员工的工作积极性,活跃组织气氛。

一个健全的公司财务控制体系,除预算监控、责任授权、职责分离、信息记录四方面的内容外,还应包括责任制度、定额标准控制、实物控制、财务总监委派制等。施贵宝公司应考虑健全体系建设。

技能训练 9-2

废 料 处 理

假设你是 ABC 废料处理公司的项目执行小组的一员,现在正负责为一家化工厂处理一批工业废料,任务是在限定日期之前把这些废料运输到一个指定的倾倒地区填埋。该项目已经经过环保局的批准。最近听到消息,说有人向环保局反映这批废料中可能含有一种特殊的有毒物质,这种物质用通常的方法是无法检测出来的。环保局正在考虑组建一个专门的小组,使用特殊的仪器重新对这批废料进行检验。

现在公司领导决定,让执行小组赶在环保局重新检查之前倾倒这些废料。因为如果废料被环保局禁止倾倒,按照公司与化工厂的协议,公司将进行赔偿,这样会给公司造成巨额损失,有可能导致公司倒闭。并且,项目执行小组的所有成员都将承担主要的责任。而如果现在就把这批废料处理掉,即使以后发现里面含有有毒物质,公司也不会受到任何处罚,因为已经经过了环保局的批准。

问题:

1. 是否应在环保局进行调查之前将这些废料倒掉?
2. 公司应采取什么样的计划和行动?

答案:

1. 不应该在环保局进行调查前将这些废料倒掉。因为废料中可能含有特殊的有毒物质,在没有确认之前,如果倒掉,也许可以避免对公司造成损失,但是有可能会污染环境,甚至会带来难以预料的严重后果。如果确定含有有害物质,但是企业已经倒掉,那么企业就违背了社会公德、管理道德,未能承担企业应当承担的社会责任。从长远角度来看,或许企业解决了眼前面临的巨额损失或者破产问题,但是这样的企业终归会被社会舆论谴责,避免不了最终破产的命运。

2. 公司应该选择遵守管理道德,承担应承担的社会责任。公司应先等待环保局重新检查的结果。如果废料中含有有毒物质,企业应该停止倾倒,并接受相应的处罚;如果没有,则可以放心倾倒。道德对人类自身的生存发展和完善发挥着重要作用,同时道德也反作用于社会经济基础和整个社会生活,表现出巨大的能动作用。对企业来说,管理道德是企业管理的价值导向,是企业创造财富和提高竞争力的源泉,是管理者与企业的精神财富。所以,无论什么时候都不能违反道德底线。

技能训练 9-3

国内食品安全警钟长鸣

1. 人造蜂蜜事件

某月,中央电视台曝光湖北武汉等地的"人造蜂蜜"事件。自此,所谓"甜蜜的事业"也变得苦涩。据报道,现在蜂蜜造假的手段五花八门,有的是用白糖加水加硫酸进行熬制;有的直接用饴糖、糖浆来冒充蜂蜜;有的利用粮食作物加工成糖浆(也叫果葡糖浆)充当蜂蜜。造假分子还在假蜂蜜中加入了增稠剂、甜味剂、防腐剂、香精和色素等化学物质。最可怕的是,假蜂蜜几乎没有营养价值可言,而且糖尿病、龋齿、心血管病患者喝了之后还可能加重病情。

2. 陈化粮事件

某月某日,国家食品药品监督管理局发出紧急通知,因为部分媒体报道北京、天津等地相继发现万吨"陈化粮",并称这些"陈化粮"均是"东北米"。陈化粮在长期储存过程中油脂发生氧化,产生对人体有害的醛、酮等物质。此外,陈化粮中会残留一定量的农药,而且陈化粮会感染黄曲霉菌,继而产生黄曲霉毒素,长期食用陈化粮会有致癌风险。

3. 有毒的桂花鱼

内地的多宝鱼事件还没消停,某月底,香港地区食环署食物安全中心对15个桂花鱼样本进行化验,结果发现:11个样本含有孔雀石绿成分。有问题的样本含孔雀石绿分量并不多,多数属"低"或"相当低"水平。尽管如此,香港食环署仍呼吁市民暂时停食桂花鱼。孔雀石绿是有毒的三苯甲烷类化学物,既是染料,也是杀菌剂,可致癌。它是带有金属光泽的绿色结晶体,可用作治理鱼类或鱼卵的寄生虫、真菌或细菌感染。但是,现已被禁用。

4. "注水肉"引起的思考

广州市"瘦肉精"事件中有70人中毒,此后不少人闻"瘦肉精"色变。事实上,"注水肉"更是盛行,其危害远远超过了"瘦肉精"。

据有关媒体报道,"注水肉"现象早已存在。国内较早的"注水肉"出现在广州。1985年广州放开生猪购销市场后,一下子出现了两千多家屠宰厂。一些企业和不法商人为了自身私利,就在猪、牛屠宰前往其胃里强灌大量水,以增加毛重;或在屠宰后往动物心脏里强注大量水,让水通过微细血管迅速扩散到肉体,增加净重;或将肉浸在水里,以水冒充肉的重量,使水钱变成肉钱。这些企业和不法商人不仅在动物身上加水,还加入其他成分,例如,加入阿托品,以扩张血管,达到蓄水的目的;注入血水以使肉色变深,注入矾水以起收敛作用等。企业和不法商人的这些行为给消费者的健康造成了极大的危害。

近年来,我国食品行业有关食品生产加工的违法违规现象频发。南京冠生园的月饼"陈馅事件",乳品业的"三聚氢胺"事件,阜阳"奶粉事件"等,均表明一些企业为了经济利益,置消费者利益于不顾,无视企业的社会责任,急功近利,竭泽而渔。这样做,不仅导致企业信誉的丧失,品牌形象的倒塌,更严重的是,使消费者的权益受到侵害,消费信心受挫,相关行业的发展也因此受到影响。

问题:
1. 请以食品安全事件为例,谈谈企业社会责任的内涵。
2. 请以食品安全事件为例,谈谈企业社会责任的重要性。
3. 如果你是企业的管理者,你认为企业应如何履行社会责任?

答案:
1. 企业社会责任的概念是基于商业运作必须符合可持续发展的想法,企业除了考虑自身的财政和经营状况外,也要考虑其对社会和自然环境所造成的影响。以食品安全为例,企业在生产食品以赚取利润的同时,也要保证消费者的食品安全。

2. 企业的经营决策不能只建立在技术可行性和经济收益之上,还要考虑其决策、行为对社会的长期和短期影响。企业的社会责任感将有助于企业长期经济目标的实现,这是有效管理者所追求的目标。出现食品安全问题的企业,往往只重视短期利益,而没有考虑到自己的社会责任和长远利益。这类企业的失败是注定的。因此,无论何种组织,都应该把社会责任放在第一位。这是企业存在的基础,也是竞争力提升的核心因素之一。对于食品生产企业而言,履行社会责任尤为重要,因为这关乎老百姓的生命和健康。丧失社会责任的食品企业,不但会造成严重的食品安全事故,而且迟早要走向倒闭。

3. 企业是社会主义市场经济的主体,也是企业社会责任的具体承担者,是推进企业社会责任的主角。因此,企业应从多个方面着手展开工作:①加强学习研究,树立正确的企业发展观和企业伦理观;②将社会责任纳入企业发展战略目标,融入企业管理体系;③根据企业社会责任建设要求,积极解决企业存在的突出问题;④建立企业社会责任会计审计和自我评价信息披露制度。企业社会责任建设的推进,仅靠政府的引导、监督和企业的自律是不够的;社会环境的约束对企业社会责任意识的形成和发展,也具有十分重要的作用。

技能训练9-4

红桃K给员工补血

1. 三个萝卜一个坑

红桃K集团有一个"猎头班子",常年四处搜索人才,形成红桃K的"人才银行"。公司长年拿出一笔"人才风险基金",在大范围内搜索与企业现在骨干岗位上的业务主管能力相当甚至更高一筹的各类人才。对于这些人才,或暂时聘为企业骨干岗位的副手,或暂时安插到企业内其他岗位,由此形成了企业内整体骨干岗位"三个萝卜一个坑"的人才格局。

2. 签订留住人才责任状

红桃K的每个部门负责人都必须与人力资源委员会和奖惩部门签订一份"留住人才责任状",而后方可上岗行使职权。若因本部门负责人的原因导致人才流失,人力资源委员会和奖惩部门将严加追究部门负责人的责任,给予较重的经济处罚。

3. 两不准,四要靠

"不准武大郎开店,怕用能力超过自己的人才""不准怕把钱分给别人"。

"靠企业目标和理想留住人,靠各部门领导做人做事的能力留住人,靠现代企业的科学制度和管理留住人,靠优厚的待遇留住人。"

4. 内部跳槽制度

红桃K每月都有企业内部的人才招聘活动,招聘广告张贴在公司总部。员工们可以自由地前去应聘。内部招聘由总裁直接领导下的人力资源委员会进行,对所有应聘者保密。员工只需私下填好招聘登记表,用信封密封起来亲自(或委托专门的督办人员)送交招聘小组,即可进入初试和复试。复试时,员工可以放心大胆地畅谈"跳槽"的理由。一旦员工被聘上,即可跳到新的部门或新的岗位。即使未被聘上,也无关紧要。

5. 毛遂自荐

红桃K每周都要搞一个叫作"毛遂自荐"的活动。员工可以上台演说,大胆陈述自己的才干和对于某某岗位的追求,甚至是指陈任何部门、任何工作中存在的弊端,阐述自己的改进方案。如果他说得有理,人力资源委员会将对自荐者进行追踪考核,只要认定他解决问题很出色,就让他取代那个有问题部门的负责人。

6. 重视员工的自我评价

红桃K实行员工业绩的"跨级考核"和年终"总裁面谈制"。在红桃K,员工干得如何,奖金如何分配,并不是由部门负责人一个人说了算。尽管部门负责人也要参与员工考核,但他对下属的考核评分只是作为人力资源委员会和奖惩部门的一个重要参考项;员工对自己业绩的评价也是被参考项。如果部门负责人对员工的评价与员工的自我评价反差较大,人力资源委员会和奖惩部门将进行调查。年终时,红桃K的总裁、副总裁都要抽出大量时间,亲自与员工一一单独面谈,询问奖金分配是否公平。

问题:

1. 试对红桃K人力资源管理的优缺点进行评价。
2. 结合案例谈谈怎样平衡人员的稳定性与流动性。

答案:

1. 优点:红桃K集团采用了六大措施来增强公司的人才优势:①四处招募人才;②让部门负责人签订奖罚责任状;③不怕别人的能力超过自己,大胆启用有素质的人;④施行员工内部跳槽制度,让员工任意转换岗位;⑤员工毛遂自荐,更好地发挥才干;⑥重视员工的自我评价,对管理人员和被管理人员实行自我评价,集体反思存在的问题。

在这六个方面中,公司采用了绩效评估的方式对员工进行考核,通过系统的方法、原理,来评测员工的工作行为和工作成效。

缺点:在公司的自我评价方面,尽管部门负责人与员工都要参加考核,但部门负责人对下属的评价只是作为人力资源委员会和奖罚部门的一个重要参考项。在公司的自我评价方面,应该尽可能进行科学的考核,以提高工作的质量,达到预期的效果。具体而言,公司应坚持以下原则:①客观原则,绩效评估应尽可能科学地进行,具有可靠性、客观性、公平性;②评估方法可行原则,评估方法应该为人们所接受,这对于评估能否真正取得成效很重要;③评估制度化,评估计划应落实到各部门,加强评估的效果;④多层次的评估,应多方面收集信息,从多角度进行评估;⑤反馈,考评结果一定要反馈给考评本人,这是员工得到有关其工作的反馈信息的一个主要渠道。

2. 为了平衡员工的稳定性和流动性,该公司实行内部跳槽制度,在公司内部实施招聘会,各部门之间员工的职位可以"跳槽";但是,要注意认真考核,不能随意让部门人员转化,不能杂乱无章。公司一定要奖罚分明,在对员工考核时,不应该片面对待。绩效评估的方法有三类:结果导向性绩效评估;行为导向型绩效评估方法;特质性绩效评估。目标管理法是结果导向型绩效评估,目标管理的对象是员工的工作业绩,即目标的完成情况而非行为,这样使员工能够向目标方向努力,从而在一定的程度上有利于保证目标的完成。这种方法的优点是能够通过目标调动员工的积极性,千方百计地改进工作效率,有利于在不同情况下控制员工的方向;同时,员工也比较自由,可以合理地安排自己的计划和应用自己的工作方法。此外,公司还应该从多方面、多层次对员工进行考核,不应局限在一个方面,只看到员工不好的方面,而没有看到员工优秀的方面。

技能训练 9-5

查克停车公司

如果你在好莱坞或贝弗利山举办一个晚会,肯定会有这样一些名人来参加,如尼科尔森、麦当娜、克鲁斯、切尔、查克·皮克。"查克·皮克?""当然!"没有停车服务员,你不可能开一个晚会,而在南加州停车行业内最响当当的名字就是查克·皮克。查克停车公司中的雇员有100多人,其中大部分是兼职的,每周至少为几十个晚会办理停车业务。在周六晚上,该公司可能要同时为6~7个晚会提供停车服务,而每一个晚会可能需要3~15位服务员。

查克停车公司是一家小企业,但每年的营业额差不多有100万美元。其业务包含两项内容:一项是为晚会料理停车;另一项是不断地在一个乡村俱乐部办理停车经营特许权合同。这个乡村俱乐部要求有2~3个服务员,每周7天都是这样。但是查克的主要业务来自私人晚会。他每天的工作就是拜访那些富人或名人的家,评价道路和停车设施,并告诉他们需要多少个服务员来处理停车的问题。一个小型的晚会可能只要3~4个服务员,花费大约400美元;然而一个特别大型的晚会的停车费用可能高达2000美元。

尽管私人晚会和乡村俱乐部的合同都涉及停车业务,但它们为查克提供的收费方式却很不相同。私人晚会是以当时出价的方式进行的。查克首先会估计需要多少服务员为晚会服务,然后按每人每小时多少钱给出一个总价格。如果顾客愿意"买"他的服务,查克就会在晚会结束后寄出一份账单。而在乡村俱乐部,查克会根据合同规定,每月付给俱乐部一定数量的租金,来换取停车场的经营权。他收入的唯一来源是服务员为顾客服务时所获得的小费。因此,在私人晚会服务时,他绝对禁止服务员收取小费,而在俱乐部服务时小费是他唯一的收入来源。

问题:
1. 你是否认为查克的控制方法在两种场合下是不同的?如查克确实如此,为什么?
2. 在前馈、反馈和同期控制三种类型中,查克应采取哪一种手段对乡村俱乐部业务进行控制?对私人晚会停车业务,又适宜采取何种控制手段?

答案:
1. 查克的控制问题在两种场合下是不同的。在私人晚会上是事后反馈控制,因为晚会的人员具有不确定性,所以事先无法预料需要多少小时的服务,只能在事后统计。在乡村俱乐部上则是前馈控制,因为乡村俱乐部的停车服务都有固定的场所,具有确定性。长期租赁,按月交费是可以预知成本的。所以,查克的控制问题在两种场合下是不同的。

2. 控制按照不同的划分依据,可分为多种类型。按纠正偏差措施的作用环节的不同,控制可分为反馈控制、前馈控制、同期控制。反馈控制是根据反馈原理对系统进行调节的一种方式,是指施控系统根据信息反馈来调节受控系统的输入,以实现控制目标。前馈控制是指充分利用各方面的信息,来预测因外部干扰和输入变量之间的相互作用而对系统行为的影响,以及这种影响使系统在运行过程中可能出现的偏差,并据此对系统的输入做出相应的调整,以实现控制。同期控制是一种主要被基层主管人员采用的控制方法,主管人员通过深入现场亲自监督检查,指导和控制下属人员的活动,其纠正措施是在执行计划的过程中进行的。

在乡村俱乐部业务中,因为其发生在固定的场所,具有确定性,所以,应该采取前馈控制手段。

在私人晚会停车业务中,因为晚会人员具有不确定性,故而只能采取反馈控制手段。

课后作业——研讨与思考

课后作业 9-1

孙悟空被开除公职

花果山公司错误判断了今年月饼的销售情况,进货太多以至于中秋节后还有大量存货,销售部经理猪八戒建议将存贷低价卖给月饼厂家作为明年的原材料,销售部副经理沙和尚则建议修改存货的生产日期、妥善保存慢慢销售。店小二孙悟空勇敢地向工商部门举报,结果孙悟空被开除,成了下岗职工。

问题：

上述案例对你有什么启示？

课后作业 9-2

赏罚分明

某宾馆经理接到处分职工王大成的报告，他觉得问题不太清楚，就作了一番调查。事实是王大成的母亲患病住院，他母亲想喝鸡汤。由于王大成白天上班，晚上去医院陪母亲，连去市场买鸡的时间都没有。在这种情景下，他在餐厅里偷了一只鸡，犯了错误。经理了解了情况以后，批准了餐厅对王大成作记大过一次、扣发当月奖金。然后，他带着慰问品去医院看望王大成的母亲，并对他母亲说："王大成在工作中表现很好，在家里对你也很孝顺，他是你的好儿子。"患病的母亲含笑听着。次日，经理找王大成谈话，先肯定他工作好，接着又指出偷公家东西是错误的做法，并询问其对处分的想法。

王大成对这种赏罚分明、合情合理的处理十分感动，并表示自己认识到了错误，愿意接受处分。

这时，经理离开座位说："你母亲生病半个多月，我们都不知道，没有给予关心，我们很对不起你。"说后，经理毕恭毕敬地向王大成鞠了一个躬。

问题：

上述案例对你有什么启示？

课后作业 9-3

战略匹配

一个企业要有效地运营，必须将战略与组织结构相联系。在战略管理中，有效地实施战略的关键之一在于建立适宜的组织结构，以使其与战略相匹配。它们之间匹配的程度如何，将最终影响企业的绩效。而确定战略所需要的组织，从方法论上来说一般需要考虑六个因素：工作的专门化、部门化、命令链、控制跨度、集权与分权、正规化。

问题：

上述案例对你有什么启示？

课后作业 9-4

思维惯性调整

美国杜邦公司是世界上最大的化学公司之一，至今已有200多年历史。

1962年，公司第十一任总经理科普兰上任，他被称为"危机时代的起跑者"。上任没有几年，科普兰就把总经理一职史无前例地让给了非杜邦家族的马可，财务委员会议议长也由别人担任，而他自己专任董事长一职，由此形成了一个"三头马车式"的体制。1971年，科普兰又让出了董事长的职务。这一变革看似没有对组织架构进行任何调整，其意义却非同一般。要知道,杜邦公司是典型的美国家族公司,公司内部几乎有一条不成文的法律,即非杜邦家族的人不能担任任何高层管理职务。杜邦公司甚至实行同族通婚,以防家族财产外溢。而科普兰的大刀阔斧的改革,彻底改变了原先狭隘的"家族理念"与用人体制方面的思维定式,大胆使用并授权于"外人"。事实证明,20世纪60年代后杜邦公司的几次成功,不能不说与新的用人体制密切相关。

问题:

上述案例对你有什么启示?

课后作业 9-5

黄助理工程师的故事

助理工程师黄大佑是名牌大学高才生,毕业后已工作8年。他于4年前应聘到一家大厂工程部负责技术工作,工作诚恳负责,技术能力强,很快就成为厂里有口皆碑的"四大金刚"之一,名字仅排在厂技术部主管陈工之后。然而,黄大佑的工资却同仓管人员不相上下,一家三口还住在来时住的那间平房。对此,他心中时常有些不平。

黄厂长,一个有名的识才的老厂长。"人能尽其才,物能尽其用,货能畅其流"的孙中山先生名言,在各种公开场合不知被他引述了多少遍,实际上他也这样做了。4年前,黄大佑来报到时,门口用红纸写的"热烈欢迎黄大佑工程师到我厂工作"几个不凡的颜体大字,是黄厂长亲自吩咐人事部主任落实的,并且交代要把"助理工程师"的"助理"两字去掉。这确实使黄大佑工作时更卖劲。

两年前,厂里有指标申报工程师,黄大佑属于有条件申报之列,但名额却让给了一个没有文凭、工作平平的老员工。他想问厂长,谁知厂长却先来找他:"黄工,你年轻,机会有的是。"上一年,他想反映一下工资问题,但是几次想开口,都没有勇气讲出来。因为厂长不仅在生产会上大夸他的成绩,而且有几次外地人来取经,黄厂长当着客人的面赞扬他:"黄工是我们厂的技术骨干,是一个有创新的……"哪怕厂长再忙,路上相见时,他也总会拍拍黄工的肩膀说两句,诸如"黄工,干得不错","黄工,你很有前途"。这的确让黄大佑兴奋,"黄厂长确实是一个伯乐"。此言不假,前段时间,他还把一项开发新产品的重任交给他,大胆起用年轻人,然而……

最近,厂里新建好了一批职工宿舍,听说数量比较多,黄大佑决心反映一下住房问题,谁知这次黄厂长又先找他,还是像以前一样,笑着拍拍他的肩膀:"黄工,厂里有意培养你入党,我当你的介绍人。"他又不好意思开口,结果家没有搬成。

深夜,黄大佑对着一张报纸的招聘栏出神。第二天一早,黄厂长办公台面上放着一张小纸条:"黄厂长,您是一个懂得使用人才的好领导,我十分敬佩您,但我决定走了。"

问题:

1. 根据马斯洛的理论,住房、评职称、提高工资和入党对于黄工来说分别属于什么需要?

2. 黄工的工资和仓管员不相上下,这是否合理?为什么?

课后作业 9-6

西南航空公司的企业文化

美国西南航空公司创建于 1971 年,当时只有少量顾客、几只包袋和一小群焦急不安的员工,而现在它已成为美国第六大航空公司,拥有 1.8 万名员工,服务范围已横跨美国 22 个州的 45 个大城市。

1. 总裁用爱心管理公司

公司总裁和董事长赫伯·凯勒是一位传奇式的创办人,他用爱心(LUV)建立了这家公司。LUV 说明了公司总部设在达拉斯的友爱机场,LUV 也是他们在纽约上市股票的标志,又是西南航空公司的精神。这种精神从公司总部一直感染到公司的门卫、地勤人员。

当踏进西南航空公司总部大门时,你会感受到一种特殊的气氛。一个巨大的、敞顶的三层楼高的门厅内,展示着公司历史上值得纪念的事件。当你穿越欢迎区域,进入把办公室分列两侧的长走廊时,你会沉浸在公司为员工举行庆祝活动的气氛中——那里令人激动地布置着数百副配有镜架的相框,上面镶嵌着成千上万张员工的照片,歌颂内容有:公司主办的晚会和集体活动、垒球队、社区节日以及万圣节、复活节。此外,早期员工们的一些艺术品,连墙面的油画也巧妙地穿插在无数相框中。

2. 公司处处是欢乐和奖品

你到处可以看到奖品,饰板上用签条标明心中的英雄奖、基蒂霍克奖、精神胜利奖、总统奖和幽默奖(这张奖状当然是倒挂着的),并写着受奖人的名字。你甚至还可以看到"当月顾客奖"。

当员工们轻松地迈步穿越大厅过道,前往自己的工作岗位时,他们的脸上洋溢着微笑和欢乐,他们谈论着"好得不能再好的服务""男女英雄"和"爱心"等。公司制定的"三句话训示"挂满了整个建筑物,最后一行写着:"总之,员工们在公司内部将得到同样的关心、尊敬和爱护,这也正是公司盼望他们能和外面的每一顾客共同分享的。"好讲挖苦话的人也许会想:是不是走进了好莱坞摄影棚里?不!不!这是西南航空公司。

这里有西南航空公司保持热火朝天的爱心精神的具体事例:在总部办公室内,每月作一次空气过滤,饮用水不断循环流动,纯净得和瓶装水一样。

节日比赛是丰富多彩的。情人节那天有最高级的服装,复活节有装饰考究的节日彩蛋,还有女帽竞赛、万圣节竞赛。特别是每年一度规模盛大的万圣节到来时,他们把总部大楼全部开放,让员工们的家属及附近小学生们都参加"恶作剧或给点心"游戏。

公司还专为后勤人员设立"心中的英雄"奖,其获得者可以把本部门的名称油漆在指定的飞机上作为荣誉,为期一年。

3. 透明式的管理

如果你要见总裁,只要他在办公室,你可以直接进去,不用通报,也没有人会对你说:"不,你不能见他。"

每年举行两次"新员工午餐会",领导们和新员工们直接见面,保持公开联系。领导会向新员工们提一些问题,例如:"你认为公司应该为你做的事情都做到了吗?""我们怎样做才能做得更好些?""我们怎样才能把西南航空公司办得更好些?"员工们的每项建议,在30天内必能得到答复。而一些关键的数据,包括每月载客人数、公司季度财务报表等员工们也都能知道。

"一线座谈会"是一个全日性的会议,专为那些在公司里工作十年以上的员工而设的。会上,先由副总裁们对自己管辖的部门进行概括介绍,然后公开讨论。讨论的题目有:"你对西南航空公司感到怎样?""我们应该怎样使你不断前进并保持动力和热情?""我能回答你一些什么问题?"

4. 领导是朋友又是亲人

当你看到赫伯和员工们的合影时,你会发现:他从不站在主要地方,而总是在群众中。赫伯要每个员工知道:他不过是众员工之一,是企业合伙人之一。

上层经理们每季度必须有一天参加第一线实际工作,担任订票员、售票员或行李搬运工等。而"行走一英里计划"则安排员工们每年中有一天去其他营业区工作,以了解不同营业区的情况。

为了让员工们对学习公司财务情况更感兴趣,西南航空公司每12周给每位员工寄去一份"测验卡",其中有一系列财务上的问题。答案可在同一周的员工手册上找到。凡填写测验卡并寄回全部答案的员工,都会被登记在册,并有可能得到免费旅游的机会。

爱心精神在西南航空公司内部闪闪发光。依靠爱心精神,当整个行业在赤字中跋涉时,他们连续22年有利润,创造了全行业个人生产率的最高纪录。1999年,西南航空公司有16万人前来申请工作,但其人员调动率却低得令人难以置信;而在这一年,该公司已连续三年获得国家运输部的"三皇冠"奖,这是对他们在航行准时、处理行李无误和客户意见最少三方面取得最佳成绩的表彰。

问题:
1. 西南航空公司的企业文化是什么?
2. 赫伯在创建西南航空公司的企业文化中起到了什么作用?

课后作业 9-7

美国大学校长都忙些什么

1. 世界名校的两位校长

2016年7月,斯坦福大学的第十任校长约翰·亨尼斯卸任了。他于2000年开始担任斯坦福大学校长,在校长这个位置上工作了16年。

先简单介绍一下刚卸任的约翰·亨尼斯的经历和他任职校长时期的业绩。

亨尼斯于1952年出生在纽约州。他说自己高中毕业时的第一选择就是斯坦福大学,可是没有如愿以偿,就在纽约州立大学读完了本科和博士。他于1977年加盟斯坦福,是计算机科学系的教授。亨尼斯是计算机结构设计领域的开创者,他编写的教材被世界很多大学采用,而且他还在硅谷创办了一家企业。

亨尼斯曾任斯坦福大学计算机系主任、工程学院院长。斯坦福大学教务长赖斯被小布什请去做国务卿后,亨尼斯于1999年担任了一年斯坦福大学的教务长,又在2000年被选为斯坦福大学校长。

在他任期的16年间,斯坦福取得的业绩很多,最突出表现在以下三方面:①11人获得诺贝尔奖,1人获得菲尔兹奖。从新世纪算起,论获得这两个奖项的数量,斯坦福名列世界大学榜首。②获得了130亿美元的筹款。在最近的10年,斯坦福大学有9年超越哈佛大学,名列美国大学获赠捐款第一。③大学生申请人数增加了两倍多,但录取率不到5％,比哈佛大学还要难进。

显然,在亨尼斯的任期内,斯坦福变得更加辉煌了。当然,不能简单地认为这些成就都是亨尼斯校长一人的功劳,因为科学研究需要长期的积累,获得这些奖项的研究成果大都是科学家们很多年之前做出来的。但是,起码可以这样说,亨尼斯的卓越管理延续了这所世界名校的优秀传统,既留住已有的优秀人才,又吸引了杰出的学者加盟,故而才有今日的辉煌。

约翰·亨尼斯校长的前任是吉哈德·卡斯帕校长。他们的具体业绩和教育理念,可以通过其他各种渠道获得。

2. 校长像个隐居的修道士

大隐隐于市,斯坦福大学校长似乎是隐居在校园里的一个修道士,这从他的办公所在地就可以窥见一斑。

斯坦福的行政办公楼在什么地方?不要说一般的游客或者短期访问的学者不知道,就是在那里读书多年的学生绝大多数也不清楚。斯坦福大学校长办公之处神秘、静谧、低调,这和其办公建筑属于教堂附属建筑有一定关系。因为教堂在每个礼拜都会举行宗教活动,其气氛庄严肃穆。斯坦福大学的教堂恢宏华丽,建筑美轮美奂,每天都有大批游客前来参观;而教堂后边则人迹罕至,加上树木葱郁,所以显得格外静谧。与紧连的高大教堂相比,校长办公的楼房只是低矮的平房。不知就里的局外人很可能认为,在这间房子里工作的人是神职人员。

3. 校长从不做面子上的应酬

说斯坦福校长像校园里的"隐士",不仅他的办公地方像,他的行为更像。除了毕业典礼和开学迎新活动之外,人们一年到头都几乎见不到校长的踪影。在学校的网站上,几乎没有关于校长活动的报道,既没有迎来送往的新闻,也没有参加各种会议的报道,更没有校长在各种场合的剪彩讲话。

与大学校长个人学术兴趣无关的学术活动,不管演讲者有多"牛",校长从来不单纯为了"给面子"而捧场。在该校2010—2011年的重要讲座中,演讲者大都是诺贝尔奖、菲尔兹奖获得者,校级领导从不到场介绍嘉宾,都是由关系科的专业人士来介绍。大学校长不用考虑要给谁面子,演讲者也不会觉得"来介绍自己的领导地位越高,自己就越有面子",因为他们压根儿都没有这种面子观,双方都省了大量的时间和心思。

学生每年能见到校长的机会之一是毕业典礼,而且即使在这种场合中,校长也不是主角,主角是请来的嘉宾。校长只是做简短的发言,并介绍演讲嘉宾而已。2005年请来的嘉宾是乔布斯,那场演讲成了半个世纪以来全世界最受欢迎的两个演讲之一,单在YouTube(视频网站)上就有2400万人次观看。这一点还被列为亨尼斯担任校长期间的10余项主要政绩之一。毕业典礼是大学每年最风光的事情,也是规模最大的聚会,总会有成千上万的毕业生和家长参加的盛典。可是,校长并不把毕业典礼看作自己出风头作秀的机会,他并不高谈阔论,而是物色最合适的人选,让嘉宾来启发、激励毕业生,使他们未来的人生出彩。

4. 不配合国际上的各种排名评比

很多大学校长把在各种排行榜上的名次看得很重,因为大学排名的升降往往被看作一个校长管理绩效的指标。因此,有些大学校长组织专门团队,搜集整理数据,配合各种评比机构,以期得到一个好名次。

20世纪90年代初期,斯坦福大学有两次一年两获诺奖的成就,也曾连续三年被评为全美大学第一。可是,到了90年代后期,斯坦福大学一度滑落到了全美大学排名的五六名。这时舆论压力就来了,一些师生、家长和校友怀疑斯坦福的教学质量是不是下降了,学校的管理是不是出了什么问题。时任校长卡斯帕专门为此向全校师生作了回应。

卡斯帕校长讲,大学的教育质量和科研水平不是商品的物价,不应该今天涨明天降,而应在一个相当长的时期内保持稳定。大学排名的变化不是大学自身质量波动了,而是有关机构的排名标准在不断变化。斯坦福大学将不配合任何排名机构,不浪费管理资源,不提供相关的数据,而是坚守自己的理念,走自己的道路,专心于自己的教学和科研。

正是因为卡斯帕校长没有为外来的舆论压力而乱了方寸,不跟着各种排行榜起舞,不做那些华而不实、哗众取宠的事情,斯坦福大学才有了新世纪以来的骄人成就。新世纪以来,斯坦福大学有11人获得诺贝尔奖,1人获得菲尔兹奖,获奖数量名列世界大学榜首。

5. 校长忙于三件大事

大学校长肯定是全校压力最大、最忙的人,他们平时看不见、不应酬,其实是在专注于对大学发展真正有意义的事情上。亨尼斯在任这16年里,为斯坦福的发展做出了杰出的贡献,他的业绩可以概括为以下三个方面。

第一,为学校筹款。美国大学校长的第一能耐就是得走出校园,联系企业,开辟财源,为大学筹措资金。有钱好办事,对于大学来说更是如此,这样才能资助大型的尖端科技研究,留住已有人才,吸引杰出人才加盟,让优秀的大学生、研究生来读书研究。亨尼斯校长在任期内共为大学筹集到130亿美元,平均每年的筹款金额是他前任的两倍以上。纽约的教育援助委员会公布的报告显示,近十年(2004—2013)中有九年,斯坦福大学获得的年度捐款额超过哈佛大学,稳居美国大学获赠捐款的榜首。

在亨尼斯任校长期间,美国大学经历了半个多世纪以来最严重的经济危机,各个大学的资金大幅度缩水,像加州大学这些名校以致不能及时给教师发放工资,出现了拖欠教师工资的现象。特别是2008年前后那几年,斯坦福大学陷入了无充足资金运作的严重经济困境。此时,亨尼斯校长以身作则,率先减掉自己10%的工资,其他大学管理者也纷纷仿效。

可是节流并不能解决根本问题,关键还在于开源。亨尼斯校长本身是研究计算机科学的,他的研究成果在企业界被广泛利用,大学所在的硅谷又是大型 IT 行业的云集地,所以他发挥自己的专业优势,与大财团大企业联系,为大学筹措到足够的资金,使大学能够先于其他院校渡过财政危机。亨尼斯与他的团队回想起这段时光时,用了"horrible(恐怖)"这个词来形容。

咱们中国人常说:"再富不能富孩子,再穷不能穷教育。"到了亨尼斯校长这里,则成了:"校长的收入可以减少,大学的管理经费也可以节俭,然而学生的奖学金则不能减少。"斯坦福大学的学费每年 5 万美元左右,算是相当高的。但是,大学每年收的学费约为每年大学运作费用的 29% 左右。在大学经济危机的那几年,教师不再根据通货膨胀而加薪,大学的管理经费大幅度紧缩,但是给学生的奖学金反而增加了,以确保有才华的学生都能顺利读书,而不让经济危机影响到学生的学业。

亨尼斯校长甚至还推出这样的优惠政策,给家庭收入低于 10 万美元的学生免除学费,给家庭收入低于 6 万美元的学生免费提供住宿。对学生慷慨是斯坦福大学的传统,待他们日后事业成功时,自然就会回报母校,这也是斯坦福能够成功度过经济危机的原因之一。

第二,净化美化校园环境,提高学生的艺术修养。斯坦福校刊曾专门发文介绍亨尼斯校长的业绩,共列出了十余种数据说明亨尼斯的管理业绩,其中有这么几项引人注目:通过改建能源设施,使学校的废气排放减少了 60%;校园里骑自行车来上班、上课的人,比以前有显著的增加;学校的安德森艺术博物馆又收藏了 121 件珍贵的艺术品;大学的图书馆、体育馆等建筑重新改造美化;新增加了学生视觉艺术活动中心等。

亨尼斯校长做的这些工作,旨在培养学生的审美意识,提高学生的艺术修养,让学生在一个空气干净、环境优美的校园里学习。由此可见,他不光重视那些看得见、摸得着的硬件设施的增加,也着力于那些看不见、摸不着的作为人的内在修养的培养。

亨尼斯校长在欢迎新生的讲话中,鼓励学生去解决世界性难题,其中一个想法就是减少废气排放、控制温室效应。这并不是一个大学校长的面子话、漂亮话。亨尼斯不仅这样说,也是这样从自身做起的。

第三,打破学科之间的藩篱,促使交叉学科的发展。亨尼斯认为,科学探索是没有止境的,学科之间是没有边界的,故而特别重视推动学科之间的协作与交叉。这是斯坦福大学的一个传统,而亨尼斯校长不仅延续了这个传统,还把它推向了一个新的高度。不同学科之间的交叉的重要性大家都知道,然而,不同学科的学者之间存在着哲学信仰的不同,各种心理上的障碍,甚至学派上的纷争。所以,促进跨学科人士之间的合作并不是一件轻而易举的事。

为了促使跨学科之间的交流,打破种种藩篱,亨尼斯校长可以说是煞费苦心,最终使斯坦福大学内部出现了很多跨学科的项目。最大的一个跨学科项目叫"X—生命科学(Bio-X)",其中一个研究课题是音乐系与神经科学系的合作,主要研究音乐在脑电中成像原理等。

斯坦福大学为推行学科间的交流采取了种种举措,这里举一个安排学生宿舍的例子来说明。斯坦福有个专门给博士生的奖学金项目,这个项目集中了各个专业中最优秀的博士生。学校为了增加他们相互交流的机会,便专门安排他们住在同一宿舍一年,以让这些来自不同系科的学生,包括文学的、心理学的、物理学的、化学的、生物学的,在每天相对的环境下,彼此交谈和接触,以碰撞出思想的火花。因此,他们做出了许多有突破性的博士论文。

中国大学的学生宿舍一般安排同专业的人住在一起,这样虽然便于管理,但不利于不同学科学生之间的思想和学术碰撞。斯坦福大学的做法值得中国大学管理者借鉴。

问题:
1. 美国大学校长的管理理念表现在哪些方面?如何评价?有何借鉴之处?
2. 中美大学的治校方式有哪些不同?

推荐阅读书目

[1] 约翰·惠特默.高绩效教练[M].林菲,徐中,译.北京:机械工业出版社,2013.

[2] 马歇尔·戈德史密斯,等.领导力教练[M].徐中,等译.北京:机械工业出版社,2013.

[3] 帕特里克·兰西奥尼.团队协作的五大障碍[M].华颖,译.北京:中信出版社,2010.

[4] 罗伯特·斯莱特.通用电器公司复兴记[M].贾文浩,等译.北京:中国对外翻译出版公司,1995.

[5] 约翰·科特.变革的力量:领导与管理的差异[M].方云军,张小强,译.北京:华夏出版社,1997.

[6] 约翰·科特.现代企业的领导艺术[M].史向东,颜艳,译.北京:华夏出版社,1997.

[7] 赫伯特·A.西蒙.管理行为[M].詹正茂,译.北京:机械工业出版社,2013.

第十讲

 教学目的与要求

1. 了解管理创新的重要性
2. 熟悉管理创新的重点领域
3. 掌握如何选择创新领域
4. 课外查找并总结管理领域创新成功的经验

 教学重点与难点

教学重点：管理创新的重点领域
教学难点：如何选择创新领域

主 干 案 例

案例　深圳赛格集团减少内耗的方法

"减少内耗？谈何容易！"许多人一谈到这个问题就会强烈反问。不可否认,减少内耗的确是一件艰巨而长期的任务,但它毕竟是可以治理的,事在人为。近年来,深圳赛格集团从组织结构、考核指标、管理理念、企业文化和制度建设等多方面,对内耗问题进行了综合治理,取得了良好的效果。

1. 组织结构设计：权责明确

赛格集团对企业经营班子实行行政首长负责制,总经理对生产经营活动及完成工作目标情况负全责。副职要积极配合正职搞好工作,相互支持。副职和正职之间的矛盾闹得不可开交时,无条件免除副职。经营班子的决策责任,不同于党委会的集体决策、集体负责,而必须落实到人头。董事会集体决策,由董事个人负责；总经理办公会集体决策,由总经理负责；总经理没有一票肯定权,但有一票否决权等。就这样,赛格集团形成了职责明确、权责分明、避免内耗的组织管理体系。

2. 对企业领导的考核突出生产力标准

赛格集团明确规定：对企业及其主要领导人的考核以业绩为主，重点是年度目标的完成情况。对完成任务好的企业要予以表彰，对不能完成任务者，要坚决红牌罚下。为什么有许多国有企业发展得不如民营企业、外资企业？一个重要原因是，民营、外资企业绝不会允许那些把企业搞亏、搞垮的领导人继续任职，也不会让不干事的人继续留在企业。赛格集团在改革中砸掉了铁交椅，通过业绩考评，做到"干部能上能下，待遇能高能低，员工能进能出"。同时，赛格集团还坚持对干部考评、任免没有工作标准以外的其他标准，提倡领导干部之间没有工作关系以外的其他关系，坚决反对各种形式的小团体主义，在全体员工中树立了一心为企业发展做贡献的正气。

3. 树立目标导向、注重时效的企业管理理念

赛格集团响亮地提出：以自己的好恶，简单地评价一个人的好坏，这是小学生水平；遇事爱钻牛角尖，怨天尤人，这是中学生水平；不以自己的好恶去议论人的好坏，不去纠缠枝节及外部环境的是非对错，竭尽全力实现工作目标，这是大学生水平；能够化不利为有利，化消极为积极，化干戈为玉帛，化腐朽为神奇，就像能够在美国西部的拉斯维加斯戈壁滩上建起辉煌那样，要能够在任何艰难困苦的环境下都做出业绩，这是研究生水平。刚开始，有许多人不接受这个理念，但随着时间的推移，人们的认同度越来越高，人们的行为方式也被潜移默化地影响着。结果，中小学生水平的人越来越少，集团逐步形成了注重时效、团结一心干工作的良好氛围。

4. 建立具有开放意识和包容心态的企业文化

中国传统文化非常重视矛盾的对立统一，认为时时有矛盾，处处有矛盾，互为前提，相互依存，互为对立，相互转化，这无疑是正确的。但讲到解决矛盾的方式，则主要是强调一方压倒一方，一方吃掉一方，这未免有失偏颇。事实上，矛盾的解决方式应该有多种。赛格集团认为，解决矛盾的方式至少应该有四种：一是合二为一，即经过对立斗争，达到新的统一；二是双赢或多赢，即通过良性竞争促进发展；三是离异，彻底分开也是解决矛盾的方式；四是一方吃掉另一方。

在企业内部人际关系处理上，应争取选择前两种解决矛盾的方式，不得已时再采取第三种方式，尽量避免采用第四种方式。

5. 建立"小人"无法为所欲为的制度

在我们的工作和生活中，很少有人不曾被"小人"所累，几乎没有单位不曾被"小人"污染，许多内耗行为都是由"小人"挑起的。余秋雨先生在分析社会上的"小人"现象时，曾无可奈何地感叹："显然没有消除'小人'的良方，在这个棘手的问题上我们能做的事情很少。"如今，尽管我们在企业内部仍然无法消除"小人"，但可以采取有效措施，将"小人"的负面作用尽可能降低，让"小人"为其所为付出代价。

"小人"的活动大都躲在暗处，赛格集团的做法是：一旦查实，就将其曝光。"小人"的所作所为都有其目的，必须设法不让其目的得逞。例如，"小人"惯用的一种手法就是告黑状，赛格集团对此明文规定："纪检、监察工作既要打击违法纪者，更要坚决支持改革者……匿名信一般不查。对被举报的违纪违法事件,一旦立案,就要一查到底。对查实的违纪违法者要严肃处理,同时也要保护好反映情况者,对被诬陷者要还其清白,依法处理诬告者,坚决不让恶意诬告者的目的得逞。"

在现实生活中,当一个单位面临班子调整、一个干部可能被重用的情况时,告状信常常特别多。这时,就要认真甄别,坚决支持干事创业的干部,让"小人"的目的落空,这样做就会使恶意告状者越来越少。一个美国学者说过,所谓伟大的时代,也就是大家都不把"小人"放在眼里的时代。同理,一个有竞争力的企业,就是"小人"的目的难以得逞,不良行为受到有效制约的组织。

总之,减少企业内耗是一项极其复杂的系统工程,需要从管理的不同角度和不同层次做大量艰苦而细致的工作。一个企业只要解决了内耗问题,这个企业就会是一个具有凝聚力和向心力的战斗集体。而一个有凝聚力和向心力的企业,就是一个有希望办成"百年老店"的企业。

知识点精要

一、经营思路创新

1. 新的经营方针和经营战略

2. 新的经营理念及其推行

3. 新的经营策略

4. 产生经营新思路的方式方法

5. 企业发展方式

6. 为文化注入活水

(1) 创新文化;速度文化;网络文化。

(2) 阻碍管理者创造力发挥的因素:悲观的态度;逻辑的错误;失败的阴影;创造力极限;过度的压力;墨守成规;被假设蒙蔽,等等。

(3) 文化创新——以人为本的企业文化。

7. 观念创新——"无为管理"的管理理念

世上没有永远对任何行业都通行的管理模式;

在管理世界中,没有权威,只有创新;

虚拟的办公室工作状态,已逐渐成为发展趋势;

企业的领导不再是聪明的总裁,而是集体智慧的网络;

管理进入更高层次和更高的境界,人人都是管理者,都是重大决策的参与者,也是决策的执行者。

二、组织机构创新

1. 职能结构创新

集中资源,强化核心能力;

优化基本职能结构;

建立富有特色的职能结构。

2. 管理体制创新

设置不同的经济责任中心;

规定企业管理体制;

突出生产经营部门(一线)的地位和作用;

作业层(基层)实行管理重心下移。

3. 组织机构创新

贯彻"一贯管理"原则;

推行领导单职制;

横向协调创新;

制度性协调方式;

结构性协调方式;

人际关系协调方式。

在三个方面有所突破：实行自我协调、工序服从制度;实行主动协作;规范化管理制度。

4. 管理流程创新

相互衔接、流程畅通的管理网络;

原有流程的彻底改造;

运行机制的变革与创新;

引入竞争机制;

改革旧的考核制度。

5. 组织机构创新的策略

系统配套,整体推进;

抓住主要矛盾,选准突破口;

讲究改革策略与艺术;

员工参加;

人员培训计划;

大胆启用具有开拓创新精神的人才。

三、管理方式方法

1. 管理模式
2. 案例
自主而灵活的团队——工人自我管理。
3. 管理制度——核心
新的领导方式；
对人的管理方式方法的发展；
生产、经营、服务等方面管理方法的发明与创造；
企业生产组合的创新，流程的创新。

四、制度创新——学习型组织

学习型组织必须进行以下几项修炼。
一是超越自我，不断学习，集中精力，培养耐心，客观地观察事物；
二是改善心智模式，发掘内心，并加以审视；
三是建立共同愿望，把领导者个人的愿望转化为能够鼓舞组织的愿望；
四是组织团队学习，运用深度交谈和讨论，建立真正有创造性的"群体智力"。
学习型组织的出现，是企业制度的一次创新。

五、管理创新的主体

管理创新是企业获胜的根本。
谁来进行管理创新？企业家。
企业家本质——创新。
谁来接受管理创新？管理者和企业员工。

六、创新主体的心智模式

远见卓识；
健全的心理；
健康的身体；
控制及指挥的欲望；
自信、紧迫感、广博的知识；
超人的观念化能力；
脚踏实地、不在乎地位；
客观的待人态度；
情绪稳定；
迎接挑战。

管理实例——悟性与启示

管理实例 10-1

右手握左手

一天,餐桌上有人念起一段顺口溜:"握着老婆的手,好像右手握左手。"男士们听完笑得很起劲,但餐桌上有一位女士没笑。男士们以为女士生气了,忙说"闹着玩,别当真"。没想到女士认真地说:"最妙的就是这'右手握左手'。第一,左手是最可以被右手信赖的;第二,左手和右手彼此都是自己的;第三,别的手任怎么叫你愉悦、兴奋或者魂飞魄散,过后都是可以甩手的,只有左手,甩开了你就残缺了,是不是?"男士们都称赞这位女士理解得深刻而独到。

启示:

这个故事讲述了不同的人对"握着老婆的手,好像右手握左手"的理解。出乎意料的是,一位女士用三句话简明扼要地诠释了这句话,表明夫妻之间可以相互信赖,缺少了任何一方都不完整。从中我们不难发现,有很多东西看似十分平常、渺小,却是不可缺少的。对于某些东西,你每天抬头不见低头见,可能不会觉得它有什么特别;可一旦失去它,你就会受到很大影响,甚至付出很大代价。作为管理者,必须时刻保持清醒的头脑,不带任何偏见地对待每一个人。否则,那个不起眼的人往往会给你致命一击。

管理实例 10-2

鹦鹉老板

一个人去买鹦鹉,看到一只鹦鹉前写着:此鹦鹉会两门语言,售价 200 元;另一只鹦鹉前则写着:此鹦鹉会四门语言,售价 400 元。

该买哪只呢?两只都毛色光鲜,非常灵活可爱。这人转啊转,拿不定主意。突然,他发现了一只老掉了牙的鹦鹉,毛色暗淡散乱,标价 800 元。

这人赶紧将老板叫来:"这只鹦鹉是不是会说八门语言?"店主说:"不。"这人奇怪了:"那为什么它又老又丑,又没有能力,却更值钱呢?"

店主回答说:"因为另外两只鹦鹉叫这只鹦鹉老板。"

启示:

几乎每一项工作都离不开两类人:一类是有技术、有能力的行动者;一类是负责统筹协调的管理者。管理者在技术和能力上可能比不过行动者,但因为承担着更为重要的责任,所以最终收获的会比行动者要多一点。一个好的管理者,不仅要具备能动性、社会性,还需要有把握性。管理者需要通过协调一些具有技术和能力的行动者完成工作,还需要处理好个人利益和组织利益的关系。所以说,老板可能没有员工技术过硬,但老板的职责也不是所有行动者都能轻易胜任的。老鹦鹉可能没有小鹦鹉会的语言多,但却可以教小鹦鹉学会其他方面的能力。

管理实例 10-3

佛塔上的老鼠

一只四处漂泊的老鼠在佛塔顶上安了家。

佛塔里的生活实在是幸福极了,老鼠既可以在各层之间随意穿越,又可以享受到丰富的供品。它甚至还享有别人所无法想象的特权:对于那些不为人知的秘籍,它可以随意咀嚼;对于人们不敢正视的佛像,它可以自由休闲,兴起之时甚至还可以在佛像头上留些排泄物。每当善男信女们烧香叩头的时候,这只老鼠总是看着那令人陶醉的烟气慢慢升起,猛抽着鼻子,心中暗笑:"可笑的人类,膝盖竟然这样柔软,说跪就跪下了!"

有一天,一只饿极了的野猫闯了进来,一把将老鼠抓住。"你不能吃我!你应该向我跪拜!我代表着佛!"这位高贵的"俘虏"抗议道。"人们向你跪拜,只是因为你所占的位置,不是因为你!"野猫讥讽道。然后,老鼠就被猫吃掉了。

启示:

故事中的老鼠在佛塔上安了家,借着佛祖的光每天接受人们朝拜,吃着人们供奉的食物,渐渐地迷失了自己,被猫捉住后还说着可笑的话,最终被猫吃掉了。每个人在组织中扮演着不同的角色。每个人都具有决策者的身份,都以一定的方式参与决策;每个人也都是管理者,不仅要在职责范围内做好本职工作,还要为整个组织提供管理意见;每个人还是实际的操纵者,只是对象不一样。无论什么时候,我们都要摆正自己的位置,明白自己的使命,既不要妄自菲薄,也不要狐假虎威。

管理实例 10-4

习惯人生

父子俩住山上,每天都要赶牛车下山卖柴。山路崎岖,弯道特多。父亲较有经验,坐镇驾车。儿子眼神较好,总是在要转弯时提醒道:"爹,转弯啦!"有一次,父亲因病没有下山,儿子一人驾车。到了弯道,牛怎么也不肯转弯。儿子用尽各种方法,下车又推又拉,用青草诱之,牛一动不动。到底是怎么回事?儿子百思不得其解。最后只有一个办法了。他左右看看无人,贴近牛的耳朵大声叫道:"爹,转弯啦!"牛应声而动。

启示:

管理学涉及的领域十分广阔,需要从不同类型的管理实践中抽象概括出具有普遍意义的管理思想、管理原理和管理方法。同时,影响管理活动的因素也有多种,除了生产力、生产关系、上层建筑这些基本因素外,还有自然因素、社会因素、个人因素等。一般理论与方法都是实践经验的总结和提炼,同时也需要为实践服务。在上面的例子中,儿子用尽各种方法也没能使牛转弯,最后说了一句"爹,转弯啦!"才起到作用。从中可以看出,有很多习惯性的东西,是我们一时无法强行改变的。在管理中,我们应当在平时的工作中吸取经验。

管理是对前人管理实践、管理思想和管理理论的总结、扬弃和发展。割断历史,不了解前人的管理历史和理论总结,就很难理解、掌握和运用管理学。

管理实例 10-5

疯子和呆子

一个心理学教授到疯人院参观,了解疯子的生活状态。一天下来,教授觉得这些人疯疯癫癫,行事出人意料,可算大开眼界。

想不到准备返回时,发现自己的车胎被人拆掉了。"一定是哪个疯子干的!"教授这样愤愤地想道,动手拿备胎准备装上。

事情严重了,拆车胎的人居然将螺丝也都拆掉了。"没有螺丝,有备胎也装不上去啊!"教授一筹莫展。在他着急万分的时候,一个疯子蹦蹦跳跳地过来了,嘴里唱着不知名的欢乐歌曲。疯子发现了困境中的教授,便停下来问发生了什么事。

教授懒得理他,但出于礼貌,还是告诉了他。

疯子哈哈大笑说:"我有办法!"他从每个轮胎上面拆下来一个螺丝,这样就有了三个螺丝,然后将备胎装了上去。教授惊奇、感激之余,大为好奇:"请问你是怎么想到这个办法的?"疯子嘻嘻哈哈地笑道:"我是疯子,可我不是呆子啊!"

启示:

"我是疯子,可我不是呆子啊!"在组织中,每个人都会担任一个或者多个与其他人不同的角色,因而所拥有的职能也就有所不同。管理者应充分认识到每个成员与众不同的能力,尽量做到人尽其才。要做到这一点,管理者首先要具备一定的人际技能。没有哪个管理者可以脱离人际方面的技能——学会如何与不认识的、不"健全"的人交流,学会容纳自身不愿容纳的人,学会用雷鲍夫法则,为后续发现人才奠定基础。管理者要学会发现一切潜在的"后备军",为组织的长远发展做好准备。

管理实例 10-6

请君入瓮

唐朝女皇武则天为了镇压反对她的人,任用了一批酷吏。其中两个最为狠毒,一个叫周兴,一个叫来俊臣。他们利用诬陷、控告和惨无人道的刑法,杀害了许多正直的文武官吏和平民百姓。

有一回,一封告密信送到武则天手里,内容竟是告发周兴与人联络谋反。武则天大怒,责令来俊臣严查此事。

来俊臣心里直犯嘀咕:"周兴是个狡猾奸诈之徒,仅凭一封告密信,是无法让他说实话的;可万一查不出结果,太后怪罪下来,我也担待不起呀!这可怎么办呢?"他苦苦思索半天,终于想出一条妙计。他准备了一桌丰盛的酒席,把周兴请到自己家里。

两个人你劝我喝，边喝边聊。酒过三巡，来俊臣叹口气说："兄弟我平日办案，常遇到一些犯人死不认罪，不知老兄有何办法？"周兴得意地说："这还不好办！"说着端起酒杯抿了一口。来俊臣立刻装出很恳切的样子说："哦，请快快指教。"周兴阴笑着说："你找一个大瓮，四周用炭火烤热，再让犯人进到瓮里。你想想，还有什么犯人不招供呢？"来俊臣连连点头称是，随即命人抬来一口大瓮，按周兴说的那样，在四周点上炭火，然后回头对周兴说："宫里有人密告你谋反，上边命我严查。对不起，现在就请老兄自己钻进瓮里吧！"周兴一听，手里的酒杯啪哒掉在地上，跟着又扑通一声跪倒在地，连连磕头说："我有罪，我有罪，我招供。"

启示：

用出计谋者认为最有用的方法来对付本人，可以给人致命一击。管理者需要针对管理对象的不同特点，采取不同的教育方法，坚持"一把钥匙开一把锁"的原则，使上下级之间在无心理压力的气氛中交换意见，及时有效地解决问题。这种方法让人在交流中可以处于放松状态，降低心理防备，进而畅所欲言，说出真心话，非常有助于上下级之间亲密地交谈一些因为等级问题而不便表达的问题。

管理实例 10-7

诸葛亮挥泪斩马谡

三国时期，诸葛亮与司马懿在街亭对战，马谡自告奋勇要出兵守街亭。诸葛亮心有担心，但马谡表示愿立军令状，若失败甘愿受罚，诸葛亮勉强同意他出兵。同时，诸葛亮还指派王平将军随行，并交代马谡在安置完营寨后立刻回报，有事要与王平商量。马谡一一答应。可是军队到了街亭，马谡执意扎兵在山上，完全不听王平的建议；而且，他也没有遵守约定将安营的阵图送回本部。后来，司马懿派兵进攻街亭，围兵在山下切断粮食及水的供应，这使马谡兵败如山倒，重要据点街亭失守。事后，诸葛亮为维持军纪而挥泪斩马谡，并自请处分，降职三等。

启示：

马谡是一员不可多得的猛将，多次立下战功，但却在镇守街亭时因违反军法而导致失地陷城。为了严正军法，诸葛亮不得不挥泪斩马谡。俗话说："没有规矩不成方圆。"规章制度对任何一个组织都有着非常重要的作用。然而在实际工作中，却总有一些违章、违纪的现象发生，而且屡禁不止。联想到诸葛亮挥泪斩马谡，马谡作为一员难得的将才，其实杀与不杀的权力都在诸葛亮手上，诸葛亮完全可以选择不斩马谡，但他最终还是斩了马谡。这是因为他认识到：马谡被斩虽然会让蜀国失去一员干将，但是军法一旦被视同儿戏，随意违反，所造成的后果将更严重。另外，管理者一定要懂得将合适的人放在合适的位置上。马谡熟读兵书，有丰富的军事理论，有大局观，作为参军是优秀的，但却缺乏实践经验。这样的人是优秀的幕僚型人才，可以做培训师、咨询师，而不适合做一线管理者。

管理实例 10-8

子贱放权

孔子的学生子贱有一次奉命担任某地方的官吏。他到任以后,时常弹琴自娱,不管政事,可是他所管辖的地方却治理得井井有条,民兴业旺。这使那位卸任的官吏百思不得其解,因为他每天即使起早摸黑,从早忙到晚,也没有把地方治好。于是,他请教子贱:"为什么你能治理得这么好?"子贱回答说:"你只靠自己的力量去治理,所以十分辛苦;而我却是借助别人的力量来完成任务。"

启示:

聪明的领导者往往善于利用下属力量,发挥团队协作精神。这样做不仅能让团队很快成熟,还能减轻领导者的负担。也有一些领导者喜欢把事情都揽在自己身上,事必躬亲,管这管那,从不放心把一件事交给下属去做。这样的领导者,虽然整天忙忙碌碌,但却会被公司的大小事务搞得焦头烂额。在企业管理上,领导者要相信"少就是多"的道理:你抓得少一些,反而会收获多一些。

管理实例 10-9

"生物链"式结构

所谓"生物链"式结构,是一种更倾向于从行业角度考虑企业组织结构的设计思路。产业界的"生物链"不仅仅指产业中的供应链,还包括价值链形成过程中不同企业间或同一企业集团涉及不同行业间的相互依赖现象。许多企业采取结盟的方式,生成企业联盟或形成从事相互关联行业的企业集团,优势互补,资源共享,以实现企业的生存和发展。这种"联盟"的成员或企业集团的行业间,便形成了类似自然界生物链的结构。世界计算机软件界"大户"微软与芯片大王英特尔公司组成的 Wintel 联盟,便是此种结构中"联盟"企业的典型。

启示:

(1)"生物链"式结构实质上就是通过建立多维立体组织结构,使各个机构协调一致,紧密配合,为实现企业的总目标而服务。

(2)产业界"生物链"不仅仅指产业中的供应链,还包括价值链形成过程中不同企业间或同一企业集团涉及不同行业间的相互依赖现象。

(3)"生物链"式结构是一种更倾向于从行业角度来考虑企业组织结构的设计思路。

(4)关联行业企业间相互联盟,有利于企业间优势互补,资源共享,促进企业的发展,实现双赢。

综合技能——训练与提升

技能训练 10-1

北大硕士卖米粉

又到了毕业季。然而，在许多毕业生还在为找工作而忙碌、焦虑的时候，刚刚从北京大学法学院硕士毕业的张天一却已经是两家店的老板了。

毕业之前，张天一和几名小伙伴在北京 CBD 的环球金融中心合伙开了一家小店，店名"伏牛堂"，专卖张天一老家的特色饮食——湖南常德米粉。6 月 25 日，"伏牛堂"在北京朝外 SOHO 开了第二家店，开启了连锁经营的第一步。这一天，离张天一参加北大法学院的毕业典礼还差三天。

和张天一合伙的是早已在深圳有稳定工作的 24 岁的周全；25 岁、北京外国语大学法学硕士柳啸；同样 25 岁、放弃了美国高校 MBA 全额奖学金的宋硕。仅仅三个月的时间，几名年轻人把一碗米粉卖得风生水起。很快，两个店的日营业额总量开始过万元，有了较为可观的利润比例，店员也从最初的四人发展到十多人。

身为"北大法学硕士"的张天一，在开始"另类"创业之初也曾经过了艰难的内心斗争——学了六年的法律，选择卖米粉，似乎"太浪费"。但是，他想通了。"学习法律对我而言是掌握了一种法律、法学的思维与做事方式，"他说，"就像互联网思维，可以拿它去做互联网，也可以拿它去做金融、房地产、餐饮。这样看来，假设世界上有一种法律人思维，那我拿它来做餐饮，似乎也可以。"

无论在店里还是店外，张天一都喜欢穿一件胸前印有"霸蛮"两字的 T 恤衫，哪怕是参加自己的毕业典礼时，硕士袍下穿着的也是这件"伏牛堂"里每位员工都有的工作服。张天一说，形容湖南人性格有句话，叫"吃得苦，耐得烦，霸得蛮"。他理解的"霸蛮"就是那种"干事特别认死理，干不了也要干"的精神特质。

靠着这种"霸蛮"精神，"伏牛堂"用 84 天的时间卖出了 14362 碗粉，这对一个连厨房带收银台和餐位总共才 37 平方米的小店来说，称得上"成绩斐然"。但张天一并不满足。那时，他们的新目标是：到 2014 年年底，新开张的北京朝外 SOHO 店，要卖掉 10 万碗粉，用掉 7 头牛！

而要在半年时间里达到这个目标，显然并不轻松。不过，这几个年轻人自有"法宝"——在辛苦卖粉的同时，他们充分利用互联网平台进行互动营销。"伏牛堂"的微信公众号里不仅有关于"伏牛堂"的奇闻趣谈、八卦故事，也有张天一对创业和人生的思考，还时不时撒下英雄帖，招纳天下米粉客。他们曾在公众号上发起了一个"世界最辣牛肉粉·爆炸路西法地狱挑战赛"，声称"路西法吃了也会爆炸"的"最辣牛肉粉"，吸引了一波又一波声称"辣不怕"和"怕不辣"的米粉客，甚至引起了风投的注意。就在第二家店开业的前一天，"伏牛堂"得到了开店后的第一笔投资。

"做一个循规蹈矩的人,哪怕是去当皇帝,也是世界上最无趣的事情了。"这是张天一留在自己的博客上的文字。他还说:"对我而言,天大的事情变成一碗又一碗米粉这样的小事情,就不会那么难了,无非是炒牛肉、煮粉、点碗、浇汁、撒葱。这些我都懂,做得快还是慢,都没有什么大不了,一切都是顺其自然。"

问题:
1. 谈谈张天一创业的思路与理念;
2. 谈谈所学专业和创业之间的联系;
3. 写一篇小论文,谈谈你的创业理念与思路。

答案:
1. 身为北大法学硕士的张天一,刚开始创业时内心是十分挣扎的——学了六年法律,却选择了卖米粉,似乎有点"太浪费",有点不甘心。但他从另一个角度考虑,通过学习法律掌握了法学的思维与做事方式,就像互联网思维不仅可以用于互联网,还可以用于金融、房地产、餐饮等,也可以用法律思维做餐饮。而张天一那种"干事特别认死理、干不了也要干"的精神特质,为他的成功增加了可能性。对于张天一而言,天大的事变成一碗又一碗的米粉这样小的事情,就不会很难了,无非是炒牛肉、煮粉、点碗、浇汁、撒葱。这些事张天一都懂,无非只是做得快或慢。

2. 我学的是公共事业管理专业,主要是学习现代管理科学等方面的基本理论和基本知识,接受了一般管理方法、管理人员基本素质和基本能力的培养和训练,掌握了现代管理理论、技术与方法,能从事公共事业单位的管理工作,具有规划、协调、组织和决策方面的基本能力。这些知识和技能在创业上可以为我提供帮助,我也可以运用管理学思维来思考问题。创业与管理息息相关,密不可分。

3. 创业就是开创基业。汉代张衡曾在《西京赋》中讲到"高祖创业,继体承基"。我认为,创业是对自己拥有的资源进行优化整合,或通过努力对能够拥有的资源进行优化整合,从而创造出更大的经济或社会价值的过程。创业是一种劳动方式,需要创业者组织、运用服务、技术、器物进行作业,从而创造利润和财富。创业也是一个创新的过程,致力于创造新产品、新市场、新生产过程或原材料。创业者不能眼高手低,要不怕失败、不怕苦、不喊累,要坚信自己能够取得最终的成功。

技能训练 10-2

海 上 救 援

一艘游艇上有 8 名游客等待救援,但直升机每次只能救 1 人。游艇已坏,不停漏水。此时正值冬天,海水冰冷刺骨。8 名游客的具体情况如下。

(1) 将军,男,69 岁,身经百战。
(2) 外科医生,女,41 岁,医术高明,医德高尚。
(3) 大学生,男,19 岁,家境贫寒,参加国际奥数获奖。
(4) 大学教授,50 岁,正主持一个科学领域的项目研究。
(5) 运动员,女,23 岁,奥运金牌获得者。

(6) 经理人,35 岁,擅长管理,曾将一大型企业扭亏为盈。
(7) 小学校长,男,53 岁,劳动模范,五一劳动奖章获得者。
(8) 中学教师,女,47 岁,桃李满天下,教学经验丰富。

问题:
如果由你负责营救,你会按什么顺序营救这 8 名游客?为什么?

答案:
第一,救外科医生。原因是她医术高明,在这种情况下她能最大限度地避免后来被救的人死亡。并且她医德高尚,能够安抚其余被救者的不安情绪,起到稳定人心的作用。

第二,救经理人。原因是他较为年轻且善于管理,有将大公司扭亏为盈的经验。而在这种情况下,他可以给被救的人分配任务,有效地助力后续的救援工作。

第三,救将军。将军虽已 69 岁了,但他身处高位,有一定的权威,能起到震慑作用,可以保证救援工作顺利进行。

第四,救大学教授。原因主要有两个:一是他正在主持科学研究,一旦成功就能给国家和人民带来巨大的帮助;二是考虑教授年龄较大,体质弱,而且他能帮助救援工作。

第五,救中学教师。女性本就是弱势群体,而且她教学经验丰富,为祖国的教育事业做出的贡献巨大。

第六,救小学校长。

第七,救大学生。

第八,救运动员。因为运动员身体素质较好,有一定的自救能力。

技能训练 10-3

华润公司运行 6S 管理体系

由中国华润总公司控股的华润(集团)有限公司设在香港。6S 管理体系是华润公司从自身实际出发探索出的用于管理多元化集团企业的一种系统化管理模式。6S 管理体系将集团内部多元化的业务及资产划分为责任单位,并将之作为利润中心进行专业化管理,其组织领导及监督实施机构是集团董事会下设的 6S 委员会。6S 既是一个全面预算管理体系,也是一个多元化的信息管理系统。

1. 利润中心编码体系(profit center number system)

在专业化分工的基础上,将集团及属下公司按管理会计的原则划分为多个业务相对统一的利润中心(称为一级利润中心),每个利润中心再划分为更小的分支利润中心(称为二级利润中心等),并逐一编制号码,使管理排列清晰。这个体系较清晰地囊括了集团绝大部分资产,同时使每个利润中心对自身的管理也有清楚的界定,便于对每项业务实行监控。

2. 利润中心管理报告体系(profit center management account system)

在利润中心编码体系的基础上,每个利润中心按规定的格式和内容,来编制管理会计报表,具体由集团财务部统一制定并不断完善。每月编制一次管理报告,内容包括每个利润中心的营业额、损益、资产负债、现金流量、成本费用、盈利能力、应收账款、不良资产等情况,并附有公司简评。每个利润中心报表最终汇总为集团的管理报告。

3. 利润中心预算体系(profit center budget system)

在利润中心分类的基础上,全面推行预算管理,将经营目标落实到每个利润中心,并层层分解,最终落实到每个责任人每个月的经营上。这样不仅使管理者对自身业务有较长远和透彻的认识,还能从背离预算的程度上去发现问题,并及时加以解决。预算的方法可以由下而上、由上而下,不断修正,最后汇总形成整个集团的全面预算报告。

4. 利润中心评价体系(profit center measurement system)

对预算执行情况需要进行评价,而评价体系要能促进经营目标的实现。根据每个利润中心业务的不同,量身定造一个评价体系,但主要是通过获利能力、过程及综合能力指标进行评价。在每一个指标项下,需再根据各业务点的不同情况,细分为能反映该利润点经营业绩及整体表现的许多明细指标。这样做的目的是要做到公平合理,既可以兼顾到不同业务点的经营情况,又可以促进业务的改进提高,加强管理。其中,有些指标是定量指标,有些指标是定性指标,而对不确定部分,集团则有最终决定权。集团根据各利润中心业务好坏及其前景,决定资金的支持重点,同时对下属企业的资金使用和派息政策,将根据业务发展方向统一决定,不实行包干式资金管理。而对利润中心非经营性的资产转让或会计调整的盈亏,则不能与经营性业绩混在一起评价,但可视具体情况给予奖惩。

5. 利润中心审计体系(profit center audit system)

集团内部审计是管理控制系统的再控制环节,集团通过审计来强化全面预算管理的推行,提高管理信息系统的质量。

6. 利润中心经理人考核体系(profit center manager evaluation system)

预算的责任具体落实到各级责任人,考核也要落实到利润中心经理人。利润中心经理人考核体系主要从业绩评价、管理素质、职业操守三方面对经理人进行评价,然后得出利润中心经理人目前的工作表现、今后的发展潜力、能够胜任的职务和工作建议。根据以上三部分的考核结果,再决定对经理人的奖惩和任用。

围绕 6S 管理体系的建设,集团还做了一些完善和配套工作。

(1) 建立服务中心考核体系。将集团职能部室设定为服务中心,并对这些与利润没有直接联系的管理部门"如何进行考核及以民主形式进行监督"做出规定。主要做法是,对各服务中心进行定位,明确其主要职能;提出评价及量化服务中心工作质量的指引;规定服务中心考核办法;根据考评结果决定奖惩办法。

(2) 改革用人制度。一级利润中心经理人聘任增加了内部公开招聘的程序:公开报名,统一考试,人事部门综合评议,推荐候选人名单,经常务董事会面试后确定是否聘任。这一做法已在多家单位实行。另外,根据对一级利润中心、服务中心的考评结果,对表现优异者由集团总经理向常务董事会建议入选新一届领导班子。这样,使干部提拔任用进一步透明化、规范化,并促使 6S 管理体系真正落到实处。

问题:

1. 华润的预算控制系统的主要内容是什么?
2. 这一系统有什么优缺点?试作评价。

答案：

1. 华润公司经过分层的方式全面推行预算管理，把利润的管理预算落实到每个人的身上，这样使预算人员对业务有较长远和彻底的认识。预算的方法由上而下、由下而上，不断修正，最后汇总形成整个集团的全面预算报告。

华润公司的利润中心预算控制体系包括收入预算、支出预算、现金预算、资金支出预算、资产负债预算等部分。

2. 优点：华润公司从编码体系、报告体系、预算体系、评价体系、审计体系、经理人考核体系六个方面对公司进行管理。华润公司分为多个业务相对统一的利润中心，经过编码使管理变得清晰，这样每一个管理层对自己的界限就会很清楚，从而更好地实施管理。报告体系在财务管理方面起了很大作用。报告每个月公司的营业额、损益、应收账款、不良资产等情况，对于公司的总结工作起了很好的作用。评价体系对预算执行情况进行评价，每一个指标项又根据各业务点的不同情况再作细分，既能反映该利润点经营情况，又可以促进业务的提高，加强管理。审计体系和经理人考核体系都有利于强化全面预算管理的推行，提高管理信息系统的质量。

缺点：华润公司在审计控制方面应该再细化一些。审计控制包括财务管理和管理审计。审计控制是根据预定的审计目标和既定的环境条件，按照一定的依据审查，监督被审计单位的经济运行状态，并调整偏差，排除干扰，使被审计单位的经济活动运行在预定的范围内，朝着期望的方向发展，从而达到提高经济效益的目的。所以，在审计方面的管理应该再清晰一些。此外，华润公司还可以加强程序控制。实行程序控制有助于管理活动规范化，节约管理活动的开支，提高管理活动的效率，同时还有利于提高下属的积极性。

技能训练10-4

车行三镇查市容

一辆面包车缓缓在武汉三镇行驶。车内坐的是分管城建的副市长、各城区区长及市各有关部门的"一把手"。副市长说："今天请各位局长现场管管长期不知由谁来管的市容'小问题'。"他掏出几张上面密密麻麻记满了各种问题的纸条，环视了一下大家后说："我侦察了很长一段时间，今天就点兵点将了。"

在江汉一桥，副市长径直来到琴台公交站，他指着站旁一个破旧不堪的土围子说："这个墩子竖在这儿已经5年了，我们的工作到位了吗？"一旁的市容办主任当即表态：3天内我搞掉它。

看着港湾车站凹凸不平的道路，副市长眉头紧蹙，他问市政局长："全市像港湾车站这样的道路有多少？"市政局长回答："有很多。"副市长又问，"十一"前能否全部解决？市政局长立军令状，保证完成。

公交车站的站牌上长了"牛皮癣"，副市长点将市公用局局长。公用局局长说，马上从公汽公司抽1000人对全市所有站名牌全面清洗。

面包车缓缓驶过长江大桥汉阳桥头。副市长突然说"停……停"，然后指着被车撞缺的桥栏杆问："这个谁来管？"市政局局长揭榜："我来，我来。"随后，副市长拉着汉阳区区长的手来到桥边一堆渣滓前说:"这堆渣滓在这里已待了好几年,现在成了假山……"话音未落,汉阳区副区长接过话来:"交给我,马上铲除。"

徐东路上,一排门面的招牌参差不齐。一家店铺的招牌上歪歪斜斜地写着"补胎"二字,大煞风景,招牌上还堆满了废弃的轮胎。副市长说:"一个月内,所有脏乱差的遮阳棚、残破的广告牌统统去掉。"

问题:
1. 案例中涉及了哪些控制类型,各控制类型有何特点?
2. 你认为应如何进行有效的控制,写一篇报告进行说明。

答案:
1. 涉及的控制类型有同期控制、人力资源控制、专项控制、反馈控制。各控制类型的特点如下。

(1) 同期控制。主管人员通过深入现场亲自监督检查,可以指导下属以正确的方式进行操作,并发现不符合标准的偏差,立即采取纠正措施。案例中,副市长通过亲自监督和检查,发现并解决"市容"建设中出现的问题。

(2) 人力资源控制。案例中,副市长在检查市容的时候,根据不同的业务管理范围,安排不同职位的人员解决问题,这体现了对人力资源的控制。

(3) 专项控制。专项控制是对某项活动内容进行控制,可以采取更为精确的解决方式。案例中,副市长主要检查的是"市容"问题,是对"市容"问题进行专项控制。

(4) 反馈控制。反馈控制主要是进行事后控制,防止偏差的继续发展和再度发生。案例中,副市长通过侦查发现了长期以来没人管理的"市容"问题,通过此次活动将一直以来没有解决的问题予以一次性处理,突出体现了反馈控制的特征。

2. 在企业经营中,无论计划制订得如何周密,由于各种各样的原因,人们在执行计划的过程中总会或多或少出现与计划不一致的现象,因而就需要对企业进行有效控制。控制工作是指为实现组织目标,以计划为标准,由管理者对被管理者的行为、活动进行的检查、监督、调整等的管理活动。

(1) 前期控制工作。根据整个控制系统的要求,前期控制工作主要包括以下三个方面。

制定合理的控制标准:拟定具体的控制标准,确保计划目标的实现。控制标准应具有明确的行动界限和标准,应尽可能数量化,且操作性要强。

做好前馈控制:在计划实施前就制定好相应的预防措施和应急措施,对计划和控制系统做出透彻的分析,建立前馈控制的模式,并保持其动态特征。

制定预算控制:根据事业发展的计划和任务,经过规定程序批准年度财务收支计划。通过预算控制,可以对本年度的收支情况形成清楚的认知,这是单位履行自身职能的财力保证,同时也有助于提高单位财务管理水平。

(2) 中期控制工作。中期控制工作主要包括以下三个方面。

采用合理的控制方法:生产控制主要是针对生产的进度控制、对制造系统硬件的控制、库存控制和质量控制;财务控制是确保企业及其内部机构和人员全面落实和实现财务预算的过程,如比率分析法、审计控制方法;程序控制用于避免业务工作的无章可循,有利于提高工作效率。

同期控制：最常见的同期控制方法是主管人员的直接视察，这种方法有利于及时发现工作中的问题并给予纠正，保证计划的执行和计划目标的实现。

完善绩效考核制度：绩效考核制度也是对实际情况的一种检查。在这个环节中，主管人员可以发现计划执行中存在的问题，进行比较，并纠正偏差；对偏差，要采取有效的措施；如无偏差，则保持原状。

(3) 后期控制工作。后期控制工作主要是做好反馈工作，通过事后的财务分析、质量分析以及职工绩效评定等，将工作结果与计划标准进行比较，对出现的偏差进行纠正。

企业的经营中应做好前期、中期和后期的控制工作，只有这三个环节都做到位，才能保证企业的有效控制，达到企业目标。

技能训练 10-5

一封辞职信

尊敬的钟院长：

您好！

我叫李玲，是医院内科的护士长。我当护士长已经有半年了，但我再也无法忍受这种工作了，我实在干不下去了。我有两个上司，他们都有不同的要求，都要求优先处理自己布置的事情。然而我只是一个凡人，没有分身术，我已经尽了自己最大的努力来适应这样的工作要求，但看来我还是失败了，让我给您举个例子吧！

昨天早上 8:00，我刚到办公室，医院的主任护士叫住我，告诉我她下午要在董事会上作汇报，现急需一份床位利用情况报告，让我 10:00 前务必完成。而这样一份报告至少要花一个半小时才能写出来。30 分钟以后，我的直接主管，基层护士监督员王华走进来突然质问我为什么不见我的两位护士上班。我告诉她外科李主任因急诊外科手术正缺人手，从我这里借走了她们两位，尽管我表示反对，但李主任坚持说只能这么办。王华听完我的解释，叫我立即让这些护士回到内科来；并告诉我一个小时以后，他回来检查我是否把这件事办好了！像这样的事情不胜枚举，每天都要发生好几次。

这样的工作我实在无法胜任，特向您辞职，请批准！

问题：

1. 案例中李玲所在的这家医院在组织结构的运行上合理吗？为什么？
2. 要避免案例中的这种结局，你有什么建议？

答案：

1. 组织原则包括：①职权分明，每一项管理职能都能落实到一个执行机构。职责不要分散，不能实行多头领导，避免互相扯皮、推诿；②机构要互相协调，互相衔接，以利于发挥组织整体功能，使组织内部既有分工，又有合作，协调一致，全力实现一个共同目标；③实行统一领导，分级管理，集权与分权结合，要确定科学的管理幅度和管理层次，要坚持必要的集中统一领导，使企业领导人指挥决策的实施有效而迅速；此外，还要实行分级管理，调动各方面的积极性；④坚持政企分工，企业的日常生产经营活动由企业负责；⑤机构设置要根据经济活动实际需要,实行有效管理,要精兵简政,提高管理人员素质。

李玲所在的这家医院在组织结构运行上是不合理的,这也是导致李玲辞职的根本原因。

首先,从组织工作的统一指挥原则可知,一个下级只接受一个上级的命令和指挥,同时一个下级只对一个上级负责。该原则要求:上下级之间要形成一条纵向连续的等级链;一个下级只有一个上级领导。案例中,李玲同时有两个上司,在几乎同一时间内,主任护士让她写报告,基层护士监督员让她找人。这种多头领导的局面,严重影响了组织管理的效率。

其次,从授权原则可知,为了使组织结构有效运行,不能越级授权,不交叉授权,以保证命令的统一。授权者不要越过下级去干涉下级职权范围的事务,以免造成下级失去对其职权范围的事务的有效控制。另外,授权者不可将不属于自己权力范围的权力授予下级,以避免交叉指挥,造成管理混乱和效率低下。案例中,"外科李主任因急诊外科手术正缺人手",将不属于自己权力范围的权力授予李玲,向她调用2名护士,而李玲的直接主管王华叫李玲"立即让这些护士回到内科部"。这样,就形成了交叉指挥,从而造成管理混乱,组织结构运行效率低下。

2. 要避免案例中由于组织结构运行不合理导致的李玲辞职这一结局,需要在两方面做出努力。

首先,案例中这家医院的组织运行不合理,大大降低了组织的运行效率,造成了管理混乱。因此,应该严格遵循组织设计以及组织结构运行的原则,对这家医院的组织结构进行再设计,确定李玲唯一的直接上司,确保统一指挥,保证一个下级只接受一个上司的命令和指挥,同时一个下级只对一个上司负责。

其次,明确规定每个层次管理者的任务、职责和权限;明确自己的上级是谁,下级是谁,对谁负责;明确工作的程序与渠道,从何处获得信息等。案例中,李主任不应超越自己的权力范围直接向内科借调护士,而应向李玲护士长的直接上司王华说明情况,经王华同意后方可调用,这样就能避免交叉指挥、多头领导的现象。同时,作为护士长的李玲,在遇到双重领导指挥的情形时,应与直接上司商议行事。李玲在接到李主任的命令后,应及时向王华报告,经王华同意后方可执行。

技能训练10-6

一 盘 散 沙

人们通常用一盘散沙来比喻缺乏组织,互不团结,力量分散。建筑用的钢筋混凝土的制造过程是将一定比例的水泥、沙子、石块按照一定比例配比,加上一定量的水,充分搅拌均匀后,加入钢筋,放置一定时间后,便可形成一种牢固的建筑材料。然而,同样是这么多东西,如果不按照科学的方法进行组合,就不会达到这种结果,甚至可能就是一盘散沙。这个制造过程与组织的形成机制完全类似。组织也需要不同的原料,即不同的人员,按照一定的比例关系,进行组织结构设计,充分整合(搅拌、放置),达到有机结合,形成1+1>2的协同效应。

众所周知,在自然科学领域,石墨与钻石都是由碳原子构成的,构成要素一样,但两者的硬度和价值却无法相提并论。钻石为什么比石墨坚硬？钻石为什么比石墨值钱？造成这种差异的根本原因就是原子间结构的差异：石墨的碳原子之间是"层状结构",而钻石的碳原子之间是独特的"金刚石结构"。社会化大生产的管理组织也是这样,由于管理系统内部分工协作的不同,所建立起来的管理组织可能具有不同的效能。有一位管理学家曾说过,高水平的组织就如同原子核裂变一样,可以放射出像"蘑菇云"一样巨大的能量。可以说,组织结构之于企业,就像人的骨骼系统之于身体一样,是企业生存发展所不可缺少的重要条件。而为了给企业建立一个合理的、健全的组织结构,管理者就必须有效地开展组织工作。

问题：
根据上述案例,写一篇小论文阐述组织工作的重要性。

答案：
人们通常用一盘散沙来比喻缺乏组织,互不团结,力量分散。组织工作就是要将这一盘散沙凝聚起来,加强团队建设的协调性。组织工作是一项管理职能,它是在目标明确的情况下促进团队间的相互配合。组织工作的职能包括四个方面：一是根据组织目标设计和建立一套组织机构和职位系统；二是确定职权关系,从而把组织上下、左右联系起来；三是与管理的其他职能相结合,以保证所设计和建立的组织结构有效运转；四是根据组织内部要素的变化,适时调整组织结构。

对于班集体、业余俱乐部、老乡会等非正式组织,组织工作的重要性体现在能否充分发挥组织内人才的主观能动性,加强团队建设。例如,一个班级是否团结,主要取决于班级领导者的组织工作。如果组织工作做得好,就可以让成员获得一定的社会满足感、归属感,促进各成员之间的交流和沟通,同时也有利于培养班级文化的发展和促进班级优秀文化的形成。如果组织工作做得不好,就容易给班级管理带来巨大的困难,影响成员的正常工作和学习秩序,破坏班集体团结。

对于学校、政府机关、军队等正式组织,需要制订相应的组织制度,下级有向上级报告自己工作效果的义务和责任,上级有对下级工作进行指导的责任,同级之间应进行必要的沟通。组织要顺利实现自身目标,就必须分工协作,充分调动组织上下的积极性,形成一个分工明确、责权明确的有机整体。只有充分做好组织工作,才能提高组织整体的效率。

对于企业,社会化大生产的管理组织也像"金刚石结构"。由于管理系统内部分工协作的不同,所建立起来的管理组织可能具有不同的效能。科学地组织工作开展,可以大大提升团队的工作效率,具体可参照德鲁克关于组织工作的七项原则。组织工作的目标不能仅仅是为了维持组织的正常运转,更要培养出能够支撑企业生存与发展的能力,正如德鲁克所说的,"管理就是营造一个可以让每个人舒适工作的区域或者气氛,科学地组织工作可以让每个人各司其职"。组织结构之于企业的作用,就像人的骨骼系统之于身体一样,是企业生存发展所不可缺少的重要条件。而为了给企业建立一个合理的、健全的组织结构,管理者就必须有效地展开组织工作。

所以,建立、设计并维持一种科学的、合理的组织机构,是为了成功实现组织目标而采取行动的一个过程,这个过程被称为组织工作。

课后作业——研讨与思考

课后作业 10-1

三尺柜台温暖顾客

我国的同仁堂药店是举世闻名的老字号。其创立于 1669 年,迄今已经历了 300 多年。"同仁堂"这个商号名称,已成为企业德、诚、信的化身。"同仁堂"的创业者尊崇"可以养生,可以济世者,惟医药为最"的思想。300 多年间,社会发生着翻天覆地的变化,而"同仁堂"养生济世的宗旨却是雷打不动。在这一价值观的指导下,"同仁堂"提出"想病家患者所想,做病家患者所需"和"患者第一"的经营思想。

多年来,"同仁堂"的优质服务和便民服务一直就没有中断过。他们不事张扬,默默为顾客提供各种服务。来买药的顾客有时对药性不很清楚,许多人是代别人抓药的,难免会有疑问。为此,"同仁堂"在店堂中设立了"问病服药处",聘请 4 位有经验的退休老药工为顾客免费提供咨询。

三尺柜台温暖了顾客的心,同仁堂药店每年都要收到许多感谢信,感谢药店服务台介绍的"灵丹妙药",代客寄药业务虽然一直是赔本的买卖,但是同仁堂也坚持做了下来。而且"同仁堂"始终做到"有信必答,有求必应"。

2001 年,他们为全国各地患者回信 7000 多封,邮寄药品 800 多件,共计 28 万多元,其中有两件以特快加急件,将急救药"安宫牛黄丸"及时送到了患者手中。"同仁堂"在其发展过程中树立了负责任、重承诺的价值观。有了这种正确价值观的指导,企业必能坚持"质量第一、信誉至上、顾客第一、精诚服务",自觉遵守道德准则,并将此贯穿于生产经营的始终。这些行为为企业信誉的提高和企业形象的塑造提供了很好的基础,也是企业取得成功的基石。

问题:
上述案例对你有什么启示?

课后作业 10-2

绩效考评误区:多头考评

对于员工考核,企业的每层上级都有权修改员工的考评评语。尽管各级领导由于所站的角度不同,可能会产生意见分歧,但是,最终以最高领导人的评定为准。这样,一方面,被考评者的直接上级感到自己没有实权,而丧失了责任感;另一方面,员工会认为直接上级没有权威而不服从其领导,走"上层路线",使企业内的正常指挥秩序遭到破坏。此外,考评结果的最终裁决权掌握在最高领导者手中:很多情况下,考评结果最终会送到最高领导人那里去审批。这实际上是把员工对考评结果可能存在的不满转嫁到最高领导人身上。现实中,很多员工对企业领导人的不满就是这样产生的。

问题:

上述案例对你有什么启示?

课后作业 10-3

如何编写职务(岗位)说明书

职务(岗位)说明书目前已经成为现代人力资源管理的核心工具。几乎人力资源管理的全部工作,如员工招聘、培训规划、绩效考核、薪酬设计、人力资源规划甚至员工职业生涯规划等,都是围绕职务说明书或者以职务说明书来展开的。

1. 职务说明书的格式

职务说明书的格式五花八门、各不相同,有的简单,有的复杂。简单的职务说明书仅仅描述一下职务名称,罗列几条岗位职责。复杂的职务说明书则包罗万象,将岗位的危险系数、需要哪些物品、脑力和体力消耗程度、着装要求等悉数列入,令人眼花缭乱。其实,无论其形式如何变化,只要牢牢抓住"6W1H",然后辅以必要的相关说明,就能基本达到专业水平。过于简单或过于复杂,都不可取。

"6W1H"即 Who(谁来做)、Where(在哪里做)、What(做什么)、When(什么时候做)、Why(为什么做)、Whom(为谁做)、How(怎么做)。

2. 职务说明书的编制过程

编制职务说明书时,一般先进行岗位分析、调查,发放大量的岗位调查问卷,然后根据调查和分析的结果进行编制。编制职务说明书时,应以科学的分析、研究、判断为主(当然要求编制者具有丰富的理论与实际操作经验),以摸底调查为辅,并且调查者最好为该岗位的主管,以确保数据真实。

3. 职务说明书的细节问题

(1) 绩效标准的规定。对于每个岗位职责,都应寻找出目标特征。如果是经营层、管理层或市场、研发等岗位,就要找出其 KPI 指标;如果是普通管理层、技术操作层、后勤服务类岗位,就要找出其岗位标准或行为准则,即"行为锚"。而且,KPI 类职务说明书应跟随企业经营战略的变化而做出相应调整。

(2) 需要签字确认。在职务说明书上预留相关责任人签字的空白栏是非常有必要的。一般来说,必须有以下三人签字才能够称为规范:该岗位的主管、编制人、批准人。必要时,可以要求该岗位员工本人签字确认。

(3) 要规定时限(有效期)。职务说明书应该是针对一定时期的,比如一年或者半年。因为岗位的职责、目标以及其他相关情况都是跟随企业的发展而不断变化的,如果不规定有效期,则无法考证该版本的新旧,也无法确定其生效时限。通常,职务说明书需要每年调整一次。

问题:

1. 编写职务说明书时要考虑哪些因素?
2. 编写职务说明书时如何做到科学合理?

课后作业 10-4

麦当劳公司的控制系统

麦当劳公司以经营快餐闻名遐迩。其金色的拱门允诺：每个餐厅的菜单基本相同，而且"质量超群，服务优良，清洁卫生，货真价实"。它的产品、加工和烹制程序乃至厨房布置，都是标准化的、严格控制的。麦当劳撤销了在法国的第一批特许经营权，因为他们尽管盈利可观，但未能达到麦当劳在快速服务和清洁方面的标准。

麦当劳的各分店都由当地人所有和经营管理。鉴于在快餐饮食业中维持产品质量和服务水平是其经营成功的关键，麦当劳公司在采取特许连锁经营这种战略开辟分店和实现地域扩张的同时，特别注意对各连锁店的管理控制。如果管理控制不当，使顾客吃到不对味的汉堡包或受到不友善的接待，其后果就不仅是这家分店将失去这批顾客及其周遭人光顾的问题，还会影响其他分店的生意，乃至损害整个公司的信誉。为此，麦当劳公司制定了一套全面、周密的控制办法。

麦当劳公司主要通过授予特许权的方式来开辟连锁分店。麦当劳公司在出售其特许经营权时非常慎重，总是通过各方面调查了解后，挑选那些具有卓越经营管理才能的人作为店主。如果事后发现其能力不符合要求，则撤回这一授权。

麦当劳公司还通过详细的程序、规则和条例规定，使分布在世界各地的所有麦当劳分店的经营者和员工们都遵循一种标准化、规范化的作业。麦当劳公司对制作汉堡包、炸土豆条、招待顾客和清理餐桌等工作，都事先进行了翔实的动作研究，确定各项工作开展的最好方式，然后再编成书面的规定，用以指导各分店管理人员和一般员工的行为。公司在芝加哥开办了专门的培训中心——汉堡包大学，要求所有的特许经营者在开业之前都要接受为期一个月的强化培训。特许经营者们回去之后，特许经营者们还被要求对所有工作人员进行培训，确保公司的规章条例得到准确的理解和贯彻执行。

为了确保所有特许经营分店都能按统一的要求开展活动，麦当劳公司总部的管理人员还经常走访、巡视世界各地的经营店，进行直接的监督和控制。例如，有一次巡视中发现某家分店自行主张，在店厅里摆放电视机和其他物品以吸引顾客，这种做法因与麦当劳的风格不一致，立即得到了纠正。

除了直接控制外，麦当劳公司还定期对各分店的经营业绩进行考评。为此，各分店要及时提供有关营业额和经营成本、利润等方面的信息。这样，总部管理人员就能把握各分店经营的动态和出现的问题，以便商讨和采取改进的对策。

麦当劳公司还有一个控制手段，是在所有经营分店中塑造公司独特的企业文化，这就是大家熟知的"质量超群，服务优良，清洁卫生，货真价实"口号所体现的文化价值观。麦当劳公司的共享价值观建设，不仅在世界各地的分店，在上上下下的员工中进行，而且将公司的一个主要利益团体——顾客也纳入这支建设队伍中。麦当劳的顾客虽然被要求自我服务，但公司也特别重视满足顾客的要求，例如，为他们的孩子开设游戏场所、提供快乐餐和企业生日聚会等，以形成家庭式的氛围，这样既吸引了孩子们，也增强了成年人对公司的忠诚度。

问题：
试分析麦当劳公司所创设的管理控制系统具有哪些基本构成要素。

课后作业 10-5

福耀集团利润大增，资产增加美国贡献最大

作家阿西莫夫在短篇代表作《别忘了擦火柴》中，发人深省地指出，在各种令人眼花缭乱的新生事物背后，人类往往会忘记"擦火柴"这种看似"低水准"，却仍能解决许多问题的传统技能。

如今，这成为一则对中国实体制造业的暗喻，而"玻璃大王"曹德旺就是一位始终执迷于擦火柴的人。

曹德旺并非孤军奋战。卖水的宗庆后、造纸的张茵、织布的张士平、炼钢的沈文荣……在经济"脱实向虚"的大环境中，仍有这样一批坚守制造业的企业家，自成一套独特的生存法则。

"今年的福耀集团大概赚了 40 亿元税后净利润。因为需要承担美国的开支，所以要去掉 1 亿美元，如此，税后利润 30 几亿元，比去年翻了百分之二十几。"越洋电话中，身处德国的曹德旺跟《时代周报》记者算了一笔账。

中国人民大学国家发展与战略研究院执行院长刘元春则将曹德旺"跑了"的议论放在了一个更加宏观的大背景下：从 2008 年以来，中国的对外投资（ODI）增长速度非常快，年平均增速超过了 30%。而 2016 年 ODI 的增速超过 40%，且全面超过了外商投资（FDI），这也是 2016 年中国经济的一大亮点。

在刘元春看来，ODI 规模这么大，增速这么快，有多重原因。其中，"趋势性的原因是，中国正在从商品输出时代过渡到资本输出时代"。刘元春称："从其他国家的历史经验来看，当商品输出达到峰值的时候，必须要用资本输出来代替商品输出，这里涉及盈利模式的转换，我们需要把时间拉得更长一些来看资本输出问题。"

全球建厂：大企业有大责任

2016 年 12 月 23 日，有关"曹德旺跑了"的新闻已经发酵了数天。这一天，在商务部的例行发布会上，新闻发言人沈丹阳对相关问题回应称，对曹德旺先生的评论不予置评。在谈及中国企业的投资环境时，沈丹阳则表示，中国确实有一部分制造业企业面临成本上升、面临困境的问题，但正在不断地改善。

时间倒流至 12 月中下旬，地点转换至德国。福耀玻璃董事长曹德旺乘坐私人飞机降落此地后，随即展开了多轮谈判，这是他在 2017 年的工作重心：在德国新建一座玻璃制造工厂，以满足宝马、路虎等欧洲汽车巨头客户的需求。"地已经买了，现在还在跟别人谈判。主要是俄罗斯工厂做完以后，拿到德国来装辅件、包边，就做这些东西。"曹德旺对《时代周报》记者介绍。

忙于布局全球的曹德旺没有想到，他的一则视频谈话会引爆国内舆论。视频中，他比较了一番中、美制造业的成本，"除了人力之外，中国其他什么都比美国贵"。一刹那间，玻璃大王成了"网红"，引爆了"曹德旺跑了"的话题，引发了有关中国制造业营商环境的

讨论。

　　北京时间12月20日晚,在接受《时代周报》记者电话采访时,这位70岁的实干家表现得像个孩子一样无可奈何:"跑哪里去啊!他(们)胡说八道,我没有错,也不想去惹他们,他(们)高兴怎么说就让他说去吧。""你说我跑干吗?"曹德旺停了停,继续反问《时代周报》记者,"我想赚钱还需要跑到美国去?"

　　"他们可能觉得你在美国投资十亿美元的资金……"《时代周报》记者话还没说完,就被曹德旺接过话头反问,"为什么美国通用、德国企业就能在中国投呢?为什么我(们)中国企业就不能到他们国家去投呢?难道中国的企业都要活在窝里头,做那么小小的企业?福耀是全球汽车玻璃行业最大的工业企业,最大的企业就必须承担最大的责任,在各国都要建有工厂才可以。"

福耀资产增加,美国贡献最大

　　曹德旺不是"跑了",而是国内国外满世界地跑。

　　早在2011年,福耀玻璃就在俄罗斯设立工厂,投资了2亿美元。此外,福耀玻璃在欧洲、韩国也设有工厂或销售公司。

　　"准确地讲,一开始决定去外面建厂是我们答应人家的,不答应生意就没法做。"曹德旺说,"2009年,德国大众要求我们作为供应商,但在2012年前必须在俄罗斯有工厂。于是我们2012年在俄罗斯建成一个厂。"曹德旺向《时代周报》记者介绍。

　　2011年6月,福耀在俄罗斯卡卢加州的有限公司注册成立;2013年9月,该公司的100万套汽车安全玻璃项目投产,主要生产汽车玻璃产品,产品面向俄罗斯市场。"俄罗斯跟欧洲人不和,现在在我的撮合下,欧洲还接受我从俄罗斯调一部分产品来,宝马、路虎、沃尔沃、大众和奥迪,这些全部是我的客户啊。"曹德旺说道。

　　曹德旺种花,墙外墙内一样香。

　　就在2016年11月,曹德旺前往辽宁,签约了一个规划年产值12亿元的项目。据《辽宁日报》报道,11月24日,辽宁省省长陈求发在本溪市会见了福耀集团董事长曹德旺一行。陈求发希望福耀不断加大投资力度,推动辽宁汽车及零部件制造业加快发展。

　　2015年4月,计划投资10亿元、占地面积约27万平方米的福耀汽车玻璃生产基地项目落户天津。此外,福耀还在苏州工业园区拿到了一块地。

　　"福耀在天津的项目投产很顺利,"曹德旺对《时代周报》记者透露,天津项目与福耀的美国项目同时开通,"美国的项目还没有天津的项目进展顺利"。

　　曹德旺说的美国项目,就是被传为"曹德旺跑了"的美国俄亥俄州项目。2016年10月7日,由福耀投资的全球最大汽车玻璃单体工厂正式在俄亥俄州竣工投产。该项目投资6亿美元,是该州历史上最大的一笔中国投资。加上2014年美国密歇根州投资的4亿美元,福耀在美国投资已达10亿美元。

　　福耀的到来,为美国的蓝领阶层创造了新的就业机会,美国人因此将福耀工厂所在的路段改名为"福耀大道"。

　　曹德旺对美国的布局由来已久。

　　根据福耀玻璃集团的公告显示,早在2012年时,通用汽车就要求"2016年12月前,福耀玻璃必须在美国建立一个工厂,2017年1月起必须在美国供货"。此后,福耀集团开始了对美国设厂的程序和考察。福耀集团2013—2015年三年的年报中也显示,福耀计划将全球化作为增强客户黏性与下单信心的利器,并计划利用其部分材料及天然气、电价的优势作为规避波动风险的策略方向。

曹德旺是个商人,清楚中国乃至世界的玻璃生意该如何做。

事实上,福耀玻璃在美国投资10亿美元办厂,是中国制造"走出去"的一个典型案例。美国是全世界主要的汽车生产和消费国之一。为了贴近市场,靠前服务厂商和消费者,福耀顺势进入美国市场再正常不过,否则其很难保证自己的市场地位。

"美国的生产基地,请的是美国人。我们拿了他们太多订单,如果单单在中国做了再卖给他们,没有钱赚啊。现在我们跑到其他国家,让当地人做完再卖掉,赚的钱又都归到中国来。"曹德旺如此对《时代周报》记者驳斥那些说他"跑了"的人,"他们都是胡说八道,根本不懂得怎么做生意"。

2016年三季度福耀披露的财报显示,福耀已经把美国和境外投资放到了最主要的战略位置上。2016年的前九个月中,福耀的固定资产增加了1059804291元人民币,增长率为13.8%;在建工程增加了725885607元人民币,增长率为25.5%,其中贡献最大的,就是在美国俄亥俄州这笔价值6亿美元的投资。

算成本与"营改增"之谜

谈及中国制造企业到美国及海外建厂投资,长期关注中国企业发展的《胡润百富》董事长胡润告诉《时代周报》记者,应从不同层面看待,中国制造企业在海外有很多客户,理应通过海外建厂去满足客人,"美国本来就是汽车大国,这方面我觉得比较正常"。

不过,即使是在满足客户需求的情况下,以"曹德旺们"为首的中国制造之所以出走海外,其背后难免有许多"成本账"的考虑。

视频中,曹德旺对中美制造业的成本对比非常具体,不仅涉及税收和劳动力成本,还涉及土地成本、能源成本等。按照曹德旺的说法,目前美国的劳动力成本仍比中国高,蓝领(工资成本)是中国的8倍,白领是中国的两倍多;但美国的优势也非常明显,比如"土地基本不要钱""电价是中国的一半""天然气只有中国的1/5",税收方面,曹德旺说"中国制造业综合税负比美国高35%"。这样算下来,在美国设厂比在中国设厂还能"多赚百分之十几"。

中国制造业的成本优势正在丧失。波士顿咨询公司2013年的一份研究报告指出,当时在美国制造商品的平均成本只比在中国高5%;全球出口量排名前25位的经济体,以美国为基准(100),中国的制造的成本指数是96。也就是说,同样一件产品,在美国制造的成本是1美元,在中国则需要0.96美元。

曹德旺所谈中美制造成本问题,还揭示了一个非常重要的因素,即劳动力成本上升并不是导致企业向外迁移的唯一因素,甚至不是主要原因。他谈到,国内目前人工成本比四年前一下子涨了3倍,尽管这样,人工成本相较美国仍有一定优势,特别是蓝领工人,中国比美国便宜8倍。

曹德旺说的都是大实话。根据福耀玻璃美国工厂投产后发布的2016年三季度财报可以看到,在2016年前九个月中,福耀母公司支付给"职工以及为职工支付的现金"大涨38.93%,增加584690024元至2086554640元人民币,占总成本的23.15%。福耀对此的解释是,由于美国工厂进入投产阶段,所以导致薪酬支出大幅度增加。

而浙江省原省长、全国人大财政经济委员会副主任委员吕祖善在《中国人大》杂志(2016年第15期)发表了一篇《降成本:不要老盯着工人工资》的文章,来谈中国企业面临的成本过高问题。"有一段时间,媒体把企业的成本增加归结于工人工资增长过快,这种说法是不完整的。……企业成本大幅度上升的原因是多方面的,如我国的广义税收仍然过高,综合税收的负担率网上披露是37%。不光是税,再加上费,这样的综合税负是很高的。此外,还有能源的成本。综合成本过高,绝大部分是政府行为造成的。所以,把这些成本降下来,必须依靠政府的行为。"

在曹德旺进军俄罗斯市场的2011年,中国财政部、国家税务总局联合下发营业税改增值税试点方案,中国政府希望加快财税体制改革,进一步减轻企业赋税。

"营改增"后,增值税成为对企业征收的主要税种,但很多企业都表示税负痛感明显。12月14—6日召开的中央经济工作会议已经明确指出,要降低企业税费负担,稳定民营企业家信心,减少审批环节,降低各类中介评估费用,降低企业用能成本,降低物流成本,提高劳动力市场的灵活性,推动企业眼睛向内、降本增效。

中国制造突围"4.0"

曹德旺出生于1946年,汽车"配件大王"鲁冠球、"卖水"首富宗庆后则出生于1945年。这批中国制造业商人登上历史舞台,是从改革开放后开始的。他们致力于解决中国物质匮乏的问题,踏出了中国实业制造的初级阶段。20世纪90年代以来,印有"Made in China"字样的商品大量出口海外,成就了中国制造高速增长的黄金时期。

然而,无法回避的事实是,中国制造业进入高成本时代之后,大多无法收取品牌和技术溢价,企业利润越来越薄。经过多轮经济浪潮的洗涤与沉淀,很多制造界大佬纷纷转型房地产以及金融等行业。他们认为"低级产业"已经过时,理应被"高级产业"所代替,并片面地将制造业和实体经济理解为"低级产业"。

"辛辛苦苦一辈子,不如在资本市场讲个小故事。"有人如此概括这种变化。

但曹德旺选择坚守实业,他甚至并不愿意别人称呼他为老板。"现在还怎么称得上老板啦!我以前拉过板车,当过炊事员,生存不定。"曹德旺向《时代周报》记者回忆年轻时走过的艰辛道路,在这位闽商身上,有着商帮独有的敢冒风险、顺势而为的特质。

曹德旺自幼家贫,1976年开始在福清市高山镇异型玻璃厂当采购员,于1983年承包了这个濒临倒闭的小厂。他将目标瞄准中国规模迅速壮大的中产阶级队伍,将主业转向在汽车企业中受人欢迎的玻璃窗和挡风玻璃。

曹德旺没上过几年学,经商的门道和现代企业管理都是在摸爬滚打中学来的,他觉得这一行业的生产成本可以一降再降。于是,福耀不断引进新技术、新设备,汽车玻璃的成本从不足200元降到50元,零售价也一降再降。

很快,国内大批企业蜂拥而至,市场进入恶性竞争阶段。1993年,福耀开始痛苦转型,主攻配套市场,成为一汽捷达、二汽雪铁龙、北京切诺基等84家汽车制造厂的汽车玻璃配套商,拥有了国内40%以上的市场占有率。

曹德旺及其团队是从底层经营一步步做起来的。如何跳出乡镇企业的思维局限,建立起一套现代化企业管理流程和先进体制,便成了摆在他们面前的一道难题。

也是在1993年,福耀在上交所IPO上市,引入了独立董事制度,"我请人来监督我,作为福耀玻璃的大股东,我的这一做法在中国资本市场的早期可谓开了先河"。

"他们讲他们的,我们做我们的,不影响整个战略发展的安排。你要采访,可以跑到福耀,我们正在做国家'工业4.0',开展一年多了。"曹德旺向《时代周报》记者袒露了自己对福耀的未来规划。

福耀目前拥有遍布全球的工厂和生产基地,"成本可以直降下来,降百分之七八下来,当年就可以体现出效益;还可以降低库存,纠正中间的废品,查出原因"。这是曹德旺想要达到的效果。"降本增效""提质增效"也是中国制造企业追求的新目标。

2014年,习近平主席出访德国时曾特别撰文提及德国工业4.0战略,被认为吹响了中国制造业大发展的号角。"工业制造是国民经济的重要支柱,是实现发展升级的'国之重器'。"国务院总理李克强曾如此形容制造业的重要性。

北京大学国家发展研究院院长姚洋认为,中国经济正在向形态更高级、分工更复杂、结构更合理的阶段演化,做好实体经济是中国经济转型的重要举措。

接受《时代周报》记者采访时,曹德旺脚下的土地,正是世界"工业4.0"的发源地,新的机会正在路上。

12月22日,《人民日报》发表了一篇题为《中国经济容得下企业家讲问题》的文章。文章称:以曹德旺为代表的企业家敢于提出问题,正说明对中国经济仍然保有信心。务实推进改革,解决深层问题,无数企业家还将与中国一起成长。

问题:
1. 查阅相关材料,了解福耀集团的发展历史。
2. 曹德旺的性格特点及经营理念表现在哪些方面?
3. 如何评价曹德旺的管理创新?

推荐阅读书目

[1] 克里斯·安德森.免费:商业的未来[M].蒋旭峰,冯斌,璩静,译.北京:中信出版社,2015.

[2] 彼得·德鲁克.卓有成效的管理者[M].许是祥,译.北京:机械工业出版社,2009.

[3] 彼得·德鲁克.管理的实践[M].齐若兰,译.北京:机械工业出版社,2009.

[4] 罗伯特·B.登哈特.公共组织理论[M].扶松茂,丁力,译.5版.北京:中国人民大学出版社,2011.

[5] 罗伯特·K.格林利夫.仆人式领导[M].徐放,齐贵萍,译.南昌:江西人民出版社,2008.

[6] 戴尔·卡耐基.怎么赢得朋友及影响他人[M].蒋岚,译.北京:光明日报出版社,2006.

第十一讲

 教学目的与要求

1. 了解微型公司的特点与创立的基本程序
2. 熟悉大学生创业的相关政策
3. 掌握微型公司运作的关键点
4. 课外查找、阅读大学生创业成功的案例
5. 以小组为单位实地考察项目,模拟设计微型公司

 教学重点与难点

教学重点:微型公司创立与运作的基本程序,国家有关大学生创业的相关优惠政策
教学难点:创业公司的具体运营

主干案例

案例1 另类创业赚钱金点子

创业点子之一:声音美容

目前,传统的割双眼皮、文眉等外在的形象美容已不能完全满足现代人的生活需求,改善声音也开始成为人们塑造自己形象的又一重要目标。其实,声音不好听或发音不准大部分是因为不会正确使用声带或摆不正舌位。在天津市出现的声音美容,主要就是让专业人员教会人们如何控制、护理声音。如在某个地方加个卷舌音,注意某个音的口型等。在做声音美容的顾客中,广播电视主持人、演员、公关人员约占10%;学生、教师占20%;儿童占30%。

创业点子之二：宠物幼儿园

有个养狗的朋友近日在为他的狗寻找新主人。那是一只很可爱的狗,问他为什么不想要了呢? 他说没办法,自己上班时没人照顾它。所以我们想象,可以开一间宠物幼儿园,请驯狗师教一些简单的礼貌动作,并附带宠物诊所、宠物粮食等服务。

创业点子之三：婚姻"治疗"店

现代人的婚姻越来越脆弱,婚姻中也常出现这样那样的问题。但不是万不得已,人人都不希望走上离婚这条路。

如果开一间专门负责诊断婚姻症状,并可以有效治疗的场所,应该是一件益人利己的事情。

创业点子之四：爱心便当铺

现在的"80后"已经成了主力消费群体。可是"80后"的女生中会做饭者比较少。而普通白领中午吃饭也是一个老大难问题。

可以在商业区租上一套房子,成立一间爱心便当外卖铺。爱心便当,当然以爱为主题。

创业点子之五：香味植物盆景店

目前,香草盆景是一项前景诱人的产业,在花卉市场上还是奇缺的抢手货。随着人们保健意识的不断增强,香草盆景的市场将会越来越大,这一天然绿色无公害香味品,满足了人们返璞归真的心理。香草盆景可分为三类:第一类闻香类:中华香草、香水草、香兰草等;第二类闻香理气类:七里香、薰衣草、西洋甘菊等;第三类杀菌驱虫类:蚊净香草、香蜂花、藿香等。

创业点子之六：树叶相片店

树叶上出现影像,既新奇又雅观,这不仅是一个创意,而且是一个可实际操作的技术。用此法开店承揽制作树叶相片服务,将不同树叶制成工艺品并辅以制作镜框出售,时尚新颖。

创业点子之七：老年人小饭桌

天津某区"万福"敬老院办起了"老年人小饭桌",老年人每天可自己到敬老院参加各种文体活动,中午或晚上在敬老院用餐,吃饱了、玩好了,晚上再回家睡觉。只吃饭、不住宿,这让社区老年人既能得到社会服务,又能满足家庭的养老愿望,同时也使子女安心工作。目前,已有一大批老年人报名参加"老人小饭桌",成为"流动养老族"一员。

创业点子还有千千万万,以上这些只不过是抛砖引玉,把握好的商机关键还是在于创业者自己。

案例2 适合女大学生的小本创业项目

1. 鲜花做成工艺品

如今,品种繁多而又款式新奇的"工艺鲜花"已成为日本流行的花卉品种,其市场需求量正大幅度上升。所谓"工艺鲜花",是根据各种特殊需求,将花卉梳妆打扮一番,使之更富有个性美。其工艺有增香换味、变色添彩，还可以饰以各种丝绸、缎带等，再以特制的花篮、礼品盒包装。日本人颇重视花卉的质量与个性，只要中意，即使价格高也有很多人购买，这使花农、鲜花专营户、加工者的收获不小。

2. 香薰饰品店

对于香薰业来说，有女人的地方就有商机。SPA、芳香疗法越来越受到时尚女士的认可和欢迎。除了女性市场外，香薰还发展到了日常生活的各个角落，适用于不同的人群。你可以开家衣物加香店，或者香薰干花店，或者工艺香薰灯店，相信都会有不错的市场前景。

3. 鲜花店

开鲜花店有许多优点：一是投资小，在市场上租一个店铺，无须太大规模，费用一季度一交，配上必需的设施，维持正常的进出货，初期投入一般三四万元即可；二是周转快，鲜花周转期短，勤进快出，十分灵活，即使要转行也不会积压商品；三是符合消费趋势，鲜花消费与人们生活水平、文化品位密切相关，而随着社会的不断进步和人们文化素质的不断提升，鲜花市场也会越来越大。目前我国大中小城市都开有众多的花店，竞争十分激烈。那么，如何使你的花店胜出，成为最终的胜利者呢？以下三点至关重要：一是店址所在的地段要讲求客流量，最好靠近收入较高、生活方式较时尚的目标客户群，比如周边居民的收入水平、文化氛围、社区消费习惯等都是你要考虑的重要因素；二是在经营环节中要注意聘用技术人员——花艺师，花艺师是你的左膀右臂，插花、配花等"技术活儿"最能体现花店的艺术品位，这是吸引顾客的主要途径；三是要培养固定客户，要诚实守信，讲求货真价实，"一分钱一分货"，拉往"回头客"，这样才能使花店具有更长远、更稳定的发展。

4. 刺绣专卖店

创业者首先要学会手工刺绣基本技能，然后可考虑在闹市区租间门面开店，初期投资两万元即可。货源较多时，可采取外发加工的形式，每年的利润较为可观。

5. 奶吧

近年来，居民对牛奶等乳制品的需求越来越大。此项目可充分借鉴目前市场上流行的茶吧、陶吧、书吧等经营模式，以牛奶等乳制品为主要销售产品，设休闲风格浓厚的卡座，投资规模约为4万元。

6. 西饼店

西饼店可经营的品种非常之多，从品种上有面包、吐司、小蛋糕、饼类、巧克力类、艺术蛋糕、节日蛋糕、情人蛋糕、特色蛋糕（婚礼、庆典）、比萨、三明治、汉堡等，而通过配料的不同，又可衍生出多种口味。专家提醒，在选择经营品种时，切不可一哄而上，在注意本土化的同时，还要选择自己的经营地点和经营方向。

7. 个性服装印制店

现在转印和计算机技术加在一起，已经将应用领域无限扩展了。这种技术既可以应用于空白文化衫、牛仔、毛衣、皮包、皮带、手套等，还可将彩色图案、人像照片烤制在金属板、瓷板、金属盘芯、鼠标垫、拼图及项链吊坠等物品上。其操作简单，收入颇丰，无须计算机基础知识。

8. 花卉培植与出租

目前国际花卉市场异常活跃,世界人均年消费额为 3 美元,西欧、北美人均年花卉消费额在 100 美元左右。盆景的押金不能太高,每月更换盆景,按季节调换不同品种花卉等。在人口集中区租一间 20～30 平方米的门面。与租花单位签订长期合同,提供租盆花和盆景服务,而花木的管理和养护仍由出租公司负责,出租公司每隔 5～6 天去调换一批盆花和盆景。

9. 民俗服务公司

随着生活水平提高,婚嫁、生日、乔迁、丧殡等各类民俗活动越来越受重视,而社会上熟悉民风民俗的人越来越少,因此该项目的市场空间很大。且投资成本低,人员均可是兼职。一般,需男、女主持人各 1 名,熟悉民俗、擅长策划的人员 1～2 名。

10. 果汁屋

现代人越来越注重饮食质量,尤其钟情于食物的原汁原味。出售新鲜的榨果汁正是迎合了都市人的这种需求。顾客来了,果汁现榨现卖,即饮即走,喜欢什么口味就榨什么水果。开果汁屋,你只需十几平方米的室内面积就够了,但装潢一定要精巧别致,比如将室内设置成一个水果造型。然后里面摆一个一米多长的吧台,备榨的水果尽量丰富,做到应有尽有。试想,柜台前摆放着一杯一杯金黄色的橘子汁、乳白色的椰子汁、粉红色的胡萝卜汁、鲜红的西瓜汁,多么美丽,多么诱人!果汁屋可不设桌子,只要足够的凳子,供顾客暂时歇脚之用,这样可以加速客流量的流转。经估算,开设这样一个小屋一般需要投资 3 万元,本着小本经营、薄利多销的原则,成本用不了多久即可收回。

11. 家政服务社

如果你对社区群众十分了解,你可以结合他们的需求,在社区内开办一家家政服务社。开办家政服务社,投资少、风险小、见效快,还可以安排下岗职工再就业,发展前景良好。你的经营项目可以单项,也可综合,诸如开设老年护理院、幼儿园、小学生接送服务部、信息服务中心、婚姻介绍所、送菜服务社、洗衣服务店等,这些都可以在你的考虑之列。

12. 自助饰品店

简洁高雅、窗明几净的店堂里,一只只精巧的藤编篮中盛放着各式各样的珠宝、饰物和链子,你可以细细赏玩,然后挑出你中意的,用店里为你准备的工具,亲自动手把它们组合起来,对着满墙的明镜反复试戴,直到满意为止……这样新奇浪漫的自助首饰店,你有兴趣进去逛一逛吗?其实,这种颇具噱头的首饰店,也是一条不错的财路。至少要有一面的墙壁上装有满墙的玻璃镜子,既有装饰作用,又可以方便顾客照镜试戴首饰;还可以通过灯光、音乐、植物、摆设等,为你的店堂营造出一种艺术氛围,这也是吸引顾客的有效手段。当然,你若能跑得更远一些,就能采购到更多更好的材料,如北京的景泰蓝、连云港的水晶、云南的缅甸玉等。另外,别忘了准备一些小锤子、钳子、剪刀等必需的工具,这样你的自助首饰店就可以开张营业了。

13. 颈饰店

开一家颈饰店,必须对颈饰有一定的认识,能够给顾客提出独到的建议。如果顾客的脖子比较长,大可以用宽宽的颈圈进行修饰,甚至可以将多条缠绕在一起,造成丰富的美感。脖子长而形态和皮肤状态都比较好的人,佩戴的颈饰可以走两个极端,如色彩艳丽的或是色彩比较"酷"的。现在人们一般喜欢适合尺寸的颈饰，其中以 1 厘米左右的宽度最受欢迎，原料可以是藏银、珍珠、水钻、绳子、贵金属、珠宝等。将顾客装扮得最美，那么你的生意也就最红火。

14. 芳香家饰小店

香袋、香包、香囊、香纸、香干花等家用芳香工艺品，能营造芬芳氛围，又能形成流行趋势，给经营者带来丰厚的回报。这些香气袭人的工艺品往往采用天然植物结合现代工艺精制而成，式样美观，设计前卫，品种丰富，有花香、果香等十几种香型供客户选择，与过去的那些化学香味剂完全不同。芳香工艺品可以随身携带，或装饰于衣柜、卫生间、办公室、卧室、轿车等任何地方，可去除异味，提神醒脑，愉悦精神，是很好的空气清新剂。

15. 母婴用品

随着人们经济水平的提高，二胎政策的开放，很多家庭都生了二胎。从 2016 年到现在，我国的新生婴儿数量有着显著的变化，由此可见，母婴用品的市场前景广阔。最近一段时间，进口的母婴用品比较受欢迎，想创业的朋友们可以开一家国际性的母婴店，经营一些国内外比较有口碑的母婴用品。

案例 3　适合男大学生的小本创业项目

1. 互联网小礼品

目前，将照片做成书在人们的生活中可以说是空白市场，每年朋友的聚会、学生的同学录、宝宝的满月和百天、生活的点点滴滴，人们都希望能够做成书册永久地保存下来，这方面的未来市场前景看好。

2. 无水洗车

无水洗车这个项目不需要高技能、大投入，也不浪费水资源，没有任何污染。主要方法是：先用节水洗车机将车上的泥土吹去，然后采用超洁无水洗车产品均匀喷射在车漆表面，用半湿的毛巾或海绵擦干净，再用抛光巾或干毛巾抛光，汽车就可以闪亮如新。这个项目投资小、成本低，一个人就可以开店当老板，只要好好经营，不怕苦不怕累，就可以赚到钱。

3. 网吧

随着国家对网吧的政策放开，电竞行业的发展，网吧行业可谓迎来了一场洗礼。环境好，计算机配置高，对于消费者而言得到了更好的消费体验。网吧店面至少需要 200 平方米左右，店面最好选在车站、休闲场所、小区等附近，机器 80～100 台即可，如果经济能力允许，则可以把规模扩建成网吧，投资额一般在 40 万～50 万元。

4. 茶坊

茶坊对于现代人来讲，真可谓是一处修身养性、放松自我的阳光地带了。开办一间独具特色的茶坊，不一定要在都市的繁华地段，也不一定需要太大的面积。但是，店面装修一定要别具一格，店内设置一定要清新高雅，服务员要具备必要的茶道知识和茶艺水准，店名也要尽量诗意雅致。店内可有背景音乐，也可设几个书架。此外，还可以开设各种棋类及书法等游戏项目,让茶客在"一壶茶一本书,一壶茶一盘棋"中,品味人生,享受生活。让你的茶坊彰显出不同的内涵,从而吸引住顾客。

5. 野菜种植

有机蔬菜的价格现在贵得令人咋舌,可还是有许多人为了健康去购买有机蔬菜。如果你有相关农作物培育的知识和经验,在郊区寻找一块土地,投资种植芦笋、芦蒿、马兰、荠菜等绿色食品。这样的投资项目金额需求小,收益快,有广大的需求群体,技术含量相对低,便于掌握,是一个不错的投资项目。

6. 健身房

身体是革命的本钱,如果没有健康的身体,就难以好好地工作。如今一些年轻人已开始关注自己的身体情况,愿意花时间去健身房锻炼身体,甚至去请私人健身教练,来得到更加专业的健身方法。因此,健身房还是很有市场的,只要把握好年轻人的心理,做好相关的课程培训和广告的宣传,收益会很不错。

7. 农村电子商务

随着城市的不断发展,农村也有了很大的进步,所以在农村还是有很多的空白商机。农村的土地资源丰富,农村的年轻人消费观念还是比较先进的,不少农村的年轻人都有网购的倾向,只是苦于农村没有好的收货渠道,在农村发展电子商务前景也很不错,比如说开一家快递代收处、农产品电销以及通过农村直播来拉近与消费者之间的距离,都是不错的项目。

8. 私人服装定制

人靠衣装,要想打扮好自己,离不开好看的衣服,但现在市场上的服装往往大同小异。而那些想追求个性化的人在购买衣服时就比较挑剔。因此,开一家私人服装定制店是很有前景的——可以满足人们的个性化需求。除此之外,还可以统一定制工作服、校服等,如果能取得相关单位的合作订单,那么前景不可限量。

9. 鲜酿啤酒屋

在夏天酷热的天气里,谁都想找一处为自己解渴的避暑山庄。特别对当今时尚男女来说,如果能在此时与朋友一起畅饮清凉可口的啤酒,一定是一件十分美妙的事。开一家鲜酿啤酒屋,在夏季一定会有钱挣。当然,开鲜酿啤酒屋必须选择好店址,位置宜选在繁华地段或客流量大的车站、码头等地方,门面不需要太大,有三四间房便可以了。为了更好地突出现场鲜酿,在啤酒屋的内外装潢上需要花一些心思,一定要有特色。

10. 粗粮营养早餐

身体是革命的本钱,有了好身体才能有精力去挣更多的钱,因此很多人在饮食上非常关注,而粗粮是非常有营养的。建议在小区、学校等人口较为密集地区租一间门面,经营各种粗粮、杂粮等(如小米、玉米、高粱、花生、黄豆等)为主的稀饭和面点,要求环境卫生、干净,品种齐全,口味丰富。

大学生创业做什么好?其实创业的项目有很多,主要还是要看个人的能力和流动的资金。只要选择一个好的项目,用心经营,就一定会得到回报。

知识点精要

一、做好创业规划

1. 选项目
从创业角度谋求企业成长空间；
在文化领域发展，创意产业最重要；
要有前瞻性，关键是看得见未来；
要有知识产权。

2. 找市场
企业要起步，最重要的是选择一个好的产业；
跑市场，亲自去调研；
选择第三产业，算是一个办法；
找准自己的市场定位和目标。

3. 谋发展
融入产业链更能抵御风险；
找准自己要干什么，潜心经营；
善于发现商机，不怕失败；

4. 战危机
什么问题都可能出现，克服困难就是胜利；
面临各种问题甚至危机，不要怕失败；
创业前像学徒一样，先拜师。

5. 赚钱后
管好经济账；
有中长期规划；
开源节流。

二、创办微型公司

1. 微型公司的含义
中小企业划分为中型、小型、微型三种类型，具体标准根据企业从业人员、营业收入、资产总额等指标，结合行业特点来制定。
（1）农、林、牧、渔业营业收入50万元以下的为微型企业；
（2）工业从业人员20人以下或营业收入300万元以下的为微型企业；
（3）软件和信息技术服务业从业人员10人以下或营业收入50万元以下的为微型企业；

(4) 房地产业营业收入 100 万元以下或资产总额 2000 万元以下的为微型企业。

2. 微型公司的特点

与中小企业相比,微型公司(企业)具有许多不同的特点。

(1) 组织管理方面:没有正式的组织方式,缺乏管理工作内容。
(2) 金融支持方面:融资渠道主要是亲戚、朋友和熟人,很少有正式的融资渠道。
(3) 固定资本方面:固定资本少,经营所需的工具和设备粗糙而简单。
(4) 销售模式方面:采用直销方式,且以服务本地市场为主。
(5) 薪酬制度方面:没有正式的薪酬制度。
(6) 生产运作方面:运作方式灵活而富有流动性。
(7) 人力资源方面:以家庭成员或朋友为主。
(8) 财务会计方面:没有建立正式的会计科目。

三、微型公司的组织结构

微型公司的组织结构比较简单,根据企业规模和性质的不同,可以采取简单的"老板加上一个副经理"的组织机构,管理上以单线直接领导为主;规模稍大一点的,可以采取高层(公司经理)、中层(部门经理)、基层(班组长)三级组织结构。例如,某公司的组织架构没有层级,没有职位,只有七个创始人职位和工程师头衔,即核心创始人、部门领导和员工三级组织架构。

四、微型公司的创立策划书

公司(或项目)创立策划书的封面见表 11-1。

表 11-1　公司(或项目)创立策划书的封面

学院名称	
专　　业	
年　　级	
班　　级	
项目名称	
组　　长	
成　　员	
指导教师	
时　　间	

你可以按照下面的结构撰写创立策划书。

第一部分　公司(项目)简介
(一) 公司简介
(二) 公司宗旨
(三) 公司战略
(四) 公司管理
(1) 管理队伍状况
(2) 组织结构设计
(五) 组织、协作及对外关系
(六) 场地与设施
(七) 风险和机会

第二部　市场分析
(一) 市场介绍
(二) 目标市场
(三) 销售策略

第三部分　竞争性分析
(一) 竞争者
(二) 竞争策略或消除壁垒

第四部分　产品与服务
(一) 产品品种规划
(二) 研究与开发
(三) 未来产品和服务规划
(四) 生产与储运
(五) 包装
(六) 实施阶段
(七) 服务与支持

第五部分　市场与销售
(一) 市场计划
(二) 销售策略
(1) 实时销售方法
(2) 产品定位
(三) 销售渠道与伙伴
(四) 销售周期
(五) 定价策略
(六) 市场联络

第六部分　预算

五、微型公司申办程序

1. 选择公司形式

常见的公司形式包括有限责任公司、股份有限公司、个人独资企业、合伙企业等。每种形式都有自身的优点和缺点,创业者必须考虑相关的法律规定,根据自身情况选择好公司形式。如果是几个人合伙创业,分工明确,最好是注册有限责任公司。这种公司形式只承担有限责任,而个人独资企业、合伙企业都是承担无限责任。

2. 注册公司的步骤

(1) 企业核名。一般 3 个工作日左右完成,需要提前确定的是公司的类型、名字、注册资本、股东及出资比例。可以通过网络提交核名申请,但是一定要注意:提前在企业信息信用网上核查名字是不是有人用过,如果名字已经被注册了,则无法通过申请。

常见的公司名称形式有:地区+字号+行业+组织形式、字号+地区+行业+组织形式、字号+行业+地区+组织形式等几种结构。不同形式之间并没有本质上的不同,注册时任选其一即可。

(2) 网申材料。大部分情况下,可以在各地的市场监督管理局官网进行网上登录、网上申报材料。操作前,需要确定好地址信息、经营范围、主要人员职位、注册资本、经营期限等信息。

所有材料填报完毕并提交后,等待市场监督管理部门审核通过后领取执照即可。如果没有通过,也会有相关提示,可按照提示信息进行修改,然后重新提交。

(3) 领取执照。现在很多地区可以选择邮寄营业执照,也可以亲自到现场领取。

(4) 刻章。有了执照之后,即可以刻章,包括公章、合同章、人名章、财务章、发票章等。

完成以上四步,注册公司就算完成了。公司想要正式运营,还需要办理银行开户、税务报道、申请税控、开发票、社保开户等。

课后作业——研讨与思考

课后作业 11-1

商标代理行业"破局者"——知果果的创业经

如何定位知果果创始人刘思思,是一件比较困难的事。从 2013 年辞职创业,到 2014 年 5 月知果果以首创免费的商标注册模式正式上线,知果果的出现给沉闷无序的知识产权法律服务市场一记"响雷"。

作为知识产权行业的新秀,知果果是国内首家知识产权法律服务电商,其成立不过两年就已坐拥 10 万+用户,其中不乏美拍等我们耳熟能详的大品牌,知果果的公司规模也从最初的"四人行"发展到如今的 200 多名员工。

清晰的商业模式让知果果成为资本市场的"宠儿",知果果曾在半年内拿到联想之星 100 万美元天使轮和经纬中国、联想之星 370 万美元 A 轮两轮融资。有媒体评价"知果果开创了商标注册免费时代"。

"免费"颠覆传统知识产权法律服务市场

知果果的成立离不开刘思思之前的经历。她是法律专业出身,研究生毕业后在传统法律行业工作了近十年。这十年带给她丰富的行业经验和人脉资源,但同时也让她清楚地看到传统知识产权法律服务行业的痛点:低效率、信息不对称不透明、用户体验差。再加上她本身爱折腾的性格,她萌生了一个想法:既然无法改变行业现状,不如跳出圈子,从头做起。

2013 年互联网创业风潮兴起,"互联网+"给传统行业带来的巨大改变让她看到了商机。她坚信:如果把互联网的基因加入法律服务中,一定可以颠覆行业现状,让用户享受到更优质的服务。于是,她毅然决然地辞去了原本稳定的工作,开始了创业之旅。刘思思坦言:"创业之初没有更多地去考虑结果,失败了会怎样、成功了又会怎样,只是觉得做这件事很有意义就去做了。"

准备开始人生第一次创业的刘思思,最初"招募"到三个合伙人——之前的公司同事。也许是因为之前的默契合作,也许是因为怀有同样的初心,几个人一拍即合,一次会议就初步敲定了业务方向——做互联网+知识产权服务。

大方向定了,问题也随之而来。刘思思和伙伴都是传统知识产权行业出身,完全没有互联网和技术经验,想做好互联网没有任何优势可言,做成这件事似乎比登天还难。

在大家一筹莫展的时候,刘思思率先发力,从研读互联网相关书籍和参与线下相关技术交流论坛做起,拼命为自己补充行业知识。也是在这段日子里,她接触到《免费》和《长尾理论》,这两本书带给了她灵感。这让她想到以免费商标注册服务为切入口,通过后端持续优质服务收费来颠覆知识产权市场,就像 360 用免费颠覆了杀毒软件市场一样。

因为免费,知果果受到无数的质疑,更有甚者把知果果的"免费"和"烧钱"画上等号。刘思思并不这么认为,"商标注册本身可以通过技术的手段,做成一个标准化的系统服务。当不需要过多人力成本的时候,免费就成了可行的方案,而不是烧钱的方案。并且,就互联网精神来讲,免费和开放是一个普遍的常识和认知,所以我们会探索免费是不是可行的。最后发现是可行的,就去做了"。

免费只是知果果业务的切入口,刘思思表示:"我会用十足的诚意和服务品质,确保免费比别人收费还更好,这样用户才可能下一次跟我产生合作。在这个过程中,知果果对他是真诚的还是欺骗的,他自然能一目了然。"

"服务至上"打造独特竞争壁垒

在运营模式方面,知果果没有选择大热的平台式服务模式而是选择了自营,于是,知果果建立了自己线下的专业服务团队。

关于为什么会选择自营这种模式,刘思思也有她自己的思考。一方面,她认为团队的基因决定了选择的模式,她和她的团队都是传统服务行业出身,所以更看重服务的专业性;另一方面,她认为如果做平台,就很难把控服务质量,这样就会违背她们的初心。

"知果果的模式是直接打破知识产权服务行业的信息不对称格局,将所有的信息透明化。"知果果在创立之初就确立了商标服务免费的模式,将传统知识产权的盈利点由前期"跑腿式"的简单代理服务模式转变为"通过后期的知识产权维护等专业事务服务来盈利"的模式。

随着规模的日益扩大,很多人好奇未来的知果果是否会往平台的方向发展。刘思思说,她给自己设了一个节点,在能完全把控服务质量的时候就是知果果向平台模式转型的时候,由此可见知果果对"服务至上"的执念。

从传统行业转型互联网已然成为一种趋势。而面对潜在的竞争者,知果果又如何打造自身的竞争壁垒?刘思思这样说:"在秉持服务理念至上的基础上,要持续探索互联网技术在行业中提升效率的部分,以达到更好为用户服务的目的。"目前成效已经凸显,在知果果服务至上的理念下,新增用户中有一大部分都是口碑传播,网站复购率高达68%。

知果果的业务主要涵盖商标、专利、版权三大板块,而以商标板块业务的增长量最快速,2015年年底有媒体报道知果果的商标业务量已经位居行业第二,而其他排名前五的都是经营数十年的传统大企业。随着行业热门IP的发展以及行业版权意识的觉醒,现在关于专利和版权的法律服务诉求正在逐日攀升。刘思思表示:"我们未来也会加强专利和版权领域的业务拓展,实现更加均衡的业务布局。"此外,刘思思还计划针对智能硬件、动漫行业等大热领域推出打包解决方案,给用户提供方便的同时也扩大自己的业务范围。

孤木难成林。初创公司想要成功,除了要紧盯竞争对手,同时也需要学会向优质资源借势。在知果果的发展中,有一个不得不提的伙伴——腾讯。

谈到和腾讯的渊源,刘思思一脸自豪。原来她是腾讯长青腾创业营的首批学员,在创立知果果时曾接受腾讯的创业扶持。这段经历也让她结识了很多创业者并成为朋友,这些人中的大部分都早已是知果果的客户。

作为腾讯创业服务平台的核心优质服务商,知果果在8月18日腾讯创业节的线上销售平台上取得了傲人的成绩:平台日咨询量快速攀升,并带动知果果整体线上业务加速增长。除了加入腾讯创服平台线上8亿元红包的发放,知果果还同步参与了腾讯创业节期间的线下创业服务沙龙,分享在创业过程中如何规避知识产权陷阱。

腾讯创业服务平台于2016年6月6日上线,致力于整合政务、研发、人才、金融、企业管理等基础领域在内的9大类300多项服务,覆盖创业者从创意到项目成熟过程中的不同创业阶段,精细化、一站式地解决创业者的资金、资源、人才、知识、合作等多种需求,照顾创业者的全程成长。

对于未来规划,刘思思表示,她希望能跟腾讯创业服务平台有更深远长久的合作,与腾讯共同解决创业者的知识产权法律诉求,让他们享受到更专业、更全面的服务。在下一阶段,知果果将把重心转移到移动端,他们计划基于微信生态做一些服务方面的调整和创新。

问题:
1. 微型公司运作的起步关键点是什么?
2. 知果果的创业经历给你带来什么启示?

课后作业 11-2

创业者如何写好一份创业计划书

当你选定了创业目标、确定了创业动机,而且在资金、人脉、市场等方面的条件都已准备妥当或者已经积累了相当实力后,你可以提出一份完整的创业计划书。

创业计划书是整个创业过程的灵魂。创业计划书除了能让创业者清楚自己的创业内容、坚定创业的目标之外,还可以兼具说服他人的功用。例如,创业者可以利用创业计划书去说服他人合资、入股,甚至可以募得一笔创业基金。在一份白纸黑字的计划书中,需要详细记载创业的内容,包括:创业的种类、资金规划、阶段目标、财务预估、行销策略、可能风险评估等。在创业的过程中,这些都是不可或缺的元素。

具体而言,创业计划书的编制应考虑以下内容。

(1) 创业的种类:包括创办企业的名称、组织形态、创业项目或主要产品名称等,这是创业最基本的内容。

(2) 资金规划:资金即指创业的资金来源,应包括个人与他人出资比例、银行贷款等,这会影响整个事业的股份与红利分配多寡。另外,整个创业计划的资金总额的分配比例,也应该清清楚楚地记载。如果你希望以创业计划书来申请贷款,应同时说明贷款的具体用途。

(3) 阶段目标:阶段目标是指创业后的短期目标、中期目标与长期目标,主要是让创业者明确自己事业发展的可能性与各个阶段的目标。

(4) 财务预估:详述预估的收入与预估的支出,甚至应该列述事业成立后前三年或前五年内,每一年预估的营业收入与支出费用的明细表。列出这些预估数字的主要目的,是让创业者确实计算利润,并明了何时能达到收支平衡。

(5) 行销策略:包括了解服务市场或产品市场在哪里,销售方式及竞争条件在哪里。主要目的是找出目标市场的定位。

(6) 可能风险评估:在创业过程中,创业者可能遭受挫折,例如景气变动、竞争对手太强、客源流失等。这些风险对创业者而言,甚至会导致创业失败,因此,可能风险评估是创业计划书中不可缺少的一项。

(7) 其他:包括创业的动机、股东名册、预定员工人数、企业组织、管理制度以及未来展望等。

创业计划书好比是一部功能超强的计算机,它可以帮助创业者记录创业内容、创业构想,能够帮助创业者规划成功的蓝图。如果整个营运计划翔实清楚,就能更好地帮助创业者或参与创业的伙伴达成共识,集中力量,更好地帮助创业者向成功迈进。

问题:
1. 创业计划书的编写流程是什么?
2. 创业计划书的关键点在哪里?
3. 你将如何编写公司的创业计划书?

课后作业 11-3

创业模拟实训

（一）实训内容

1. 模拟公司成立策划书

参照表 11-1 的格式。

2. 模拟公司运营

包括模拟招聘和模拟销售或者交易谈判。

3. 课堂交流

PPT 演示；视频交流；课堂互动。

（二）实训考核

策划书：60 分；

课堂进行策划书 PPT 的展示：20 分；

模拟运营的视频演播：10 分；

课堂交流：10 分。

（三）实训要求

1. 团队组建

（1）6~8 人组成小组；

（2）各组里面男女生比例要大致均衡；

（3）要求全员全过程参与。

2. 过程要求

（1）前期进行调研；

（2）选择行业和要启动的项目；

（3）项目启动资金假设为 10 万元。

3. 成果要求

（1）一份完整的策划书；

（2）一段模拟公司运营的视频；

（3）前期调研的资料（如果有问卷，包括问卷）；

（4）实训全过程的记录（照片或视频加文字记述）。

推荐阅读书目

[1] 袁荣.草根创业:庸者用钱,智者用脑[M].2版.北京:机械工业出版社,2014.

[2] 马克·汤普森,博恩·崔西.七项法则:从创业到卓越[M].吴春雷,译.重庆:重庆出版社,2011.

[3] 杨华东.中国青年创业案例精选[M].北京:清华大学出版社,2011.

[4] 布鲁斯·R.巴林杰,R.杜安·爱尔兰.什么阻碍了你创业[M].高晓燕,等译.修订本.北京:电子工业出版社,2011.

[5] 沃尔特·艾萨克森.史蒂夫·乔布斯传[M].修订版.管延圻,等译.北京:中信出版社,2014.

[6] 金错刀.马云的创业逻辑:跟踪马云12年[M].北京:中信出版社,2012.

[7] 周航.重新理解创业:一个创业者的途中思考[M].北京:中信出版社,2018.

[8] 乐炎,彭友.我就是喜欢创业[M].北京:中信出版社,2009.

[9] 武敬敏,杨秉慧.规划人生:唐骏向左,李开复向右[M].北京:新世界出版社,2009.

[10] 桑郁.5万元创业实战手册[M].北京:新华出版社,2010.

第 十 二 讲

 教学目的与要求

1. 了解管理团队的本质含义
2. 熟悉管理团队的人员选择
3. 掌握管理团队的组建方式
4. 课外查找并总结相关团队建设的典型经验、案例

 教学重点与难点

教学重点：组建管理团队的关键因素
教学难点：如何选择合适的人才

主 干 案 例

案例 俞敏洪：破解组建核心创业团队之道

在一次公开课上，新东方教育科技集团创始人兼董事长俞敏洪对创业初期如何组建核心团队谈了自己的看法。他分析表示，利益吸引人是很难的，价值观、创业愿景以及彼此的尊重才是最大的吸引力。

从包产到户到雄心壮志

我喜欢跟一批人干活，不喜欢一个人干。创业初期，环顾周围的老师和工作人员，能够成为我的合作者的人几乎没有。看来合作者只能是我大学的同学。于是，我到美国去了，跟他们聊天，刚开始他们都不愿意回来。当时王强在贝尔实验室工作，年薪8万美元，他的第一个问题就把我问住了："老俞，我现在相当于60万元人民币，回去了你能给我开60万元人民币的工资吗？另外，你给我60万元，跟在美国赚的钱一样，我值得回去吗？"当时，新东方一年的利润也就是一百多万元，全给他是不太可能的。

但是，两个因素导致他们都回来了。第一，我在北大的时候，是北大最没出息的男生之一。我在北大四年里，什么风头都没有出过，普通话不会说，考试也不好，还得了肺结核，有很多女生直到毕业还不知道我的名字。直到二十年以后的2000年，全班同学再聚会，全班女生恍然发现，我是我们班男生中挺有才干的人之一，才过来握住我的手，后悔当初没下手。我去美国时，中国还没有信用卡，带的是大把的美金现钞。当时规定可带2000美元，我偷偷地带了8000美元，分别装在不同的口袋里，我在美国只能花现金。这一花现金就给他们带来了震撼性影响。在美国一百、一百美元地拿出来花，这是超级有钱的标志。大家觉得俞敏洪在我们班这么没出息，在美国能花大把大把的钱，那么如果我们回去，那还了得吗？因为他们都觉得比我厉害。

我用的第二个方法，就是告诉他们："如果我回去，我绝对不雇用大家，我也没有资格。因为你们在大学是我的班长，又是我的团支部书记，实在不济的还睡在我上铺，也是我的领导。中国的教育市场是很大的，我们一人做一块，依托在新东方下，凡是你们那一块做出来的，我一分钱不要，你们全拿走。你们不需要办学执照，启动资金我提供，房子我来帮你们租，只要付完老师工资、房租以后，剩下的钱全拿走，我一分钱不要。"他们问："你自己一年有多少总收入？""500万元。"他们说："如果你能做到500万元，我们回去1000万元。"我说："你们肯定不止1000万元，你们的才能是我的十倍以上。"我心里想：到底谁能赚1000万元还不知道呢！就这样，我把他们忽悠回来，到2003年新东方股份结构改变之前，每个人都是骑破自行车干活。

第一年回来，大家只拿到5万元、10万元，到2000年时，每个人都有上百万元、几百万元的收入。所以，大家回来干得很好、很开心。因为是朋友，大家一起干；要不然，一上来就要确定非常好的现代化结构。但是在当时我根本不懂。我这个人最不愿意发生利益冲突，所以就有了"包产到户"的模式，朋友合伙，成本分摊，剩下的全是你的。

公司发展时期的三大内涵：第一是治理结构，公司发展的时候一定要有良好的治理结构；第二是要进行品牌建设，品牌建设不到位，公司是不可能持续发展的；第三是利益分配机制一定要弄清楚，到第三步不进行分配是不可能的，人才越聚越多，怎么不可能进行分配呢。

改革改的不是结构而是心态

实行股份制前，新东方每人都是骑自行车上班；股份分完的第二天，一人配一辆车，一下子配了11辆车，特别有意思。

改革改的不是结构，而是心态。心态不调整过来，结构再好也没有用，这就是美国的民主制度不能完全搬到中国来的原因。制度可以搬，但人的心态不往上面走，文化组织结构不往上面走，一切都是没有用的。

新东方股权改革后，两个问题出现了。第一个，原来的利润是全部拿回家的。新东方年底算账，账上一分钱不留下来，都分回家了。现在公司化，公司未来要上市，那就得把利润留下，大家心里马上就失衡了：原来一年能拿回家100万元，现在只有20万元，有80万元要留在公司,而且公司干得成、干不成还不知道,未来能不能上市也不知道。而眼前的收入却直接减少80%。怎么办?不愿意。第二,合一起干之后,本来我这边100%归我,现在80%不是我的,动力就没有了。又要成立公司,又要分股份,又不愿意把股份留下。新东方人荒谬到什么地步?

大家觉得股权不值钱,拿10%的股份,不知道年底能分多少红,开始闹。我就给股份定价:"如果大家实在觉得不值钱,我把股份收回来。分股份的时候,这个股份都是免费的;现在每一股一元钱收回来,一亿股就值一亿元人民币,我把你们45%的股份收回来。"我说收,他们不回我。我又提议:"我跑到家乡去开一个小学校总可以吧?"我不干了,他们也不敢接。最后,我说:"我把股票送给你们,我持有的55%股份不要,我离开新东方,你们接。"结果他们也不讨论,他们想:我们现在联合起来跟你打,但你走了,我们是互相打。

我向他们收股票,他们虽不愿意卖,但这带来两个好处:一是表明我是真诚的,更重要的是给股票定了一个真正的价格,他们原来觉得定一元钱是虚的,"你定一元钱,这个股票值不值钱不知道",现在我真提出用一元钱一股买回来的时候,他们发现这个股票是值钱了。因为最多分到10%,10%等于1000万股,如果将10%买回来,就相当于1000万元现金,这让他们觉得股票值钱了。

股份比领导地位具有话语权

大家不愿意把股份卖给我,于是得出一个结论:"新东方之所以这么乱,是因为俞敏洪缺乏领导能力,最好的办法是俞敏洪你不当领导,我们自己选领导。"我说"行",就从董事长、总裁的位置上退下来。他们开始选,每个人都想当。他们想得很简单,只要俞敏洪离开,自己一上去就能整理得干干净净。

他们开始做领导,我退出来。我拥有新东方创始人的头衔,而且拥有55%股份的人,结果董事会都不让我参加。说你往这里一坐,我们都不知道怎么开会了,不知道怎么批判你了。总裁办公会不让我参加,新东方校长联系会也不能参加,我变成新东方普通老师,拎着书包上课去。从2001年年底开始一直到2004年10月,他们每个人都当过董事长和总裁了,结果谁上去都整理不好,最后把我叫回去:"董事长、总裁这个位置不是人做的,还是你来做。"我2004年9月才回到总裁的位置上。

这有一点儿像小孩过家家,其实主要错还在于我。如果我以现在的本领去管新东方,两天的时间就管完了。我当时连有限公司跟无限公司都搞不清楚,自己搞不清楚还请了几个咨询公司。我们先请中国咨询公司,给我们咨询半天,说:"新东方这一帮人没法弄,你们一开会就说感情多么深厚,也不谈管理。算了,我们不咨询了!"咨询费都不要了。我们想国内咨询公司不行,那就请国际咨询公司。于是,请普华永道,给他们300万元。他们说"太简单了",弄了无数报表,但是没有一个人照着做。新东方11个人全是董事会成员?那也没事,按照规矩,11个董事成员就某一个问题解议,只要6个人同意就算通过,5个人反对也没有用。实际操作时却是一票否决制——大家都是哥们儿,只要某个人说这件事不能干,其他10个人同意也没有用。最后,没有一件事情能够做下去的。董事会从早上开到晚上2点钟,没有解决一个问题。普华永道调了三个月,说:"我们不要钱了,我们走。你们新东方是不可能干企业的。你们都是北大的书呆子,个人感情非常容易影响情绪。感情怕受到伤害,不可能干成事情。我们不管了,钱也不要了。"

其实,后来我拥有新东方45%的股份,并没有到55%。因为我把10%留下来,作为发展人才的股份基金,之后又用三年的时间把那个股份稀释掉了,再加上资本的稀释,到新东方上市的时候我的股份只有20%。

新东方在2005年融到国际资本之后,开始做上市的准备。实行股份制后,原来的人员从出纳、会计到财务经理全部放光,一个不留。这不是表达对我的不信任,而是他们认为我跟这些财务人员的根基太深,从创业开始就跟着我,如果俞敏洪下个命令想贪污一二百万元,他们还不就拿出来。所以,绝对不能让俞敏洪的财务人员控制新东方。于是,从2001年开始,新东方财务人员就变成外勤的财务人员。而且,从那开始我就不当董事长了。这带来的好处是新东方的财务结构必然正规化。我不当董事长,但我也要看账,他们也想看账,账目必须永远公开,永远只能做一套账,不能做两套账。新东方进行上市筹划的时候,财务结构相当完整。不过当时我生气得想自杀:我做了这么长时间,把你们这些哥们儿请回来,最后迎来的是对我的强烈不信任,恨不得把我弄死,还是人吗?他们倒过来也觉得我不是人,等看到后来的新东方才知道,这一帮人真的给新东方带来了很大的发展。

所以,你手下的人跟你吵架时,你要冷静下来想一想;如果他是站在更高的高度,或者更正确的角度跟你吵架,你应该接受这种吵架。否则,你一生气说:"你们都回去,我一个人干新东方!"他们肯定背着包就走了,新东方肯定也只是一个家族企业,说不定都已经没有了。

知识点精要

一、慎重选择核心团队成员

核心团队成员要从思想认同企业经营理念,在行为上保持高度一致;
引导核心团队成员把个人目标和公司目标统一起来;
核心团队成员必须拥有不同的层次和特长,获得"1+1>2"的效果。

二、建立团队中的信任关系

建立团队中的信任关系最为重要;
如果团队成员之间貌合神离、互相猜疑,是不可能形成一个高效率的、富有凝聚力和战斗力的核心团队的。

三、增强核心团队凝聚力

凝聚力是一种团队动力,取决于团队目标和个人目标的一致程度;
管理者的一个重要使命就是让团队保持高度的凝聚力。

四、达成愿景

让团队成员认识到自己为谁工作是微型团队提升的根本所在。
我们需要的是什么?
钱——公司有薪酬制度,工资跟岗位、工作年限挂钩。
职位——公司有公平的晋升机制。

五、责任

微型团队的构建要从内部开始,解决管理的盲点,构建团队的目标并实施;
团队成员必须了解到团队是自己的后盾,同时自己也是团队的建设者;
每一个暴露出来的问题都是团队改进的机会;
每一个美好的期望都是团队努力的目标。

六、目标

每个成员乐于坦承自己或他人的问题,表达自己的期望,并关注他人的问题;
团队提供机会和时间来促进交流和沟通;
通过集体智慧发掘行之有效的方法让团队变得更好;
成员的知识、技能和经验能够方便地在团队内成员之间传播;
通过增强团队的能力来减轻个体的负担;
通过提升团队的效率来节约个体的时间。

七、人治

微型企业的核心是人治。
人治的核心是带头人自治,具体做以下几点:
(1)企业管理团队身先士卒,相信共同的事业目标,一起奋斗;
(2)少批评,多鼓励,用事实说话;
(3)体现成就感;
(4)关心员工的心理状态;
(5)发现并发扬员工的潜力。

课后作业——研讨与思考

课后作业

创业前如何正确评估自己的创业计划

寻求财富和成功是我们大家共同的追求,创业梦想的实现前提是要有系统的创业计划为依托。那么,从哪些方面可以评估我们的创业计划是否可行呢?

你了解自己吗?你有什么爱好和兴趣吗?你准备好将要做什么了吗?对于创业的每一个细节,我们都要去思考;对于创业的每一个环节和大大小小的问题,我们都要认真去对待。如何确定自己适合创业的行业?你可以先和一些创业成功者进行交流,然后确定发展方向和创业目标。

让我们一起来评估一下自己的创业计划是否可行。

(1)你能否写下你的创业构想和创业计划?你应该能用很少的文字将你的想法描述出来。根据成功创业者的多年经验,人们不能将自己的想法变成语言的原因大概也是一个警告:你还没有仔细地思考吧!

(2)你真正了解你所从事的行业吗?许多行业都要求选用从事过这个行业的人,并对其行业内的方方面面有所了解。否则,你就得花费很多时间和精力去调查诸如价格、销售、管理费用、行业标准、竞争优势等。

(3)你看到过别人使用这种方法吗?一般来说,一些创业成功的大型公司所采用的经营方法比那些特殊的想法更具有现实性。有经验的企业家中流行这样一句名言:"还没有被实施的好主意往往可能实施不了。"

(4)你的想法经得起时间考验吗?当未来的企业家的某项计划真正得以实施时,他会感到由衷的兴奋。但过了一个星期、一个月甚至半年之后,将是什么情况?它还那么令人兴奋吗?或已经有了另外一个完全不同的想法来代替它。

(5)你的想法是为自己还是为别人?你是否制订了长期创业计划和长期发展计划?你是否全身心地投入这个计划的实施中?

(6)你有没有一个好的网络资源?开始办企业的过程,实际上就是一个组织诸如供应商、承包商、咨询专家、雇员的过程。为了找到合适的人选,你应该有一个服务于你的个人关系网。否则,你有可能陷入不可靠的人或滥竽充数的人之中。

(7)明白什么是潜在的回报?每个人投资创业,其最主要的目的就是赚钱。可是,在尽快致富的设想中隐含的绝不仅仅是钱,你还要考虑成就感、爱、价值感等潜在回报。如果没有意识到这一点,那你必须重新考虑你的计划。

创业的成败在于你的选择,如果选择创业这条路,你会憧憬成功的景象,而不会想到万一失败的问题。因为如果一开始就想到失败,那未免太消极也太不吉利了。然而,往坏处打算尽管令人不愉快,却也是创业之初应该考虑清楚的。

如果你经过了长期创业,同时也能正确选择自己的发展方向,那么你创业成功的胜算将会很高。但是创业也并不应是你一时冲动所决定的,如果创业前你举棋不定,最好还是选择工作这条路。因为,尽管你现在有机会创业,你的动机不错,想法也很棒,但是基于市场、经济能力或家庭等因素的考虑,现在也许不是你创业的好时机。

总之,创业必须要有相当的竞争力,而且只有你自己才能决定怎么做最恰当。成事不易,创业更难。

问题:
1. 创业初期如何选择核心团队成员?
2. 如何提高创业团队的凝聚力?

推荐阅读书目

[1] 优米网项目组.创业,名人说[M].北京:中国民主法制出版社,2011.

[2] 高英.李开复谈创业[M].北京:北京工业大学出版社,2011.

[3] 庞贝.成功创富:不做创业雷区的炮灰[M].长沙:湖南人民出版社,2010.

[4] 张向东.创业者对话创业者[M].北京:中信出版社,2010.

[5] 谷本真辉,李鑫.一胜九败:日本新首富柳井正的创业人生与商业哲学[M].北京:中华工商联合出版社,2011.

参 考 文 献

[1] 北京大学职业经理人通用能力课程系列教材编委会.管理案例分析[M].北京：北京大学出版社,2010.
[2] 李品媛.管理案例分析[M].北京：国家开放大学出版社,2011.
[3] 吕殿平.现代企业管理学[M].北京：中国社会科学出版社,2012.
[4] 博维咨询.68个经典管理小故事[M].北京：华夏出版社,2008.
[5] 周三多,陈传明.管理学[M].北京：高等教育出版社,2010.
[6] 斯蒂芬·P.罗宾斯,等.管理学[M].孙健敏,等译.4版.北京：中国人民大学出版社,1997.
[7] 单凤儒.管理学基础[M].3版.北京：高等教育出版社,2008.
[8] 娄成武,魏淑艳.现代管理学原理[M].北京：中国人民大学出版社,2012.
[9] 王凤彬,朱克强.MBA管理学教学案例精选[M].上海：复旦大学出版社,1998.
[10] 徐国良,王进.企业管理案例精选精析[M].北京：经济管理出版社,2003.
[11] 何志毅.民营企业案例[M].北京：北京大学出版社,2003.
[12] 徐二明.管理学教学案例精选[M].上海：复旦大学出版社,1998.
[13] 黄雁芳,宋克勤.管理学教程案例集[M].上海：上海财经大学出版社,2001.